# TODESKESSEL KURLAND

## Kampf und Untergang der Heeresgruppe Nord 1944/45

Franz Kurowski

# DANKSAGUNG

Der Autor hat Hunderten deutscher Soldaten vom Gefreiten bis zum Generalfeldmarschall zu danken, dass auch dieses Werk, zu dem er seit fünf Jahrzehnten Material erhielt, so gestaltet werden konnte, wie es sich hier präsentiert. Ohne diese Hilfe wären viele Werke aus der Feder des Autors nicht erschienen. Ihnen allen gebührt Dank für ihre Hilfeleistung und dafür, dass sie mir ihre Unterlagen anvertraut haben.

Dortmund, im März 2000

der Autor

(Franz Kurowski)

Alle Rechte, auch die des auszugsweisen Nachdrucks und jeder Form der Wiedergabe beim
PODZUN-PALLAS-VERLAG GmbH,
Kohlhäuserstraße 8
61200 Wölfersheim-Berstadt
Telefon: 06036 / 9436 • Fax: 06036 / 6270
Internet-Shop: http://www.podzun-pallas.de

ISBN: 3-7909-0716-2
Satz, Layout: modellwelt-publikation • Queißner Gabriele • Postfach 100911, 95445 Bayreuth
Druck: Laub GmbH & Co. • Brühlweg 28 • 74834 Elztal-Dallau

Franz Kurowski

# TODESKESSEL KURLAND

# KURLAND

## Kampf und Untergang der der Heeresgruppe Nord 1944/45

## PODZUN - PALLAS

# INHALT

# EINLEITUNG

## Bis vor die Tore des Reiches

Als die am 22. Juni 1944 begonnene Schlacht in Weissrussland, von der Roten Armee "Bagration" genannt, mit der Eroberung von Brest am 27. Juli zu Ende ging, hatte diese Operation ihr erwünschtes Ziel weit überschritten. Ganz Weissrussland war wieder in sowjetischer Hand. Binnen 44 Tagen hatte die Rote Armee eine Strecke von 700 Kilometern zurückgelegt. In dem Dreieck zwischen Witebsk-Bobruisyk-Minsk wurden zwei deutsche Armeen vernichtet. Von den 38 deutschen Divisionen, die in diesem riesigen Bereich kämpften, wurden 28 völlig zerschlagen, überrollt und ausgelöscht. 398.000 Soldaten blieben zurück. Tote, Verwundete, Gefangene oder Vermisste.

47 deutsche Generäle standen in diesem Raum im Einsatz. Davon fielen zehn, 21 gerieten in Gefangenschaft.

Mit dem Ende dieser sowjetischen Großoffensive war das Cannae der Heeresgruppe Mitte verbunden. Rund 400.000 deutsche Soldaten hatte sie verschlungen. Die Fronten näherten sich der deutschen Grenze. Jene 28 untergegangenen deutschen Divisionen aber konnten nicht mehr ersetzt werden.

Der Endkampf um Deutschland sollte noch dem Willen der sowjetischen Führung in Kürze beginnen. Die Rote Armee näherte sich mit einigen ihrer Heeresgruppen dem Baltikum.

Dieses Gebiet besaß für Deutschland große strategische Bedeutung. Zum einen wurde dort Ostpreussen noch Nordosten gesichert.

Zum anderen konnten von hier aus die Kampfhandlungen der deutschen Kriegsmarine in der östlichen Ostsee geführt, die Sicherung der Verbindungen mit dem noch verbündeten Finnland gewährleistet und jene Seewege gesichert werden, die nach Schweden führten. Von Schweden aber erhielt Deutschland die strategisch wichtigen Rohstoffe, vor allem Erze.

Darüber hinaus war es Hitlers Planung, aus dem Baltikum heraus, möglicherweise mit der mehrere Hunderttausend Mann starken, dorthin verlegten Lapplandarmee die rechte Flanke der zur Grenze Ostpreussens vordringenden Roten Armee zu stoppen, die nächste Offensive, die auf Deutschland direkt zielte, zum Erliegen zu bringen und zur Gegenoffensive im Frühjahr 1945 anzutreten. Im Rahmen der Heeresgruppe Nord standen immerhin die 16. und 18. deutsche Armee, die 3. Panzerarmee und die Armeeabteilung Narwa. Sie verteidigten an den Zugängen zum Baltikum entlang der Linie Narwa - Pschkow - Puschkinskij - Gory - Pustoschka den "Ostwall", aus dem heraus immer mit überraschenden deutschen Vorstößen gerechnet werden musste. Vor allem dann, wenn Hitler den Abzug von 200.000 Kämpfern aus Finnland ins Baltikum genehmigte.

Von diesem Schutzwall aus waren nach Westen und Südwesten in einer Tiefe zwischen 40 und 90 Kilometern eine Reihe von Zwischenstellungen angelegt worden.

Zunächst unbemerkt von der deutschen Seite, hatte Finnland bereits am 19. April 1944 in Moskau die Frage eines Waffenstillstandes mit Russland angeschnitten. Ein solcher wiederum hätte es der sowjetischen Rotbannerflotte ermöglicht, sofort mit dem Bau von U-Boot-Stützpunkten in der Ostsee zu beginnen. Beispielsweise in Helsinki, Turku und Utö, um in der Ostsee zu operieren.

Als offiziell am 4. September 1944 der Marschall Finnlands, Karl-Gustav Emil von Mannerheim, den Waffenstillstand mit der Sowjetunion abschloss, lautete eine Passage desselben, daß "die Deutschen das gesamte finnische Gebiet bis zum 15. September zu räumen hätten. Daß dies ein Ding der Unmöglichkeit war, bedurfte keiner Erörterung.

Dieser Entscheidung des Feldmarschalls von Mannerheim gegen Deutschland war am 5. August 1944 seine Auszeichnung mit dem 7. Eichenlaub für Ausländer vorausgegangen.

Die deutsche Regierung war bereits seit einigen Monaten über diese finnischen Friedensfühler informiert, hatte aber mit allen diplomatischen Mitteln versucht, einen finnisch-russischen Sonderfrieden zu verhindern.

Die deutsche Seekriegsleitung hatte den Schweren Kreuzer "Prinz Eugen" am 7. Juni für drei Wochen in die Schären nördlich von Utö verlegt und ihm leichte Seestreitkräfte als Bewacher zugeordnet.

Deutschland brach am 2. September 1944 die diplomatischen Beziehungen mit Finnland ab. Es war der deutsche General im Finnischen Hauptquartier, Dr. phil. Waldemar Erfurth, der Mannerheim einige Zugeständnisse abrang, mit dem ungehinderten Abtransport der 200.000 Mann starken Lapplandarmee beginnen zu können. Als die Finnen dennoch versuchten, den Abtransport zu verhindern, lief "Prinz Eugen" mit Zerstörern und Torpedobooten vom 13. bis 18.9.1944 in den Raum zwischen Utö und Kotka. Die 3. T-Flottille stand als Sicherung in der Aalandsee auf und ab. Im September kam noch der Schwere Kreuzer "Lützow" mit Bedeckung hinzu und stellte den Abtransport sicher.

# Zurück zum Landkrieg

Seit Januar 1944 bereits versuchte die Rote Armee, ihre Leningrader-Oranienbaumer Offensive durchzuziehen. Aus den Räumen Urizk Pulchowo und Puschkin im Osten und von der Ostsee bei Peterhof-Korowino-Ilino Zasstrowe westlich der deutschen Belagerungskräfte, wurden die wenigen deutschen Divisionen von der 42. Sowjetarmee im Osten und der 2. sowjetischen Stoßarmee im Westen eingeschlossen. Diese Schlacht um Leningrad tobte bis zum 26. Januar 1944. Dann wurde der Durchbruch nach Westen versucht und geschafft.

7

Der Oberbefehlshaber der Heeresgruppe Nord, Generalfeldmarschall von Küchler, der am 22. Januar ins FHQ geflogen war, um Hitler persönlich den Rückzug vorzuschlagen, wurde abgelöst, und GenOberst Model zum neuen OB der HGr. Nord ernannt.

Am 27. Januar 1944 feierte die Rote Armee die Befreiung von Leningrad. Die Stadt war seit 900 Tagen eingeschlossen gewesen.

Als dann auch noch die Schlacht zwischen Narwa und dem Ilmensee zu Ende ging und der Brückenkopf Narwa und die Stadt Luga geräumt werden mussten, rollte die 69. Sowjetarmee am 12. Februar in Luga ein.

Im Verlaufe des weiteren Rückzuges musste sich die 16. Armee zwischen Ilmensee und dem Gebiet nördlich Newel noch Südwesten auf die Pantherstellung zurückziehen. Cholm wurde am 21. Februar aufgegeben. In der Pantherstellung kam es zu einem langen Halt. Das sowjetische Oberkommando STAWKA musste umgruppieren, um die Pantherstellung zu erobern. Im Tagesbefehl des STAWKA vom 1. März 1944 hieß es dazu:

"Nun haben wir dieLinie erreicht, in der wir uns zur Verteidigung einrichten. Die neue Losung lautet: Keinen Schritt mehr zurück! Ich verlange von Euch letzte Pflichterfüllung. Wir stehen hier im Vorfeld der Heimat. Jeder Schritt weiter trägt den Krieg zur Luft und zur See nach Deutschland."

Die Fronten waren erstarrt. Jede Seite rüstete zu einem neuen Anlauf, der - von Seiten der Roten Armee aus - wie dargelegt in Weissrussland mit der Operation Bagration beginnen sollte. Vorher jedoch sollte das Baltikum zurückerobert werden. Marschall Stalin schrieb am 9. Juni an Premierminister Churchill: "Die Vorbereitungen zur Sommeroffensive der Roten Armee sind abgeschlossen. Morgen am 10. Juni beginnt die erste Phase der Sommeroffensive an der Leningrader Front."

## Die Baltischen Fronten marschieren

Mit Beginn der "Schlacht im Baltikum" traten die Truppen der Leningrader Front, der 2. und 1. Baltischen Front und der 3. Belorussischen Front zusammen. Zunächst kam es nur zu weiteren sowjetischen Truppenbereitstellungen. Am 22. Juni - zeitgleich mit der Operation Bagration im Mittelabschnitt der Ostfront - begann auch im Nordabschnitt die sowjetische Offensive. Um 03.15 Uhr begann das Trommelfeuer der sowjetischen Artillerie aus etwa vierhundert Geschützen, darunter auch Salvengeschütze, die die Stellungen des I. AK nordwestlich von Welikije Luki beschossen.

Sowjetische Luftgeschwader flogen über die Front hinweg und warfen ihre Bomben. 90 Minuten darauf vernahmen die Horchposten in den deutschen vorgeschobenen Stellungen das dumpfe Rasseln vieler Panzerketten und das Röhren ihrer Motoren, das binnen einiger Minuten zu einem wüsten Getöse anschwoll. Dann tauchten aus Dreck und Pulverdampf erdbraun gekleidete Gestalten auf und stürmten mit "Urrä-Gebrüll" gegen die deutschen Stellungen an.

Dieses Feuer traf zunächst die 205. ID im Raume des Obolflusses nordostwärts Polotzk. Hier riss die Verbindungsnaht zur 252. ID, der äußersten Flügeldivision der HGr. Mitte. Die Tankisten und Rotormisten des XXII. Gardekorps (GenMaj. Rutschkin) der 6. Gardearmee stießen in die deutsche HKL hinein. Die 24. ID wurde in die Lücke geworfen und traf am 23. Juli dort ein.

Polotzk wurde vom OKH zum Festen Platz erklärt, GendInf.Hilpert sein Kampfkommandant. Am 27. Juni übernahm GFM Model den Oberbefehl über die HGr. Mitte. GenOberst Lindemann wurde OB der HGr. Nord. Er musste auf Befehl des OKH am Morgen des 28.Juni im Raume südostwärts Polotzk angreifen. Zur gleichen Zeit wurde das I. AK plötzlich von sowjetischen Truppen im Rücken angegriffen.

Am 28. Juni kamen GenOberst Lindemann und Gen.d.Art. Hansen,als OB der 16. Armee gemeinsam mit GenOberst Hilpert als Kampfkommandant mit dem KommGen. des I. AK zu der Überzeugung, daß ein Angriff nicht mehr durchführbar sei. GenOberst Lindemann forderte vom OKH "Freiheit des Handelns". Auch GenFM Model schloss sich diesem Ersuchen an.

Hitler hingegen befahl, den Angriff der HGr. Nord nach Süden fortzusetzen. Dies veranlasste GenOberst Lindemann dazu, einen noch niemals vorher in ein KTB eingetragenen Satz in das HGr.-KTB einzutragen:

"Mit diesem Angriffsbefehl schickt man die Männer in den sicheren Tod."

Als die russische Sommeroffensive im Nordabschnitt am 9. Juli in ihre zweite Phase eintrat und die 2. baltische Front den linken Flügel der 16. Armee angriff, hielt die Abwehrfront. Erst am 21. Juli gelang der Roten Armee der Durchbruch mit 15 Schützendivisionen und fünf Panzerbrigaden. Die HGr. Nord befand sich auf dem Rückzug. Lediglich die Armeeabteilung Narwa hielt noch stand. Am 19. Juli begann der Kampf um Dünaburg. Damit wurde das Tor zum Baltikum weit aufgerissen. Hier kam es zum ersten Duell der berüchtigten Josef-Stalin Panzer gegen die Tiger der schweren PzAbt. 502. Oblt. Bölter und Oblt. Carius schossen in diesem ersten Gefecht 17 Stalinpanzer und 5 T 34 ab.

Dünaburg musste am 27.7. geräumt werden. Drei Tage vorher hatte Hitler Generaloberst Schörner zum OB der HGr. Nord ernannt. Was fand dieser an jenem Tage vor?

In der Naht zwischen der 18. und 16. Armee klaffte das "Baltenloch", das zwischen der 3. Panzerarmee und der 16. Armee aufgerissen worden war. Die Rote Armee erreichte am 26. Juli Schaulen. Am folgenden Tage befahl die HGr. Nord den Ausbruch der KGr. unter Oberst Mäder aus Schaulen nach Libau. Etwa zur gleichen Zeit erhielt die 2. Baltische Front Weisung, mit allem,was sie hatte, auf Riga durchzustoßen und die HGr. Nord von Ostpreussen zu trennen.

Damit hatte der Kampf um Kurland begonnen, nahm der Kurlandkessel der laut Führerbefehl "Brückenkopf Kurland" genannt werden musste, seinen Anfang.

# DIE SCHLACHT UM ESTLAND

## Reval wird geräumt

Eingangs August 1944 war die HGr. Nord von der übrigen Ostfront abgesprengt worden. Die Rote Armee durchstieß die Marienburg-Stellung, welche die Düna mit dem Peipussee verband. Bereits am 30. Juli war Mitau vom III. Garde mech. Korps unter GenLt. Obuchow in Besitz genommen worden. Die HGr. Nord war eingeschlossen, zumal auch die 8. sowj. Gardebrigade unter Oberst Kremer am selben Tage Tukkum erreichte und damit bei Klapkalnice an der Ostsee stand. Nur am äußersten linken Flügel der HGr. Nord - im Narwa-Bogen - wurde gehalten, weil GenOberst Goworow die Leningrader Front noch zurückhielt. Als diese dann am 28. Juli antrat, wurden sämtliche vier deutschen Korps der Armeeabteilung Narwa in heftige Kämpfe verwickelt. Sie hielten diesem unerhörten Ansturm stand.

Am 8. August musste die HGr. Nord die beiden inneren Flügel der 16. und 18. Armee auf die Linie Bauske-Memele-Trentelburg trotz der überragenden Abwehrleistungen und des Abschusses von 125 Feindpanzern am 6. August 1944 zurücknehmen.

Seit dem 22. Juni hatte die HGr. Nord damit 1.325 russische Panzer abgeschossen. Hier war es die Sturmgeschütz-Brigade 912, die sich in diesem Raum mit einem Abschuss von 53 Feindpanzern einführte. (Über diese Brigade wird später mehr zu berichten sein). Es war Hptm. Karstens als deren Kdr., der am ersten Tag des Angriffs der 2.,Baltischen Front auf Bauske mit den Pak der 81. und 290. ID gemeinsam 40 Feindpanzer vernichtete.

Aufgabe der 6. Gardearmee dieser russischen Heeresgruppe war es, nach Riga durchzustoßen. Das I. AK hielt drei Tage lang stand, ehe es sich am 19. August kämpfend zurückziehen und Bauske freigeben musste.

## Die Schlacht um Estland

Die Schlacht um Estland und damit nicht zuletzt auch um Riga setzte am 21. August mit aller Macht ein. Mit drei Armeen stürmte die 3. Baltische Front - Armeegeneral Masslenikow - auf Dorpat zu. Mit Panzerfäusten und Tellerminen gingen die Panzervernichtungstrupps der Infanterie gegen die massenweise anrollenden und bis zur HKL durchstoßenden T 34 vor. Hier kämpfte die Sturmgeschütz-Brigade 393 mit den Grenadieren gemeinsam.

Am Abend des 24.8.1944 hissten Rotarmisten auf dem Rathaus zu Dorpat die Rote Fahne.

An der Bahnlinie Dorpat-Raps blieb die 67. Sowjetarmee stehen. Auch sie musste pausieren.

Zur gleichen Zeit versuchte Armeegeneral Eremenko, seine 2. Baltische Front bei der 16. Armee zum Durchbruch zu führen, die lettische Hauptstadt Riga in Besitz zu nehmen und damit den nördlichsten Kriegshafen der deutschen Wehrmacht zu eliminieren.

Die beiden Korpsgruppen Risse und Wagner unter den gleichrangigen Generalleutnanten des Heeres, erhielten Weisung, unter allen Umständen zu halten. In dieser schwierigen Situation wurde der Armeeoberbefehlshaber, Gen.d.Inf. Laux, während eines Erkundungsfluges über der Front von einer IL 2 abgeschossen. Gen.d.Inf. Hilpert übernahm die Armeeführung, während GenLt. Busse sein Nachfolger als KommGen des I. AK wurde.

Als der August 1944 zu Ende ging, hatte die HGr. Nord einen Frontabschnitt von 700 km Ausdehnung zu verteidigen. Hinzu kamen die Baltischen Inseln, auf denen die 23. ID als Wachtruppe eingesetzt war.

Bis Ende August hatte die HGr. Nord 1.960 Offiziere und 68.606 Soldaten verloren. Ihre Gesamtstärke betrug zu diesem Zeitpunkt 571.579 Soldaten und 42.833 Hilfswillige.

Es war Generaloberst Heinz Guderian, Chef des Generalstabes des Heeres, der als einer der ersten ranghöchsten Offiziere die Aufgabe Estlands forderte, um alle dadurch frei werdenden Truppen in Ostpreussen zur Verteidigung des deutschen Reichsgebietes einsetzen zu können. Dazu erklärte er: "Ich benötige die Verbände der HGr. Nord mit Sicherheit sehr bald an anderen bedrohten Stellen der Ostfront."

Bevor der Abtransport, über den viele Sitzungen stattgefunden hatten, erfolgen konnte, schlug die Rote Armee erneut zu.

## Der nächste Großangriff

Bevor am 14. September 1944 um 05.30 Uhr die Rote Armee zwischen dem Finnbusen und Riga mit einer gewaltigen Kriegsmaschinerie von etwa 900.000 Mann, 18.500 Geschützen, über 3.000 Panzern und 2.640 Flugzeugen gegen Riga antrat, hatte Marschall Wassiliewskij um 04.00 Uhr das 90-minütige Trommelfeuer eröffnen lassen. Gleichzeitig damit flog die Rote Luftwaffe ihren bis dahin zahlenmässig wohl stärksten Angriff, an dem etwa 700 Schlachtflieger, Jagd- und Kampfflugzeuge in mehreren Wellen,beteiligt waren. Die Piloten des JG 54 griffen in den Abwehrkampf ein.

Ein zweiter Trommelfeuerwirbel am späten Vormittag mit dem Einsatz mehrerer Pulks russischer Schlachtflugzeuge, in Stärken bis von 60 Il 2-Schlachtfliegern unterstützt, galt den Stellungen der 215. und 290. ID. Russische Panzerrudel brachen in die HKL dieser beiden Divisionen ein.

Oberst Meinrad von Lauchert versuchte mit seiner PzBrigade 101, den russischen Vorstoß gegen Bauske zu stoppen. Die HGr. musste am 15. September ihre letzten Reserven einsetzen. Darunter die 14. PD, die bei Ergili vorrollte. Am Morgen des 16. September flog GenOberst Schörner nach Rastenburg und erstattete Hitler Bericht.

Im Beisein von Reichsmarschall Göring, Großadmiral Dönitz, Generaloberst Guderian, Generalleutnant Wenck und Generalleutnant Kreipe stellte Schörner die Lage im Bereich der HGr. Nord schonungslos dar. Er umriss auch die sich aus einem weiteren Festhalten an Festen Plätzen und Fronten ergebenden negativen Konsequenzen.

Nach einer Viertelstunde erteilte Hitler dem Generaloberst, dessen Stehvermögen bekannt war, den Befehl, die "Operation Aster" - wie die Räumung des Baltikums genannt wurde - durchzuführen.

Damit waren die bereits ergangene mündlichen Weisungen zur Vorbereitung des Rückzuges von GenOberst Guderian in die Entscheidungsphase eingetreten.

# Räumungsoperationen

Mit der Abenddämmerung des 18. September setzte sich das III. SS-PzKorps auf Pernau ab, während ihm das II. AK am anderen Tage nachfolgte. Die Gruppe Gerok hielt immer noch Reval und zerschlug die feindlichen Panzerspitzen, die sich diesem wichtigen Hafen näherten, während der Admiral östliche Ostsee bereits die Räumung Rigas durchführte und anschließend die Gruppe Gerok auf die Baltischen Inseln überführte, wo sie den Russen Widerstand leisten sollte. Währenddessen setzte die 2. russische Stoßarmee (GenLt. Fedjuninskij ihren Durchbruchsversuch auf Riga am 18. September fort. Es gelang den Panzerrudeln, in die Front der 87. ID und der 207. Sicherungsdivision einzubrechen. Ihr Versuch, den Rückzugsweg des II. AK unter Gen.d.Inf. Wilhelm Hasse abzuschneiden, misslang.

Das III. Waffen-SS-Korps unter SS-Obergruppenführer Steiner zog sich schrittweise zurück. In Reval begann bereits am 17. September die Einschiffung der deutschen Verbände.

Bis zum Ende der Räumung dieses Hafens gelang es dem Admiral östliche Ostsee, Admiral Burchardi, 38.000 Soldaten, über 13.000 Verwundete, 20.500 Zivilpersonen und 930 Kriegsgefangene zurückzuschaffen.

Genmaj. Gerok sicherte mit seiner KGr. diese Einschiffung und den Raum um den Hafen von Reval.

Reval war bis zum 23. September geräumt. Baltischport erlebte am selben Tage den Abzug der letzten deutschen Truppen.

Ein Großgeleit von vier Dampfern, einem Lazarettschiff und den T-Booten T 20, T 13, T 17 und T 19 schaffte 9.000 Soldaten fort. Unterwegs wurde es zweimal von starken sowjetischen Bombern und Schlachtfliegergruppen angegriffen. Während dieser Zeit stand T 23 immer noch auf der Reede von Reval auf und ab und gewährte auslaufenden Einheiten Flakschutz. Die aus Estland abgeholten Truppen wurden zum Teil auf die Baltischen Inseln geschafft, wo sie bald in heftige Kämpfe mit russischen Angreifern verwickelt wurden. Ein anderer Teil landete in Windau und Libau und blieb in Kurland, während ein drittes Kontingent noch Ostpreussen geschafft wurde.

## Die Rote Armee - Eine Übersicht

Am 15. September 1944 hatte die Rote Armee wie angerissen ihre Offensive im Baltikum eröffnet. Einen Tag später war deutscherseits die Räumung des Baltikums befohlen worden. Nachdem die Russen Reval in Besitz genommen und auch Baltischport gewonnen hatten, waren in Estland jene Marinestützpunkte in feindliche Hand gefallen, die für die Abriegelung der russischen Flotte im Finnischen Meerbusen Schlüsselpositionen gewesen waren. Damit stand der sowjetischen Rotbannerflotte der Weg in die freie Ostsee offen.

Nur noch die baltischen Inseln Dagö, Moon und Ösel verwehrten der Roten Flotte den Weg zum Rigaischen Meerbusen.

## Der Kampf um die Baltischen Inseln

Vom 9. bis zum 24. September wurden auf Oesel die Soldaten der 23. ID, der MarArt. Abt. 530, der Marflak-Abt. 239, der Sturmgeschützbrigade 202 und einiger anderer Verbände eingesetzt. Unter ihnen auch das kampfstarke DivFüs-Batl. 23, das mit zwei Artillerie-Batterien noch Dagö geschickt wurde. Als die Esten auf Ösel ihre Nationalflagge hissen wollten, kam es zu einigen kleinen Zwischenfällen mit den deutschen Truppen, die rasch unter Kontrolle gebracht wurden.

Am 25. September wurde die Insel Worms geräumt,und ab dem nächsten Morgen eröffneten russische Artillerie-Batterien das Feuer vom Werder aus auf die Mole und die Straße noch Kuivast. Die Evakuierung der Zivilbevölkerung wurde deutscherseits am 27.9. beendet.

In der Frühe des 29. September eröffneten die Sowjets mit einem massierten Luftangriff auf den Hafen von Arensburg ihren Infanterieangriff. Sie landeten gegen 18.00 Uhr dieses Tages auf der Insel Moon. Die dort stehenden schwachen deutschen Sicherungskräfte zogen sich kämpfend nach Ösel zurück. Der Damm zwischen den beiden Inseln wurde gesprengt, um dem Gegner den Übergang so schwer wie möglich zu machen. Am 1. und 2. Oktober traf dann noch das Gros der 218. ID auf Ösel ein.

Von russischen Tieffliegern und IL 2-Schlachtflugzeugen unterstützt, landeten sowjetische Kämpfgruppen am Nachmittag des 2. Oktober auf Dagö. Im Südteil der Insel kam es zu schweren Kämpfen Mann gegen Mann. Am nächsten Tage wurde auch Dagö geräumt. Bis 15.00 Uhr konnte der Brückenkopf Söru noch gehalten werden. Dadurch gelang es, mit Landungs-Pionierbooten, Sicherungs-streitkräften und Torpedobooten, das Gros der auf Dagö eingesetzten deutschen Truppen und ihres Materials noch Ösel zu überführen, wo inzwischen auch die bei den MarArtAbt. 531 und 532 in Stellung gegangen waren.

Als am Morgen des 4. Oktober ein kampfstarker russischer Stoßtrupp von Moon noch Ösel vorstoßen wollte, wurde er durch das Feuer der beiden Marine-Art-Abteilungen gestoppt und im Duell der Infanteriekräfte restlos vernichtet. Es war das VIII. sowjetisch-estnische AK unter General Pärn, das am Morgen des 5.10. an der Nordküste Ösels landete, sich rasch in den Besitz des gesamten Abschnittes setzte und so einen tiefen Brückenkopf schuf, in den hinein im Verlaufe dieses Tages starke sowjetische Panzerkräfte nachsickerten.

Diese traten am 6. Oktober zum Angriff an. In dichten Trauben gingen Rotarmisten hinter den Panzern vor. Deutsche Artillerie setzte einige außer Gefecht. Von Nahkämpfern wurden sieben Panzer vernichtet. Das Gros der Angriffsgruppen durchstieß jedoch die deutschen Stellungen bei Kuniguste und drang auf Arensburg vor, das am nächsten Tage geräumt werden musste.

Ein starker russischer Luftangriff auf den kleinen Hafen Montu, der noch immer von deutschen Seefahrzeugen zur Versorgung der Truppen angelaufen wurde, legte das gesamte Hafengebiet in Trümmer und versenkte einige der Kleinfahrzeuge, die an der Pier lagen.

Der von zwei Grenadier-Regimentern gesicherte Salme-Brückenkopf nahm die zurückgehenden deutschen Einheiten am 8. Oktober auf. Ab 9. Oktober musste auch dieser Brückenkopf geräumt werden. Das Ausweichen in den Aristo-Riegel gelang nach hartem Abwehrkampf gegen die nachrückenden Feindgruppen. Ein am frühen Morgen des 11. Oktober rechtzeitig bemerkter Angriff sowjetisch-estnischer Kräfte, die von Westen her mit Schwimmpanzern beim Leuchtturm Löu landeten, geriet in das Feuer des ArtRgts. 23, während das GR 67 der 23. ID den Kampf mit den angelandeten leichten Panzern aufnahm und diese mit Nahkampfmitteln vernichtete. Die landende Begleitinfanterie wurde im Nahkampf niedergemacht. Dieser Verband erlebte hier seine völlige Vernichtung. Trotz dieser Niederlage versuchte die sowjetische Armeeführung am 12. Oktober erneut, das sowj. IR 300 bei Teeso an Land zu werfen, um die Entscheidung zu erzwingen. Hier war es das GR 386, das PiBDtl. 218 und die MarArtAbt. 531 die den Kampf für sich entschieden.

Besonders die Marineartillerie konnte zahlreiche russische Landungsboote noch vor der Küste versenken oder in Brand schießen. 215 bereits gelandete Rotarmisten wurden gefangen genommen.

Weiter südlich, im nördlichen Ostpreussen hatte die Rote Armee bereits am 10. Oktober nördlich Memel die Ostseeküste erreicht. Damit war die Landverbindung zwischen Kurland und Ostpreussen abgeschnitten. Sie konnte auch nicht wieder hergestellt werden.

Der Kurland-Brückenkopf, der sich mit diesem Tage bildete,konnte nur noch über die Häfen Libau und Windau sowie noch über Riga erreicht werden.

Auf Ösel wurden die deutschen Truppen aus dem Aristo-Riegel über die Ranna-Stellung auf den Leo-Riegel zurückgedrückt. Daß diese Stellung gehalten werden musste, um die Halbinsel Sworbe zu sichern, die den noch immer möglichen Seetransport nach Riga sicherstellle und dafür die Irbenstrasse zu benutzen, verstand sich. Zwar wurden Stab und Teile der 218. ID am 13. Oktober nach Windau zurückgeführt. An ihre Stelle aber die 12.Luftwaffen-Felddivision dorthin geschafft.

Nunmehr entschloss sich die deutsche Führung, zur Sicherung der Stellungen schwere Seestreitkräfte zum Einsatz zu bringen.

## Schwere Seestreitkräfte im Einsatz - Kampfbericht Meyer

Generalleutnant Schirmer, Wehrmachtsbefehlshaber Baltische Inseln, der bis dahin die 23. ID geführt hatte und der Seekommandant derselben, Kpt.z.S. Mulsow, der bis dahin Seekommandant Estland gewesen war, verständigten sich über Funk dahingehend, daß die schweren deutschen Seestreitkräfte nunmehr zur Hilfeleistung herankommen würden.

Die deutschen Kampfverbände, die sich in einem 20-Kilometermarsch bis nach Arensburg hatten zurückkämpfen müssen und mit der 218. ID vor Sworbe, im Salmebrückenkopf, eine Auffangstellung bezogen hatten, standen bald ebenfalls in schweren Abwehrkämpfen, über die Uffz. Willi Meyer, Melder der 2. (Fla.)/PzJägAbt. 218 der 218. ID berichtete:

*"Wir waren von Ende September bis Ende November 1944 auf Ösel eingesetzt. Unsere gesamte Division wurde am 2. Oktober 1944 von Riga aus auf dem Truppentransporter 'Isar' nach Ösel geschafft. Vor der Verladung wurde uns erklärt: "Ihr habt Oesel so lange zu halten, bis alle in Riga noch lebenden Zivilisten und Wehrmachtteil geborgen sind."*

*Am Mittwoch, dem 4. Oktober, wurden wir mit kleinen Kampffähren von der "Isar" nach Arensburg geschafft. Von dort aus erfolgte die Weiterfahrt zu unserem Abt.GefStand.*

*Als die Russen am frühen Morgen des 6. Oktober auf Ösel landeten, erfolgte gleichzeitig die Beschiessung unserer Stellungen durch russische Artillerie. Unser Geschütz erhielt einen Treffer und fiel aus.*

*Als Melder lief ich zum DivGefStand und meldete unserem Kommandeur, Genmaj Joachim-Friedrich Lang. Auf dem Wege dorthin wurde ich von GenLt. Schirmer aufgehalten. Er sagte zu mir:*

*"Wo wollen Sie hin, Kamerad? - Dort vorn ist die Front!"*

*Im selben Moment eröffneten die Russen abermals das Feuer. Ich warf mich sofort in Deckung und riss den General mit zu Boden. Dessen Adjutant warf sich mit einem Satz auf den General. Er erhielt einen Treffer, der ihn anstelle von GenLt. Schirmer auf der Stelle tötete. Wir legten den Gefallenen zur Seite, General Schirmer fuhr weiter zur Front, und ich rannte zum DivGefStand. In den folgenden Tagen griffen die Russen ununterbrochen an. Am 7. Oktober brachen sie bei uns durch, und wir mussten in der Nacht etwa zehn Kilometer zurückgehen. In der neuen Stellung wurden wir in der Nacht vom 10. Oktober von russischen Einheiten im Handstreich überfallen. Zwei Geschütze und deren Fahrzeuge fielen ihnen in die Hände.*

*Als immer mehr Rotarmisten auftauchten, wurde nach schweren Nahkämpfen der weitere Rückzug befohlen. Ohne alle Ausrüstung keuchten wir etwa 15 Kilometer durch den dichten Wald zurück.*

*Auch am 10. Oktober hielten die Rückzugskämpfe an. Feindpanzerrudel brachen links und rechts von uns durch. Einige, die nach innen eindrehten und uns den Weg verlegen wollten, wurden abgeschossen und mit Tellerminen lahmgeschlagen. Das Fahrzeug meines Freundes Glaser musste gesprengt werden, als der Motor ausfiel. Nur schnellster Rückzug ließ uns der russischen Gefangenschaft entkommen.*

*Nach einem Stellungswechsel in den Südteil der Insel landeten in den frühen Morgenstunden des 12. Oktober die Russen auch in unserem Abschnitt. Unser Vorposten hatte uns gewarnt. Wir lagen hinter den schussbereiten Waffen, jeder beobachtete seinen Abschnitt. Als die Russen in breiter Front aus dem Nebel des Frühmorgens auftauchten, waren wir feuerbereit. Die ersten waren auf achtzig Meter herangekommen, als der Feuerbefehl erfolgte.*

*Schwere MG, einige Granatwerfer und unsere Karabiner schossen. Bis auf 40 Meter kam die Spitzengruppe der Russen heran, bevor wir unsere Handgranaten warfen. Die letzten Gegner stürzten zu Boden. Der Angriff blieb vielleicht 30 Meter vor unseren Stellungen liegen.*

*Am nächsten Morgen wiederholten die Russen den Angriff mit zwei Bataillonen. Wieder wurden sie zusammengeschossen. In der Nacht wurden im Vorfeld verbuddelte Sprengkörper durch Ferndraht gezündet. Es war ein grauenvoller Anblick, wie die zerfetzten Körper der Russen schemenhaft in die Höhe "sprangen". Aber es gab hier nur eine Möglichkeit.: entweder wir oder der Gegner! Dennoch wurden 220 Gefangene eingebracht, ehe wir am Sonnabend, dem 14. Okt. in den Nordteil der Insel auswichen.*

*Dort wurden wir als zusammengeschmolzener Haufen der 3./Pi-Btl. 218 unterstellt. Hier versuchten die Russen, uns durch tageslanges Trommelfeuer auszuräuchern. Granatwerfer-Überfälle fielen in dieses Feuer ein, und am Dienstag, dem 17. Oktober schossen Panzer und Stalinorgeln auf unsere Stellungen. Zwei weitere Geschütze von uns fielen aus, nachdem sie sechs oder sieben Rus-*

*senpanzer gestoppt hatten.*
*Der fällige Stellungswechsel in den Leo-Riegel erfolgte in der kommenden*
*Nacht. Dorthin war auch unser AbtGefStand zurückverlegt worden. Hier erfuh-*
*ren wir, dass der Stab unserer Division mit einigen Teilen bereits am Vortage*
*nach Windau verladen hatte. An ihre Stelle traten die Soldaten der 12. Luftwaf-*
*fen-Felddivision unter GenLt. Gottfried Weber. Sie schalteten sich in den erbit-*
*terten Abwehrkampf um Sworbe ein. Auch wir, diesmal dem GR 386, Oberst Reu-*
*ter unterstellt, schlossen uns diesem Abwehrkampf an. Der Oberst trug bereits*
*seit dem 27. August das Ritterkreuz.*
*Als der Richtschütze unseres Panzerjägers verwundet wurde, sprang ich für ihn*
*ein und bediente das Geschütz bis zum Ende der Kämpfe, wobei es unserem*
*Panzerjäger gelang, einige Feindpanzer und schwere MG zu vernichten.*
*Kurz darauf musste ich mich auf dem GefStand der Kompanie melden. Dort*
*überreichte GenLt. Schirmer mir und drei meiner Kameraden das EK I.*
*Die Kriegsschiffe halfen uns nach besten Kräften außerordentlich mit ihrer*
*schweren Artillerie. Wenn die Russen mit Panzern angriffen, wurden sie durch*
*die schwere Schiffsartillerie abgewehrt, die von einem Landbeobachter einge-*
*wiesen worden war. Wir sahen draußen auf See die Umrisse unserer schweren*
*Schiffe und konnten ihre Salven und Einzelschüsse als rote Feuerwände - und*
*bälle erkennen.*
*Ob wir es ohne sie geschafft hätten, scheint mir unmöglich."*

# Einsatz der schweren Kriegsmarine-Einheiten - Oberwachtmeister Herbert Dammert berichtet

Am 10. Oktober 1944 bezog Owm. Dammert gegen 07.30 Uhr seinen Gefechtsstand im Vormars des Artillerie-Leitstandes der "Prinz Eugen". FKpt. Schmalen-
bach hatte als 1. AO (Artillerieoffizier) ebenfalls dort Posten bezogen. Alle
Funkverbindungen liefen über ihn.
An diesem Vormittag nahm Dammert zum erstenmal Funkverbindung mit der
Funkstelle des vorgeschobenen Landbeobachters auf. Beide hörten einander mit
der Lautstärke 5 - kurz "qsa-Knall" genannt. Als ein Luftangriff gegen die "Prinz
Eugen" geflogen wurde, gab Dammert "fla - Fliegerangriff!" durch. Die Gegen-
stelle gab "warten", bis Dammert sie wieder rief und die Landbeschießung auf
feindliche Panzergruppen oder Infanterieansammlungen fortgesetzt werden
konnte.
Die Schiffsflak feuerte in schnellstem Salventakt. Der Kommandant des Schiffes
Kpt.z.See Reinicke ,wich niedergehenden Bomben mit Hartrudermanövern aus.
Dies war eine Spezialität des Kommandanten. Sein Schiff wurde von den Russen nur noch die "blaue SS" genannt.

Diese Unterstützungsleistungen dauerten vom 10. Oktober bis zum 28. November an. Die "Prinz Eugen" stand am häufigsten im Küstenkampf. Ihre vier Türme mit den 20,3 cm Geschützen und die jeweils zwei Türme mit drei Geschützen vom Kaliber 28, der schweren Kreuzer "Lützow" und "Admiral Scheer" konnten den Feind bis auf eine Distanz von 35 km erreichen. Neben der schweren 10,5 cm Flak, die von Fall zu Fall auch in die Landkämpfe eingriff, wurde die mittlere und leichte Flak in der Hauptsache zur Abwehr von Fliegerangriffen eingesetzt.

Die ersten Schiffsziele lagen in einer Entfernung von bis zu 15 km vor Memel, vor allem ostwärts dieser Stadt. Das erste Schießen wurde am nächsten Morgen fortgesetzt und dauerte bis zum späten Abend an.

Während der Nachtstunden lief "Prinz Eugen" mit den sie begleitenden Zerstörern und Torpedobooten noch Gotenhafen zurück.

Owm. Dammert wechselte von der "Prinz Eugen" nach der zweiten Nacht auf einer Motorbarkasse zur "Lützow" über. Über die Jakobsleitern dieser beiden Schiffe ist er noch sechsmal mit seinen Funkerkameraden jeweils von der "Prinz Eugen" auf andere Schiffe übergestiegen. "Scheer", "Lützow" und "Prinz Eugen" waren die Stationen seines Ostsee-Einsatzes. Hier seine Einsatzschilderung:

*"Mit der "Lützow" stand ich am 13. und 14. Oktober in See. Danach kam die "Prinz Eugen" wieder an die Reihe. Auf dem Rückmarsch von dieser Landzielbeschießung bei dichtem Nebel wurde die "Prinz Eugen" von einem schweren wuchtigen Schlag erschüttert.*

*Auf der Brücke wurde zunächst eine "Minendetonation" angenommen. Der Funkbefehl "Schotten dicht!" wurde durch Klingelmorsezeichen gegeben. Die Schotten zu den einzelnen Abteilungen wurden geschlossen, um zu verhindern, dass der Kreuzer, durch die Mine leckgeschlagen, voll lief und sank. Sehr bald stellte sich heraus, dass die "Prinz Eugen" den Leichten Kreuzer "Leipzig" in der Nähe von Hela, bereits nahe vor Gotenhafen mittschiffs gerammt hatte.*

*An diesem 15. Oktober wuchs die Besatzung von T 20 über sich hinaus, als das Boot unter dem Kommando von Kptlt. Lampe direkt auf die Unfallstelle zulief, als erste die Havaristen fand und die "Leipzig" von ihrer ungeschädigten Steuerbordseite aus sicherte. Danach beteiligte sich das Boot an der Schleppaktion, bei der die "Leipzig" über Heck noch Gotenhafen eingeschleppt wurde."*

Der Verschlusszustand auf der "Prinz Eugen" wurde nach einer halben Stunde aufgehoben, die Funker nach oben entlassen. Sie sahen, wie kurz darauf die von der "Leipzig" abgeborgenen Verwundeten in den Sanitätsraum der "Prinz Eugen" geschafft wurden. Noch einmal Oberwachtmeister Dammert aus seinem Situationsbericht dazu:

*"Beide Kommandanten der Schiffe waren an Deck des "Prinzen". Ich war erstaunt darüber, dass sie jede Anordnung, die sie zum Manövrieren gaben,*

*jeweils dem anderen in Schriftform überreichten.*

*Am folgenden Morgen stellte ich fest, dass ich von unserem Vorschiff aus durch das Loch in der Flanke der "Leipzig" hindurch die Ostsee erblicken konnte. Es dauerte bis in die Nachmittagsstunden, ehe die "Leipzig" mit Hilfe einiger Schlepper und T-Boote wieder freikam.. Hierzu hatten die Schlepper einige lange Stahltrossen an der "Prinz Eugen" angebracht, von denen eine unter der Belastung brach und mit lautem Zischen kurz neben dem Schmatting und mir niedersauste.*

*Nachdem unser Schiff von der "Leipzig" freigekommen war, liefen wir mit eigener Kraft nach Gotenhafen ein, während die "Leipzig" dorthin geschleppt werden mußte. Im Hafen konnten wir dann den ziemlich beschädigten Bug der "Prinz Eugen" besichtigen. Kurz darauf wurde mit der Reparatur des Schiffes begonnen."*

# Zerstörer und Torpedoboote der Kampfgruppe Thiele

In der östlichen Ostsee lag im August 1944 der Schwerpunkt der Operationen bei Geleit- und Transportaufgaben. Bereits am 30. Juli 1944 war die "Kampfgruppe 2" unter Führung von Vizeadmiral Thiele aufgestellt worden. Sie bestand aus Einheiten der Ostsee-Ausbildungsverbände und einigen Zerstörern und Torpedobooten der in der Ostsee eingesetzten Flottillen.

Haupteinheit der KGr, war der Schwere Kreuzer "Prinz Eugen", dessen Waffenwirkung am größten war. Hinzu kamen Z 25, Z 28, Z 35, Z 36 und die Torpedoboote T 23 und T 28, die der Vernichtung im Westen während der Invasionsschlachten und in der Narwabucht entkommen waren.

Bereits am ersten Einsatztag beschossen diese Einheiten bei Riga Landziele. Am 20. August wurde die KGr. abermals eingesetzt. Die Rote Armee war mit starken Kräften in Richtung Riga und Libau vorgestoßen. Das gesamte Nordbaltikum war in Gefahr, abgeschnitten zu werden; Dünamund war bereits von feindlichen Spitzenverbänden überrannt worden. Westlich dieser Stadt hatte die Rote Armee das Ufer der Ostsee erreicht.

Von Gotenhafen auslaufend, erreichte die "Kampfgruppe 2" am 20. August den Einsatzraum vor Tukkum und eröffnete mit ihren schweren Waffen das Feuer auf die Landziele, die ihr von vorgeschobenen Landbeobachtern durchgefunkt wurden.

Drei Zielräume wurden von einem dichten Granatenhagel überschüttet. Der Gegner wurde so schwer getroffen, dass es den wenigen deutschen Truppen gelang, die unterbrochene Landverbindung wieder herzustellen. In der Folgezeit sollte die "Kampfgruppe 2" zu der noch andere Marine-Verbände und Einheiten stießen, starken Anteil an den Kämpfen in diesem Räum haben, mit denen das fünfte Kriegsjahr zu Ende ging, und das sechste begann.

Um den Zusammenhang zu wahren, seien an dieser Stelle die weiteren Einsätze der Kriegsmarine angefügt.

# „Das Unternehmen Rettung"

"Die Rettung der deutschen Flüchtlinge", so Großadmiral Dönitz zum Autor, "hielt ich unter den im Herbst 1944 gebotenen Umständen für die erste Pflicht, die der deutsche Soldat noch zu erfüllen hatte.

Wenn wir auch, zu unserem Schmerz, den Ostdeutschen ihr Heimatland nicht erhalten konnten, so durften wir sie bei der Rettung ihres nackten Lebens keinesfalls im Stich lassen. Allein dafür musste der Soldat an der deutschen Ostfront weiter kämpfen."

Dieses Ziel vor Augen, ernannte der Oberbefehlshaber der Kriegsmarine, Großadmiral Karl Dönitz, den Seetransportchef der Wehrmacht, Konteradmiral Engelhardt zum Leiter der Ostseetransporte.

An Zerstörern standen ab Januar 1945 in der östlichen Ostsee zur Verfügung:
6. Zerstörer-Flottille:  Z 25, Z 28, Z 43, "Karl Galster"
5. Torpedoboot-Flottille:  T 23, T 28, T 33, T 35 und T 36
2. Torpedoboot-Flottille:  T 1, T 3, T 4, T 5, T 8, T 9, T 11 und T 12
4. Zerstörer-Flottille:  Z 34, Z 38 (ab 1. 2. 1945)

Weitere Zerstörer der 4. Z.-Flottille, so Z 31 und Z 39, traten in der Schlussphase hinzu. Desgleichen auch die restlichen Boote der 3. T.-Flottille T 17 und T 19. Sie alle sollten mit der bereits genannten "Kampfgruppe 2" und einer Vielzahl an Kleinkampfeinheiten und Dampfern aller Art den Rücktransport der Flüchtlinge und der verwundeten Soldaten in die Heimat sicherstellen, was sie auch bis zum letzten Kriegstage und noch darüber hinaus mit vorbildlicher Einsatzbereitschaft taten.

Doch darüber später mehr. Zurück zur "Kampfgruppe 2" unter Vizeadmiral Thiele und der "Prinz Eugen" die unter dem Kommando von Kpt.z.S. Reinecke stand.

Die Zerstörer und ihre Kommandanten waren:

| | |
|---|---|
| Z 25 FKpt. | Gohrbandt, |
| "Paul Jacobi" | KKpt. Bülter |
| T 23 | Kptlt. Weinlig |
| T 33 | Kptlt. Priebe |

Hinzu kam die "1. Kampfgruppe" mit der

| | |
|---|---|
| "Admiral Scheer" | Kpt.z.See. Thienemann |
| T 35 | Kptlt Buch |
| T 36 | Kptlt. Hering |
| T 28 | Kptlt. Temming |

Als im Sommer 1944 russische Panzerverbände bis nach Memel vordrangen, mussten bereits am 3. August 1944 die ersten Evakuierungsmaßnahmen getroffen werden. Zunächst zogen die Menschen sich in ein Gebiet etwa 130 km weiter westlich zurück und konnten drei Wochen darauf wieder in ihre Heimat zurückkehren.

Dennoch setzte sich die stille Abwanderung - trotz der Parolen des Gauleiters Kaufmann und seiner Dienststelle - weiter fort. Dies ging dahin, dass die Zahl der Einwohner Ostpreussens mit 2.346.000 im März 1944 bis zum Beginn der Grossrückführungen im Dezember 1944 auf 1.754.000 Seelen zurückging. Damit waren etwa 500.000 Ostpreussen im Zuge dieser "stillen Auswanderung" dem Zugriff der Roten Armee entkommen. (Siehe Statistische Berichte. VIII/19/I S. 24).

Eine rechtzeitige Räumungsplanung und eine anschließende zeitgerechte Räumung, die in den Händen des Gauleiters und der Kreisleiter lag, war nicht getroffen worden. Dies bedeutete, dass die Einkreisungstaktik der Roten Armee zu einem rapiden Ansteigen der Rücktransporte über See führte. Dies wieder brachte große Transportprobleme, vor allem aber Brennstoff-Probleme für die Schiffe.

Als die Rote Armee im Oktober 1944 ihre neue Offensive begann, stand sie am 10. Oktober bereits von Tauroggen bis nach Memel an der ostpreussischen Grenze. Nur Kurland blieb in der Hand der HGr. Nord.

Nördlich von Memel hatte die Rote Armee den kleinen Hafen Polangen erreicht und damit einen engen Ring um Memel geschlossen und Kurland durch Abriegelung der schmalen Landverbindung für immer von Ostpreussen getrennt.

Somit mußte Kurland in den folgenden Monaten über See versorgt werden. Anlaufhäfen in Kurland waren Libau am Südende des Kurlandkessels und Windau in der Nordhälfte.

Die Offensive gegen Ostpreussen brachte die Rote Armee bis zum 20. 0ktober bis in die Rominter Heide und führte zur Bedrohung von Gumbinnen. Goldap konnte zurückgewonnen werden. Entgegen den Forderungen der militärischen Befehlshaber verbot Gauleiter Kaufmann die Evakuierung der Bevölkerung. Der Chef des Generalstabes des Heeres, Generaloberst Guderian, bemühte sich persönlich bei Hitler um Verstärkungen für Ostpreussen. Hitler jedoch hatte der Ardennen-Offensive den Vorzug gegeben und eine Reihe Panzerverbände dorthin geworfen, die nun an der Ostfront fehlten.

Dies führte dazu, dass Verhältnis der deutschen Heerestruppen zu jenen der Roten Armee 1 :11 war. Die Panzerzahlen schlugen mit 1 : 7 zu Gunsten der Russen aus, und die Artillerie gar stand in einem Verhältnis von 1 : 20, also in zwanzigfacher Unterlegenheit. (Siehe Tippelskirch, Kurt von: Geschichte des Zweiten Weltkrieges). Ähnlich war es mit der Luftwaffe, die vor allem für den Kampfraum Kurland später im Detail dargelegt werden soll.

Neben den bereits genannten Einheiten der Kriegsmarine wurde noch "Admiral

Hipper" im Landkampf eingesetzt.

Die Transportanforderungen der Truppe wiederum und der Nachschub- und Verwundetentransport wurden von der 9. Sicherungs-Division unter ihrem Chef KAdm. Böhmer (bis Oktober 1944) und dann FKpt. von Blanc (bis Kriegsende) durchgeführt. Sie trug die Hauptlast dieser entscheidenden Aufgabe. Die 9. Sicherungs-Division verfügte über eine Vielzahl Flottillen der Kleinkampfeinheiten wie Minensuchboote, Räumbootflottillen, Vorposten-Flottillen, Sicherungs-Flottillen und Hafen-Sicherungsgruppen, die aus Kriegsfischkuttern, Holzkuttern und Eisenloggern bestanden.

Einen wesentlichen Anteil am Transport der Güter erfüllten die 13., 21. und 24. Landungsflottille mit ihren Marine-Fährprähmen sowie die 7. Artillerieträger-Flottille mit ihren Artillerie-Fährprähmen. Zwei Schnellboot-Schulflottillen und das Lazarettschiff "Oberhausen" kamen hinzu. (Siehe Anlage 9. Sich. Division.) Eine der ersten großen Aufgaben für diesen Verband war die Räumung von Reval.

# Wie Reval geräumt wurde

Während die Rote Armee näher und näher auf die estländische Küste vorrückte, begann am 22. September 1944 die Räumung von Reval. An diesem Tage wurden auf fünf großen Dampfern 23.262 Personen zu den westlich liegenden Zielhäfen abtransportiert. Zwei Zerstörer und vier Torpedoboote geleiteten die Dampfer sicher zurück, während die Minensuchboote den Flakschutz auf der Reede übernommen hatten.

Westlich Reval wurden die ablaufenden M-Boote durch russische Panzer von Land beschossen. Dennoch gelang es bis zum 22. September, binnen fünf Tagen 50.000 Personen und wichtiges Material des Stützpunktes abzutransportieren. Sowjetische Flieger griffen diesen langen Geleitzug mehrfach an. Nordwestlich von Baltischport erhielt R 22 am frühen Morgen des 22. September einen Bombentreffer. Am Nachmittag wurde der Dampfer "Malaga" getroffen. Beide konnten Gotenhafen aus eigener Kraft erreichen. Das ebenfalls beschädigte F 506 konnte aus eigener Kraft Arensburg auf Ösel erreichen.

Vor Windau sank der Dampfer "Moero". Etwa 500 Menschen konnten von den anderen Booten gerettet werden.

Am 24. September meldete die 9. Sicherung-Division die Räumung von Reval als vollzogen.

# Kleinkampf-Einheiten im Kampf um die Baltischen Inseln

Da durch diese sowjetischen Erfolge auch die Lage von Riga bedenklich geworden war, mussten die dieser Stadt vorgelagerten Baltischen Inseln in vollen Verteidigungszustand versetzt werden. Die deutschen Kräfte wurden hier verstärkt. Teile der 23. ID, der 219. ID, die MarAufklAbt. 532 und 531, die Marine Flak-Abt. 239, die StGeschBrig. 202 und einige andere Verbände sollten auf den Inseln den Zugang zur Rigaer Bucht sperren.

Da die letzten Stellungen auf alle Fälle gehalten werden sollten, wurde auch hier der Einsatz der schweren Kriegsmarine-Einheiten notwendig.

Den Anfang aber machten T 23 und T 28, die in vier Einsätzen am 22. und 23. Oktober die sowjetischen Stellungen beschossen. Am 23. und 24. Oktober griff die "Kampfgruppe " mit der "Lützow", Z 28, Z 35, T 31, T 19, T 2l, T 23 und T 28 massiert an. Die sowjetischen Truppen wurden stark dezimiert, bevor die Reaktion der Roten Armee mit Luftangriffen erfolgte.

An den Abwehrkämpfen beteiligten sich alle Einheiten durch die Legung eines Feuervorhanges und die Beschiessung durchgestoßener Flieger. Während Z 28 einen Bombentreffer erhielt, wurden drei Feindbomber abgeschossen. Danach ging die Beschießung russischer Stellungen weiter. Insgesamt wurden 1.100 Granaten geschossen. Der russische Großangriff musste eingestellt werden.

In den folgenden Tagen, vor allem vom 25.10. bis zum 14. ll. konnte die Rote Armee ihre Truppen auf Ösel auf insgesamt fünf Divisionen aufstocken. Darüber hinaus zog sie eine Reihe kleinerer Kampffahrzeuge und MTB durch den Moonsund nach Arensburg nach.

Am 29. Oktober wurde ein neuer Großangriff mit dem Ziel gestartet, den Leo-Riegel zu durchbrechen. Nach erbitterten Kämpfen wurde der Gegner gestoppt, zurückgewiesen und eingebrochene Feindkräfte vernichtet.

Danach trat verhältnismäßige Stille ein. Nach einigen Aufklärungs-Stoßtrupps trat die Rote Armee kurz darauf abermals zum Durchbruch durch den Leo-Riegel an.

Auch diesmal wiesen die deutschen Truppen den Angriff blutig ab. Ein in die deutschen Stellungen eingebrochenes Bataillon wurde im Nahkampf Mann gegen Mann niedergemacht. Beide Seiten kämpften bis zum Umfallen. Immer wieder versuchten die wenigen Maschinen der 3./JG 54, den von Pernau und Arensburg startenden russischen Fliegerkräften den Weg zu versperren. Aber mit den wenigen Maschinen, die große Abschusserfolge zu verzeichnen hatten, konnten diese massierten Angriffe der Roten Luftwaffe, die allein vom Feldflugplatz Pernau aus über 130 Maschinen einsetzten, nicht gestoppt werden. Den deutschen Aufklärungsfliegern war es erst am 23. Oktober möglich, eine Bildaufklärung des gesamten Finnischen Meerbusens zu machen. Das schlechte

## Die sowjetischen Angriffsziele und die Bildung
## mehrerer Brückenköpfe

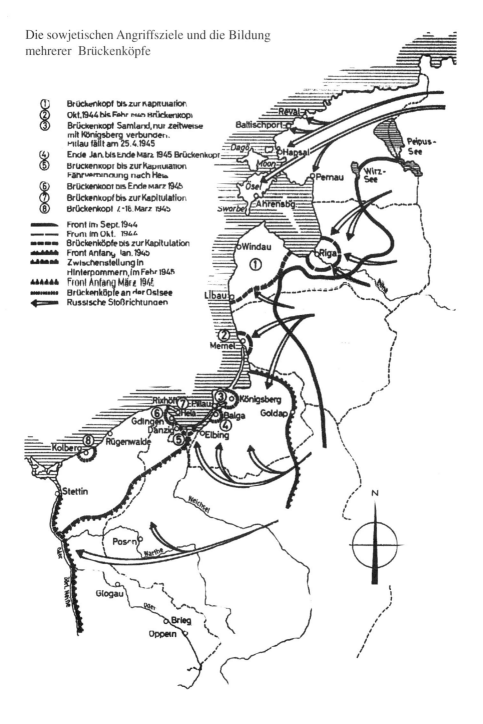

Wetter hatte diese wichtige Aufgabe bis zu diesem Tag verhindert. Das Ergebnis dieser Bildaufklärung zeigte, dass die sowjetische Rotbannerflotte mit starken U-Boot-Gruppen und Kleinkampfschiffen in den estnischen Häfen lag, darunter auch einige schnelle MGB.

Der sowjetische Großangriff gegen den Leo-Riegel begann am Morgen des 18. November. Nach einem kurzen Artillerie-Feuerschlag überflogen die sowjetischen Bomber das Gebiet und warfen ihre Bomben. IL 2-Schlachtflugzeuge stießen dicht auf die Stellungen herunter, warfen Bomben und schossen aus ihren leichten und schweren Bordwaffen. Die Heeresartillerie der Russen fiel in diesen Feuerorkan ein, während sowjetische Kanonenboote und Minensucher von der Seeseite im Osten auf die erkannten deutschen Stellungen feuerten.

Am Nachmittag dieses Tages traten deutsche Minensuch- Räum- und Schnellboote mit diesen in See stehenden Gegnern ins Gefecht. Es gelang, vier Minensucher des Typs "Fugas" zu vertreiben. M 328 stellte vier sowjetische Panzer-Kanonenboote und schoss eines in Brand. Als drei MTB der Russen angriffen, wurden sie durch massiertes Feuer abgewiesen. Sechs feindliche Luftangriffe, auch auf die kleinen deutschen Einheiten, verpufften wirkungslos.

Dennoch ging der Leo-Riegel am 20. November verloren. Der deutsche Gegenangriff sah die Sturmtruppen der Divisionen im Einsatz. Es gelang ihnen, einen Teil der verlorengegangenen Stellungen im Handgranatenkampf zurückzugewinnen. Dann stellten sich ihnen russische Elitetruppen mit ihren Maschinenpistolen entgegen. Drei schwere Sprengungen ließen das Grabenstück, das die deutschen Soldaten zurückerobert hatten, in sich zusammenstürzen und begruben die dort liegenden Männer unter sich.

Der deutsche Gegenstoss brach endgültig zusammen, als russische Werfer und schwere MG das Gelände eindeckten, ohne auf die eigenen Truppen Rücksicht zu nehmen. Die Überlebenden zogen sich, alle Verwundeten mitnehmend, zurück.

An diesem 20. November trat die "Kampfgruppe 2" mit "Admiral Scheer", T 5, T 9, T 13 und T 16 noch einmal an und beschoss die russischen Bereitstellungen und die aus ihnen vorstürmenden ebenso wie die nachgeführten russischen Verbände, ohne den russischen Angriff stoppen zu können. Die am 23. November auftauchende "Lützow" fand keine Ziele mehr.

Auf Sworbe war es den deutschen Truppen an diesem Tage noch gelungen, eine neue Verteidigungslinie bei Polluma-Kuuli zu errichten. Diese galt als Sammelstelle. Von hier aus mussten sich die eingetroffenen Verbände in der Nacht zum 2l. November auf den Torkenhof-Riegel zurückziehen.

Die Seeflanken der deutschen Stellungen wurden von der 7. Artillerieträger-Flottille gedeckt, die noch auf fünf Gruppen mit jeweils drei bis vier Artillerie-Fährprähmen zurückgreifen konnte.

M 328 stieß am 2l. November abermals auf vier russische Minensucher und eröffnete das Feuer aus seiner 10,5 cm Kanone. Zwei Treffer auf eines der Boote ließen dieses sinken. Die drei übrigen Fugas-Minensucher kämpften weiter. Es gelang ihnen, auf V 5713 (Fischdampfer Sudetenland) Treffer zu erzielen. Mit starkem Wassereinbruch musste das Boot durch V 302 (Fischdampfer "Bremen") nach Windau laufen.

Bei Montu flog die Rote Luftwaffe nahezu pausenlos ihre Angriffe. Am 22 .11. versuchten die Russen, dicht hinter der deutschen Front zu landen und diese aus dem Rücken aufzurollen. Sie wurden durch leichte Seestreitkräfte gestoppt und mussten diesen Landungsversuch abbrechen.

Erst als es den Sowjets am 23.11. gelang, die deutsche Abwehrfront an mehreren Stellen zu durchbrechen und sich die Gefahr abzeichnete, dass die haltenden Einheiten umfasst werden würden, da der Feind bereits Tammuna und Kahusandu erreicht hatte, wurde um 13.22 Uhr das Stichwort "Delfin" ausgegeben, was den Räumungsbefehl bedeutete. Die Truppen gingen in die dahinterliegenden Bereitstellungen zurück. Sodann trafen die ersten MFP (Marine-Fahrprähme) ein, welche die im letzten Brückenkopf wartenden Soldaten an Bord nahmen.

Als mit dem letzten Brückenkopf bei der kleinen Ortschaft Zerel die Nachhuten aus diesem Brückenkopf an Bord der Pionier-Sturmboote Ösel verließen, hatten die Marine-Fährprähme 4.491 Soldaten aus der Falle herausgeholt. Dabei ging nur eine der MFP verloren, zwei weitere wurden leicht beschädigt.

Insgesamt aber hatte der Kampf um die Baltischen Inseln eine Reihe Sturmboote, drei MFP und einen AF gekostet. 12 weitere wurden durch Feindeinwirkung beschädigt, fünf durch Unfälle.

Dass deutscherseits die Inseln nicht gehalten werden konnten, lag zum einen an der geringen Truppenstärke, zum anderen am Fehlen schwerer Waffen und Panzer, sowie an einer wirksamen Luftunterstützung bei der Bekämpfung der feindlichen Landungsverbände.

Allerdings hatte auch Riga bereits am 12. Oktober geräumt werden müssen, womit der Hauptsinn des Verteidigungskampfes auf Ösel - die Beherrschung der Seewege nach Riga - entfallen war.

Dass die beiden schweren Kampfgruppen nicht mit der Wucht aller ihrer Einheiten bei den Baltischen Inseln präsent sein konnten, lag in der Tatsache begründet, dass sie auch und vor allem die sowjetischen Angriffsgruppen nördlich Memel bekämpfen mussten. Es gelang den deutschen Truppen dank dieser Unterstützung von See her, den Feind am Stadtrand von Memel zu stoppen.

Nicht weniger als 28 Großziele waren von "Prinz Eugen" vom 10. bis zum 15. 10. bekämpft worden. "Lützow" und die ihr beigegebenen Zerstörer und Torpedoboote bekämpften die russischen Stellungen um Memel herum und bei Kerkelbeck.

Dass mit dem Abschneiden der HGr. Kurland der entstehende Großbrückenkopf im Baltikum laufend von der Marine mit Truppen, Nachschubgütern und Munition aller Art versorgt werden musste, bedeutete, dass diese Einheiten die anderwärts dringend gebraucht wurden, hier verschlissen werden mussten. Dieser Versorgungsverkehr verstärkte sich zum Jahresende 1944 nach den ersten beiden Schlachten in Kurland extrem.

Neben jenen Truppen, die noch in den Brückenkopf (nur im Landserjargon Kessel Kurland genannt) transportiert werden mussten, kamen die Rückführungsaktionen einiger Großverbände, vor allem aber der Verwundeten hinzu. Hier war - wie überall - die 9. Sicherungs-Division gefragt, die ihre Aufgabe mit nie erlahmendem Einsatzwillen meisterte.

# Schwere Kriegsmarineeinheiten gegen Ösel und Sworbe

Zu diesen Einsätzen im Raume der Baltischen Inseln sei auf das Werk Dammert-Kurowski verwiesen, in dem es über jenen Zeitabschnitt heisst:

Am 19. November erhielt die KGr. Thiele Befehl, die Heerestruppen auf Ösel zu unterstützen. Der KGr.Führer VAdm. Thiele war auf "Prinz Eugen" eingeschifft. Admiral Rogge, KGrFhr, der zweiten Kampfgruppe, befand sich an Bord des Schweren Kreuzers "Lützow".

Diesen beiden Großkampfschiffen wurden jeweils etwa zum gleichen Teil die einsatzbereiten Zerstörer und T-Boote als Sicherungsverband beigegeben. Es waren überwiegend die Boote der 6. Z-Flottille und der 3. T-Flottille, die diese Aufgaben wahrnahmen.

Als die Rote Armee mit ihrer 8. Armee am 18. 11. zum Großangriff auf die Halbinsel Sworbe antrat und den Leo-Riegel zu knacken versuchte, wurden zunächst die leichten Einheiten, unter ihnen auch T 23 und T 28, zur Hilfestellung eingesetzt.

Am 20. 11. griff die "Kampfgruppe 2" in den Abwehrkampf ein. Die "Prinz Eugen" wurde von der 3. T-Flot. mit ihrem Führerboot T 21 (an Bord KKptl. Verlohr), T 13, T 16 und T 19 begleitet.

Vom 22. bis 24. 11. löste "Admiral Scheer" (Kpt.z.S. Thienemann) mit den Booten der 2. T.-Flottille (KKpt. Paul) mit T 3, T 12, T 5, T 9, T 13 und T 16 diese KGr. ab.

Durch diese Unterstützung konnten jene 18 MFP die bereits genannten 4.491 Soldaten abbergen.

Die Funkstellen der Schweren Einheiten waren mit jenen der Landtruppen verbunden. So erbat der Land-VB am Morgen des 10. 11.:

"Beeilt euch! Die Russen führen einen Angriff mit Panzern durch!"

Die Salven der Seestreitgruppe schmetterten in die angegebenen Zielquadrate hinein. Dann meldete sich der VB erneut: "Fünf Lagen 200 Meter weiter nach Norden. Die Panzer sind dorthin ausgewichen. "

Danach meldete er: "Einschläge mitten im Ziel!" Als ein anderer VB sich meldete, wurde nach dessen Anweisungen ein weiteres Ziel mit drei Vollsalven belegt. Auch hier lagen die Einschläge mitten im Ziel. Ein russischer Funkspruch wurde aufgenommen und entschlüsselt. Der Kernsatz desselben lautete:
"Erbitten Luftunterstützung gegen in See stehende deutsche Einheiten, die verheerendes Schiffsfeuer auf unsere Stellungen legen. Wenn nicht unverzüglich etwas dagegen geschieht, werden wir den Angriff einstellen."
Die Rote Luftwaffe kam. Wie immer flog sie in großer Höhe die Kriegsschiffseinheiten an. Etwa 40 Maschinen, darunter 10 Torpedobomber stiessen dann direkt in den dichten Abwehr-Feuervorhang hinein. Vier Flugzeuge wurden schwer getroffen. Ein Torpedobomber detonierte, nur wenige Dutzend Meter über der See anfliegend, in einer grellen Flammenrosette.
Als eine schwere russische 17,2 cm-Batterie auf einer beherrschenden Anhöhe das Feuer eröffnete, wurde die "Prinz Eugen" zur Vernichtung dieser Batterie befohlen. Hier der Bericht von 0wm. Dammert:
*„Im Artillerieduell zwischen unserem "Prinzen" und der russischen Batterie wurde Geschütz nach Geschütz des Gegners durch Volltreffer vernichtet. Es gelang der Roten Armee nicht, auch nur eines der drei Großkampfschiffe der beiden Beschiessungsverbände auszuschalten."*
*Als die Beschießungen des 20. 11. zu Ende waren, ließ der Kampfkommandant Baltische Inseln, GenLt. Schirmer der 2. KGr. folgenden Funkspruch übermitteln:*
*"An 2. Kampfgruppe" Besatzung der Festung Sworbe dankt für wirksame Unterstützung. Der Feind erlitt bei gutliegendem Feuer schwerste Verluste. Ich bin dankbar, wenn morgen ab 07.30 Uhr der schwer ringenden Truppe weitere Hilfe zuteil wird ."*
Am Morgen des 21. 11. um 07.10 standen der "Prinz" und seine Begleitboote in der neuen Feuerlinie. Alle Ziele, die bekämpft werden mussten, lagen im Flaschenhals der Halbinsel Sworbe bei Turju. Um 15 Uhr war dieses Schießen erfolgreich beendet. Die Kampfgruppe trat den Rückmarsch an.
Am Morgen des 22. 11. um 7.30 Uhr wurde wieder Verbindung mit den VB aufgenommen. Die 28 cm-Türme der "Admiral Scheer" zerschossen in fünf Vollsalven eine russische Bereitstellung mit Truppen und Panzern. So wurden im weiteren Verlauf der Beschießung dieses Tages angreifende Feind-Infanterie, Geschützstellungen, Raketenwerfer-Batterien und der feindliche Nachschubverkehr zum Teil vernichtet.
Um 17.00 Uhr setzte sich "Admiral Scheer" von der Küste ab, um am Morgen des 23. 11. erneut zum Angriff auszulaufen. An diesem Tage waren es erkannte Artilleriestellungen und die Kreuzung einer wichtigen Nachschubstrasse, die alle Transporte passieren mussten.
Um 10.00 Uhr gab eines der T-Boote Fliegeralarm. Von See her näherten sich zunächst vier schwere russische Bomber. Die Bomben wurden gelöst. Sie waren

im ersten Moment silbernblitzend zu erkennen.

Im rechten Moment befahl der Kommandant der "Scheer" Hartruderlegen und drei der vier geworfenen Riesenbomben detonierten im Kielwasser. Die vierte jedoch krachte auf das Vordeck, riss eine schwere Bohle heraus, zerfetzte einen der dicken Stahlpfeiler an der Reeling und schlug mit einer haushohen Wassersäule neben dem Bug der "Admiral Scheer", ohne zu detonieren, ins Wasser. "Admiral Scheer" setzte die Fahrt ins neue Zielgebiet fort. Nach zwei Salven war das Ziel erfasst, und die nächsten fünf Salven brachten es zum Schweigen. Bis 13.00 Uhr waren alle wichtigen Ziele ausgeschaltet, und "Admiral Scheer" nahm Kurs auf Gotenhafen. In der folgenden Nacht begann dann - wie erwähnt - der Abtransport der Besatzungstruppen mit den 18 MFP.

Der letzte Einsatz der "Prinz Eugen" gegen den russischbesetzten Teil der Halbinsel Ösel begann am Morgen des 23. 11. mit der Beschießung einer Landbatterie durch die Mittelartillerie des Schiffes. Die Schwere Artillerie beschoss Landziele.

Um 08.10 Uhr griffen vier IL 2-Schlachtflugzeuge mit zwei Begleitjägern eines der sichernden T-Boote an. Eine IL 2 stürzte in die See und detonierte mit einem Aufschlagbrand.

Um 8.20 Uhr waren die ersten vier Jäger der 3./JG 54 zur Stelle. Sie warfen sich auf acht weitere IL 2. Eine davon wurde abgeschossen, die anderen drehten ab.

Um 09.07 Uhr erfolgte ein Sturzangriff von acht IL 2, die überraschend aus dichten Wolkenballen herunterstießen. Ihre Bomben fielen genau ins Kielwasser des weggedrehten Schiffes.

Der nächste Fliegerangriff erfolgte um 09.58 Uhr. Diesmal waren es acht zweimotorige Bomber, die in 2000 m über einem dünnen Wolkenschleier anflogen und die "Prinz Eugen" von Steuerbord querab angriffen. Das Schiff drehte mit 22 kn Fahrt hart ab. Der um 10.01 Uhr erfolgte Bombenwurf ging vorbei. Sekunden später wurden drei Torpedoflugzeuge gemeldet. Tieffliegend und weit auseinandergezogen kamen sie in der für sie günstigen 90-Grad-Schiffsrichtung, womit sie den "Prinzen" breitseits hatten. Das Schiff drehte hart Steuerbord. Mittelartillerie und Schwere Artillerie schossen noch immer auf die Landziele, während die Bordflak und die Waffen der näher heranstehenden T-Boote die Luftabwehr übernahmen. Auch dieser Angriff verpuffte wirkungslos.

Der nächste Schlachtfliegerverband griff um 10.28 Uhr an. Bevor diese acht IL 2 auf den Schweren Kreuzer zuflogen, versuchten sie, ein abgesetzt stehendes T-Boot zu vernichten. Dieses entkam mit Zickzackkurs. Ein weiterer Angriff um 10.35 Uhr brachte den Angreifern ebenfalls keinen Erfolg.

Diese laufenden Luftangriffe ließen erkennen, welche Bedeutung die Rote Armee dem Eingreifen der Schiffsverbände in den Landkampf auf den Baltischen Inseln beimaß.

Um 11.00 Uhr wurde dann von der Landstelle der erste russische Großangriff gemeldet. Von Bord konnten die Angriffe anhand der Einschlagdetonationen und der auf die Landziele stürzenden Flieger erkannt werden. Die Schiffsartillerie schoss aus allen Rohren - immer noch von VB geleitet - auf die angegebenen Ziele.

Die feindlichen Luftangriffe auf die "Kampfgruppe 2" mehrten sich und gewannen an Stärke. Um 13.35 Uhr flogen über Sworbe zwei Gruppen mit jeweils 12 IL 2 heran. Acht Begleitjäger sicherten diese. Diese beiden Gruppen versuchten ein Täuschungsmanöver, so, als wollten sie Landziele angreifen. In letzter Sekunde drehten sie auf See hin ab und flogen in vorlicher und achterlicher Richtung zum Schiff.

Der Verband stellte sich sofort darauf ein. Seine Fahrt wurde erhöht, alle Waffen standen zur Abwehr dieses Gegners bereit. Noch ehe der Gegner die zum Schlussangriff nötige Position erreichte, drehte die "Scheer" auf die vorliche fliegende Gruppe zu, die damit in die Reichweite der schweren Flak kam. Die Maschinen setzten zum Gleit- und Sturzflug an. Die geworfenen Bomben gingen am Schiff vorbei. Auch die von achtern anfliegende Gruppe kam nicht zum gezielten Angriff. Drei, dann eine vierte IL 2 zogen qualmend weg. Eine weitere stieß im Steilflug, einen dunklen Rauchfaden hinter sich herziehend, in Richtung Festland weg.

Mitten in diesem Geballer gellte die Meldung der Ausgucks:

"Hochbomber über dem Schiff!"

12 bis 15 Bomber hatten das Schiff über den Wolken unbemerkt anfliegen können. Sie waren nur durch ein Wolkenloch kurz vor dem Einfliegen in die Bombenwurfzone gesichtet worden.

"Alle Flawaffen Sperrfeuer!"

Ein dichter Feuervorhang der schweren und mittleren Flak schirmte das Schiff ab. Gleichzeitig drehte die "Scheer" nach Backbord weg.

Die Bomben fielen zu beiden Seiten des Achterschiffes bis zu 10 Meter nahe ins Wasser. Die "Scheer" wurde schwer durchgeschüttelt, hatte aber glücklicherweise keinen Treffer erhalten. Sie setzte sich nach Westen ab. Ein Funkspruch des Admirals östliche Ostsee an die Kampfgruppe lautete:

"Das Ausharren trotz Ausfalles des eigenen Jagdschutzes bedeutete für Sworbe wertvolle Entlastung. Das Schießen lag besonders gut."

Als der Schiffsverband am anderen Morgen erneut auslief, war die Räumung bereits beendet.

Mit diesen skizzenhaften, Hinweisen auf jene, den Ereignissen im Kessel von Kurland unmittelbar vorausgegangenen Kampfhandlungen, sollten die Einsätze erklärt werden, die sich danach in Kurland abspielten: Jene sechs Kurland - schlachten, die von der HGr. Kurland in einer bisher nicht dagewesenen Art und Weise gemeistert wurden.

# DER AUFMARSCH DER ROTEN ARMEE

## „Der achte Schlag" im Baltikum

Im ersten Abschnitt ihres "Achten Schlages" der sich gegen die Baltischen Gebiete richtete, errang die Rote Armee in dem Zeitraum vom 14. 9. bis zum 22.10. 1944 mit ihrer 1., 2. und 3. Baltischen Front die "Befreiung Estlands". Am 13. Oktober bereits wurde Riga erobert und schließlich die Heeresgruppe Nord zwischen Tukkum und Lijepaja an die Ostsee gedrückt. Damit war in einem Halbkreis von Süden noch Norden ein riesiger Kessel gebildet worden, in dem etwa 35 Divisionen der HGr. Nord eingeschlossen waren. Sie konnten sich bis zum letzten Kriegstage nicht mehr befreien, nicht zuletzt, weil „ein Führerbefehl dies verbot."

Zwar war es den deutschen Truppen gelungen, nach dem Absetzen aus Riga im Unternehmen "Donner" die 6l. ID als ersten Kampfverband der 18. Armee über die Düna zurückzuschaffen. Ihr folgten die Divisionen des XXXVIII. AK mit der 30. ID., der 21. Lw-Felddivision, und der 32., 11. und 225. ID nach. Auch sie wurden nach Süden in Sicherheit gebracht und über die Düna geschafft. Diese Absetzbewegungen wurden von der 6. FlakDivision unter GLt. Werner Anton gesichert, der seit dem 11. Juni 1944 das RK trug.

Den reibungslosen Rückmarsch sicherte im Norden von Riga bis Dzukste, GenLt. Frankewitz, Kdr. der 225. ID. Von dort aus bis zum Flußübergang bei Vaduske trug GenLt. Dr. rer. pol. Dr. Ing. Johannes Mayer die Verantwortung. Ihm stand General Frankewitz, einer der erfahrensten Kämpfer der Ostfront, zur Seite, der als Oberst und Kdr. des IR 501 bereits am 13. 9. 1941 das RK erhalten hatte, am 13.4. 1944 mit dem 453. EKL ausgezeichnet wurde, um als GenLt. die 89. Schwerter zum RK mit EL zu erringen. Er sollte später die Führung des II. AK im Kurlandkessel übernehmen.

Die freigewordenen Verbände wurden von der HGr. Nord in die von der Roten Armee bedrohten Räume geschickt. Sie wurden mit einem Teil der 18. Armee unterstellt und bildeten mit dem anderen, der 21. LwfeldDiv., der 19. SS-Division und der 32., 122. und 329. ID eine Armeeabteilung unter Generalleutnant Anton Grasser, auch er ein hochausgezeichneter Truppenoffizier und General. Die 12. LwFeldDiv. übernahm gemeinsam mit der 83. ID in Nordkurland Küstenschutzaufgaben.

Die Divisionen 11., 30., 61., 126., 225. und die 14. PD wurden der 18. Armee zugeführt.

Am 10. Oktober flog GenOberst Schörner ins FHQ und erklärte Hitler rücksichtslos die Lage der HGr. Nord. Daraufhin genehmigte dieser den Rückzug der 16. Armee in die Tukkumstellung, während das in Memel eingeschlossene XXVIII. AK der HGr. Mitte unterstellt wurde.

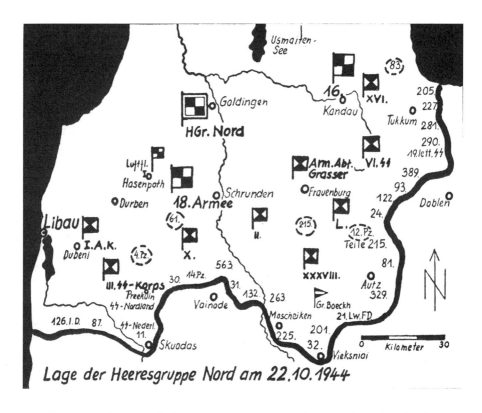

**Lage der Heeresgruppe Nord am 22.10.1944**

Als die Russen in Riga eindrangen, stand die 87. ID unter Genmaj. Mauritz von Strachwitz (er starb am 23.10. 1953 im russischen Lager „Asbest" bei Swerdlows durch Verhungern), noch auf dem Feindufer der Düna, um den Flankenschutz nach Norden zu sichern. Nunmehr wurden ihre noch etwa 5.000 Kämpfer auf Pionier-Landungsbooten und MFP in der Nacht zum 13.10. mit ihrem Großteil an Waffen und Material übergesetzt, darunter die letzten drei Sturmgeschütze und 20 Geschütze sowie über 450 MG.

Bis zum 16. Oktober hatten alle Verbände den langen und engen Schlauch bei Schlock passiert und Kurland erreicht. Drei Armeeoberkommandos mit 20 Divisionen und vielen Spezialwaffen hatten Riga und damit Estland passiert und befanden sich in Kurland in der Tukkum-Stellung, die sich von Klapkalnice bis ans Meer und weiter bis nach Dzukste erstreckte.

Damit befand sich die Masse der HGr. Nord in ihrem neuen Einsatzraum Kurland, wo sie bis zum 8. Mai 1945 trotz vielfacher Übermacht, trotz eines halben Dutzends erbitterter Kurland-Schlachten, bis zum Schluss unbesiegt, infolge der Kapitulation der deutschen Wehrmacht in die Kriegsgefangenschaft ging.

# Die 4. Panzerdivision in Kurland - Vorberichte

Wie bereits in der Einleitung dargelegt, hatte sich auch die Lage im Nordabschnitt der Ostfront durch den Zusammenbruch der HGr. Mitte entscheidend verschlechtert. Die Rote Armee hatte am 30. Juli 1944 bereits westlich von Riga die Ostsee erreicht und damit die HGr. Nord von der HGr. Mitte getrennt. Das OKH befal am 9. 8. 1944 die Verbindung der beiden Heeresgruppen untereinander wieder herzustellen. Dazu sollte die 3. Panzerarmee unter GenOberst Reinhardt von Südwesten her auf Mitau vorstoßen. In dieser Situation wurde die 4. PD, die seit Beginn des Ostfeldzuges stets im Zentrum der HGr. Mitte gekämpft hätte, in den Raum der HGr. Nord verschlagen und musste am Morgen des 10. 8. 1944 von Modlin und Nasielsk aus den Marsch per Bahntransport nach Memel und Skuodas antreten.

Teile der Panzerdivision der Waffen-SS-Division "Wiking" lösten jene der 4. PD in den alten Stellungen ab, die sich im Raume ostwärts von Warschau befanden. Zu den Spitzenverbänden die sich in Marsch setzten, gehörte u.a. auch die II./PR 35 unter ihrem bewährten Kdr. Major Fritz-Rudolf Schultz, der, von seiner im Juli erlittenen Verwundung genesen, zur Front zurückgekehrt war. Er hatte am 21. April 1944 das RK erhalten und war in der gesamten Division als besonnener und zupackender Panzerführer bekannt.

Auf allen Fahrzeugen der 4. PD war erst seit kurzem das neue Wappen, zwei gekreuzte Schwerter aufgemalt, um den Divisionskommandeur General der PzTr. Dietrich von Saucken, der am 31.1. 1944 als 46. deutscher Soldat die Schwerter zum RK mit EL erhalten hatte, zu ehren.

Die ersten Transporte rollten am frühen Morgen des 11. 8. los. Der Divisionsstab folgte am 12. 8. nach, als er den alten Divisionsabschnitt an die SS-PD "Totenkopf" übergeben hatte. Gemeinsam mit seinem Ia meldete sich General von Saucken im OKH bei GenOberst Guderian, der mit der Wahrnehmung der Geschäfte des Chefs des OKH neben seiner Tätigkeit als Generalinspekteur der Panzertruppe beauftragt war.

Aus Polen rollten die Truppenteile noch Ostpreussen und erreichten von dort aus den Versammlungsraum bei Salantai, südlich von Preekuln.

Damit befanden sie sich bereits im baltischen Raum, der sich mit seinen flachen Hügeln und weiten Tälern, durchzogen von kleineren Flüssen, unterbrochen durch kleine Waldgelände, Höfe, Güter und Schlösser des deutschen Adels vergangener Jahrhunderte, wie eine Märchenlandschaft ausnahm.

Was die erfahrenen Panzerführer störte, waren die vielen kleinen Wasserläufe und Gräben. Was sie wiederum erfreute, war die liebenswürdige und gastfreundliche Bevölkerung.

Genmaj. Betzel, Kdr. der 4. PD, und sein engerer Stab meldeten sich am 13. 8. kurz vor Mittag in Schlossberg bei Pillkallen bei GenOberst Reinhardt, dem OB der 3. PzArmee.

Dessen Chef des Stabes, Genmaj. Otto Heidkämper, war ihnen kein Unbekannter, denn er hatte als Oberst im Frühjahr 1942 vertretungsweise die 4. PD geführt, in der er bis dahin Ia gewesen war.

Genmaj. Heidkämper wies Genmaj. Betzel in die Lage ein, während der Ia der 4. PD die Daten in die Lagekarte eintrug:

"Kurland ist von deutschen Truppen ziemlich entblößt. Erstaunlicherweise marschiert der Feind nicht vor. Die Armee wird den befohlenen Angriff mit Schwerpunkt links bei dem XXXIX. Panzerkorps in Richtung Mitau führen. Dieses Korps wird aus der 4., 5. und 12. PD bestehen.

Die Armee hat strenge Maßnahmen ergriffen, um ihren Aufmarsch geheim zu halten. Über eine vorgegebene Sperrlinie darf kein Truppenteil nach vorn. Auch die PzAA 4 darf keine Feindberührung bekommen. Sie verbleibt hinter den vorhandenen schwachen Sicherungen und wird nur eingesetzt, falls der Verlust von Moscheiken droht. Alle Fernsprechverbindungen nach vorn sind wie auch jeder Zivilverkehr nach dort gesperrt." (Siehe KTB der 4. PD).

Als der DivKdr. Genmaj. Clemens Betzel und sein Ia auf dem Korpsgefechtsstand in Polangen eintrafen, fanden sie den alten Divisionskommandeur, Gen.d.PzTr. von Saucken und seinen Korpschef, Oberstleutnant Kühlwein, dort vor.

General von Saucken befahl, alle Ortschaften zur Rundumverteidigung einzurichten, weil nicht bekannt war, wann und wo der Feind angreifen werde. Diese kleinen Verteidigungsinseln sollten im Stande sein, den Feind aufzuhalten, falls er noch vor der Bereitstellung des Korps selber zum Angriff antreten werde. Der bereits in der Nacht zum 14. 8. einsetzende Regen verstärkte sich mehr und mehr. Die nicht befestigten Straßen weichten zu einem Morast auf. Dies führte zu Verzögerungen des Marsches in den Versammlungsraum.

## Im Einsatz

Der Korpsbefehl des 14. 8. lautete: "4. PD tritt mit Tagesanbruch des 16. 8. mit Schwerpunkt auf der Südflanke über die Linie Latveliai-Ruba-Jaunauce zum Angriff an, durchbricht die Feindstellungen beiderseits Klikoli und gewinnt als erstes Angriffsziel den Raum Vegeri. Sie stösst von dort in Richtung Eleja durch."

Nach Einfall der Dunkelheit des 15. 8. hatte der Divisionsstab nach Tirksliai vorgezogen. Dort fand am Nachmittag bereits die Angriffsbesprechung mit den Kommandeuren statt.

Die Panzerlage stellte sich folgendermaßen dar: Einsatzbereit waren 32 Pz IV und 15 Pz V. Nach kürzerer Instandsetzung konnten ihnen 31 Pz IV und 23 Pz V zugeführt werden, während 5 und 9 weitere Pz IV und V einer längeren Reparatur bedurften.

Ohne die 12. PD, die erst am 16. 8. mit Teilen den Kampfraum erreicht haben würde, sollten die 4. und 5. PD um 08.00 Uhr des 16. 8. angreifen. Dazu Gen0berst Reinhardt:

"Ich bin sicher, dass die Verbindung zu den schwer ringenden Divisionen der HGr. Nord bald hergestellt wird."

Der Angriff begann jedoch erst um 11.00 Uhr, weil sich Aufmunitionieren, Auftanken der Panzer und Herstellung der Feuerbereitschaft der Artillerie verzögerten.

Die KGr, unter dem Kdr, des PR 35, Oberst Christern, die durch Teile des PzArtRgt. 103 Feuerunterstützung erhielt, in welche die HeFlakAbt. 290 einfiel, ging zügig vorwärts. Um 15.30 Uhr wurde Suginciai erreicht (Siehe Kurlandkarte - Übersicht Mitte August 1944). Bis zum Abend war der Raum 4 km vor Vegeri erreicht.

Zur gleichen Zeit gelang es der 5. PD, Papile in Besitz zu nehmen und bis zum Einfall der Dunkelheit den Raum westlich Kruopiai zu erreichen.

Am nächsten Morgen griff das PGR 12 in den Kampf ein und trat um 06.45 von Westen an, während die I./PR 35 von Südosten Vegeri angriff, das mit starkem Artilleriefeuer belegt wurde. Es gelang, die Paksperren durch gezielte Schüsse aus den Pantherkanonen außer Gefecht zu setzen. Um 08.30 Uhr befand sich Vegeri in der Hand der 4. PD.

Noch am Vormittag wurde die PzAA 4 durch das Rgt. "Kurland" abgelöst und nahm die Aufklärung nördlich Vegeri auf.

Da die Panzer durch Schweigepak und Minensperren starke Verluste erlitten, traten die Panzergrenadiere den Weiterstoß an der Spitze an.

Rubeni wurde um 13.30 Uhr genommen, doch der Weiterstoß kam etwa 1000 m ostwärts vor der Front eines Schweigepak-Gürtels zum Erliegen. Feindliche Panzer rollten aus der tiefen Flanke in den Rücken der Panzergrenadiere. Sie schossen in die Löcher und Gräben hinein, bevor sie von Nahkampftrupps der PzGrenadiere mit Sprengmitteln vernichtet wurden.

Aus der rechten Flanke war der Angriff der 5. PD etwa in gleichem Tempo vorangekommen. Die 12. PD, soeben auf der linken Flanke mit Teilen eingetroffen, erhielt vom Korps Weisung, dessen Angriffsflanke nach Norden durch Vorstoßen zu schützen.

Bei den Kämpfen der 2./PGR 12 sah sich der Stabsgefreite Wilhelm Jerschke, der als Melder zur Nachbar-Kp. unterwegs war, plötzlich einigen T 34 gegenüber. Er spurtete zurück, griff sich die ersten beiden Panzerfäuste, die in der Stellung seiner Kp. lagen und rief seinen Kameraden zu, dass Russenpanzer rechts von ihnen stünden.

Jerschke erreichte die Panzer, als sie gerade im Begriff waren, den Wassergraben mit Sprenggranaten zu bestreichen.

Aus 40 Meter Distanz schoss er die erste Panzerfaust, die einen der T 34 tödlich traf, sodass er nach einigen Sekunden im Getöse seiner detonierenden Granaten auseinanderbrach.

Zur Seite laufend kam er nach etwa 20 Schritten in die Flanke des zweiten T 34. Auch dieser blieb, in der Flanke getroffen, liegen. Die aussteigenden Rotarmisten wurden von zwei, drei Kameraden Jerschkes niedergeschossen. Dieser griff nach der Panzermine, die einer seiner Kameraden angeschleppt brachte, und rannte einem dritten Panzer entgegen, der soeben die ersten beiden Granaten aus seiner Langrohrkanone geschossen hatte.

Bis auf vier Meter herangekommen, konnte er die Tellermine unter die linke Raupenkette schleudern.

Als der Panzer darüber fuhr, detonierte sie und riss dem T 34 die linke vordere Laufrolle ab und die Wanne auf. Danach schossen sie die nachfolgenden Gruppen der russischen Schützen zusammen, und damit war dieser drohende Einbruch in die eigenen Linien verhindert.

Stabsgefreiter Wilhelm Jeschke, einer der ganz alten eisgrauen Kämpfer der Panzergrenadiere erhielt am 7. Oktober für diesen entscheidenden Einsatz das Ritterkreuz.

Die Kampfgruppe PR 35 wurde nach Einfall der Dunkelheit durch Teile der Pz/AA abgelöst und auf Suginciai zurückgezogen, um sich zu einem neuen Angriff bereitzustellen.

An diesem 17. August verließ GFM Model die HGr. Mitte, um an der Invasionsfront den Oberbefehl zu übernehmen. An seiner Stelle übernahm GenOberst Reinhardt die Führung der HGr. Mitte, während seine 3. PzArmee von GenOberst Erhard Raus, zuvor OB der 1. Pz-Armee, übernommen wurde. Der Angriff des 18. 8. traf gegen 09.00 Uhr bei Ukri auf den Feind. Dessen Artillerie bepflasterte die Höhen in diesem Raum. Dann schossen die ersten Schweigepak des vorderen Pakriegels. Diese wurde im zusammengefassten Feuer der I./PR 35 abgeschossen. Der zweite Pakriegel konnte rechtzeitig umfahren werden, und der dritte wurde nach Vernichtung dreier Pak durchstossen.

Oberst Betzel rollte mit den Angriffsgruppen vor, die bis Schagarren gelangten. Hier liefen sich die Angriffe in schwerem Abwehrfeuer fest. Der Gegenangriff des 3. mechKorps der Roten Armee mit bis 50 Panzern am späten Abend sah einige kritische Situationen, die aber von der Truppe unter Abschuss mehrerer Feindpanzer gemeistert wurden.

## Neuer Angriff der Roten Armee

Während der folgenden Nacht deuteten Panzergeräusche aus verschiedenen Richtungen auf eine feindliche Panzerbereitstellung hin. Da die Verbindung zur 5. PD abgerissen war, unternahm die I./RR 35, die noch am Morgen den Angriff von 6 T 34 unter Abschuss dreier Feindpanzer und dem Abschlagen des folgenden Infanterie-Angriffs gemeistert hatte, einen Vorstoss nach Osten. Gleichzeitig damit griff auch die Rote Armee auf der linken Flanke mit Panzern an. Eine starke Panzergruppe schob sich - von der Artillerie unterstützt - zwischen die I. und II./PR 35.

Der Komm.Gen von Saucken befahl, zunächst diese in der Mitte der beiden Abteilungen kämpfenden Feindgruppen auszuschalten und dann nach Norden vorzustoßen. Doch dieser Angriff musste auf den anderen Morgen verschoben werden.

In der Abendmeldung des 19. 8. wurden die Erfolge der beiden Abteilungen des PR 35 hereingegeben. Sie beliefen sich auf 27 Feindpanzer und zwei Sturmgeschütze. Kein einziger deutscher Panzer ging an diesem Tage verloren.

Die Fortsetzung des Angriffs auf Schagarren am 20.8. begann bereits um 04.45 Uhr. Diesmal trat das verstärkte PGR 33 nach Norden an. Es wurde von den beiden gepanzerten Gruppen mit dem II./PGR 12 und der II./PR 35 als Nord- , und der I./PR 35 mit der I./PGR 12 als Südgruppe in den Flanken unterstützt. Letztere hatte die Zusatzaufgabe erhalten, mit der 5. PD in dauernder Verbindung zu bleiben.

Gegen starke Pakfronten standen beide Gruppen am Mittag südwestlich Menuici. Südwestlich Lapsas aber stieß die II./PR 35 abermals auf starken Pakfeind. Der Divisionskommandeur kam zur Abwehr desselben nach vorn, führte die II. Abteilung von Süden her in den Wald südlich Viksnas und stiess von hier aus diesem Feind in die Flanke. Sieben Pak wurden vernichtet und eine große Versorgungskolonne zusammengeschossen.

Die Einheiten des II./PGR 12 traten von Westen her an. Wie so oft vorher stürmte 0fw. Christoph Kohl, Truppführer in der 5./PGR 12, der bereits als Unteroffizier in der 2. Kompanie des Regiments am 14. Mai 1944 das RK erhalten hatte, nach vorn. Er schoss sich mit seinen Kameraden den Weg durch eine Feindgruppe frei. Als sie diese fast durchstoßen hatten, erhielt er einen Brustschuss. Er war auf der Stelle tot.

Der Raum südwestlich Viksnas wurde von beiden KGr. erreicht. Als es Nacht wurde, erhielten das PR 35 und die I./PGR 12 Befehl, zurückzugehen und sich neu zu formieren. Sie sollten am anderen Morgen neu angesetzt werden.

An diesem Tage wurden 12 Panzer, 43 Pak und 3 Spähwagen und zwei Granatwerfer des Feindes vernichtet. Vier Traktoren und 16 Lastwagen kamen hinzu. Eine Reihe schwerer Pak Lastwagen und Pkw wurden erbeutet.

Nördlich des Abschnittes der 4. PD war es an diesem Tage der "PzDiv. Strachwitz" gelungen, Dzukste zu nehmen und nach Tukkum weiterzurollen. Auch Tukkum wurde in Besitz genommen. Noch in der Nacht wurde bis nach Schlock durchgestoßen. Dort vereinigte sich die schnelle Panzerdivision mit Teilen der HGr. Nord.

Die 5. PD war in Schagarren in die Verteidigung gedrängt worden. Um der Division Erleichterung zu schaffen, setzten die 4. und 12. PD ihre Angriffe nördlich Schagarren fort.

Es gelang, am Mittag wieder antretend, über Lewalaisi hinaus vorzudringen und gemeinsam mit der 12. PD bis in den Raum nordostwärts Bagaci vorzustoßen. Hier trafen sie erneut auf eine starke Paksperre. Zudem tauchten 15 der neuen Josef-Stalin-Panzer auf, deren 12,2 cm-Kanonen eine grössere Reichweite und Durchschlagskraft als jene der Panther hatten.

In einem blitzschnell wechselnden Gefecht gelang es den Panzern des PR 35, die ersten Josef-Stalin-Panzer abzuschießen. Nach einer Stunde des wilden Gekurbels und immer neuer Schießhalte, standen sieben dieser gefährlichen Ungetüme auf der weiten Plaine, als Zeichen für alle deutschen Panzermänner, dass auch dieser Panzer von den Panthern und selbst vom Panzer IV vernichtet werden konnte.

Wie sich nach Erbeutung eines bald darauf im Sumpf festgefahrenen JS-Panzers herausstellte, hatte die Besatzung mit der verheerenden Tatsache zu kämpfen, dass ihre Kartuschen und Granaten einzeln geladen werden mussten, was ihre Schussfolge bedeutend verlangsamte. Erst geraume Zeit später wurde von russischer Seite diesem Übelstand abgeholfen und die JS-Panzer dementsprechend gefährlicher.

Als der Abend des 22. 8. hereinbrach, hatten der 4. PD folgende russische Verbände gegenüber gestanden:

Die 27. Garde-Kanonen-Brigade der 8. GdArtDiv

Die 9. Garde-mechanische Brigade

Das Garde-Panzerregiment 45 (mit JS-Panzern ausgestattet)

Das Schützenregiment 105 der 77. sowj. Schützen-Brigade


Sie verloren an diesem Tage 17 Panzer, darunter elf JS, 14 Pak und 11 Panzerbüchsen. Diese Verbände, die neu auftraten, bestätigten der deutschen Führung, dass aus dem Raum Tukkum ständig neue Verstärkungen der Roten Armee zur Front rollten.

Der Angriff des 22. 8. erzielte einige Geländegewinne. Vor allem war dieser Tag aber durch feindliche Panzerangriffe in kleinen Rudeln geprägt. So am Nachmittag, als 12 T 34 bei Barkaisi zwischen dem I. und II./PGR 12 durchzubrechen versuchten. Fünf wurden abgeschossen.

Nördlich davon warfen sich einige Panther und Pz IV einem größeren Panzerangriff des Feindes entgegen. Sie schossen bei einem eigenen Verlust 11 T 34 ab.

Am Abend befahl der KommGen. von Saucken, den Angriff auf Mitau über Autz-Bene fortzusetzen. Der 4. PD wurde dazu die PGD "Großdeutschland" unterstellt. Der Angriff bei Schagarren wurde eingestellt, weil sich der Gegner dort hinter einem wahren Wald von Pak und Panzern eingeigelt hatte.

Zunächst aber galt es, Autz in Besitz zu nehmen. Zu diesem Unternehmen trat der Kdr. des PGR 33, Oberstleutnant Gerlach von Gaudecker-Zuch, zum Handstreich darauf an. Der RgtKdr. trug seit dem 8.8. das Ritterkreuz.

Falls der Widerstand zu stark sei, sollte er nach Norden ausbiegen. Dort konnte sich die KGr. der PGD "GD" anschließen, die am Nachmittag bereits die 2. russische Widerstandslinie durchbrochen hatte.

Der KGr. von Gaudecker hatte sich auch Oberst Betzel angeschlossen. Autz konnte an diesem Tage nicht genommen werden.

Ein Gegenangriff des Feindes führte bei der 5. PD zu einem Einbruch. Noch in der Nacht wurden der bedrängten PD jeweils eine ArtAbt. der 4. und 12. PD zugeführt, die den Feind stoppten.

Am anderen Morgen trat die Nordgruppe des Angriffsverbandes aus dem Raum 3 km nordwestlich Autz an. Da die Wege vermint waren, kam sie nur langsam vorwärts und blieb nach gut zwei Stunden vor einem feindbesetzten Waldstück, 2 km nordostwärts Autz, liegen.

Erst die Fortsetzung des Angriffs um 13.00 Uhr brachte einen Erfolg. Die hier postierte dichte Pakgruppe wurde von den Panzern der II./PR 35 und der 4./PzJägAbt. 49 zusammengeschossen. Die stark ausgebaute Feindstellung wurde bis zum Nachmittag durchstossen, wobei es immer wieder zu Nahkämpfen um den Besitz der stark armierten Bunker kam.

16 Pak drei 12,2 cm-Geschütze, viele Panzerbüchsen und zwei Panzer wurden abgeschossen.

Autz selber wurde Straße um Straße in Besitz genommen. Es war die Südgruppe. Sie trat seit dem frühen Morgen gegen Autz an, ließ die schwer verminten Baumsperren vom unterstellten PzP Batl. 79 räumen und drang von Süden nach Autz ein. Die Stadt wurde in Besitz genommen und anschliessend vom versteckten Feind gesäubert.

Um 14.00 Uhr stieß die Südgruppe von hier aus mit dem ihr unterstellten Regiment "Kurland", Panzergrenadieren und Panzern vor. Die Straßen waren vermint und von starkem Feindfeuer abgestreut. Dennoch gelang es bis zum Nachmittag, die Verbindung mit der Nordgruppe herzustellen.

Die PGD "GD" meldete, dass sie bereits den Raum 10 km nördlich von Bene erreicht hatte.

Nunmehr befahl das XXXIX. PzKorps, den Angriff auf Doblen am nächsten Tage fortzusetzen. Dies sollte von der PGD "GD" erledigt werden, während die 4. PD ihren Angriff fortführen und dadurch die Südflanke der PGD "GD" schützen müsse.

Dieser Tag brachte keine wesentlichen Erfolge. Lediglich die PGD "GD" meldete den Raum 10 km westlich Doblen als erreicht.

Während das Regiment Kurland am 26. 8. bei Autz eine Sicherungslinie zwischen der Bahnlinie und der rechts benachbarten 12. PD bezog, die einzelnen KGr. der 4. PD nach Vendriiki vorgingen, war eine Weiterführung dieses

Angriffs am selben Tage nicht mehr möglich.

Am nächsten Morgen trat die KGr. PGR 12 mit ihren Unterstellungen zusammen, und nach einem Feuerschlag aller Waffen ging sie um 14.30 Uhr zum Angriff vor. Die anschließenden Waldkämpfe gestalteten sich schwierig, denn neben den Infanteriekräften mit vielen Baumschützen, hatte der Feind schwere Waffen und Panzer eingesetzt. Dennoch wurden die jenseits des Waldgürtels liegenden Gehöfte Pules und Pluki besetzt und um 17.10 Uhr die Straße Zeltino-Anites erreicht und überschritten.

Mitau konnte nicht genommen werden. "Doch mit dieser Endlage des 27.8. war der Hauptzweck des am 16.8. begonnenen Angriffs, die Herstellung einer sichren Verbindung zur HGr. Nord, erreicht." (KTB der 4. PD). Es war dies vor allem dem schneidigen Angriff der "PD" von Strachwitz" zu verdanken." Die 4. PD konnte für sich in Anspruch nehmen, zusammen mit den übrigen Divisionen des XXXIX. PzKorps die Voraussetzungen für das Gelingen geschafft zu haben, indem sie zuvor starke Feindkräfte auf sich zog und in den Einsätzen der geschilderten Art ihnen nicht nur standhielt, sondern auch hohe Verluste zufügte." (Siehe KTB der 4. PD und Unterlagen von GendPzTr. Dietrich von Saucken an den Autor).

Bei Autz wurde die 4. PD in den nächsten Tagen in immer neue Stellungskämpfe verwickelt. Sowohl die feindlichen Fliegerkräfte als auch seine Artillerie, denen sich Salvengeschütze und Panzer anschlossen, forderten schwere Opfer und den vollen Einsatz aller Männer der Division. Hier standen ihr gegenüber: Teile der 87. Schützendivision,

Die 35. Garde-Panzerbrigade,

Die 17. Flakdivision,

Hinzu kamen das Panzerabwehr-ArtRgt. 764, die 20. Granatwerfer-Brigade, das PiBatl. 57, die 26. mot. Schützenbrigade sowie die Panzerbrigaden 29, 101 und 102.

Diese Kämpfe des 28. und 29.8. dauerten pausenlos an und brachten der Division herbe Verluste.

# Obergefreiter Kunert - Der „Steher"

Zu einer Frontbegradigung traten die einzelnen KGr. der 4. PD nach umfangreichen Vorbereitungen in der Nacht zum 31. 8. an.

Der Gegner sollte entlang der Bahnlinie Autz-Bene zurückgeworfen werden. Von Mitternacht bis 0.45 Uhr hatten die Angriffstruppen ihr Ziel erreicht.

Einer der Männer, der seinen Soldaten von der 6./PGR 33 voraus in die Feindstellungen eindrang, war der Obgefr. Gerhard Kunert. Er hatte nach Ausfall des Zugführers den Zug übernommen und kämpfte wie ein Berserker.

In der Division war er bereits als „der Steher" bekannt, denn am 22.7. hatte er in einer Stellung bei Tschernodje mit seinem MG und einer Kiste Handgranaten ausgehalten, als sein Bataillon vom Feind bereits umgangen war und ein Zusammenbruch der Frontstelle drohte.

Als neben Kunert der MG-Schütze ausfiel, warf er sich hinter die Waffe und hielt den anrennenden Feind nieder. Ein Einbruch keine dreissig Meter seitab wurde von ihm mit einigen Handgranatenwürfen beseitigt.

Dann warf er sich erneut hinter das MG und zog blindlings von links nach rechts durch die dichte Welle der erdbraunen Gestalten der Russen und brachte auch diesen Angriff zum Stehen.

Der Feind blieb liegen. Die zurückgewichenen Soldaten warfen sich wieder in ihre alten Löcher.

An Ort und Stelle sprach der in die HKL geeilte DivKdr. GenLt. Dietrich von Saucken dem ObGefr. die Beförderung zum Unteroffizier aus und reichte ihn zum Ritterkreuz ein, das Kunert am 16. September 1943 erhielt.

Zurück zum für Kunert ereignisreichen 31.8.

Als die Rote Armee einen weiteren kampfstarken Verband gegen die begradigte Front ansetzte, war es erneut die II./PGR 33, die diesem Ansturm standzuhalten hatte. Uffz. Kunert stand im Mittelpunkt der Nahkämpfe. Er erwehrte sich mit der MPi einer Gruppe Rotarmisten und schlug sie ab, sprang in eines der feindbesetzten Löcher direkt vor der eigenen Stellung, nachdem er zwei Handgranaten gezündet und hineingeworfen hatte.

Er räumte mit nur wenigen Männern das gesamte Vorfeld und den rechts anschließenden Grabenabschnitt frei. Als alles bereits gelaufen schien, traf ihn in einem letzten Nahkampf der tödliche Schuss.

Oberst Betzel reichte den hervorragenden Soldaten Kunert zum Eichenlaub des Ritterkreuzes ein. In der Begründung des DivKdrs.stand:

"An allen Brennpunkten der 4. PD eingesetzt, hat Kunert durch Einsatzwillen und Angriffsschwung schwierige Situationen gemeistert und seine ganze Kompanie mitgerissen. In Sturmangriffen und vor allem Nahkämpfen war er einer der ersten und riss alle Kameraden mit. Er bewies Zähigkeit, Ausdauer und Einsatzbereitschaft bis zur letzten Stunde im Nahkampf bei Mitau."

Am 4. Oktober 1944 erhielt Gerhard Kunert posthum das 606. Eichenlaub zum RK des EK.

Weitere feindliche Gegenstöße wurden abgewiesen. Am Mittag dieses ereignisreichen Kampftages traf GendPzTr. von Saucken bei seiner alten Division ein. Wenig später erschien auch der OB der HGr. Mitte, Generaloberst Reinhardt dort, um die Division zu ihrer Kampfleistung zu beglückwünschen.

Ihm wurde gemeldet, dass die 4. PD im Laufe des August 1944 240 Feindpanzer und 7 Sturmgeschütze abgeschossen hatte und es für den September noch gut ein Drittel mehr sein würden.

Am 1. und 2. September kam es zu einigen Gefechten mit dem Feind, bei denen sich ObGefr. Josef Rickert, Grfhr. in der 1./PGR 12 besonders auszeichnete. Mitten im feindlichen Sperrfeuer stieß er vor, unterlief die Einschläge und schlug einen feindlichen Angriffsstoß ab. An der Einbruchsstelle hielt er mit nur wenigen Männern seiner Gruppe und einem MG aus, bis er durch BatlBefehl zurückbefohlen wurde.

Am 20.10. 1944 wurde dieser Einsatz mit dem RK belohnt.

Ab dem 3. September trat bei der 4. PD eine längere Kampfpause ein. Während dieser Zeit konnte GendPzTr. von Saucken die Auszeichnung des DivKdr., Genmaj. Clemens Betzel, mit dem RK vornehmen, das diesem verdienten Soldaten am 5. 9. 1944 verliehen worden war.

Am 8. 9. wurde Oberstleutnant i.G. Peter Sauerbruch, der als Hptm und Ib der 14. PD sowie Führer der KGr. Sauerbruch am 4.1.43 das RK errungen hatte, nach Berlin "versetzt".

Diese Versetzung erwies sich als „Verhaftung", weil der Oberstleutnant mit dem Attentat auf Hitler am 20. Juli 1944 in Zusammenhang gebracht wurde.

Anlässlich dieser "Versetzung" meldete sich Sauerbruch am späten Abend des 8. 9., bei General von Saucken ab, der über diese Verhaftung informiert worden war. Es entspann sich folgender denkwürdiger Dialog:

Von Saucken: "Ihre Festnahme wird sich als Irrtum herausstellen."
Sauerbruch: "Es kann sein, dass ich Sie enttäuschen muss!"
Von Saucken: "Als Ihr Freund und Vorgesetzter rate ich Ihnen, seien Sie dort, wo man Sie jetzt hinbringt, weniger offenherzig als mir gegenüber."

Dazu sagte Peter Sauerbruch später dem Autor: "Der General war ein unerschrockener Ehrenmann und Kamerad. Ungeachtet der damit für ihn selbst verbundenen Gefahr ließ er mich nicht fallen."

14. September 1944 begann die große Offensive der Roten Armee. Mit diesem Generalangriff sollte die HGr. Nord vernichtet werden.

# DIE SOWJETISCHE OFFENSIVE GEGEN RIGA

## Erste Übersicht

Seit Anfang September stellten sich die sowjetischen Truppen zwischen dem Finnbusen und Riga zum Großangriff bereit. Diesmal sollte mit einer Streitmacht angegriffen werden, der keine deutsche Verteidigungslinie würde standhalten können.

Das STAWKA sah vor, gegen diesen Kampfraum, in dem sich die deutschen Heerestruppen versammelt hatten, mit 125 Schützen-Divisionen, fünf Panzerkorps, einem mech. Korps und sieben Festungsbrigaden anzutreten. Die Gesamtstärke dieser Streitmacht betrug 900.000 Mann. Ihnen standen 17.480 Geschütze, 3.080 Panzer und 2.640 Flugzeuge zur Verfügung, die in folgenden Großverbänden eingesetzt werden würden:

**Leningrader Front:**    Marschall Goworow.
Chef des Genstabes:    Generaloberst Popow, mit der 2. Stoßarmee und der 8. Armee, die vom Finnbusen bis zum Peipussee standen. Südwestlich dieses Sees standen die:
**3. Baltische Front:**    Armeegeneral Masslenikow
Chef des Stabes:    GenLt. Vaskewitsch mit der 67. Armee, 1. Stoßarmee und der 54. Armee.
**2. Baltische Front:**    Armeegeneral Eremenke
Chef des Stabes:    GenOberst Sandalow mit der 10. Gardearmee, 42. Armee, 22. Armee und 3. Stoßarmee. Einsatzraum südlich der Düna.
**1. Baltische Front:**    Armeegeneral Bagramjan
Chef des Stabes:    Generdloberst Kurassow mit der 4. Stoßarmee, 43. Armee, 51. Armee, 2. Gardearmee und 5. Gardepanzerarmee im Raume südlich Riga.

Die 13., 14. 15. und 3. Luftarmee waren den einzelnen Fronten von Norden nach Süden unterstellt.

Marschall Woroschilow reiste mit einem Sonderstab des STAWKA direkt zur Front, um die Koordinierung aller Kampfhandlungen der drei Baltischen Fronten zu übernehmen. Die Leningrader Front hatte Weisung, selbständig zu operieren.

Die Weichen waren gestellt, als am Morgen des 14. September 1944 um 04.00 Uhr zwischen dem Peipussee und Schaulen das Trommelfeuer aus etwa 1000 Geschützen loshämmerte und die sowjetische Frontlinie in einem undurchsichtbaren Schleier aus aufspringenden Flammen und dichtem Korditstaub unsichtbar machte.

Noch während dieses bisher an der Ostfront nicht gesehenen Trommelfeuers überflogen Hochbomber, Kampfflugzeuge, Schlachtflugzeuge und Begleitjäger die deutsche Front. Die IL 2-Schlachtflieger stürzten sich im Tiefflug auf die deutschen Stellungen und erkannten Flakpositionen, um sie in direktem Anflug mit Bomben und MG zum Schweigen zu bringen.

Die deutschen Stellungen wurden von Einschlägen dicht bei dicht umgepflügt. Manchmal sah es so aus, als ob riesige Erd- und Stahlfontänen den gesamten Frontabschnitt zudeckten.

Nach 90 Minuten dieses ohrenbetäubenden, verheerenden Getöses traten die russischen Sturmgruppen aller drei Baltischen Fronten zum Angriff an. Das deutsche Sperrfeuer war viel zu schwach, um diese Flutwoge von Rotarmisten stoppen zu können. Es wurde teilweise einfach unterlaufen.

# Der deutsche Abwehrkampf

Der Abwehrkampf in den Gräben südlich des Wirz-Sees beim XXVIII. deutschen AK konnte die Front nicht überall dicht halten. Ein erster Einbruch wurde bei der 30. ID gemeldet, dem ein weiterer bei der 12. Lwfeld-Div. folgte. Der erste Ansturm der Roten "Flutwelle" konnte gestoppt werden, doch der zweite, dem gleich darauf ein dritter folgte, stiess durch und die 31. sowie die 227. ID mussten auf die 2. und schließlich auf die 3. Auffangstellung zurückweichen. Lediglich die 2l. ID konnte sich unter Aufbietung letzter Kraftreserven vor Walk halten. Hier brachen alle Feindangriffe vor der Front und unmittelbar vor dem Graben im Abwehrfeuer dieser alten ostpreussischen Division zusammen. Drei kleine Einbrüche wurden sofort mit allen Mitteln abgeriegelt und ausgeräumt, wobei es zu dramatischen Nahkämpfen kam.

Damit war die Front der 16.Armee bereits am ersten Tage durchlässig geworden. Bei der 18. Armee jedoch, wo der zweite Schwerpunkt der sowjetischen Offensive lag, stand das X. AK mit den von rechts nach links gruppierten Infanteriedivisionen 24, 132 und 121, 329 und 126 eisern und hielt die Front.

Das X. AK hielt einer vielfachen Übermacht stand. Es musste erst nach Einfall der Dunkelheit die erste Grabenlinie aufgeben, weil sie stark gefährdet war. Ein Einbruch gelang der 2. Baltischen Front jedoch nicht.

Bei Bauske, im Angriffsschwerpunkt der 1. Baltischen Front, hatte die Rote Armee den entscheidenden Angriff angesetzt. Hier waren es nicht weniger als 15 Schützen-Divisionen und zwei Panzerbrigaden, die das I. AK mit aller Wucht berannten. Diesem Korps mit seinen vier Divisionen: der kampferprobten 58. und der nicht minder starken 215., der 290. ID und der 281. Sicherungs-Division war den russischen Kräften um das Sechs- bis Siebenfache an Soldaten unterlegen, ganz zu schweigen von den schweren Waffen und vor allem Panzern.

Die 4. Stoßarmee unter GenLt. Malyschew und die 43. Armee, geführt von GenLt. Beloborodow, schafften dennoch nicht den Durchbruch. Die deutsche HKL hielt ihren Angriffen stand.

Erst nachdem etwa 200 Geschütze aller Kaliber noch am Vormittag einen zweiten 30-minütigen Feuerschlag auf die Stellungen der 215. und 290. ID niederprasseln ließen, denen ein Angriff von 60 IL 2-Schlachtfliegern folgte, welche die deutschen Gräben mit ihren Sprengbomben, MG- und Bordkanonenfeuer belegten, waren die nachfolgenden Sturmgruppen in der Lage, zwischen Memel und Musa, mit starken Panzerkeilen voran, die HKL bei der 215. und 290. ID zu durchstossen. Die wenigen sFH der HeArtAbt. 814 und die 2l cm-Mörser der HeArtAbt. wurden von den Schlachtfliegern in mehreren direkten Anflügen ausgeschaltet. Die bis zuletzt an ihren Waffen kämpfenden Kanoniere wurden zerrissen und verstümmelt.

Dann brachen die russischen Panzer in die deutsche HKL ein. Sie walzten die noch in ihren Gräben liegenden Grenadiere in den Matsch, schossen einzelne MG-Stellungen und Pak-Stände zusammen oder überrollten sie einfach. Aus allen Rohren schießend drangen sie in Bauske ein.

Das AOK 16 setzte die noch als Reserveverband zur Verfügung stehende PzBrigade 101 unter Oberst Meinrad von Lauchert ein. Von Lauchert war bereits als Oblt. und Kdr. der I./PR 35 am 8. September 1941 mit dem Ritterkreuz ausgezeichnet worden. Am 12.Februar 1944 war ihm als Oberst und Kdr des PR 15 der 11. PD das 396. EL verliehen worden. Er war soeben von einem Divisionsführer-Lehrgang zurückgekehrt, um sofort diese Panzerbri-gade zu übernehmen. Als er mit seinen Panzern angriff, konnte er einige Abschüsse erzielen, dann aber hatte das von der Roten Armee ins Rennen geschickte 3. Gardekorps das Gefechtsfeld erreicht und stemmte sich diesem deutschen Verband entgegen. Durch Pak und einige vorprellende JS-Panzer wurde die Brigade zum Stehen gebracht.

In dieser Situation ließ sich der OB der HGr. Nord, GenOberst Ferdinand Schörner, mit dem FHQ verbinden und meldete telefonisch die neue verheerende Lage. Er bat darum, sofort die Räumung Estlands in Angriff zu nehmen und mit der Heeresgruppe noch Ostpreussen durchzubrechen. Dies war ohne jeden Vorbehalt möglich, wie die Kämpfe im Süden des Kurlandkessels bewiesen hatten. Generaloberst Schörner teilte exakt den Stand der Dinge mit:

"Ich rufe an, weil die Heeresgruppe seit gestern in den entscheidenden Abwehrkampf getreten ist. Es ist bisher gelungen, den Feinddurchbruch zu vereiteln, aber wir haben ganz erhebliche Einbrüche, vor allem bei Bauske. Dort ist bereits jetzt schon die Durchbruchsgefahr auf Riga gegeben.

Ich bitte dringend, dass heute noch von oberster Stelle der Befehl zur 0peration „ASTER" gegeben wird. Und bitte,machen Sie es dringend! Wir kämpfen um unser Leben.

Trotz aller politischen Bedenken, die ich ich verstehe - die Finnen sind ja in Moskau nicht so gut empfangen worden - muss ich vom militärischen Gesichtspunkt ganz klar betonen: Es ist der letzte Moment, den ich bei allem 0ptimismus und gutem Vertrauen jetzt noch sehe, um die Sache hinzubringen." (Siehe: Kern, Erich: Generalfeldmarschall Schörner).

Am 16.9, trug Schörner im Führerbunker der Wolfsschanze im Beisein von Göring, Dönitz, Guderian und Wenck Hitler vor. Es war genau 12.00 Uhr, als der GenOberst dann dem Chef des Genstabes seiner HGr, mitteilte, dass die Absetzbewegung "Aster" genehmigt sei.

Am nächsten Tag hatte der Generaloberst eine telefonische Unterredung mit GenOberst Guderian und erklärte: "Ich darf Sie darauf aufmerksam machen, dass 'Aster' auf die Lage bei Riga keinen Einfluss hat. So wie sich die Situation im Augenblick entwickelt, wird die Frage brennend, wohin die Armeegruppe Narwa ausweichen soll.

Ich habe die dringende Bitte: Die Marineleute müssen dem Führer eindeutig sagen, dass bei Reval die Dinge auf jeden Fall in den Eimer gehen. - Ich werde Sie heute Abend noch einmal anrufen. Denn, wissen Sie, es geht ums Ganze!

Bei Dorpat ist heute die Sache losgegangen. Die Front ist zweifellos an einigen Stellen aufgebrochen. Die Esten sind wieder weggelaufen, die gehen einfach nach Hause. Wir haben jetzt Zweidrittel der Infanteriekräfte verloren, und das Bild ist falsch, wenn wir jetzt allein durch die Tapferkeit der Truppen alles wieder mal gerade hingebogen haben. Das geht nicht immer so! Es geht hier um das Schicksal einer ganzen Heeresgruppe!

Wenn ich jetzt anrufe, dann nicht ohne Grund. Es fällt mir nicht leicht, das zu sagen, aber wir sind am Ende. Ich stelle mich heute bereits auf die Lösung ein, zu schwimmen."

Noch am Abend des 18. 9. 1944 erklärte GenOberst Schörner erneut über Fernsprecher dem Chef des Generalstabes des Heeres, dass die Armeeabteilung Narwa noch an diesem Abend die Absetzbewegungen begönne und sofort Teile bis nach Riga durchgezogen würden.

Um 03.05 Uhr des 10.9. befahl Schörner dem XXX. SS-PzKorps, sich in zügiger Bewegung nach Penzau abzusetzen.

Die Mietau-Ost-Stellung die vom OKH favorisiert wurde, lehnte Schörner ab, da das dort befindliche Sumpf- und Waldgelände eine hohe Zahl Infanterieverbände benötigte, die er nicht hatte.

"Ich beabsichtige", so GenOberst Schörner, "einen Teil der Armeeabteilung NARWA bis zur 16. Armee durchzuziehen." (Siehe dazu ebenfalls Kern,Erich: Generalfeldmarschall Schörner)

Im Gegenzug wies GenOberst Guderian darauf hin, dass das Halten von Riga ein vom Führer ausdrücklich ausgesprochener Befehl sei - und deshalb die Segewold-Stellung gehalten werden müsse.

GenOberst Schörner wies auf die Zwecklosigkeit dieser Maßnahme hin. Nicht einmal eine Brückenkopfstellung sei dort von Vorteil.

Man müsse zuerst die Schlacht südlich Riga gewinnen, ehe man sich darüber verständigen könne, ob Riga überhaupt gehalten werden müsse.

Bis zum 23.9. hatte die Rote Armee ihren Einbruch südlich Riga nach Norden erweitert.

Am 28. September meldete GenOberst Schörner, dass die Rote Armee mit ihren 101 Angriffsdivisionen, den zwei Panzerkorps und einer mech.Brigade vor den deutschen Stellungen liegengeblieben sei. Sie habe über 1000 Panzer verloren.

Dass auch die deutschen Verluste sehr schwer waren, verschwieg er nicht, denn dieser Abwehrsieg war für die deutschen Truppen nur unter schwersten Verlusten errungen worden.

Als der GenOberst dann Weisung erhielt, einen Gegenangriff in Richtung Felsche-Schaulen anzusetzen, flog er unverzüglich ins FHQ. Er traf am 10.10. dort ein und erklärte ohne Beschönigung, dass die Schwäche der eigenen Kräfte einen solchen Angriff nicht zulasse.

Er schlug die Rücknahme der Front auf die Tukkum-Stellung vor. Wenig später stand er Hitler gegenüber und erklärte diesem die Notwendigkeit dieser Rücknahme der Kräfte.

Nach langen Überlegungen genehmigte Hitler am 16.10. die Rücknahme der Front. Schörner, der eisenharte General, hatte ihn von der Notwendigkeit dieser Maßnahme überzeugt. Die planmäßige Räumung von Riga war bereits - wie schon dargestellt - am 12.10. begonnen worden.

Die schnelle Räumung der lettischen Hauptstadt, die vom Oberquartiermeister der HGr. Nord, Genmaj. Rauser geleitet wurde, brachte 100.000 Tonnen in Riga lagerndes Material hinaus und hielt es in Kurland bereit.

In seinem bemerkenswerten Buch "Kurland-Die letzte Front" hat Werner Haupt über Riga berichtet:

*"Riga selbst bietet in diesen Tagen das Bild einer sterbenden Stadt. Die Verkehrsmittel liegen lahm, Büros und Geschäfte sind geschlossen. Die Bevölkerung bereitet sich zur Flucht vor."*
*Aus diesem Grunde kam es in Riga zu einigen Zwischenfällen. "Häuser und Kirchen gingen in Flammen auf. Hungerndes Vieh verreckte in den Strassen. Ende September-Anfang Oktober wälzte sich ein Strom von Trossen des weichenden Heeres, untermischt mit flüchtenden Esten und Letten,durch die Stadt. Über die grosse Dünabrücke rollten Panjewagen und Lkw, trotteten Männer, Frauen und Kinder, zog blökend und grunzend das mitgeführte Vieh. Dies bei strömendem Regen und windigem, aufgerissenen Himmel"*

Das HGrKdo führte alle rückwärtigen Einheiten nach Kurland und verlegte die estnischen Verbände ins Reich. Die 22.500 russischen Kriegsgefangenen wurden mit 3.440 Zivilpersonen auf die Baltischen Inseln geschafft.

Das Unternehmen "Donner", das am 5. 0ktober 1944 abends begonnen hatte, war am 15. 0ktober beendet.

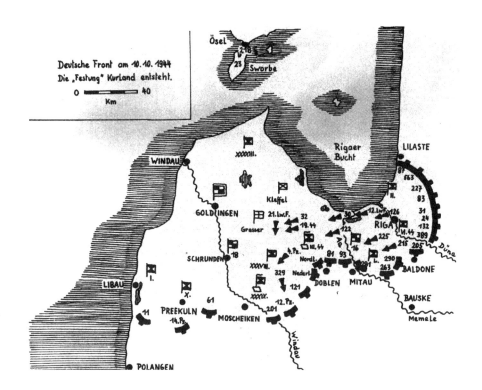

# VORSPIEL ZUR
# ERSTEN KURLAND-SCHLACHT

## Angriff und Abwehr

Am frühen Morgen des 14. September 1944 eröffneten die drei Baltischen Fronten ihren Generalangriff, der durch den eigens zu diesem Zweck an die Front geflogenen Marschall Wassilewskij koordiniert wurde.

Zwischen dem Peipussee und Schaulen eröffnete die Rote Armee die Offensive mit einem 90 Minuten andauernden Trommelfeuer. Danach flogen Hunderte russischer Schlacht-, Kampf- und Jagdflugzeuge über der Front. IL 2 stürzten sich auf die erkannten deutschen Stellungen.

Einige Piloten des JG 54 warfen sich diesem gewaltigen Ansturm entgegen. Sie er zielten, mit nur 8 Maschinen im Einsatz, 76 Luftsiege.

Am 24. 9. musste das Hauptquartier des Heeresgruppenkommandos Nord von Segewold auf Schloss Pelci bei Goldingen in Kurland zurückverlegt werden. Es gab folgende Weisungen für die Weiterführung des Kampfes:

1.) Halten der jeweiligen Linie bei der 3. Panzer- und 16. Armee und Absetzen der HGr. mit ihrem Nordflügel auf die Segewold-Stellung.

2.) Die 3. Panzerarmee hält ihre augenblickliche Stellung und gibt eine starke Eingreiftruppe westlich Dzukste ab.

3.) Die 16. Armee hält ihre jetzige HKL, verhindert den Durchbruch auf die Landbrücke von Tukkum und auf Riga. Zurücknahme ihres linken Flügels im Zuge der Absetzbewegungen der 18. Armee.

Das ordnungsgemässe Abfließen der Truppen von Norden über Riga nach Kurland ist sicherzustellen. Die Armee stellt sich darauf ein, nach Abschluss der Bewegung in die Segewold-Stellung, den Befehl über die gesamte Front nördlich der Düna zu übernehmen.

4.) Absetzen der 18. Armee in die Segewold-Stellung. Diese und die Baltischen Inseln sind nachhaltig zu verteidigen. Nach Beziehen der Segewold-Stellung:

Herausziehen des AOK in den Raum Frauenburg-Telsche.

Am Abend des 26. September meldete das Heeresgruppenkommando, dass die Segewold-Stellung befehlsgemäß besetzt sei. Aus der Front waren die 11., 21., 31. und 218. ID sowie die SS-Divisionen "Nordland" und "Nederlande" herausgenommen und in den neuen Auffangraum der HGr. Nord nach Kurland geschafft worden.

Während der Räumung der Stellungen bei Riga durch die 18. Armee versuchte die 2. Baltische Front, energisch in den Rücken der 18. Armee hineinzustoßen, sie, wenn eben möglich, abzufangen, einzukesseln und zu vernichten.

Doch um dieses zu erreichen, musste sie erst die Front der 16. Armee im Raume südlich Riga bei Baldone durchbrechen.

In diesem Raum aber stand das I. Armeekorps. Es setzte jeden Mann ein, um diesen gefährlichen Durchbruchsversuch zu verhindern.
Während der einsetzenden Herbststürme und der andauernden Regenfälle wurde die Lage sehr kritisch. Um diesen drohenden Durchbruch und das sich damit anbahnende Desaster zu verhindern, setzte die HGr. Nord die 14. PD in diesem Raum ein. Diese hatte ihren Kommandeur, GenLt. Unrein, vorübergehend durch eine schwere Erkrankung verloren und wurde von 0berst Oskar Munzel geführt, der von der Panzertruppenschule I direkt in diese Position hineinkommandiert wurde.
Allerdings brachte Oberst Munzel als Kommandeur des PR 6 einen reichen Erfahrungsschatz in der Führung gepanzerter Truppen mit, die er als Kommandeur der Lehrgänge der Panzertruppenschule II und I noch vertiefen konnte. An dieser Stelle sei der Gesamteinsatz der 14. PD dargelegt, um die Kontinuität der Ereignisse dieses Verbandes sicherzustellen.

# Die 14. Panzer-Division in Kurland - Vorausgefechte

Die 14. PD wurde nach Ende der Kämpfe nördlich des Ventoskanals aus dem Kampfraum herausgezogen und erhielt die neue Aufgabe, unter Beibehaltung des bisherigen Abschnittes und der Weiterverlegung der eigenen Sicherungslinien nach Norden im Abschnitt von Rimuciai in den Raum ostwärts von Amaliai (im Grossraum Schaulen) zu sichern, und sich als Eingreifreserve bereitzuhalten, und nördlich und südlich der Rollbahn Schaulen-Kursenai Aufklärung zu betreiben.
Hier rollte die I./PR 36 unter Major Molinari von Telsche her zur Truppe zurück und meldete der Division 73 Pz V, "Panther", und sechs Befehlswagen. Damit hatte die Division wieder ein schlagkräftiges Panzer-Regiment zusammen. Sie verfügte nunmehr über 10 Panther als Befehlswagen und 124 Kampfpanzer und Sturmgeschütze.
Am 22. August 1944 hatte sich bereits der Kdr. der sPzAbt. 510 Major Gilbert mit 20 einsatzbereiten Pz VI Tigern als der Division unterstellt gemeldet. Wenig später traf noch eine Kp. 7,5 cm Sfl-Pak von der 7. PD als Verstärkung ein. Ein Befehl der Armee an die 14. PD am 1.9., bei der 24. ID einen Feindeinbruch zu bereinigen, wurde widerrufen.
So verblieb der Division noch eine weitere Auffrischungszeit. Sie bildete eine gepanzerte Gruppe unter Oberst (seit dem 1.9.44) Goecke, die sich neben der I./PR 36 noch aus der II./PR 36 unter Hptm. Neuendorff zusammensetzte. Eine Reihe Unterstellungen kleinerer Einheiten kam hinzu.

Das von Oberst Werner Mummert geführte PGR 103 bestand jedoch nur noch aus seinem II. Bataillon und den Regimentstruppen. Werner Mummert hatte am 20. März dieses Jahres als Oberstleutnant und Kommandeur dieses Rgts. das 429. EL zum RK erhalten.

Als sich ein russischer Großangriff nach dem 10. September abzeichnete, wurden verschiedene Gelände- und Einsatzerkundungen durchgeführt. Am Morgen des 14. September setzte auf verschiedenen Stellen der Divisionsfront starkes russisches Trommelfeuer ein. Die Division wurde alarmiert und am Abend des 14. September in den Raum Ergli vorgezogen, um dort einen tiefen Einbruch im Abschnitt der 132. ID im Gegenangriff zu bereinigen. Dazu wurde sie vorübergehend dem X. AK unterstellt.

Während des 40 km Marsches bombte die sowjetische Fliegerwaffe die Rollbahnen, während ihre Feindartillerie die dicht hinter der Front laufende Nord-Süd-Rollbahn durch Dauerfeuer sperrte.

Unter der Last der an der Spitze vorrollenden Panther brachen einige Brücken zusammen. Dies alles und die damit verbundenen Umgruppierungen ließen die Division erst am Mittag des 15. 9. antreten. Rollende Schlachtfliegerangriffe hatten die Panzer selbst beim Auftanken behindert. Angriffsziel war die alte HKL bei 0zolmuiza. Die beiden Stoßkeile der Division gewannen rasch an Boden, obgleich sie ständig von Granatwerfer- und Artilleriefeuer eingedeckt wurden.

Als beide Verbände am 16.9. früh erneut antraten, wurden bereits ihre Bereitstellungsräume mit starkem Artilleriefeuer belegt. Es gab schwere Verluste. Als die Spitzenpanzer an die Gehöfte des feindbesetzten Dorfes Liepkalne herangekommen waren, ging plötzlich nichts mehr. Aus dem Dorf hämmerten Artillerie und schwere Pak gegen die Angreifer.

In diesem Gefecht wurde fast die Hälfte der Panther  an- oder gar abgeschossen. Das PGR 103 hatte die nunmehr einsetzenden Gegenangriffe abzuwe ren. Damit kamen sie zur weiteren Unterstützung der Panzer und deren Sicherung nicht mehr in Frage.

Mit Einfall der Dunkelheit war auch an ein Weiterkommen links und rechts der Straße nicht mehr zu denken, da das Gelände ohne Sicht unpassierbar war. Ein Funkspruch der Division rief die noch fahrbereiten Panther gegen 19.15 Uhr noch Veneni zurück.

Dennoch hatte dieser, wenn auch nur halb gelungene Gegenstoß den Erfolg, dass der Feinddruck auf die Gruppe bei Liepkalne nachließ.

Die HGr. Nord bestand zunächst darauf, dass Liepkalne genommen werden müsse, diese Ortschaft als Eckpfeiler des gesamten Frontabschnittes gegen jeden Feindangriff zu halten sei und deshalb die Division den Angriff fortsetzen müsse. Als dann aber die Russen nach ihrem Einbruch im Räume Ergli nun auch südlich der Düna angriffen, schlug die Lage um.

Die zahlenmäßig vielfach überlegenen schweren russischen Waffen, vor allem Panzer und Artillerie, aber auch Flugzeuge und Infanterie, hatten es dem bei Vecmuiza angreifenden III. mech. Korps ermöglicht, die hier verteidigende 205. ID zu zerschlagen und deren Reste noch Norden abzudrängen.

Zwischen dieser Division und der bei Jekawa ebenfalls gegen starke Übermacht kämpfende 215. ID riss eine Lücke auf. Durch diese stieß en die Verbände der Russen in Richtung Riga vor. Damit bestand für alle deutschen Verbände, die noch nördlich der Düna standen, die Gefahr, abgeschnitten und vernichtet zu werden.

Da keine Korpsreserven verfügbar waren, wurde die 14. PD aus ihrem Kampfräum herausgelöst. Das HGr.-Kommando erteilte ihr den Befehl, im Eilmarsch über Riga noch Baidone zu verlegen, um dem Feind von dort aus in die Flanke zu fallen und ihn am weiteren Vordringen zu hindern.

Allerdings standen der 14. PD für die Übergänge über die Düna bei Ogre und Ikskile keine Übersetzmittel zur Verfügung.

Mit den bei Liepkalne stehenden Einheiten der Division gab es keine Funkverständigung mehr. Darüber hinaus waren Hptm. Kunath, Führer des II./PGR108, Hptm. Neuendorff, Kdr. der II./PR 36, und dessen Adjutant, Lt. Karols durch Verwundung ausgefallen.

Als sich die Panther-Kompanien der nördlichen Angriffsgruppe absetzten, stieß der Feind mit allen Kräften hinterher, um die Panther an der Bergung ihrer liegengebliebenen Fahrzeuge zu hindern.

Es war Major Molinari, dem es dank des Einsatzes seiner Besatzungen des Bergezuges gelang - von Männern des PGR 103 gesichert - die Masse seiner Panzer bis zum frühen Morgen des 17. 9. zum Verladebahnhof Taurupe zurückzuschaffen. Dort traf um die gleiche Zeit auch die II./PR 36 unter Hptm. Schurig ein.

Als Feindpanzer versuchten, die letztere Einheit abzuschneiden, kam es zu einem erbitterten Schusswechsel. Hier zeigten sich die Panther-Kanonen jenen aller eingesetzter russischer Kampfwagen überlegen.

Rochierend, Schusshalte machend und erneut vorstürmend, konnten die Männer um Hptm. Schurig den Feind stoppen und nacheinander 11 Feindpanzer abzuschiessen. Der Rest drehte und rollte zurück.

Damit war ein wichtiger, ja entscheidender Abwehrerfolg gelungen, und die Verladung in Taurupe konnte unangefochten durchgeführt werden.

Allerdings war es Oberst Munzel nicht möglich, weder beim AOK 16 noch beim I. AK, das im Einbruchsraum befehligte, Einzelheiten über den Stand der Dinge und die Lage zu erfahren.

Die 205. ID, das war allen bekannt, war noch Norden und Nord-Osten ausgewichen. Zu ihr bestand keine Funk- oder Sprechverbindung mehr. Die Russen hatten sich in den Stellungen dieser Division eingenistet, wie ein Fernsprechversuch, zum Gefechtsstand eines der Regimenter der 205. ID durchzukommen bewies, als sich am anderen Ende der Leitung eine russische Stimme meldete. Auch über die 215. ID lagen keine genauen Nachrichten vor. Oberst Munzel und der Ia des I. AK besprachen mit ihren Offizieren die Lage. Es stand fest, dass der Feind nach Lage der Dinge versuchen würde, alle Kräfte sofort in diesen freigewordenen Raum hineinzuwerfen. Wichtig war es, so schnell wie möglich das nur schwach besetzte Baldone zu erreichen und zu halten.

Alle Räderteile der Division, die von Riga her in Kekava eintrafen, wo der Divstab sich eingerichtet hatte, wurden weitergeleitet und von Oberst Mummert, Kdr. des GR 103, zu einer Kampfgruppe zusammengefasst.

Als am Nachmittag des 17. 9. die 1./PGR 103 bereit stand, setzte sich Oberst Mummert an dessen Spitze und rollte in Richtung Klapiarstes vor. Die AA 14 war bereits mit dem II./PGR 103 einige Zeit vorher über Balkas-Druaskrogs auf Arestes angetreten.

An der Spitze der ersten KGr. rollte Oberst Mummert ins Gefecht. Die Verbindung zwischen beiden Kampfgruppen wurde durch die Flak-Abt. hergestellt. Diese ging mit der 1. und 2. Batterie westlich Masani und mit der 3. Batterie bei Celmini in Stellung.

Bereits südlich des Kekavabaches traten alle Einheiten ins Gefecht. Der Feind setzte sich vor den energisch vorstürmenden Männern unter Oberst Mummert ab und wurde hinter die Linie Drujaskrogs-Höhe 22,6-Klapi-Höhe 81,9 zurückgeworfen.

Baldone, das von Alarmeinheiten des I AK schwach besetzt worden war und nur über einige "Hetzer" verfügte, wurde durch die Stabseinheiten des PR 36 verstärkt. Oberst Goecke übernahm hier das Kommando.

Als in der Nacht zum 18. 9. die Sturmgeschütze und Panzer IV in Baldone eintrafen, war die Lage gesichert. Sie rollten zu den Gefechtsständen der PzGren-Regimenter weiter. Allerdings brachten sie die Meldung mit, dass die Bahnstrecke bei Keipen durch Feindbomber unterbrochen worden war, und man nicht so rasch mit weiteren Panzertransporten rechnen könne.

Dennoch begann der Angriff der 14. PD am Morgen des 18.9. auf Arstes. Während die PzAA 14 den Angriff bei Briedes abschirmte, sicherte die KGr. Goecke bei Baldone.

Vor Arstes kam der Angriff unter dichtem Feindfeuer zum Erliegen. Feindliche Gegenstöße wurden mit letzter Kraft abgewiesen. Als die Russen an zwei dünn verteidigten Stellen einbrachen, stießen einige kleine Panzer-Kampfgruppen dagegen vor. Wieder entbrannte der Kampf Panther gegen T 34, auch die Panzer IV und insbesondere die Sturmgeschütze kämpften mit dem Mute der Verzweiflung. Es gelang ihnen, diese Einbrüche abzuriegeln. Die in den abgeriegelten Stellungen liegenden Russen wurden im Handgranatenkampf und im Ringen Mann gegen Mann aufgerieben.

Dass auch die Artillerie ihren Anteil an diesem Abwehrerfolg hatte, zeigte sich in der Tatsache, dass es ihr gelang, russische nachgeschobene Verbände vor Erreichen dieser Einbruchstellen zu stoppen und zu vernichten.

Nunmehr stand fest, dass der Feind starke Infanterie- und Panzerkräfte in den Kampf geworfen hatte. Immer mehr kampfstarke russische Verbände erschienen auf dem Gefechtsfeld und schoben sich mit aller Macht vorwärts. Zwischen Bunas und Berzmente stieß dieser Angriff schrittweise durch. Er schien nicht mehr zu stoppen.

Zur Erleichterung der örtlichen Führung rollten vier in Riga instandgesetzte Panzer heran. Als soeben die russische Panzerspitze aus einer Waldbürste auftauchte, gelang es, die drei ersten T 34 abzuschiessen. Die übrigen drehten in den Schutz dieses Waldstreifens zurück, während die Begleitinfanteristen nach allen Seiten auseinanderstoben und ebenfalls den schützenden Wald zu erreichen versuchten. Erst mit Einfall der Dunkelheit flaute die Kampftätigkeit ab. Lediglich einige kleinere Vorstösse des Gegners zur Erkundung einer weichen Stelle im deutschen Abwehrriegel galt es zu stoppen und zu verhindern.

Nach Mitternacht wurde es schlagartig still. Auch um Baldone herrschte nun Stille. Die nun erst mit ihrer Masse eintreffenden Panzer wurden von Oberst Munzel nach Süden weitergeleitet. Hier sollte am nächsten Morgen die I./PR 36 gemeinsam mit der 3./Pz-PiBatl. 13 gegen den Feind bei Vecvildas antreten, der dort Flanke und Rücken der südlichen Kampfgruppe gefährdete.

Zur gleichen Zeit trat die 225. ID mit Zweidritteln ihrer Kämpfer aus dem Raume Iskile über die Düna in Richtung Baldone an. Damit beabsichtigte das Korps, den linken Flügel der 14. PD bis zur Düna hin zu verlängern und den dort eingebrochenen Feind von seinen rückwärtigen Verbindungen abzuschneiden.

Der Verlauf des Kampfes an diesem entscheidenden 19. September entwickelte sich jedoch anders als erhofft. Zwar gelang es den zum Flankenschutz eingesetzten Kräften, alle Durchbruchsversuche der Russen blutig abzuweisen, zwei Einbruchslücken abzuschneiden und im Nahkampf vom Feind zu säubern, doch bei der Südgruppe hatten sich die ohnehin nur schwach besetzten Abwehrlinien der Panzergrenadiere noch mehr gelichtet. Das mit dem ersten Tageslicht einsetzende russische Trommelfeuer forderte weitere Opfer. Die nachfolgenden Feindangriffe schlugen an mehreren Stellen durch, wo die Abwehrfront zu stark geschwächt worden war.

Die zu Gegenstößen gegen diese Einbrüche angesetzten Panzergrenadiere, oftmals nur in Stärken bis zu 20 Mann, kämpften verzweifelt und mit letztem Einsatz, ohne der vielfachen Übermacht standhalten zu können.

Die Panzergrenadiere mussten sich schrittweise zurückziehen, wenn sie nicht völlig aufgerieben werden wollten. Über die Ortschaft Klapki hinaus, gegen den Kekavabach gedrückt, standen sie kurz vor dem Kollaps.

Da die rote Luftwaffe den ganzen Tag die Nachschubstraßen und die darauf vorrollenden Nachschubkonvois bombten und mit schwerem MG-Feuer belegten, litten die deutschen Panzer unter Versorgungsmängeln an Treibstoff und Munition.

Auf der Bahnlinie zwischen der PzAA 14 und dem GR 103 brach ein russisches Garderegiment in die HKL ein und kämpfte sich bis zu den eigenen Batteriestellungen vor. ihnen folgten Panzerrudel nach, die zum Glück vorher wegdrehten, wohl in der Absicht, die Verbindung zu ihren ostwärtigen Stoßgruppen herzustellen.

Hptm. Witzel, Kdr. der HFlAbt. 276 der Division, raffte "alles, was laufen konnte" zu einer Kampfgruppe zusammen. Mit zwei Pionier-Bau-Kpnien vom Korps, Alarmeinheiten des PzArtRgt. 4 und selbst einer freiwillig angeschlossenen Gruppe Feldgendamerie traten sie an.

"Alles mir nach und durch!" befahl Hptm. Witzel und stieß den Arm in die Luft. In einem spitzen Keil, voraus ein Sturmgeschütz, dahinter die mit Handgranaten, Sturmgewehren und MG ausgestatteten Kämpfer stürzten sie vor. Im überschneidenden Feuer, dem Geballer des Sturmgeschützes, das Sprenggranaten in die Feindansammlungen jagte und immer wieder in den Kampf gegen den in den Granattrichtern Schutz suchenden Feind eingriff, gelang es ihnen, unter schweren Opfern diesen Einbruch notdürftig abzuriegeln.

Hauptmann Witzel drückte jedem seiner Kämpfer nach Ende dieses verlustreichen Ringens die Hand. Heinz Witzel erhielt das Deutsche Kreuz in Gold am 27. ll. 1944.

Auch das PzPiBatl. 13 erlitt bei einem Gegenangriff am Bach bei Chemini schwere Verluste. Es gelang ihm jedoch nicht, den Feind über den Bach zurückzuwerfen, sondern musste dieses Unterfangen aufgeben, um nicht von den gegenüberliegenden Werfern und sMG der Russen völlig aufgerieben zu werden. Jetzt konnte es nur noch Aufgabe der 14. PD sein, mit der 225. ID, die inzwischen herangekommen war, hinter den Kekava-Abschnitt zurückzugehen, wozu das I. AK seine Zustimmung erteilte.

Das PGR 103 löste sich vom Feind und stellte sich unter Oberst Mummert westlich Masani bereit, um den bei Erces eingebrochenen Gegner zu vernichten. Die PzAA 14 schob sich in den Regimentsverband ein, nachdem das GR 377 der 225. ID die Stellungen der Panzeraufklärer um Briedes und Drukaskrogs eingenommen hatte.

In den folgenden Rückzugsgefechten war es die Begleitkompanie der 14. PD unter der Führung von Oblt. Ernst Grunau, die in diesen Tagen weit über sich hinauswuchs. Von einem wagemutigen, einsatzbereiten Offizier geführt, gelang es ihr, in ihrem Abschnitt bei Berzmente - von zwei Flak unterstützt - durch eisernen Widerstand alle Panzerangriffe zu stoppen und Feindangriffe in Bataillonsstärke abzuweisen.

Oblt. Grunau war überall. Er feuerte seine Männer an, ging an der Spitze seines Stoßzuges gegen eingebrochene Russen vor und kämpfte sie mit Handgranaten und MPi-Salven nieder.

Nicht weniger als eine ganze Woche hielten sie den Feind.

Keiner der russischen Angreifer gelangte nach dem ersten Tag mehr in die Stellungen jener Männer hinein, die als Stabspersonal mit der Waffe dennoch so vertraut waren, dass sie unter Ausnutzung aller Fallen und Hindernisse die Oberhand behielten.

Oberst Oskar Munzel war dreimal bei ihnen vorn. Er erfuhr auch durch Major Molinari, dass der "Grunau einer der Tapfersten war."

Am 4. Oktober bereits erhielt Ernst Grunau das verdiente Ritterkreuz, "zu dem jeder meiner Männer seinen entscheidenden Beitrag geleistet hat." (Wie Grunau dem Autor erklärte).

Direkt neben dieser Einsatzgruppe gelang es Major Karl-Theodor Molinari, Kdr. der I./PR 36, mit seiner Abteilung den Panzerfeind bei Vecvildas zu stoppen und auch alle Bemühungen der Russen, in die Flanke der Gruppe Grunau einzubrechen und diese niederzuwalzen, zu vereiteln.

Er wurde am 3. November 1944 mit dem Ritterkreuz ausgezeichnet.

Zur Entlastung der schwer ringenden 14. PD trafen am 22. September die SS-PG-Regimenter "Danmark" und "Norge" der 11. SS-PzGren.Div. "Nordland" zum Gegenstoß ein und vernichteten alle auf der gesamten Front eingebrochenen Feindgruppen.

Unmittelbar darauf gelang es der Roten Armee, entlang der Rollbahn und bei der 223. ID mit neu zugeführten Kräften den in den eingekesselten Durchbrüchen liegenden Rotarmisten den Rückzug hinter die eigenen Linien zu ermöglichen.

Als sich am 26. September die Front so weit gefestigt hatte, dass keine Einbrüche mehr zu befürchten waren, konnte der Abschnitt der 14. PD von der 11. ID, der 11. SS-PGDivision "Nordland" und der 225. ID mit übernommen werden.

Damit fanden die abgekämpften Verbände der 14. PD einige Tage der Ruhe, die zur Neuauffüllung genutzt wurden.

Die Bilanz dieser dargelegten Kämpfe zwischen dem 18. und 25.9. war, dass die russische Offensive mit dem Ziel des Durchbruchs starker Feindkräfte verhindert werden konnte. Dies wiederum bedeutete, dass die noch nördlich der Düna stehenden deutschen Kräfte abfliessen und der Brückenkopf Riga eingerichtet werden konnte.

In diesen Kämpfen vernichtete die 14. PD folgende Feindwaffen:

110 Panzer und Sturmgeschütze, vier Panzerspähwagen, 62 Pak, vier Flugzeuge, fünf schwere Geschütze, 14 Granatwerfer, fünf Panzerbüchsen und Bazookas aus US-Herkunft, 85 gepanzerte, mit Maschinenwaffen und teilweise mit Flak bestückte Lastwagen.

An eigenen Verlusten standen dieser Bilanz 23 Panzer und Sturmgeschütze gegenüber. Eine geringe Zahl an schweren Waffen und Fahrzeugen kam hinzu. Neben den genannten Soldaten der Divisionen hatte auch der Divisionsführer

Oberst Oskar Munzel am 16. Oktober 1944 das Ritterkreuz erhalten. Die Leistungen der 14. PD wurden in Armee- und Heeresgruppen-Tagesbefehlen besonders gewürdigt.

Für diesen dargelegten Abschnitt hatte Marschall Stalins Telegramm vom 29. September an Winston Churchill besondere Aussagekraft in Hinblick auf die Notwendigkeit des Haltens in Kurland:

Der Sowjetmarschall und spätere Generalissimus Stalin hatte geschrieben: "Gegenwärtig vernichten unsere Armeen die deutsch-baltische Heeresgruppe, die unsere rechte Flanke bedroht. Ohne die Vernichtung dieser Gruppe ist es unmöglich, tief noch Ostdeutschland vorzustoßen."

# BEI DER 225. INFANTERIE-DIVISION

## Im Einsatzraum südlich der Düna-
## Die Schlacht bei Bauske

Die westlich der Düna gelegene Provinz Kurland war ein Teil des alten Lett-lands. Die gesamte Landschaft war von weitgeschwungenen Hügelketten durch-setzt. Dichte Laubwälder rahmten die landwirtschaftlich genutzten Gebiete die-ses Landstriches ein, auf denen von alten Baumgruppen umgeben, zahlreiche Gutshöfe und schlossähnliche Herrenhäuser lagen.

Dies war einmal ebenso wie Ost- und Westpreussen das Land des Deutschen Ordens. Die Bildnisse des kurländischen Landadels in den Galerien der alten Schlösser sind deutsch. Die Bibliotheken ebenfalls. Hier hatten etwa 700 Jahre lang deutsche Geschlechter gelebt, gearbeitet und blühende Gemeinwesen gegründet.

Ein typisches Beispiel dafür war die alte Ordensburg Bauske. Diese Provinz, zwischen Ostsee und Rigaischem Meerbusen, Litauen und Semgallen gelegen, besteht entlang der Küstenregionen aus einer sandigen und oftmals bewaldeten Niederung. Moore, Sümpfe, Strandseen und Dünen wechseln einander ab. Das Hügelland im Innern war fruchtbar und wurde mit Getreide bebaut. Auf guten Äckern wuchs sogar Weizen. Aber auch der Zuckerrüben- und Flachs-anbau sowie die Viehzucht waren Erwerbszweige der großen Güter.

Der Hauptfluss Kurlands ist die Windau. Die Hauptstadt des alten Kurland war von 1918 bis 1940 Libau. Kurland war zur Zeit des Deutschen Ordens im13. und 15. Jahrhundert christianisiert und teilweise mit deutschen Einzöglingen besiedelt worden.

Nach dem Untergang des Ordensstaates Preussen und seiner Umwandlung zum weltlichen Herzogtum unter polnischer Lehnsherrschaft, nach wie vor geführt von seinem letzten Hochmeister Albrecht von Brandenburg, nun aber als weltli-cher Herrscher, änderte sich der Status von Livland zunächst nicht.

Diese Ordensprovinz, von der das Bistum Livland Hauptteil war, wurde nach wie vor von seinem Landmeister Wolter von Plettenberg geführt. Dieser war es auch, der 1502 den Angriff der Truppen des Großfürsten von Moskau, Iwan III., abschlug und den Feind vernichtete. Das sicherte diesem Teil des Deutschen Ordens das Überleben bis zum Jahre 1561.

Als in diesem Jahr die Russen unter Zar Iwan IV., der Schreckliche genannt, nach Livland einfielen, bat der amtierende Landmeister Gotthardt Kettler Polen um Hilfe.

Sigismund II. August, letzter König aus der Dynastie der Jagiellonen, übernahm

Livland ins polnische Reich. Landmeister Kettler unterschrieb in Wien die Unterwerfungsurkunde und leistete 1562 in Riga der polnischen Krone den Huldigungseid.

Damit war auch dieses letzte Stück des Herrschaftsgebietes des Deutschen Ordens im Osten aufgegeben.

Von 1795 bis zum Jahre 1918 war Kurland russisches Gouvernement im selbstständigen Staat Lettland und wurde 1940 als Teil Lettlands in die Sowjetunion eingegliedert und auf drei Gebiete der Lettischen Sozialistischen Sowjetrepublik verteilt.

In Mitau, südwestlich von Riga, stand die von dem Landmeister von Livland, Konrad von Mandern, erbaute Ordensburg. Sie war zwischen 1562 und 1795 Residenz der Herzöge von Kurland. Herzog Ernst Johann von Biron ließ 1738 die Ordensburg abreißen und an ihre Stelle ein Barockschloss errichten, das in den Baltikumkämpfen 1919 niedergebrannt, danach aber wieder aufgebaut wurde.

Zum Ende des Zweiten Weltkrieges wurde es während der Kurlandkämpfe durch russische Artillerie vernichtet. (Kurland war in lettischer Zeit die lettische Provinz Kurzene).

Am 11.9. 1944 fand auf dem Gutshof von Dawini, dem Gefechtsstand der 215. ID, eine Lagebesprechung statt. Der Ia der Division, Oberstleutnant i.G. Prätorius, Oblt. Gemeinhard als RgtsAdjutant des GR 380, Hptm. Mehrle vom GR 390 und Hptm. Rommelspacher vom GR 435, sowie Hptm. Röttinger vom AR 215 nahmen daran teil.

Der Ic-Dienst (Feindnachrichten-Auswertung) hatte gemeldet, dass ein russischer Großangriff unmittelbar bevorstehe. Der Feind hatte in den vergangenen Tagen mit Späh- und Stoßtrupps die gesamte Divisionsfront abgetastet. Eine Vielzahl neuer sowj. Batterien hatte sich eingeschossen. In der vergangenen Nacht waren die Fahrgeräusche schwerer Panzer immer deutlicher zu hören. Die 215. ID unter GenLt. Frankewitz stand auf ihrer Front von 30 km Breite nur in mehr oder weniger dichten Schützenschleiern. Lediglich Bauske mit seinem Brückenkopf südlich des Flusses Musa war durch das GR 380 mit zwei Bataillonen etwas stärker besetzt.

Auf der Landenge zwischen den beiden Flüssen Musa und Memele stand das GR 435. Entlang der Musa selbst stellten Polizei- und lettische Einheiten der Gruppe Giesecke die Verteidiger.

Das GR 390 wiederum lag mit dem I. Batl. unter Hptm. Seibold westlich Bauske und lehnte sich an die Memele an. Es war gehalten, am 14. Sept. seinen Abschnitt an die rechts anschliessende Nachbar-Division abzugeben und als Divisionsreserve nach Bauske zu verlegen. Damit wollte GenLt. Frankewitz einen schlagkräftigen Einsatzverband zur Hand haben, um etwaige Feindeinbrüche sofort im Gegenstoß beseitigen zu können. Zu diesem Zweck lag das II./GR 390 bereit als DivReserve hinter dem Abschnitt des GR 435.

Die Lage wurde von den versammelten Offizieren, allesamt kampferfahrene Regimentsadjutanten, exakt und nüchtern beurteilt:
"Die Front kann gegen Späh- und Stoßtrupps gehalten und gesichert werden. Auch örtliche stärkere Angriffe können noch abgewiesen werden. Einem Großangriff der Roten Armee aber ist sie nicht gewachsen."
Weder das Korps noch die Armee gaben die Erlaubnis zur Räumung des Brückenkopfes Bauske, obgleich die Front der Division hinter der Musa bedeutend sicherer war und dadurch etwa zwei Bataillone freigeworden wären. Am Ende dieser Besprechung gab der Divisions-Ic seiner Überzeugung Ausdruck:
"Meine Herren! Wenn das Ding nur nicht schief geht!"
Da aber hier von einer stark angeschlagenen Division das Unmögliche verlangt wurde, musste es schief gehen.

## Angriff und Schlacht um Bauske

Der erste russische Angriff auf die Front der 215. ID begann am Morgen des 12.9. Er war so kraftvoll geführt und von einem Panzerrudel als Stoßkeil begleitet, dass der erste Stoß bereits die schütteren Verteidigungslinien der Division durchbrach und ein starker Panzerkeil bis zu der Artillerie-Beobachtungsstelle unter Hptm. Pfitzemayer durchbrach.
Hptm. Paul Pfitzemayer, Chef der 3./AR 215, raffte alle seine Männer bis zum letzten Schreiber zusammen. Mit Handgranaten, geballten Ladungen und Tellerminen wurde der Panzerkeil gestoppt.
Die dahinter in dichten Wellen vorgehenden Rotarmisten krallten sich in den Boden ein. Loch für Loch wurde freigekämpft. Im Nahkampf mit einem russischen Kommissar und dessen zwei Begleitern konnte Hptm. Pfitzemayer diese drei Männer niederstrecken, wurde dann aber von einem Rotarmisten, der aus einem benachbarten Granattrichter feuerte, schwer verwundet. Dennoch führte Hptm. Pfitzenmayer den Abwehrkampf weiter, bis der letzte eingedrungene Rotarmist überwunden war. Dann wurde er von seinen Artilleristen zurückgeschafft. Es war Hptm Pfitzemayer, der diesen gefährlichen Durchbruch beseitigt und die Abschnittsfront gerettet hatte. Am 3. November 1944 erhielt er als einziger Artillerist der Division das Ritterkreuz.
Dies war aber erst das Vorspiel. Am 14.9. eröffneten die Russen die Schlacht mit einem gewaltigen Trommelfeuer, das auf die Linie des GR 435 bei Stabuli niederpaukte. Danach rollten Panzer mit aufgesessener und ihnen nachfolgender Infanterie vor, um hier die Landenge zu durchbrechen und - zwischen Memele und Musa vorstoßend - Bauske von Osten her zu erobern.
Diesmal waren es die Sturmgeschütze und die Pak der 14./GR 435, die mehrere Panzer der russischen Spitze abschossen und dem ersten Ansturm widerstanden.

Erst als ein zweiter Panzerkeil vorrollte und die Russen mit "Urrä" gegen die Stellungen anrannten, gelang ihnen ein Einbruch.

GenLt. Frankewitz, dicht hinter dem Ort des Geschehens, ließ sofort das II./GR 390 als Divisionsreserve antreten.

Unter seinem soeben erst von der Luftnachrichtentruppe zur Division gekommenen Major Post, griff das Batl. bei hellem Tageslicht über freies Feld an. Es stieß auf einen altbeschossenen russischen Verband, der die deutschen Soldaten bis auf 100 bis 80 Meter herankommen ließ , ehe er sie mit dichtem MG- und Gewehrfeuer eindeckte und zu Boden zwang. Sekunden darauf setzte russisches Werferfeuer auf diese Stelle, etwa 200 bis 100 m vor der russischen Linie liegend, ein und innerhalb einer Stunde war das II./GR 390 aufgerieben. Jene Männer die das Vernichtungsfeuer überlebt hatten, schleppten ihre Toten und verwundeten Kameraden zurück.

Der Batlfhr. Major Post, sein Adjutant, Oblt. Walter Schmid, der bereits am 15. Mai des Jahres das RK erhalten hatte, der Ord.Offz. und ein Kompaniechef teilten das Schicksal des Batlfhrs.

Feldwebel Fritz Klipfel von der 7./GR 390 führte das Batl. weiter, das auf eine Stärke von etwa 60 Mann zusammengeschlagen worden war. Er trug seit dem 4. 9. 1944 das Deutsche Kreuz in Gold.

Dies alles war jedoch erst der Anfang.

Am frühen Morgen des 15.9. feuerten mindestens 600 russische Geschütze auf der gesamten Front zwischen Mezotne (im Abschnitt der rechten Nachbardivision, der 290. ID liegend) und Jaunsaule. Ununterbrochen schlugen Granaten aller Kaliber in der HKL ein. Rauchende Flammen überdeckten den gesamten Frontbereich. Der Brückenkopf Bauske war nicht mehr zu erkennen. 60 Minuten paukten Tod und Verderben auf die Infanteriestellungen nieder. Dann griffen russische Fliegerkräfte in den Kampf ein.

Vor allem Bauske war ihr Ziel. Nach und nach wurde der Großteil der Häuser dieser Stadt in Schutt und Trümmer gelegt. Dicht bei dicht schossen die Rauchpilze der brennenden Häuser aus dem dicken Qualm heraus, von lodernden Flammensäulen überstiegen. In einer riesigen breiten Sturzwoge folgten diesem Zerstörungswerk die russischen Panzer- und Infanterieverbände.

Es war genau 10.00 Uhr, als ein Funkspruch der 290. ID den Durchbruch eines starken Panzerverbandes mit aufgesessener und nachfolgender motorisierter Infanterie meldete und um Hilfe bat.

Hinter der Front dieser Division fuhren die roten Panzer von Westen nach Osten und versuchten, deren vordere Teile von ihrer Nachschubbasis abzuschneiden. Diese Panzer überollten den Infanterie-Geschützzug der 13./GR 380 in einem Wäldchen südlich Lodini.

Die Nachrichtenstaffel des GR 390 wurde von Feindpanzern umstellt. Von den Angehörigen dieser Einheiten ist bis heute nichts bekannt. Lediglich die Kanoniere der schweren Batterie der V./AR 225 konnten sich durchkämpfen, als auch ihre Geschützstellung am Waldrand ostwärts Lodini von Feindpanzern zusammengeschossen wurde.

Der Führer des PiZuges 380, Fw. Kirchmaier, der bereits zwei Panzer im Nahkampf vernichtet hatte, fiel im Kampf gegen einen weiteren T 34.

Russische Infanterie strömte in dichten Scharen hinter den einzelnen Panzerkeilen her und schlich dann durch Gärten, Waldstücke und Gehöfte in den Rücken der Verteidiger. Noch immer widerstand der Brückenkopf Bauske der Vernichtung. Drei feindliche Angriffe wurden abgeschlagen, und auf der Landenge ostwärts von Bauske kämpfte das GR 435 mit dem Rücken zur Memele um sein Überleben. Hier griffen mehrere russische Panzerrudel neben und hintereinander an. Sie trafen auf die wenigen Sturmgeschütze der StGeschAbt. 215 unter Hptm. Vogel. Vier Feindpanzer wurden abgeschossen. Doch es wurden immer mehr. Als eines der Sturmgeschütze, um eine Hausecke fahrend, mit einem T 34 zusammenprallte, schoß die Besatzung blitzartig den Feind aus nächster Nähe ab.

Gegen Mittag brach die deutsche Front auf der Landenge bei Bunga und Stabuli zusammen. Russische Panzer- und Schützenwagen-Verbände rollten von Osten zwischen der Memele und Musa frontal auf Bauske zu. Die erste Riegelstellung fiel unter den Salven der Panzerkanonen in sich zusammen. Die Panzer brachen entschlossen durch, und plötzlich standen drei T 34 mit nachfolgenden Infanterietrauben direkt vor dem GefStand des GR 380 bei dem Pastorat.

Die Soldaten der Nachrichtenstaffel unter Ofw. Wörz wurden im Keller dieses Gefstandes überrascht.

15 unendlich lange Minuten dauerte der Nahkampf. Schreie der tödlich getroffenen Soldaten - Freund und Feind - gellten durch das Schnattern der MPi und das Gehacke der MGs. Oberstleutnant Wilhelm Herb, einer der ganz Alten und Kdr. des GR der 380, hielt mit seinen Männern aus. Er trug bereits seit dem 12. August 1944 das RK. Er entschied sich unmittelbar vor dem allgemeinen Zusammenbruch zum Ausbruch und Rückzug der gesamten Besatzung aus Bauske über die 60-Tonnen-Brücke hinter die Memele.

Die Grenadiere stürzten in geschlossenen Sprüngen vorwärts. Zwei Feindpanzer hielten die Brückenenden unter Feuer. Dennoch kamen sie durch! Hunderte Soldaten mussten diesen gefährlichen und für viele tödlichen Weg zurücklegen, weil keine schwere Waffe mehr zur Verfügung stand, um die Panzer zu knacken. Drei Stoßtrupps konnten sie nicht ausschalten, sondern wurden selber von den die Panzer umringenden Rotarmisten niedergeschossen.

Immer wieder hämmerten Panzergranaten auf die Brücke herunter. Zwischen den Salven rannten die Männer Herbs um ihr Leben. Feindliche MG schossen in dichtem Salventakt. Wenn eines zum Schweigen gebracht war, folgte ein nächstes nach.

Auch die Verwundeten schleppten sich über die Brücke, einige dieser Überlebenden berichteten später, dass sie den gesamten Weg kriechend zurückgelegt und nur mit letzter Kraft das rettende jenseitige Ufer der Memele erreicht hatten. Viele tote Soldaten, erschossene und durchgehende Pferde stürzten über die Trümmer des Brückengeländers in den Fluss.

Oberstleutnant Herb gelangte ebenfalls hinüber und versuchte am Nachmittag dieses verheerenden Tages, die Kampfgruppen zusammenzufassen und eine neue Widerstandslinie aufzubauen.

In Bauske selbst stand bis zuletzt das 1./GR 380, das von Feindkräften im Rücken umfasst, und von einer Minute zur nächsten dezimiert worden war, im letzten Abwehrkampf. Der BatlFhr. wurde vermisst, als er versuchte, eine russische Schützengruppe niederzuhalten. Das II. Batl. und das I. Batl. wurden mit Einbruch der Dunkelheit von Major Fritz Hockenjos (Ritterkreuz am 2.9. 1944) zusammengefasst und ebenfalls zum Ausbruch nach Norden angesetzt.


Diese Ausbruchsgruppe durchschritt die Furt der Memele unterhalb der alten Burg Bauske und erreichte das Nordufer, das von Russen besetzt war, die mit einem MG Leuchtspur-Garben in den Fluss schossen. Wer hier liegenblieb, der stürzte ins Wasser und war verloren. Keuchend und mit brennenden Lungen, angeschossen, taumelnd und hinkend erreichten diejenigen, die durchka- men, das andere Ufer. Sie rannten über Stoppelfelder und Kartoffeläcker der Bausker Bauern, bis sie endlich in Sicherheit waren.

Von den 120 Mann des Regiments 380, die noch aus Bauske ausbrechen konnten, waren über 30 verwundet, aber sie waren entkommen.

Im Einsatzraum des GR 435 gelang es den Russen, Stoßtrupps über den Fluss zu schaffen. An den beiden Furten stießen die Panzer durchs Wasser und im Handumdrehen war Baznikkalni umstellt. Hptm. Striebel, Chef der hier liegenden Art-B-Stelle, fiel im Abwehrkampf, als er einen Panzer mit einer T-Mine ansprang.

Oberstleutnant Harms, Kdr. des GR 390, hatte keine Truppen mehr zur Verfügung, denn während sein I. Batl. beim GR 380 kämpfte, stand das II. Batl. beim GR 435. Die beiden schweren Kp. 13 und 14 wiederum waren in ihrem alten Abschnitt noch nicht von der 290. ID abgelöst worden.

Der RgtKdr. fuhr zu der von Code nach Bauske führenden Straße. Hier fand er eine Ansammlung von Trossen seiner Division vor. Mit einer 8,8 cm-Flak-Batterie und Männern der Trosse errichtete er einen Stützpunkt rund um das Hauptgehöft der Ortschaft. Als auch hier die ersten Schützen-Einheiten der Russen, voraus ein Panzerrudel die Waldränder durchbrachen und die richtige Schussentfernung erreichten, jagten die Flakkanoniere ihre wohlgezielten Granaten gegen diesen Panzerfeind.

Sie schossen eine Reihe Feindpanzer zusammen, wurden von geballtem Artilleriefeuer des Gegners  eingedeckt und verloren nach und nach drei der vier Geschütze. Das letzte feuerte noch vier Stunden nach Angriffsbeginn. Dieser kleine Stützpunkt schaffte es, den Feind daran zu hindern, über die Rollbahn

Bauske-Riga nach Osten vorzudringen.

Um 17.00 Uhr musste Oberstleutnant Harms den Ausbruch befehlen. Die noch einsatzbereiten 2- und 3,7 cm-FlaMW voraus und auf der Flanke stürmten die Grenadiere entlang der Rollbahn in Richtung Riga.

Der Ausbruch gelang. (Nach diesem schlachtentscheidenden Einsatz und einigen weiteren erfolgreichen Kämpfen erhielt Oberstlt. Harms am 1. 2. 1945 das Ritterkreuz).

Nunmehr war für die russischen Panzer die Chance gekommen, die auf der Straße Code-Dawini zurückflutenden Trosse der 215. ID zu jagen und zusammenzuschießen. Wenn abgeschossene deutsche Fahrzeuge im Weg lagen, drehten die Panzer über die Stoppelfelder darum herum, überholten die anderen deutschen Fahrzeuge und schossen sie aus der Flanke und von vorn zusammen. Als sich die Panzer verschossen hatten, rollten sie mit aufheulenden Motoren über die Fahrzeuge hinweg.

Es stand hier nicht ein Sturmgeschütz, keine Flak und kein deutscher Panzer mehr zur Verfügung, um dieses fürchterliche Treiben zu beenden.

Der Regimentsveterinär des GR 390, Oberveterinär Dr. Auer, griff mit Panzerfaust die nach Jucini eindringenden Feindpanzer an. In der Sekunde, da er den ersten Panzer im Visier seiner Panzerfaust hatte, wurde er von einem zweiten Panzer tödlich getroffen.

In der Nacht zum 16.9. hätte General Frankewitz in seinem Gefechtsstand im Schulhaus zu Dawini auf der Lagenkarte seiner Division nur noch Fragezeichen verzeichnen müssen. Oberstleutnant Herb hatte einen FT-Spruch an die Division tasten lassen, dass er aus Bauske ausgebrochen sei und sich mit seinem Regiment und dem I./GR 390 auf dem Marsch nach Norden befinde. Das Füsilier-Batl. hielt immer noch in Vescaule. Teile des GR 435 zogen sich schrittweise auf der Straße Bauske-Vecsaule zurück.

Als im Morgengrauen des 16. 9. einige Teile der Division im Raume Dawini eingetroffen waren, wurden sie im Halbkreis um diese Ortschaft herum eingesetzt. Beide Flanken der Division mussten aus Mangel an Kräften offen bleiben. Eine halbe Stunde darauf wurden russische Angriffe auf Gudzas abgewiesen. Schnell zusammengestellte Kampfgruppen unter Ritterkreuzträger Hptm. Hans Mehrte konnte die Hügelstellung bei Leviki gegen feindliche Panzerangriffe halten. Drei T 34 wurden abgeschossen.

Die KGr. Giesecke, die mit ihren "Schnellkampfwagen" (luftbereifte gepanzerte Fahrzeuge) immer wieder Gegenstöße fuhr, hielt mit bewundernswerter Tapferkeit die Zwischenstellung am linken Flügel der Division.

An diesem Tage erfuhr die Division von dem überraschenden Antreten der 14. PD, die als Armeereserve auf der Rollbahn Bauske-Riga bis nach Bauske hätte vorstoßen können, dann aber wieder umkehren musste. (Siehe vorhergehendes Kapitel).

Der 17.9. sah weitere erbitterte Kämpfe bei Buluzi, das von Teilen des GR 435 verteidigt wurde. Sein Kdr.,Oberstleutnant Wilhelm Heidbrink, (RK seit dem 6.3. 1944) fiel im Kampf durch Kopfschuss.

Die schweren Abwehrkämpfe wurden durch Teile der Luftwaffen-Flak-Abt. 75 unter Major Klose vorbildlich unterstützt. Klose und seine Männer wurden mehrfach zu Rettern in höchster Not. Die Zwillings- und Vierlingsflak auf Selbstfahrlafetten machten schnellste Stellungswechsel möglich. Sobald sie in den Kampf eingriffen, wurden die russischen Angriffe eingestellt.

Am Abend, als bereits die nächtlichen Abwehrbewegungen befohlen worden waren, stieß eine russische Sturmkompanie nach Jostini vor und bedrohte die Rückzugsstraße Karaukrogs-Vecmuiza. Sich bereits auf dieser Straße absetzend, machte Oberstleutnant Harms kehrt, griff mit dem Reg.Stab Jostini an. Nach einstündigem Kampf in Gärten, Hausruinen und Scheunen schlug er die russischen Einheiten zurück.

Als wenig später von der Armee die Nachricht einging, dass die "Riga-Stellung" von der Roten Armee besetzt worden sei und die Vorkommandos in Kämpfen davor festlägen, gleichzeitig aber die Russen im Rücken und Flanken der 215. ID nachdrängten, schien die Einkreisung der Division nur noch eine Frage der Zeit. Der Lagemeldung an die Armee folgte von dort die kaltschnäuzige Nachricht:

"Seht zu, wie ihr da rauskommt!"

Die Division schwenkte auf Befehl des Kommandeurs, der in Vecmuiza mündlich die Befehle geben musste, weil das Fernsprechnetz vernichtet und jede Verbindung mit den Divisionsteilen unterbrochen war, zur Drehung der Marschkolonne im rechten Winkel noch Nordosten. Die Offiziere des Divisionsstabes fuhren sofort los und dirigierten die Marschkolonnen nach Nord-osten um. Mehrere russische Versuche, Teile der Division abzuklemmen, schlugen fehl. Am Waldrand von Majori, drei km nördlich von Vecmuiza, wurden Stellungen bezogen. Den ganzen Tag trafen hier Nachzügler ein.

Hier gab es bereits einen Graben, der von der Zivilbevölkerung am Vortage ausgehoben worden war. Der gesamte 18. 9. wurde mit dem Einrichten dieser Stellungen und dem Eingliedern versprengter Truppenteile in diesen Abschnitt verbracht, ohne dass diese Aktionen wesentlich von den Russen gestört wurden.

Am 19. September jedoch trommelten wieder einige Hundert russische Geschütze. Eine Stunde lang krachten Granaten in den Wald hinein. Salvengeschütze und Granatwerfer schossen in die Baumwipfel, so dass die Splitter wie Schrapnells auf die frischen Schützenlöcher herunterprasselten.

In Kompanie- und Bataillonsstärke angreifende Russen wurden abgewiesen. Allerdings stießen zwei dieser Gruppen bis zu den Rgt-Ständen der Oberstleutnante Herb und Harms durch. Selbst die Artilleriestellung wurde von einer auf Schützenpanzer aufgesessenen russischen Kp. erreicht.

Die Gegenstöße endeten trotz hoher eigener Verluste erfolgreich. Die alte Frontlinie wurde in allen Fällen wieder hergestellt.

Zwar war die Schlacht um Bauske verloren gegangen, doch die russischen Erwartungen, die 215. ID und die 290. ID restlos zu vernichten schlugen fehl. Sowohl die Grenadier-Regimenter als auch die Artillerieabteilung hatten herbe Verluste erlitten. So konnte die IV. Abt. des Art Rgt. 215 nur noch über eine schwere Feldhaubitze verfügen.

Wichtig war aber auch, dass ein Großteil der Trosse in den wilden Absetzbewegungen, in die russische Panzer immer wieder hineinstießen, schwer gelitten hatten. Die Fahrzeuge konnten nicht mehr ersetzt werden, und die Ausfälle an Toten und Verwundeten waren so hoch wie zu keiner Zeit vorher.

Mit diesen ausgebrannten Teilen seiner Division gelang es GenLt. Frankewitz am 19. und 20.9. allen russischen Angriffen standzuhalten. Frankewitz erhielt für diese Abwehrleistung noch am 16. März 1945 als 790. deutscher Soldat das Eichenlaub zum RK. Letzteres war ihm bereits am 29. 2. 1944 verliehen worden.

# Die Abwehr- und Rückzugskämpfe der 215. ID

Als am 20. September erneut das russische Trommelfeuer über die 215. ID hereinbrach und starke russische Schützenverbände in breiter Front durch den lichten Wald gegen die Stellungen der 215. ID anrannten, verteidigten anstelle der aufgelösten KGr. unter Genmaj. Giesecke hier Polizeieinheiten unter PolzHptm. Held. Neben seinen Polizeiangehörigen führte er auch noch das Baubataillon in den Abwehrkämpfen. Seine Männer, alte teilweise sogar schon im Ersten Weltkrieg als blutjunge Freiwillige eingesetzte Soldaten. warteten im Wald auf den Feind. Als russische Panzer auftauchten, kam es zu einem Ereignis, das es verdient, genannt zu werden.

Hptm. Held sah wie einer seiner "Uralten" plötzlich hinter einem T 34 auftauchte, der gerade Schießhalt machte, eine Tellermine unter dessen Heck zündete, und hinter einem Fichtenstamm verschwand. Mit der hohen Stichflamme der Detonation wurde der T 34 angehoben und stand unmittelbar danach in hellen Flammen.

Hier waren es schließlich die "Hetzer" der PzJägAbt. 731, die als schnelle kleine Sturmgeschütze getrimmt, auf Fahrgestellen tschechischer Skoda-Panzer, mit einer aufgesetzten deutschen 7,5 cm Kanone bestanden.

Sie stoppten die russischen Panzerangriffe in blitzschnellen Vorstößen und Rochaden und schnellen Schießhalten. Die Kommandanten dieser "Hetzer" saßen im Heck derselben ohne jede Panzerdeckung. So kam es oft vor, dass selbst schwer verwundete Kommandanten ihre Hetzer zum Erfolg führten, ehe sie geborgen werden konnten.

Auf den schmalen Sandwegen durch den Wald preschend, tauchten sie oftmals

66

einige hundert Meter hinter den russischen Panzerrudeln auf und schossen sie mit ihren durchschlagkräftigen 7,5 cm-Kanonen zusammen, um sofort wieder im Wald zu verschwinden.

Hauptmann Helmuth Sohn, Kdr. des I./GR 435, kämpfte in vielen erfolgreichen Gefechten, war seit dem 21. Juli 1944 Träger des Deutschen Kreuzes in Gold und fiel im Nahkampf, als er das Zurückgehen seiner Männer mit seinem Batl.-Trupp deckte.

Oberstleutnant Harms setzte einen Gegenstoß seiner Männer an. Zuerst ließen die dafür bereitstehenden Männer des Pionierzuges, ergänzt vom Radfahrzug, den Feind bis auf 40 Meter herankommen, ehe sie ihre Handgranaten warfen und mit allen Schnellfeuerwaffen den Feind zu Boden schickten. Dann stürmten sie ihrerseits mit "Hurra" gegen den zusammenbrechenden Feind. Seit langer Zeit wieder stürmten die Soldaten der 215. ID mit "Hurra". Das russische Bataillon wich fluchtartig aus. Alle russischen Einheiten zogen sich aus dem gesamten Waldgebiet von Majori zurück. Nach zwei Stunden war die gesamte HKL wieder in eigener Hand.

Am 21.9. kam es zu einer Wiederholung dieses Ereignisses. Abermals mussten sich die russischen Bataillone fluchtartig absetzen.

Inzwischen hatte Major Konrad Zeller die Führung des GR 435 übernommen. Er verteidigte mit allem Nachdruck den Rgts-Abschnitt. Sämtliche Einbrüche des 2l. bis 23.9. wurden abgeriegelt und der eingebrochene Feind vernichtet. Die 14. (schwere)/GR 435 schoss fünf Panzer ab.

Am 25.9. 1944 stellte der Gegner seine Angriffe ein. Auch er war hier im Nordabschnitt der Ostfront schwer angeschlagen worden.

Oberst Gruber, Kdr. des AR 215 wurde mit einem Teil seine Regimentsstabes von der Armee als Kdr. des Artilleriegruppenstabes "Düna" eingesetzt.


Bevor nun die Regenerierung der 215. ID geschildert, die Neubesetzungen der Führungsstellen erläutert und die weiteren Absetzbewegungen dargelegt werden, sei an dieser Stelle eines Soldaten gedacht, der soeben erwähnt wurde: Major Konrad Zeller, der als Stoßtruppführer und Nahkämpfer seiner Division einer der tapfersten Soldaten war, die den deutschen Stahlhelm getragen haben.

# Konrad Zeller, Stoßtruppführer und Nahkämpfer

Konrad Zeller hatte seinen aktiven Wehrdienst 1934-35 beim IR 14 in Konstanz abgeleistet und war als Gefr. und ResOffz-Anwärter entlassen worden.

Reserveübungen ließen ihn zum Unteroffizier und Feldwebel aufsteigen. Mit Kriegsausbruch wurde er zum IR 380 bei der 215. ID einberufen und am 1.1.1940 zum Leutnant befördert. Er errang am 1. Juli 1940 das EK II und 12 Tage darauf das Infanterie-Sturmabzeichen. Die Division blieb nach Ende des

Frankreichfeldzuges noch dort, um erst im November 1941 in 65 Eisenbahnzügen an den Nordabschnitt der 0stfront geschafft und eingesetzt zu werden und dort bis Ende des Zweiten Weltkrieges zu kämpfen.

Nach siebenmonatigem Einsatz in der Sumpfhölle am Wolchow wurde die 215. ID herausgezogen und am 6.7., 1942 in den Raum westlich Leningrad geschafft. Sie richtete sich zwischen Staro-Panowo und Urizk zur Verteidigung ein.

Im Raume Urizk sollte eingangs August zu einem neuen Angriff angetreten werden, aber der Gegner machte der Division einen Strich durch die Rechnung, als er am 30. Juli 1942 mit einem Feuerüberfall unter Beteiligung von vielen Salvengeschützen, Bombern und lL 2-Schlachtflugzeugen seinerseits einen Großangriff vorbereitete.

Konrad Zeller lag vorn im Graben neben seinem Kp-Trupp.Um sie herum hämmerten die Salven der Stalinorgeln in den Boden und rissenbreite aber nicht sehr tiefe Trichter auf. Dreck und Stahl prasselten um sie herum zu Boden. Dann rollten die sowjetischen Sturmwellen heran. 16 T 34 unterstützten die erste Welle. Die der Division unterstellten Panzer des PR 29 schossen acht T 34 und einen KW 1 ab. Die Divisionsartillerie vernichtete ebenfalls einige Panzer der Russen.

Planmäßig begann der deutsche Angriff am 2. August 1943. Die drei Regimenter der 215. ID traten auf das berüchtigte Gleisdreieck an. Das II./380 stürmte mit 0blt. Zeller nach Südosten. Die russischen Bunker, die sich hielten, wurden von den Sturmgeschützen zerschossen. Um 14.00 Uhr meldete Zeller, dass seine Kp. an der Rollbahn stehe. Zwischen dieser und dem Bachgrund aber lagen noch einige starke Feindbunker und Pakstellungen.

Zeller erstürmte mit einer Gruppe den stärksten Eckbunker und schaltete die russische Flankenstellung aus.

Die russischen Schlachtschiffe "Marat" und "0ktoberrevolution"schossen in den Angriffsraum hinein.

Als die Sturmgeschütze auch hier herankamen, hängte sich die Kp. Zeller an sie an und erreichte im schnellen Durchstoßen Staro -Panowo. Beim Angriff auf die Höhe "Wilder Mann" wurde Hptm.Strittmatter verwundet. 0blt. Zeller übernahm das Bataillon.

0blt. Arno Thiele kämpfte mit seinem Panzer - dem einzigen bei der Division, der mit der 7,5 cm-Langrohrkanone ausgestattet war und bereits über 50 Panzer abgeschossen hatte - beim III. Bataillon. Er fiel am frühen Morgen dieses Tages durch Kopfschuss, als er die Lage erkunden wollte. Am 3. August erlag er auf dem HVPl. seiner schweren Verwundung und erhielt am 24.9. 1942 posthum das RK.

In den zwei Tagen dieser Kämpfe hatte das GR 380 (seit einigen Tagen so genannt) 2.000 Mann an Verlusten und verfügte nur noch über 105 Mann. 0blt. Zeller wurde zum zweitenmal verwundet. Am 1. Januar 1943 erfolgte seine vorzeitige Beförderung zum Hauptmann.

Als die Russen am 4.1.1943 am "Scharfen Eck" angriffen, erfolgte mit Tagesanbruch der Alarm. In Schneehemden beinahe unsichtbar griffen die Rotarmisten an. Die zweite Welle erst trug ihre erdbraunen Mäntel. MG ratterten los, Granatwerfer brannten dunkle Flecke in den Schnee. Die eigene Artillerie schoss Sperrfeuer.

Als die erste Feindwelle auf Handgranaten-Wurfweite herangekommen war, warf Zellers 10.Kp. geschlossen die jeweils drei zurechtgelegten Handgranaten. Der Angriff wurde abgeschlagen. Hier fiel einer der Freunde Zellers, der Fw. Willi Weidner, Träger des Deutschen Kreuzes in Gold.

Im August wurde Hptm. Zeller Kdr. des III./IR 380. Er kämpfte in den Herbstkämpfen hervorragend und wurde am 17. Oktober 1943 im Ehrenblatt des Deutschen Heeres genannt.

Beim russischen Angriff des 13. Dezember 1943 auf die Fingerstellung bei Alekssdadrowka, dem nördlichen Teil des berüchtigten Gleisdreiecks, trat Hptm. Zeller mit seiner alten 10. und der unterstellten 2. Kp. zum Gegenstoß an. Dreieinhalb Stunden dauerte der Kampf, teilweise Mann gegen Mann, ehe der "Finger" zurückgewonnen wurde. Im letzten entscheidenden Sprung rannte Zeller mit seiner KGr. vor und überwand den letzten verbissenen Feindwiderstand.

Der nächste Sprung brachte weitere 30 Meter Grabengewinn, und um 05.50 Uhr des folgenden Tages war alles wieder fest in deutscher Hand. Lt. Schätzle und Hptm. Zeller wurden zum RK eingegeben. Beide erhielten diese Auszeichnung am 14.1. 1944.

Als Oberstleutnant Herb am 17.1. 1944 verwundet wurde, übernahm Hptm. Zeller das GR 380. Es galt nunmehr, Puschkin gegen jeden russischen Angriff zu halten. Aber am 24.1. musste sich die Division über die Ishord zurückziehen. Der KommGen. des XXVI. AK, GendInf. Grase, ließ zum Rückzug antreten und befahl gleichzeitig, alle schweren Waffen, Nachrichtengeräte und Kraftfahrzeuge zu vernichten.

Hptm. Zeller verbot seinem Rgt. die Ausführung des Befehls. Obgleich eingekesselt, gelang es ihm mit seinen Männern und den genannten Waffen, den Kessel zu durchstoßen und am 28.1.1944 Divenskaja zu erreichen.

Hier und bei Breja kam es zu erbitterten Nahkämpfen. Oblt. Mehrle setzte als RgtAdj. mit fünf Meldern zum Gegenstoß an. Der Waffenmeister des GR 380, Ofw. Zimmermann und Lt. Pechel vom AR 215 schlossen sich ihm an.

Nach mehrstündigem Nahkampf wurde Breja den Sowjets entrissen. Hptm. Zeller erhielt die silberne Nahkampfspange. Er drückte seinem alten Kampfgefährten Hptm. Hans Mehrle dankbar die Hand, der bereits seit dem 15.4. 1944 das RK trug.

Als die Rote Armee am 31. März 1944 mit zweieinhalb Divisionen im Abschnitt des GR 380 angriff und bis zur Rollbahn Pleskau-Ostrow vorstieß, schirmte

Hptm. Zeller die Südflanke seines Abschnittes mit schwachen Kräften ab und trat mit dem Gros und sechs unterstellten Sturmgeschützen der Brigade 184 zum Gegenangriff auf Krapiwinka an. Der Feind wurde geworfen. Ebenso erging es zwei weiteren Durchbruchsversuchen der Russen.

In den nächsten zehn Tagen unternahm Hptm. Zeller weitere zehn Gegenangriffe, bei denen die eingebrochenen Gegner geworfen wurden.

Der Feind ließ an dieser Stelle des Nordabschnittes der Ostfront 1000 Tote zurück.

Bei diesen Kämpfen um Pleskau rettete Zeller mehrfach das Rgt. und die Division vor schwersten Verlusten und bewahrte die Front vor dem Zusammenbruch. General Frankewitz gab diesen Soldaten zum Eichenlaub ein, das Zeller als 495. Soldat der Wehrmacht am 9. Juni 1944 verliehen und durch Hitler persönlich am 20. Juni 1944 in der Wolfsschanze ausgehändigt wurde.

Als ein Frontberichter ihn fragte, worin er seinen Erfolg sehe, erklärte er: "Wer als Offizier hier steht, tut seine Pflicht. Aber was der einfache Mann, der Grenadier im Graben leistet, das ist mehr. Er ist es, der den Kampf durchficht, und ich kämpfe und lebe mitten unter ihnen."

Im Kampfraum Dünaburg war Major Zeller zunächst als Ia der KGr. Giesecke zugeteilt. Nach Auflösung derselben übernahm er das GR 435 und kämpfte in schweren Gefechten des 21. bis 23.9. wie ehemals als Stoßtruppführer in vorderster Front.

Doch zurück zur 215. ID, zu ihrer Ruhezeit und Neuausrüstung.

# Vor den entscheidenden Kurland-Schlachten

Nach dem 25.9. 1944 brachen auch für die 215. ID ruhigere Tage an, die warmen Sonnenschein, in den Nächten aber bereits bittere Kälte brachten. Von GenLt. Frankewitz wurde fieberhaft versucht, Nachersatz und Waffen aller Art für seine zerschlagenen Verbände zu erhalten.

Die HGr. Nord, mit der 16. und 18. Armee und der Armeegruppe Grasser unter Gen.d.Inf. Anton Grasser (RK, EL) räumten die noch in deutschem Besitz befindlichen Teile von Estland und den ostwärts Riga liegenden Teil Lettlands. Mitau war feindbesetzt, so dass zwischen der Küste und dieser alten Ordensstadt an der Kurländischen Aa den deutschen Truppen nur ein zwischen Mitau und der Ostsee liegender schmaler Streifen mit einer Straße, sowie einer Bahnlinie zur Verfügung stand, um nach Westen zu verlegen.

Hier übernahm GenLt. Frankewitz mit seinem Stab kurzzeitig als "Verkehrsstab Frankewitz" die unendlich schwierige Aufgabe, dieHGr. Nord und die gesamte Zivilbevölkerung - die panikartig vor den Russen floh - durch Riga hindurch nach Westen zu schleusen. GenLt. a.D. Frankewitz schrieb nach dem Kriege an den Autor:

"Hätten wir unseren Ia, Oberstleutnant Prätorius nicht gehabt, der Transportfachmann war, wäre dieses Unterfangen mit einem Debakel geendet. Immerhin mussten ungefähr 40 Divisionen mit 80.000 Kraftfahrzeugen und noch viel mehr bespannten Fahrzeugen durch Riga und über die Landenge von Tukkum durchgeschleust werden."

Die 215. ID selbst wurde der 205. ID unterstellt. Es sah so aus, als sollte diese Division, die vom November 1941 an in Russland kämpfte, aufgelöst werden. Allerdings wurden sie in der Unterstellung unter die 205. ID angenehm enttäuscht, denn deren Kommandeur, GenLt. von Mellenthin, sowie deren Ia., Oberstleutnant Linn, und alle übrigen Stäbe dieser Division zeigten sich in vorbildlicher. Kameradschaft hilfsbereit. Selbst mit der Zuführung von Nachschub und Reserven wurde die 215.noch vor der 205.ID bevorzugt behandelt.

Nachdem die Rückführungen gelungen waren, wurde noch ostwärts Riga ein größerer Brückenkopf gebildet. Dann aber erfolgte der Räumungsbefehl,und die 205. ID mit der ihr noch unterstellten 215. ID setzte sich in der Nacht zum 6. 0ktober planmässig ab. Bei Baldone wurde im Zurückgehen die ostpreussische 11. ID abgelöst, ehe das weitere Absetzen auf die E-Stellung erfolgte.

Schwere sowjetische Truppenverbände folgten den Nachhuten auf den Fersen, und am frühen Morgen des 10. 0ktober wurden die neubezogenen Stellungen mit starkem russischen Trommelfeuer belegt. Dieses steigerte sich am frühen Morgen des 11. 0ktober zu einem stetigen Trommeln aus vielen hundert Rohren. Die Rote Armee strebte den Einmarsch nach Riga an.

Nachdem die Front in der folgenden Nacht auf die F-Stellung zurückgenommen wurde, eröffnete die Rote Armee auch hier um 08.00 Uhr das Trommelfeuer. Panzer mit nachfolgender Infanterie fühlten vorsichtig vor. Doch bis zum Morgen des 13. 0ktober konnte die Front gehalten werden. In der darauf folgenden Nacht wurde die H- Stellung am Südwestteil des letzten Vorortes von Riga bezogen. Nunmehr artete das Trommeln zu einer regelrechten Feuerkaskade aus, und in der Nacht zum 15.10. musste sich die letzte Kampfgruppe der 215. ID aus dem Westteil von Riga absetzen.

In den nächsten beiden Tagen gelang es, die Front zu halten und jeden Feindangriff abzuwehren, wobei vorher und nachher starke russische Beschießungen und Bombardierungen erfolgten.

Mit Besetzung der H-Stellung in der Nacht zum 14.10. und dem weiteren Absetzen in der Nacht zum 15.10. aus dem Nestteil von Riga fuhren drei Sturmgeschütze der 215. ID den Kampftruppen hinterher und noch der Nachhut folgend am Dünaufer entlang. Aus dem Nebel heraus tauchten dieTürme von Riga auf. Die letzten deutschen Soldaten sahen die Silhouette dieser alten Stadt,die ehemals deutsche Ritter und Bischöfe als ihre Herren gesehen hatte.

Die Bevölkerung hatte sich in die Keller verkrochen und harrte aus - voller Grauen auf das, was ihnen die Rote Armee bringen würde.

Zwischen Kemmern und Schlock westlich der Livlana Aa wurde eine Zwischenstellung besetzt. Der erwartete russische Angriff an diesem 15. und auch noch am 16.10. blieb aus.

An diesem Tag verabschiedeten sich die Truppen der 215. ID aus ihrer Unterstellung unter die Führung der 205. ID. GeneralLt. Frankewitz hatte seine Aufgäbe glänzend gelöst und kehrte nun mit seinem Stab zur Division zurück. In den beiden nächsten Tagen wurde die 215. ID aus ihren Stellungen an der kurländischen Aa abgelöst und in den Ruheraum etwa 30 km westlich Tukkum verlegt. Es standen sogar Lastwagen zur Verfügung, welche die Grenadiere dorthin fuhren.

Bis zum 24. Oktober folgten einige Ruhetage, die ersten nach monatelangen Kämpfen und schweren Schlachten. Hierher kamen auch die Genesenden aus den Lazaretten zur Division zurück. In dieser einen Woche wurde aus der zerschlagenen Division wieder ein kampfkräftiger Großverband.

Das GR 435 wurde auf höheren Befehl hin aufgelöst. Sein letzter Regimentsführer, Major Konrad Zeller, würdigte die Verdienste in einem Tagesbefehl. Darin gedachte er auch jener 2.700 gefallenen und vermissten Regimentskameraden und der viel höheren Zahl der Verwundeten. Die Reste dieses Regiments wurden als I./GrenBatl. 435 in das GR 390 eingegliedert. Ihr Chef wurde Oblt. Backleitner.

# DIE ERSTE KURLAND-SCHLACHT

## Bei der 215.ID

Nachdem die Rote Armee zwischen Memel und Libau zur Ostsee durchgebrochen war, wurden die nördlich dieser Linie stehenden Verbände
der HGr. Nord von der Verbindung nach Südwesten und Westen abgeschnitten und und blieben allein auf sich gestellt.der Stabschef der HGr. Nord
hatte im Auftrage seines OB mehrfach dem OKH angeboten, diesen feindlichen
Keil zwischen Memel und Libau zu durchbrechen und die noch über 30 Divisionen starke HGr. Nord nach Ostpreussen zu verlegen, um dort die Verteidigung
Deutschlands an seiner Ostgrenze mitzuführen.

Dieses Ersuchen hatte Hitler - wie anderenorts dargelegt - mehrfach abgelehnt.
Da die HGr. jedoch für zwei gleichzeitig zu erfüllende Aufgaben - einmal ihren
Raum gegen die russische Übermacht zu halten, und zum anderen eine Offensive
gegen den russischen Keil zwischen ihr und Ostpreussen zu zerschmettern, nicht
gleichzeitig erfüllen konnte, kam es zur Bildung der Kurlandfront, die später im
Soldatenjargon als "Kurlandkessel" bekannt wurde.

Dieser "Brückenkopf Kurland" ging in die Geschichte ein. Die Bezeichnung
"Kurlandkessel" wurde - als sie überhand nahm - durch einige HGr-Befehle ver-
boten. Dies unter Hinweis, dass es sich nicht um einen Kessel handeln würde,
weil die Truppen in diesem Raum ja mühelos über See versorgt werden könnten.

Der Verlauf der Kurlandfront ging von der Küste der Rigaer Bucht bei Tukkum,
über Doblen und Autz, südlich Frauenburg vorbei nach Preekuln an der Küste,
hart südlich des Hafens Libau. (Siehe Kartenskizze).

Auf der Landseite nach innen konnte diese Linie gut verteidigt werden, da die
Truppen in kürzester Zeit an die Brennpunkte verschoben werden konnten.
Der große Vorteil dieser Brückenkopffront lag in der Tatsache begründet, dass
sie mit der 12. und 14. PD über zwei kampfstarke Verbände verfügte. Hinzu
kamen die Sturmgeschütz-Abteilungen- und Brigaden, ferner noch Teile einer
schweren Panzer-Abteilung, die mit Tigern ausgestattet war.

Am Abend des 24.10. erhielt die 215. ID ihren Einsatzbefehl und löste an der
Front bei Autz Teile der 121- ID ab. Hier waren die vorbereiteten Gräben nur
etwa brusthoch und sehr eng. Nur einige Bunker waren in diesem sumpfigen
Gelände angelegt worden, da sie immer voll Wasser liefen, was auch bei allen
tiefer ausgebauten Gräben der Fall war.

Im Morgengrauen des 27. Oktober 1944 wurden in den zwischen 100 und 200
Metern entfernten feindlichen Gräben sowjetische Bereitstellungen erkannt.
Dort schienen sich auf der gesamten einsehbaren Breite die russischen Sturm-
kompanien zum Angriff zu rüsten.

Die VB der Divisionsartillerie gaben sofort ihre Meldungen durch, und die

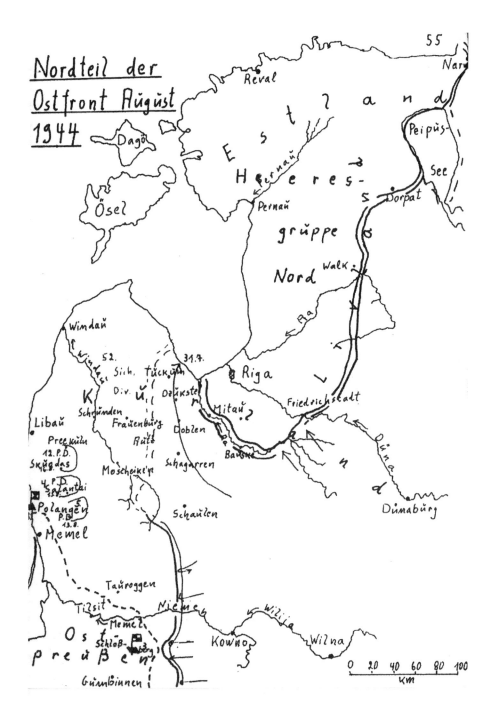

Nordteil der
Ostfront August
1944

DivArt. schoss mit Geschützen und Granatwerfern in diese Bereitstellungen hinein.

Es war 07.00 Uhr, als die Feindartillerie hinter den russischen Linien das Feuer eröffnete. Auf einen Schlag eröffneten hier einige Hundert Geschütze aller Kaliber das Feuer. Darin fiel eine Reihe von den Russen erbeutete deutsche Do-Werfer ein. Der Luftdruck der Detonationen ihrer einhauenden Geschosse war so gewaltig, dass die kleinen Bunker wie Schiffe auf hoher See ins Schwanken gerieten. Bäume wurden weggefetzt, Baumwipfel wie Grashalme abgedreht und durch die Luft geschleudert.

Die gesamte Stellung der 215. ID war binnen weniger Sekunden nach dem Einschlagen der ersten Salve in Qualm und Dreck gehüllt. Noch wusste niemand, wo genau der Feind angreifen würde und ob er nicht schon irgendwo beim Nachbarn eingebrochen war. Nach den ersten Meldungen zeigte sich schlagartig, dass die eigene Front an verschiedenen Stellen von russischen Panzern mit aufgesessener und nachfolgender Infanterie durchbrochen war. Im Abschnitt der Höhe 94,1 erfolgte ein Feindeinbruch, der im Gegenstoss bereinigt werden konnte. Dann erfolgte ein Funkspruch an die Division vom GR 390: "Gegner greift auf breiter Front an. Wir halten!"

Der Funkspruch brach plötzlich ab, weil auch hier, wie nachher rekonstruiert wurde, der Feind durchgebrochen war.

Der erste Funkspruch vom GR 380 wiederum lautete:

„II.Bataillon: Feinddurchbruch bei der Höhe 94,1. Die eigenen gehen zurück." Das Rgt. schickte den Pionierzug mit zwei Sturmgeschützen zum II. Bataillon. Nach nur wenigen hundert Metern wurde diese Gegenstoßgruppe bereits in ein Waldgefecht verwickelt, in das russische Baumschützen einfielen, nachdem die Gruppe deren Standort bereits überschritten hatte und den Baumschützen damit den Rücken bot.

0blt. Willi Zeller, ein Bruder von Major Zeller, der das II./GR 380 führte, meldete: "Feind stößt rechts und links des Gefechtsstandes vorbei." Zehn Minuten darauf folgte von dort die zweite Meldung. "Gefechtsstand ist eingeschlossen!" Lt. Scharf vom I./GR 435, der sich ins Waldesinnere hatte zurückziehen müssen, stieß mit seinem Zug immer wieder in die rechts und links vorbeirennenden Russen hinein und stoppte deren Spitzen mit Schnellfeuer und Handgranatenwerfen. Er war es auch, der die Verbindung mit den Nachbar-Kompanien aufrecht erhielt und damit wesentlich dazu beitrug, dass das Waldstück gehalten werden konnte.

Dennoch: die Rote Armee hatte die Verteidiger dieses Abschnittes bereits weit überflügelt und stand im Begriff hinter diese einzuschwenken und den deutschen Truppen in dem so gebildeten Kessel den Garaus zu machen.

Der Befehl, in die vorbereiteten Stellungen am Lielauces-See zurückzugehen, wurde am Nachmittag gegeben. Hierbei kam es zu einem Wettlauf zwischen den flankierend vorbrechenden Russen und den Zurückgehenden. Immer wieder

waren es kleine Stoßtrupps, welche die bereits beginnende Umklammerung auf-
brachen und den Rückweg freihielten.

Hinter der weichenden Division rollten russische Panzer vor und beschossen mit
Sprenggranaten die deutschen Gräben aus den Flanken und warfen die letzten
Nachhuten hinaus. Das Ende schien gekommen.

Doch jetzt erlahmte auch die russische Stoßkraft. Die neuen Stellungen wurden
erreicht und besetzt. Eine in der kommenden Nacht zugeführte StuGeschKp.
griff am Morgen des 28.10. in den Kampf ein. Ein Reservebataillon der 121. ID
stieß im Abschnitt des GR 390 auf die alte Stellung vor. Die Sturmgeschütze
unterstützten dieses Bataillon und rollten mit einem Teil vor, während der andere
Teil Schießhalt machte und über die vorrollenden Geschütze hinweg auf die
Russen feuerte.

In dem Moment aber, als die letzten Verbände sich vom Feind lösen wollten, riss
ein weiterer Angriff der Russen die Front zwischen den Regimentern 380 und
390 auf. Die Gefahr eines Durchbruchs, auch durch die Mitte der Stellung, war
groß.

GenLt. Frankewitz schickte nun die Sturmgrenadierkompanie unter Lt. Werner
Mozer als letzte zusätzliche Reserve ins Gefecht. Sie sollte lediglich aufklären
und das Absetzen auf die Brunhilde-Stellung sichern helfen.

Diese Sturmgrenadier-Kp. setzte sich insbesondere aus den alten Kämpen des
5./Feldersatz-Batl. 215 zusammen, die alle seit Jahren kampferprobte Ostkämp-
fer waren.

Als Lt. Mozer in ein dichtes Waldstück eindrang, um mit dem Kp-Trupp zu
beobachten und den besten Weg zu finden, vernahmen sie das Gedröhne starker
Panzer- und Lastwagenmotoren. Der Leutnant kämpfte sich zum Waldrand
durch und sah auf der Straße beinahe parallel zu seinem Vorgehen eine lange
russische Kolonne näherkommen. Darunter Panzer, Pak und auf Lkw verladene
Rotarmisten.

Fahrzeug auf Fahrzeug rollte heran. Noch waren sie vielleicht 500 Meter
entfernt. Es stand für Mozer fest, dass dieser Verband durch die geschlagene
Lücke durchstoßen wollte, um sie zum operativen Durchbruch auszuweiten und
den Feind weiter am Laufen zu halten.

"Kompanie fertigmachen!" befahl Mozer nur Sekunden später. "Erster Zug links
der Straße, zweiter rechts, dritter als Rückhalt für durchgebrochene Panzer. Wir
stoppen den Feind!"

Der erste Zug stürmte durch den Wald parallel zur Straße dem Feind entgegen,
während sich der zweite Zug am 0rt der Beobachtungen bereitlegte. Der dritte
Zug versuchte an der Straßenbiegung, etwa 300 Meter rückwärts, in
fieberhafter Eile die mitgeführten Tellerminen auszulegen und zu tarnen.

"Panzerfäuste fertig!" befahl Mozer, als der erste Panzer noch etwa 30 Meter
halblinks stand.

"Schieße mit Panzerfaust!" warnten die beiden Männer des Kp-Trupps, die die

Rohre der Waffe über die Schulter gelegt hatten und den anrollenden Panzer anvisierten.

Als er ihnen genau gegenüber war, schossen beide mit einem Meter Vorhalt ihre Panzerfäuste ab. Die Rückstoßflamme zischte in das Gebüsch. Beide Sprengtöpfe der Panzerfäuste trafen den Gegner. Der Turm des T 34 wurde vom ersten Geschoss aus dem Drehkranz gerissen, während das zweite Geschoss das Heck traf. Sekunden später stand der T 34 in Flammen. Kein Mann kam Bus dem brennenden Stahlsarg heraus.

Drei weitere Panzerfäuste in der Mitte und am Ende der beiden seitlich ausgeschwärmten Züge trafen einen anderen der langsam vorrollenden Panzer und zwei mit Rotarmisten besetzte Lastwagen. Der Panzer platzte in einem Feuerwerk seiner detonierenden Munition auseinander, und die beiden Lastwagen standen in Flammen gehüllt auf der Strasse.

"Hurra! - Hurra! - Hurra!" wieder schallte der Schrei aus den Kehlen der Grenadiere über die Waldlichtung, als sie aus Sturmgewehren und MPi schie- ßend, Handgranaten schleudernd auf die Russen eindrangen, die nach links und rechts von der Straße herunterspringen wollten.

In wilder Flucht wurden die noch weiter rückwärts stehengebliebenen Wagen von ihren Besatzungen verlassen die in Panik zurückrannten und im Wald beiderseits der Strasse verschwanden.

Lt. Mozer überquerte die Strasse, sichtete einen der rechts abgewichenen T 34 und warf sich vor dessen MG-Feuer zu Boden. Dann hob er die Panzerfaust und setzte dem Feind den Sprengtopf frontal direkt unter den Turm. Die Besatzung wollte ausbüchsen. Sie fiel im Feuer des nachrückenden Kp-Trupps. Eine Feindpak, die in Stellung gegangen war, wurde mit Handgranaten ausgeschaltet, noch ehe sie den ersten Schuss abgeben konnte.

Die etwa 120 Mann starke Sturmkompanie säuberte rechts und links der Straße und baute bei einer langgezogenen, weit zu übersehenden Biegung eine dünne Sicherungslinie auf.

"Funkspruch an das Regiment: Feindliche Marschkolonne mit Panzern und Pak im Wald gestoppt. Sicherungslinie am ostwärtigen Waldrand eingerichtet." Damit hatte Lt. Werner Mozer das Schicksal des gesamten Divisionsabschnittes, wenn nicht gar der Kurlandfront, zum Guten gewendet. Am 11. Dezember 1944 erhielt er für diesen „schlachtentscheidendenden Einsatz" seiner Grenadiersturmkompanie das Ritterkreuz.

Die HGr. Nord befahl den unterstellten Feldgendarmerie-Einheiten auf der Höhe des DivGefstandes der 215. ID in Stirnas, am 0stufer des Lielauces-See, Sperrlinien aufzubauen und schickte einen Heeresgruppen Kriegsrichter dorthin. Jeder Soldat, der sich ohne Befehl dorthin abgesetzt hatte und weiter zurückgehen wollte, wurde hier gestoppt und wieder zur Front und zu seinem Truppenteil zurückgeführt. Dies war ein Befehl des OB der HGr. Nord, Gen0berst Schörner, der verhindern sollte, dass einige wenige Männer ihre Kameraden im Stich ließen und möglicherweise ein Beispiel für eine beginnende Panik bilden konnten.

Es sei an dieser Stelle eingefügt, dass jeder Soldat der HGr. Nord, der tapfer im Einsatz stand und keine Stellung ohne Befehl verließ, diesem HGr.Befehl zustimmte.

Am Abend des 30. Oktober 1944 wurde die 215. ID in ihren Stellungen abgelöst und zur onderen Verwendung in Marsch gesetzt. Dass es sich nicht um eine neue Ruhezeit handeln konnte, sahen die Soldaten an dem ununterbrochenen Stalinorgelfeuer und dem Mündungsfeuer feindlicher Artillerie-Batterien, die auf breiter Front von Doblen bis Frauenburg die Nacht mit grellen Blitzen durchzuckten. Noch war die erste Kurland-Schlacht nicht zu Ende.

Es ging um den Lielauces-See herum in den neuen Einsatzraum, etwa 8 km westlich des alten, in den Abschnitt der 389. ID, die von den Angriffen der letzten Tage schwer getroffen worden war und ohne Verstärkung nicht mehr in der Lage sein würde, einem neuen Feindangriff standzuhalten.

In der Nacht zum 1. November bezog die Division bei den Höhen von Kalvas die neuen Stellungen. Die VB der Divisionsartillerie richteten sich in den vordersten Stellungen der 389. ID ein, um das Feuer exakt leiten zu können. Am frühen Morgen des 1. ll. 1944 setzte plötzlich hektisches Feuer ein. Eine 2 cm-Flak, die hinter dem RgtGefStand des GR 390 stand, wurde von den Russen angegriffen. Gleichzeitig erhielt auch der GefStand des II./GR 435 aus dem Rücken Feuer. Es war zwei russischen Kpn. gelungen, durch eine tief eingeschnittene Mulde in Richtung Zemgali vorzudringen.

Der Gegenstoß der Melder des GR 390 mit einem Kp-Trupp der 4./435 und einem zugeführten Sturmgeschütz, konnte die gesamte Mulde bei Zengali säubern. Zwei Russenpak 4,5 cm wurden erbeutet.

Am 2. ll. ließ das feindliche Artilleriefeuer merklich nach. Die erste Kurland-Schlacht war für die 215. ID zu Ende. Der Brückenkopf Kurland hatte den schweren Angriffen weit überlegener Feindkräfte standgehalten, und die 215. ID hatte an diesem Abwehrerfolg großen Anteil.

Diese erste Kurland-Schlacht - vorerst lediglich aus der Sicht der 215. ID dargelegt - deckte die operativen und taktischen Erwartungen der Roten Armee auf. Die Schwerpunkte dieser feindlichen Angriffe lagen darin, dass die Rote Armee versuchte, südlich von Libau auf den wichtigen Nachschubhafen für die HGr. Nord durchzustoßen und damit die gesamte HGr. von ihrer entscheidenden Lebensader abzuschneiden.

Die zweite operative Absicht lag darin, in der Mitte des Kurland-Brückenkopfes zwischen Autz-Frauenburg durchzustoßen und damit den gesamten Brückenkopf in zwei Teile aufzuspalten, beide Teile einzeln zu vernichten und so zwischen Windau und Libau einen weiteren Keil zu treiben.

Wie verliefen diese Kämpfe bei den anderen Verbänden und Divisionen?

# ABSICHTEN DER ROTEN ARMEE

## Die sowjetische Seite vor Beginn der Kurland-Schlachten

Zum letzten Generalangriff gegen die HGr. Nord setzte das sowjetische Oberkommando STAWKA drei große Gruppen ein. Während die 2. Baltische Front unter Armeegeneral Eremenko mit der 3. Stoß-, der 42. und 22. Armee aus dem Raume Doblen nach Westen antreten würde, sollte die 1. Stoßarmee entlang der Küste auf Tukkum vordringen.

Die 1. Baltische Front unter Armeegeneral Bagramjan erhielt Weisung, mit der 61. Garde- und der 51. Armee aus dem Raume Vainode-Skuodas in Richtung Libau durchzustoßen.

Als Verstärkung zu diesem Angriffsschlag wurden die 61. Garde-Panzerarmee und die 61. Armee nachgeschoben und so bereitgestellt, bei einem ersten Durchbruch durch die geschlagenen Lücken vorzurollen und dem Feind den Todesstoß zu versetzen.

In der allgemeinen Übersicht der russischen Seite gestaltete sich die erste Kurland-Schlacht folgendermaßen: Der Schwerpunkt lag auf dem rechten Flügel, wo die sowjetischen Großverbände zwischen dem Rigaer-Meerbusen und dem Windau-Fluss die Stellungen der 16. Armee und jene der Armeeabteilung Grasser durchbrechen sollten.

Dazu trat die 1. Stoßarmee, GenLt. Sachwatajew, aus ihren Bereitstellungen im Raume Schlock gegen den linken Flügel der 16. Armee vor. Sie stieß auf härtesten Widerstand und konnte trotz hoher Panzerüberlegenheit und vielfacher Infanterie-Übermacht nur schrittweise vorankommen, um nach wenigen Kilometern Geländegewinn 10 km ostwärts Tukkum liegenzubleiben.

Aus dem zweiten Angriffsschwerpunkt beiderseits Doblen traten das XII. und CXXII. mech.Korps der Russen mit nicht weniger als 13 voll ausgestatteten Divisionen zwischen Autz und Frauenburg an, um zunächst zum Durchbruch die 16. Armee von der Armeegruppe Grasser zu trennen.

Hier stemmten sich die drei erfahrenen Divisionen ID 24, ID 93 und ID 122 dieser Feindlawine entgegen. Sie verloren am ersten Tag der Schlacht nach den KTB-Berichten 1050 Mann an Toten und Verwundeten. Aber die Front hielt diesem vielfach überlegenen Angreifer stand.

Die 1. Baltische Front wurde von ihrem Angriffsbeginn durch ein wuchtiges Trommelfeuer auf die deutschen Stellungen und starke Schlachtfliegerangriffe wirkungsvoll unterstützt. Sie versuchte zwischen Moscheiken und Skuodas den Durchbruch, als dessen Ziel die Eroberung von Libau stand.

Die 61. Gardearmee, unterstützt von der 51. Armee, drang ungestüm vor. Bei Moscheiken wurden sie von der 12. PD unter GenLt. Frhr. von Bodenhausen gestoppt.

Erpo von Bodenhausen, in der 12. PD ein Begriff, seit dem 17. 12. 1943 Ritterkreuzträger, führte von vorn. Wo der Feind zum Durchbruch antrat, dort stand
der drahtige Panzergeneral, der wie viele seiner Panzerkameraden aus der Rei-
tertruppe hervorgegangen war.

Die 30. ID und die SS-PzGrenDiv. "Nordland" standen wie ein Fels
in der Brandung mitten an der Durchbruchsstelle und konnten ebenfalls standhalten. Als schließlich eine Lücke aufbrach, in die ein russisches Panzerrudel
hineinstieß, waren die Panzer der 4. PD zur Stelle und schlossen diese Lücke.

Die 14. PD und die 563. ID wurden wenig später von der HGr.-Führung in diesen gefährdeten Teil der HKL eingeschoben. Damit war auch hier der Weg für
den Feind versperrt. Lediglich am äußersten Flügel bei Kammern und beiderseits Doblen erzielten die russischen Verbände einige Geländegewinne.

Dennoch soll nicht verschwiegen werden, dass der Roten Armee ein entscheidender Erfolg gelungen war, hatte sie doch den Ausbruch der HGr. Nord nach
Ostpreussen verhindert. Das in diesem Sinne geplante deutsche Unternehmen
"Geier" musste abgesagt werden. Das dafür vorgesehene XXXIX. AK mit der
angeschlagenen 58. ID, der 61. ID und der PzGrenDiv. "Grossdeutschland"
wurde über See in die Heimat verlegt, um neu aufgefrischt zu werden. Sie kehr-
ten nicht mehr in diesen Kampfraum zurück.

Der Tagesbefehl vom HGr. Kurland vom 21. 10. 1944 lautete:

"Der Führer hat befohlen, dass Kurland gehalten und in der jetzigen HKL
zunächst zur Verteidigung übergegangen wird. Unsere Aufgabe ist es, jetzt erst
recht, keinen Fußbreit Boden des von uns gehaltenen Raumes aufzugeben, die
uns gegenüberliegenden 150 feindlichen Grossverbände zu fesseln, sie zu schlagen, wo immer sich die Gelegenheit dazu bietet und damit die Verteidigung der
Heimat zu erleichtern.

Sofort sind alle Mittel restlos auszuschöpfen um unsere Abwehr zu verstärken.
Es muss eine Tiefe des Hauptkampffeldes entstehen, die unüberwindlich ist.
Hierzu heißt es bauen und nochmals bauen!

Jeder Soldat, der nicht mit der Waffe in der Hand in der Stellung eingesetzt ist,
muss täglich mehrere Stunden mit dem Spaten arbeiten. Im Hauptkampffeld, an
den Straßen und Wegen kann gar nicht genug geschanzt und gearbeitet werden!
Die 2. und 3. Stellung, Straßensperren, Hinterhalte und Wohnbunker müssen in
kürzester Frist entstehen. Pioniere müssen aus der HKL herausgezogen und zum
Stellungsbau eingesetzt werden. Es gilt, dazu die Zivilbevölkerung restlos zu
erfassen."

Einen Tag darauf wies das OKH die Heeresgruppe unmissverständlich an:
"Die jetzige Front ist zu halten! Ersatz im Kampf auszubilden. Auch Flieger
haben schiessen gelernt. Auftrag insgesamt: Kräfte binden!"

# Die Dislozierung nach der ersten Kurland-Schlacht

Die Lage der HGr. Nord sah noch diesem ersten Großangriff der Roten Armee folgendermaßen aus:

16. Armee - General der Infanterie Hilpert: (Norden)

XXXXIII. AK: Küstenschutz und Verteidigung der Baltischen Inseln.

23. ID und 218. ID: Verteidigung von Sworbe.

207. SichDiv.: Küstenschutz beiderseits Windau.

12. LwfeldDiv. mit FeldAusbBatl. Nord: Verteidigung von Nordkurland.

83. ID: Halten der Küste an der Rigaer Bucht.

Korpsgruppe

Von Mellenthin: 205. ID, 227. ID, 281. SichDiv.: Stellungen ost- und südostwärts von Tukkum.

VI. SS-Korps: mit der 290. ID, 19. SS-Div. und 389. ID im Raume Dzukste - Doblen.

Armee-Abt.

Grasser:

GendInf. Grasser: Besetzte die HKL zwischen Doblen und Windau. Frontverlauf dort: Im Norden vom Zeres-See hart westlich Bene vorbei bis ostwärts Autz. Weiter noch Viesksniai an der

Windau. Von dort abknickend nach Moscheiken.

L.AK: Mit der 24. ID, 122 ID, 121. ID und 329. ID im linken Abschnitt dieser HKL.

XXXVIII. AK: Mit der 81. ID, 2l. LwfeldDiv., 201. SichDiv. 32. ID und 225. ID im rechten Abschnitt derselben. Herausgelöst und hinter der Front auf dem Marsch nach Südwesten: 93. ID und 215. ID.

18. Armee - General der Infanterie Boege (Front vonWindau zur Küste.

II. AK: Im Raume zwischen Moscheiken und Bainode: 12. PD, 132. ID, 263. ID.

X. AK: Bei Vainode: Mit der 563. ID, 30. ID und der 4. PD.

III. SS-PzK.: Südlich und südwestlich von Preekuln: Mit den Divisionen "Nordland" und "Nederland."

I . AK: Sicherung des Raumes südlich Libau: Mit der 87. und 126. ID.

Der Raum Libau war einer der Eckpunkte in der deutschen Verteidigung des inzwischen Brückenkopf gewordenen kurländischen Raumes. Gelang es der Roten Armee, hier durchzustoßen und Libau in Besitz zu nehmen, war das Schicksal der HGr. Nord besiegelt.

Libau war mit seinen 50.000 Einwohnern der Sammelpunkt aller kurländischen Verkehrslinien. Der Hafen war Umschlagplatz für Heer, Luftwaffe und Zivilver-waltung. Jedes Schiff das hier einlief, brachte aus Deutschland Soldaten, Material und Versorgungsgüter, nicht zu reden von den dringend benötigten schweren Waffen und der Feldpost für die Soldaten.

Damit wurde das Rückgrat der HGr. Nord entscheidend gestärkt und ermöglichte ihr eine starke Verteidigung und Bindung starker sowjetischer Streitkräfte, mit deren zusätzlicher Hilfe es der sowjetischen Führung in Ostpreussen gelingen würde, den Osten Deutschlands rasch zu überrennen und zum Sturmlauf nach Berlin und zur Elbe anzutreten.

In Erkenntnis dieser Lage befahl die Führung der 18. Armee, zur Verbesserung der HKL am 24.10. einen Angriff im Abschnitt Vainode, mit dem Ziel, die Schutzlinien und Stellungen um Libau so weit wie möglich hinauszuschieben. Der erste Angriff am Morgen des 24.10. schlug mit etwa 3000 Meter Bodengewinn durch. 38 Feindgeschütze einer ersten Artilleriestellung wurden vernichtet und 200 Gefangene mit zurückgebracht, die übereinstimmend aussagten, dass sich die sowjetische Front an dieser Stelle um einige Großverbände verstärkt hätte.

Der nächste Angriff des 25. 10. Noch einmal versuchten die Grenadiere, den Feind zu werfen. Ihnen prasselte das erstemal an dieser Front auch das Feuer der überschweren 15 cm-Werfer der Russen entgegen. Als sich die Feindartillerie mit schweren Kalibern und Salvengeschützen einschoss, blieb der Angriff liegen.

"Der Erfolg dieses Unternehmens", so der Historiker Werner Haupt, "brachte zugleich auch die bittere Erkenntnis, dass sich die sowjetische Front durch Zuführungen weiterer Truppenverbände verstärkt hatte."

Gleichzeitig wurde durch die Gefangennahme verschiedener Sturm- und Durchbruchskräfte mit Panzern und Schützenpanzerwagen ebenso wie durch die Befragung zweier Stabsoffiziere festgestellt, dass sich die 1. Baltische Front zu einer neuen Offensive bereit stellte.

# DIE ERSTEN DREI
# KURLAND-SCHLACHTEN

## Allgemeiner Überblick

Bevor die Einsatzgeschichten der an den Brennpunkten in Kurland eingesetzten Verbände und Divisionen in chronologischer Abfolge - von der ersten bis zur sechsten Kurland-Schlacht dargestellt werden sollen, ist es notwendig, einen knappen Überblick über die ersten drei Kurland-Schlachten voranzustellen. Dadurch soll erreicht werden, dass die ansonsten unlösbar ineinander verlaufenden Kampfeinsätze der Großverbände durchschaubar werden.

In seinem Hauptquartier in Pelci versuchte Generaloberst Schörner als OB der Heeresgruppe Nord, die Front zu festigen, wo und wann immer ihm dies möglich war. Dazu gehörten Besprechungen mit den Generalen der Infanterie Boege und Hilpert als Oberbefehlshaber der 18. und 16. Armee über die Lage, Planspiele über die Abwehr russischer Großangriffe und - immer wieder - Besuche bei den Frontdivisionen, die in den bedrängten Abschnitten lagen. Dort konnte sich der spätere Generalfeldmarschall ein ungeschminktes Bild von der Lage machen. Besonders wichtig erschien Ferdinand Schörner, sich mit Generalleutnant Siegfried Tomaschki auszutauschen, der mit seiner 11. (ostpreussischen) ID einen der kommenden Brennpunkte der HKL besetzt hielt.

Die Rote Armee stand vor Beginn der ersten Kurland-Schlacht Mitte Oktober 1944 auf einer Breite von 120 km zwischen der Mündung der Memel und der Küste wenige Kilometer südlich Libau an der Ostsee. Sie hatte die Heeresgruppe Nord damit von Ostpreussen abgetrennt.

Am 15. 10, führte Gen.d.Inf. Boege in seinem Hauptquartier bei Hasenpoth die letzte Einsatzbesprechung vor dem Losbrechen der russischen Offensive. Jedem der daran beteiligten Kommandeure war klar, dass die feindliche Offensive unmittelbar bevorstand. Deshalb wurden die drei deutschen Panzerdivisionen in ihre Bereitstellungsräume befohlen:

4. Panzer-Division bei Grobin.

14. Panzer-Division bei Preekuln.

12. Panzer-Division bei Hasenpoth.

Der HGr. Nord gegenüber lagen:

Raum Doblen: 2. Baltische Front

                Armeegeneral Eremenko:

Mit der 3. Stoß-Armee und der 42. und 22. Armee.

Mit der 1. Stoßarmee Antreten entlang der Küste auf Tukkum.

Raum Vainode: 1. Baltische Front

                Armeegeneral Bagramjan:

Mit der 6. Gardearmee und der 51. Armee über Vainode-Skuodas in den Raum Tukkum.

Verstärkungen waren hier: die 61. Armee und die 5. Garde-Panzerarmee.

## Beginn der ersten Kurland-Schlacht

Nach einem starken Trommelfeuer und direkt nachfolgenden Schlachtfliegerangriffen gegen die deutsche HKL trat die Rote Armee zwischen Moscheiken und Skuodas an. Der Angriff aus Moscheiken wurde von der 12. PD unter GenLt. Frhr. von Bodenhausen gestoppt. Bei Vainode und Skuodas wehrten die Einheiten der SS-Division "Nederland" den Feind ab. Als bei dieser Division ein Einbruch gemeldet wurde, konnte die 4. PD diese Lücke schließen. Die 14. PD und die 563. ID verstärkten die HKL.

Die Rote Armee konnte am 18. 10 die Ortschaft Kemmern besetzen, blieb aber am 19. 10. noch l0 km ostwärts von Tukkum liegen.

Insgesamt 13 Divisionen der beiden russischen Pz- und mot.-Korps XII und CXXII gelang es trotz dreitägiger ununterbrochener Angriffe nicht, die ihnen gegenüber verteidigenden Kämpfer der 24., 93, und 122. ID zu überwinden. Diese drei Divisionen hielten jedem Druck stand, verloren aber nicht weniger als 1.050 Grabenkämpfer.

Die Wehrmachtberichte vom 17. bis zum 21. Oktober 1944 meldeten lediglich in knappen Worten über diesen ersten Großangriff, so am 17. 10. 1944: "Südostwärts von Libau und bei Doblen nahm der Gegner seine schweren Angriffe wie-

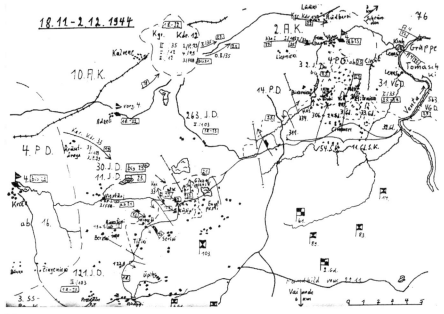

der auf. Sie wurden nach schweren Kämpfen abgeschlagen.

Nach ersten Meldungen verlor der Feind dort 37 Panzer.

18. 10. 1944: Gegenangriffe unserer Panzer warfen die angreifenden Bolschewisten in Kurland an den Einbruchstellen des Vortages zurück. 29 feindliche Panzer wurden vernichtet. Damit verlor der Feind im baitischen Raum vom 1. bis 16.10. 558 Panzer.

19. 10. 1944: Auch südostwärts Libau zwischen Doblen und der Rigaer Bucht setzten die Bolschewisten ihre starken Angriffe fort, sie wurden unter Verlust von 38 Panzern abgeschlagen.

20. 10. 1944: Auch südostwärts Libau, südlich der Rigaer Bucht wiesen Truppen des Heeres sowie Verbände germanischer und lettischer SS-Freiwilliger wiederholt feindliche Angriffe ab und vernichteten 29 Panzer.

21. 10. 1944: Zwischen Moscheiken und der Rigaer Bucht, sowie auf der Halbinsel Sworbe scheiterten zahlreiche feindliche Angriffe, 21 Panzer wurden abgeschossen. (***)

An diesem 21. Oktober erließ die HGr. Nord einen Tagesbefehl, darin sie die Weisungen Hitlers zum Ausdruck brachte:

"Der Führer hat befohlen, dass Kurland gehalten und in der jetzigen HKL zunächst zur Verteidigung übergegangen wird. Unsere Aufgabe ist es, jetzt erst recht, keinen Fußbreit Boden des von uns gehaltenen Gebietes aufzugeben, die uns gegenüberliegenden 150 Feindverbände zu fesseln, sie zu schlagen, wo immer sich die Gelegenheit dazu bietet und damit die Verteidigung der Heimat zu erleichtern.

**Alle** Mittel sind sofort auszuschöpfen, um unsere Abwehr zu verstärken. Es muss eine Tiefe des Hauptkampffeldes entstehen, die unüberwindlich ist. Im Hauptkampffeld, an den Straßen und Wegen kann gar nicht genug gearbeitet werden:

2. und 3. Stellungen, Strassensperren, Hinterhalte und Wohnbunker müssen in kürzester Frist entstehen. Pioniere müssen aus der HKL herausgezogen und zum Stellungsbau eingesetzt werden." Am folgenden 22. 10. 1944 ließ das OKH eine weitere knappe Weisung an die Heeresgruppe Nord übermitteln:

Jetzige Front halten!

Ersatz im Kampf ausbilden. Auch Flieger haben schiessen gelernt.

Auftrag insgesamt: Kräfte binden!"

---

*** Alle Wehrmachtsberichte der zweiten und sechsten Kurland-Schlacht in den Anlagen

(Übersicht Eingangs Januar 1945.) Schwerpunkt der Kämpfe südlich Tukkum und
südwestlich Frauenberg

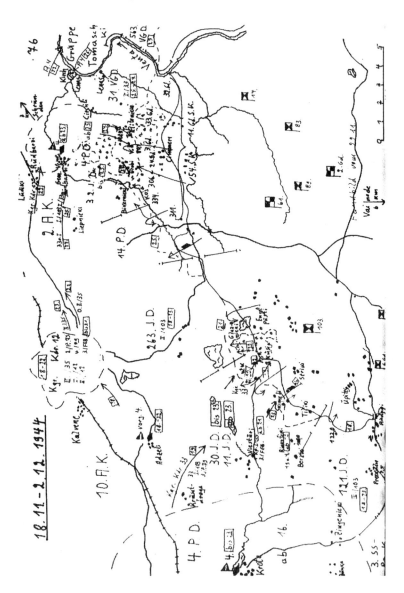

# DIE ZWEITE KURLAND-SCHLACHT

Nur eine Woche später, am 27. Oktober 1944 begann die zweite Kurland-Schlacht, die von der Roten Armee durch einen überraschend starken Luftangriff bereits vor Einsetzen des Artilleriefeuers deutlich gemacht wurde, der seit dem 22. 10. auf Libau zielte und ganze Wohnviertel in Schutt und Asche legte. Unter den total vernichteten Häusern befand sich auch das deutsche Waffenamt. Dass vor allem auch der Hafen Ziel dieses Angriffs war, zeigte sich an der Intensität der Angriffe dort.

T 23 erhielt mehrere Bombentreffer, welche beide Bordwände des Bootes aufrissen. Der Dampfer "Diedenhofen", ein Schlepper, zwei MFP wurden versenkt bzw. schwer getroffen.

Dies war jedoch erst der Auftakt, am Abend griffen abermals starke sowjetische Kampffliegerverbände und Schlachtflieger an.

Zum Glück für die Kriegsmarine befand sich derzeit kein Nachschubgeleit im Hafen oder auf der Reede.

Die Stadt selbst wurde wiederum schwer bombardiert.

Um 06.00 Uhr des 27. 10. 1944 eröffnete die Rote Armee die zweite Kurland-Schlacht mit einem 90 Minuten andauernden mächtigen Artilleriefeuer. Dieses Trommelfeuer pflügte praktisch das gesamte Kampffeld der 18. Armee und der Armee-Abteilung Grasser um.

Zwischen der Küste und Windau wurde der gesamte Abschnitt des Mittelteiles der HGr. Nord zwischen Autz und Doblen angegriffen. Die Spitzenverbände setzten sich aus den kampferprobten Panzergarden der 5. Garde-Panzerarmee unter Marschall Rotmistrow zusammen. 400 sowjetische Panzer, überwiegend T 34, aber auch Josef-Stalin Panzer mit ihrer starken 12,2 cm-Bewaffnung, rollten in Breitkeil vor. An drei Stellen rollten Sturmpanzergruppen in schneller Fahrt nach vorn, um die ersten Lücken für die nachfolgende Infanterie zu reißen.

Da fast keine Panzer und Sturmgeschütze vorhanden waren, mussten das III. SS-PzKorps ebenso wie das X. AK an einigen Stelle zurückweichen. Zwischen Preekuln und Skuodas wurden die deutschen Stellungen zusammengeschossen. Die in den Gräben und Bombentrichtern schutzsuchenden Grenadier- und Panzergrenadiere wurden in den Dreck gewalzt.

Die Front wurde an mehreren Stellen durchbrochen. Immer wieder rissen beherzte Offiziere und Unteroffiziere ihre Männer - durch Freiwillige, Funker, Pioniere und Schreiber verstärkt - nach vorn.

Sie warfen sich den Einbrüchen entgegen und konnten in wenigen Gegenstößen den Feind wieder aus der brüchigen Stellung jagen.

Die Fernsprechverbindungen waren bei dem wilden Trommelfeuer ausgeschaltet worden. Niemand wusste mehr, wo noch eigene Truppen oder gar schon der

Feind sich befand. Keiner ahnte auch nur, welche Reserven die Rote Armee noch in den „Skat" werfen würde, um diese Einbrüche zu tiefen Durchbrüchen zu erweitern.

Nur zwei oder drei Panzereinbrüche konnten durch Angriffe der Grenadiere mit Nahkampfmitteln und Tellerminen gestoppt werden. Die übrigen hatten "freie Fahrt".

Dann gingen die ersten Meldungen beim X. AK ein: Die erste kam von der 2./FüsBatl. 215 der 215. ID: "Russe greift Höhe 94,1 mit drei Panzern an. Kompanie hat starke Ausfälle. Lt. Schmidt gefallen."

Diese Hiobsmeldung wurde eine Stunde später mit einem Halbsatz ergänzt: „Gegner greift mit 20 Panzern an . . . ." Die Verbindung schwieg. Die 2./FüsBatl 215 war nicht mehr.

In diesen Tagen des Kampfes um das nackte Überleben setzte starker Regen, der alle Wege unpassierbar machte und alle Gräben und Stellungen in Schlammtümpel verwandelte, ein .

Nicht nur die 215. ID (über deren Einsatz nachfolgend im Detail berichtet werden soll) sondern auch die 30. ID. unter Oberst Otto Barth kämpfte mit letztem Einsatz. Ihr Kdr. eilte nach vorn und führte seine Männer kämpfend und haltend bis auf die bewaldeten Höhen bei Mikeli zurück, womit er die Division vor der Venichtung bewahrte.

Als Oberst und Kdr. des AR 117 hatte er am 8.5.1943 bereits das RK erhalten. Seit dem 9. 10. 1942 trug er das Deutsche Kreuz in Gold. Für seine Einsatzleistungen in Kurland wurde er mit einer Anerkennungsurkunde des Oberbefehlshabers des Heeres ausgezeichnet. Er ging mit der 21. Luftwaffen-Feld-Division, die er zum Kriegsschluss führte, für zehn Jahre in die russische Gefangenschaft.

Zum Glück für die deutschen Verteidiger blieben selbst die geländegängigen T 34 und auch die „JS-Panzer" im tiefen Schlamm stecken.

Bei Autz waren es die 10. sowj. Gardearmee, GenLt. Korotkow, und die ihr unterstellten Sturmpanzer, die die Stellungen der 21. LwfeldDiv. unter Genmaj. Albert Henze, überrollten. Die Division konnte dem übermächtigen Stoß russischer Panzerrudel nicht widerstehen und bot so den russischen Panzern die Gelegenheit, in der Mitte der Divisionsfront durchzubrechen.

Teile derselben kämpften mit dem Mute der Verzweiflung in Autz. Sie wurden vom Feind eingeschlossen, konnten sich aber unter Führung von Henze halten, bis die von der HGr. dorthin befohlene 12. PD mit nachfolgenden Kampfgruppen der 389. ID eintraf und den feindlichen Einkreisungsring zerschmetterte.

Diese zweite Kurland-Schlacht weitete sich zu einem wilden Gemetzel aus, denn die Rote Armee schob noch in der Nacht zum 28. 10. neue Panzerverbände nach, um die deutsche Front hier endgültig zum Einsturz zu bringen.

Hier kam es zu den schwersten Kämpfen seit Einschließung der HGr. Nord. Die Grenadiere gingen mit Panzerfäusten gegen den vorrollenden Feind an. In den einzelnen Gehöften vor der HKL hatten sie sich mit ihren MG eingenistet, um die nachfolgende Infanterie von den Panzern zu trennen.

Hier war es Oberst Hoffmeister, Kdr, des GR 6, der seine Männer nach vorn riss und selbst mit der Panzerfaust einen T34 abschoss. Die Männer der Stoßgruppe des GR 6 rannten in kleinen Sprüngen, gesichert durch die weiter vorn postierten MG-Stellungen, gegen die Panzer an. Sie teilten sich, griffen jeweils nur einen Panzer an und schossen ihre Panzerfäuste ab.

Mit der ersten Salve wurden fünf T 34 abgeschossen. Von den Panzern gejagt, mit schnellen Hechtsprüngen in den Schlamm eines Trichters eintauchend, nach oben robbend und die Panzerfaust in Anschlag bringend, schossen sie binnen einer Stunde in einem dramatischen Ringen, auch gegen die trotz Sicherung durchgebrochenen russischen Schützeneinheiten, 2l Panzer ab und brachten vier oder fünf weitere kokelnd und qualmend zum Abdrehen.

Oberst Hoffmeister, hatte die Situation gerettet und einen Durchbruch vereitelt. Doch an der linken Flanke seines Abschnittes stießen erneut Feindpanzerrudel vor. Hier waren es vier Tiger der sPzAbt. 510 unter Oblt. Gerlach, die sich diesem Panzerrudel an der Straße Auderi-Asite-Bruvelini entgegenwarfen.

# Die Tiger kommen!

Die schwere Panzerabteilung 510 war die letzte der aufgestellten Tiger-Abteilungen. Ihr Kdr. war Major Kurt Gilbert.

Am 22. August hatte er sich mit seinen 20 einsatzbereiten Tigern der 14. PD unterstellt gemeldet. Diese Tiger nahmen am Angriff der 14. PD auf das Dorf Kimmeri teil. (Siehe den folgenden Abschnitt über den Einsatz der 14. PD in den Kurland-Schlachten) .

Eine weitere Kp. der Abteilung aber war zur 30. ID in Marsch gesetzt worden. Als die Rote Armee hier am 27. 10. wie dargelegt zum Angriff antrat, mußte sich die 30. ID schrittweise absetzen, was auch gelang.

In der Nacht schob dann der Gegner über Klavor schwere Stalinpanzer nach. Die Tiger-Kp. wurde von Oblt.Gerlach in eine Lauerstellung zur Höhe 190,1 gefahren. Vier andere drangen weiter vor und stellten sich zum Abfangen des Gegners bereit.

Als sich nach dem russischen Trommelfeuer die ersten Stalinpanzer, T 34 und KW I aus den deckenden Waldrändern lösten, eröffneten diese vier Tiger aus nur 1.200 Metern das Feuer. Nicht weniger als sechs Stunden dauerte das Gefecht mit immer wechselnden Gegnern. Es gelang in diesem Ringen, 14 der schweren und überschweren Feindpanzer abzuschiessen, bis die Tiger völlig leergeschossen zum Tanken und Aufmunitionieren zurückrollen mussten.

In dieser Zeit schob der Feind frische Kräfte nach, und die bereits zurückgewonnene Höhe 190,1 ging erneut verloren. Die Kp. Gerlach griff wieder in den

Kampf ein und konnte sieben weitere schwere Feindpanzer vernichten. Auf diese Weise hatte die sPzAbt. 510 mit der einen Kp. bei der 14. PD und der anderen bei der 30. ID Anteil an der Abwehr dieser zweiten Kurland-Schlacht. Die 3./sPzAbt. 502- um deren Einsatz zu vervollständigen - war in dieser Zeit der sPzAbt. 510 unterstellt. Hptm. Leonhardt konnte in hervorragender Zusammenarbeit mit Oblt. Hellpup von der sPzAbt 510, große Erfolge erzielen. Auch an der Abwehr der dritten Kurland-Schlacht hatte die sPzAbt. 510 erfolgreich Anteil. Sie war neben den Verbänden der 12. und 14. PD ständig an den Brennpunkten im Einsatz, um durchgebrochene Feindpanzerrudel zu stoppen und zu vernichten.

Hier abschließend der weitere Einsatz dieser Tiger-Abteilung, im Zusammenhang berichtet und den weiteren Kurlandschlachten vorwegnehmend:

## Die sPzAbt. 510 bis zum Ende des Krieges im Kampf um den Brückenkopf Kurland

Als die vierte Kurland-Schlacht am 24. 1. 1945 beiderseits Preekuln begann, führte die HGr. Nord die 14. PD und die sPzAbt. 510 als letzte Reserve in den Kampf. Diese beiden Panzerverbände stiessen bei Lalerie und Purmsati auf die vorgestoßenen Feind-Panzerverbände. Es kam zu einem erbitterten Ringen, in dessen Verlauf nach großartigen Einzelleistungen und kompanieweisem Einsatz 63 Feindpanzer abgeschossen wurden. Das war das beste Tagesergebnis dieser jungen Abteilung. Lt. Helmut Hoehne erhielt als Zugführer in der 2./sPzAbt. 510 für diesen Tag am 9. 12. 1944 das Ritterkreuz. Er hatte mit seinem Wagen nicht weniger als neun Feindpanzer vernichtet und war selber verwundet im Panzer geblieben, um diesen nicht ausfallen zu lassen.

In einem bravourösen Einsatz, immer wieder hinter den Hügeln verschwindend und auf der Flanke der Feindpanzer überraschend auftauchend, schoß er Panzer nach Panzer ab.

"Der Höhne kam wie Ziethen aus dem Busch. Er traf immer und wurde nie getroffen, dank seines Fahrers, dem ObGefr. Kultschun."(Einer der Männer der Abteilung zum Autor).

Die sPzAbt. 510 wurde im Kurland-Brückenkopf zu einem Begriff. Sie wurde die stärkste Waffe der Heeresgruppe. Sobald sie auf das Gefechtsfeld rollte, drehten die Panzer des Feindes und suchten das Weite. Brigadekommandeure der Russen hatten den Befehl gegeben, sich in keinen Kampf mit diesen Tigern hineinziehen zu lassen.

So ging es Schlag auf Schlag weiter. Am 17. Februar 1945 konnte einer der Tiger der 1. Kp. nacheinander sechs Feindpak vernichten, ehe er aus der Flanke von einer weiteren Schweigepak erfaßt wurde und einen seitlichen Treffer erhielt, der den Tiger durchstanzte. Dabei wurde der Funker getötet. Der Fahrer, Gefreiter Lange erlitt Verbrennungen im Gesicht und an den Händen und wurde von seinem Kommandanten aus dem Panzer geborgen, wobei die Feindpak weiter feuerte.

Im März 1945 wurden zwei Kpn, der Abteilung aus der Kurlandfront herausgezogen und unter Führung von Oblt. Hellpup in den Raum Kassel verlegt, wo sie sich den Amerikanern entgegenwerfen sollten.

Der Rest der Abteilung in Stärke von 13 Tigern blieb in der Unterstellung unter die 14. PD. Mit dieser Division nahm sie an der abschließenden sechsten Kurland-Schlacht teil und konnte weitere 19 Feindpanzer vernichten. Am 8. Mai 1945 wurde der letzte Tiger gesprengt, damit er nicht dem Feind in die Hände fallen sollte. Der Kampf in Kurland war für diese Abteilung beendet. Major Kurt Gilbert erhielt am 7.4. 1945 für diese Großleistungen das Ritterkreuz. Doch zurück zu den Geschehnissen der Zweiten Kurland-Schlacht.

# Die langen, schweren Tage

Auch der 29. 10. 1944 wurde in diesem Abschnitt der Kurland-Front zu einem unbeschreiblichen Gemetzel beider Seiten. Nicht weniger als 1.817 russische Flugzeuge, vom Jäger über den Kampfflieger und Schlachtflieger zum schweren Bomber flogen zwischen Libau und Autz ihre Angriffe. Bahnhöfe, Straßenkreuzungen und Truppenkolonnen wurden ausgelöscht und zermalmt.

Hier waren es wieder die wenigen Jäger des JG 54, die am 29. 10. (nach dem großen Erfolg zwei Tage vorher mit 57 Luftsiegen) mindestens 23 Feindflugzeuge abschossen. Major Erich Rudorffer Kdr. der II./JG 54 durchflog viermal die russischen Bomberformationen und schoss in diesem "Teufelsritt" elf Bomber ab. Damit erhöhte er seinen Abschussrekord auf 209 Luftsiege (Siehe zum Einsatz des JG 54 auch das entsprechende Hauptkapitel).

Diesmal brannte es lichterloh bei der 18. Armee bei Preekuln und im Raume nördlich Skuodas. Dort standen die SS-Div. „Nordland" und die 14. PD im Mittelpunkt des Abwehrkampfes, wobei es darum ging, die 30. und 31. ID aus der Einschließung zu lösen und die HKL notdürftig wieder herzustellen. Binnen zweier Tage mussten die Verteidiger 1.390 Mann Verluste hinnehmen. Oberst Munzel musste die letzten seiner Panzer einsetzen, um die Aufgaben, die der 14.PD gestellt wurden, zu erfüllen.

Im Raume Jagmani-Bruvelini stoppten die Panzer des PR 36, geführt von Major Molinari, die Stalin-Panzer und konnten ihnen beträchtliche Verluste zufügen (Siehe Kapitel des Einsatzes der 14. PD).

Bei Dinzdurbe kämpfte eine Flakbatterie bis buchstäblich zum letzten Mann und schoss neun Feindpanzer ab, ehe der letzte Kanonier gefallen war.

Dieser Einsatz rettete den Hauptverbandsplatz hinter diesem Frontabschnitt.

Abermals trat die 4. PD unter GenMaj. Betzel an diesem Tage gegen eine große Übermacht russischer Panzer an. An den Letilahöhen stoppte sie einen feindlichen Panzerangriff und schoss 73 Feindpanzer ab. (Siehe Kapitel über den Einsatz der 4. PD in den sechs Kurland-Schlachten.)

Am 29. l0. übernahm Gen.d.Kav. Kleffel die Armeeabteilung Grasser. Sie hatte in ihrem Abwehrbereich beiderseits Autz gegen eine vielfache Übermacht zu kämpfen und musste Autz aufgeben. Die Divisionen verloren ihre Verbindung zueinander und standen oftmals isoliert gegen einen Feind, der sich aus der Tiefe des Raumes immer wieder auffrischte und neue motorisierte- und Panzerverbände ins Gefecht warf.

In der Nacht versuchten die auseinandergerissenen Regimenter und Bataillone, den Zusammenhalt wieder herzustellen.

Diese Tage waren von einer solchen Härte, dass selbst die um Nachschub nie verlegene Rote Armee zu verzagen schien. Vom 1. bis zum 31. Oktober verlor sie vor den deutschen Truppen an Panzern:

| | |
|---|---|
| Vor der 18. Armee: | 681 |
| Vor der 16. Armee: | 246 |
| Vor der Armeeabteilung Kleffel: | 216 |

Damit betrugen die Gesamtverluste 1.143 Panzer, darunter etwa 100 der schwersten Typen, deren Verbände dadurch entscheidend geschwächt wurden.

Am 1. 11. waren die Kämpfe derart abgeflaut, dass fast an ein Ende dieser zweiten Kurland-Schlacht geglaubt wurde. Doch dieses erwies sich als Trugschluss, denn schon am Mittag dieses 1. November trat die Rote Armee erneut an. Der erste Sturmversuch richtete sich gegen das XXXVIII. AK unter Gen.d.Art. Herzog, einem Hauptpfeiler der Armee-Abt. Kleffel.

In seinem Abschnitt zwischen dem Lielauce und dem Zebres-See standen die 83., 329. ID und die 21. LwFeldDiv. im Feuer. Die Divisionen wichen - wie befohlen - in die Brunhilde-Stellung zurück, die genau zwischen den Seen lag und dementsprechend nicht überflügelt, sondern nur frontal durchbrochen werden konnte. Dies gelang dem Feind trotz härtester Anstrengungen nicht.

Bei Preekuln, im Bereich des X. AK unter Gen.d.Inf. Foertsch, griff der zweite Stoßkeil der Roten Armee an. Die 5. Garde-Panzer-Armee sah sich hier nicht nur der 30., 31. 263. 563. ID und dem Flakregiment 60 gegenüber, sondern auch noch der 14. PD, die wieder einmal als Turm in der Schlacht aushielt und den Feind stoppte, Einbrüche ausbügelte und durchgebrochene Feindpanzer vernichtete. Wieder wurden 62 Panzer des Gegners abgeschossen.

Nunmehr gab die Rote Armee auf, nachdem das X. Armeekorps bereits mit 4.012 Mann an Verlusten die Hälfte seiner Kampfkraft eingebüßt hatte.

Auf den Hauptverbandsplätzen der HGr. Nord waren vom 31.10. bis zum 3.ll. 1944 3.128 Verwundete eingeliefert worden.

Damit beliefen sich die Gesamtverluste der HGr. Nord vom 1. l0. bis zum 7.11. auf 44.000 Mann aller Dienstränge. Sie mussten mit Nachersatz aus der Heimat wieder „aufgefüllt" werden, um den nächsten Angriffen der Roten Armee gewachsen zu sein.

Für den Abwehrkampf in Kurland war der Verlust des Dampfers „Schiffbeck", der vor dem Hafen von Libau am 6. 11. 1944 auf eine Mine gelaufen und gesunken war, ein schweres Unglück. An Bord dieses 2.158 BRT großen Schiffes befanden sich folgende Waffen, die dringend benötigt wurden:
12 leichte Feldhaubitzen, 3 schwere Feldhaubitzen, 1 15 cm-Kanone, 6 schwere Infanteriegeschütze, 17 2 cm-Flak und 1.800 Maschinenpistolen.

Die Rote Armee verlor 4.400 gezählte Tote, 1000 Gefangene, 23 Geschütze, 82 Pak, 303 MG und die genannte Zahl an Panzern.

In der eingetretenen Ruhepause ging es der HGr. Nord vor allem um die Umgruppierung. Die gesamte Armee-Abteilung Kleffel wurde von Windau aus nach Danzig und Gotenhafen verlegt, um in Ostpreussen zum Einsatz zu kommen.

Die unter GenLt, von Mellenthin versammelte Korpsgruppe erhielt die Bezeichnung XVI. AK, während die stark angeschlagene 207. und 285. Sicherungs-Division aufgelöst wurden.

Die aus Sworbe entkommenen Reste der 23. ID wurden der 218. ID zugeführt und unternahmen mit diesem Verband den Küstenschutz in Nordkurland.

Vor allem aber war es notwendig, die drei Kurland-Panzer-Divisionen aus der Front zu nehmen, ihnen eine Ruhepause zu bieten und ihre Neuauffrischung zu veranlassen. Damit kamen die 4. PD neben der 12. PD und der 14. PD zwar zu einer Erholungszeit, während sie aber gleichzeitig die beweglichen Reserven der HGr. Nord bildeten.

Dass in der gleichen Zeit auch die Rote Armee fieberhaft dabei war, ihre Truppen aufzufrischen und vor allem neue Panzerverbände zur Front zu schaffen, bedurfte keiner Frage.

Alles bereitete sich auf die dritte Kurland-Schlacht vor.

# DIE 4. PANZERDIVISION IM EINSATZ

## Die Waffen-und Fahrzeuglage

Von den insgesamt 83 Panzern IV und 79 Panzern V waren am 1. Oktober 1944 40 Pz.IV und 52 Pz V einsatzbereit. In der Instandsetzung befanden sich an diesem Tage 14 Panzer, die binnen dreier Wochen wieder einsatzbereit sein würden. Damit hoffte General Betzel, die Division gut einsatzbereit zu haben, zumal ja von den 350 Späh- und Panzer-Spähwagen und von den Panzer-Begleitwagen 252 am 1.10. zur Verfügung standen.

Hinzu kamen 18 Panzerjäger IV und 13 Flak-Selbstfahr-Lafetten.

Von den 919 MG der Division waren 381 MG 42 (die berüchtigten "Hitlersägen").

Leichte und schwere Infanteriegeschütze, schwere Granatwerfer und leichte sowie schwere Flak waren, vor allem in Bezug auf die Flak , nur eben ausreichend vorhanden.

Dennoch konnte GenMaj. Beltzel dem Korps melden, dass der Ausbildungsstand seiner Division „in Anbetracht der Verhältnisse gut", sei und Stimmung und Haltung der Truppe über jedes Lob erhaben wäre. Dies ließ sich für den aus der Heimat kommenden Ersatz nicht mehr sagen. Die unzureichende Zahl an Pak, die für die Abwehr rollender russischer Panzerangriffe mehr denn je gefordert werden mussten, war schlecht.

Zum Glück für alle und vor allem für die Beweglichkeit der Panzergrenadiere, der Schreiber und Melder, Funker und Fernsprecher war die Fahrzeuglage befriedigend. Dies war bei den immer wieder notwendigen ad hoc-Stellungswechseln enorm wichtig. GenMaj. Betzel ließ bei allen Stäben, Trossen und Versorgungseinheiten durch erfahrene Unteroffiziere und Offiziere Panzer-Nahkampftrupps ausbilden, die sich bereits in den vergangenen Kämpfen als oftmals kampfentscheidend erwiesen hatten.

Als am 2. Oktober 1944 auch in Kurland die Sommerzeit endete, wurden die Uhren hier eine Stunde zurückgestellt. Demzufolge war etwa um 05.30 Sonnenaufgang und gegen 17.50 Uhr Sonnenuntergang.

In der Nacht zum 2. 10. verstärkte die Rote Armee gegenüber der 4. PD ihr Störfeuer, das auch von 17,2 cm-Geschützen mitgestaltet wurde. Die vorgeschobenen Posten meldeten starken Lastwagen-und Panjewagen-Verkehr aus dem Hinterland in Richtung Front. Panzergeräusche mischten sich dann und wann darunter.

Zwei durch den VB erkannte Feindbatterien bei Bene wurden durch die eigene Artillerie ausgeschaltet.

94

Zu der Zeit hatte die 4. PD 1.590 Kämpfer in der HKL. In den Annäherungsgräben befanden sich 1.235 Mann. Es waren 28 MG-Stände fertiggestellt worden und 260 Ha Schussfeld freigeschlagen worden.

Auch am 3. 10. drangen von der Feindseite her starke Geräusche von Lastwagen und Panzern zur deutschen HKL herüber. Es bestand am Abend kein Zweifel mehr, daß der Feind in Kürze angreifen werde.

Eigene Stoßtrupps klärten ins Niemandsland hinein auf, stießen teilweise auf russische Gegentrupps, die die gleiche Aufgabe hatten. Dabei kam es zu einigen Schießereien, die aber keineVerluste kosteten.

In der Nacht zum 5. 10. wurde neben das im Rahmen der 4. PD in den Stellungen stehenden PGR "GD", die SS-Brigade "Nederland" auf der linken Divisionsflanke eingeschoben.

# Die erste Baltische Front greift an

Am Morgen des 5. 10. begann der Angriff der 1. Baltischen Front in Stossrichtung Memel, der vor allem gegen den rechten Nachbarn des XXXIX. PzKorps zielte und die 4. PD nur am Rande betraf. Der nächste Tag verlief an dieser Front mit beiderseitigen Artillerie-Feuerüberfällen. Zu ersten Male seit einer Woche griffen wieder 12 IL2 - Schlachtflugzeuge die HKL der 4. PD an. Die 4. PD musste für die abmarschierenden Panzerfüsiliere des PGR "GD" an ihrer linken Flanke einen zusätzlichen Abschnitt besetzen. Das Alarm-Bataillon unter Hptm Bahn mit unterstellten Teilen des Feldersatz-Batl. und der DivBegleit-Kp. wurden hier eingesetzt.

Als der Kdr. des PR 35 zur Regelung der Ausbildungsangelegenheiten ein Heimatkommando antreten musste, übernahm Major Fritz-Rudolf Schultz die Regimentsführung und stellte im Auftrage der Division eine Kampfgruppe zusammen. Bereits als Hptm hatte dieser Offizier als Kdr. der I./PR 35 am 21.4. 1944 das RK erhalten.

Am nächsten Nachmittag traf Oberstleutnant i.G. Peter Sauerbruch wieder bei der Division ein und übernahm erneut die die Geschäfte des Ia. Der Verdacht, er sei beim Attentat auf Hitler am 20. Juli beteiligt gewesen, hatte sich nicht bestätigt. Der gesamte Stab begrüßte ihn mit dem sattsam bekannten Schlager der Zeit:

"Peter, ach Peter, wo warst du heute Nacht?"

Am Abend des 7. 10. erhielt die 4. PD Weisung, aus der HKL herauszugehen und der ablösenden 121. ID Platz zu machen. Der neue Versammlungsraum der Division war der Raum südlich von Ezere. Damit war sie wieder dem XXXIX. PzKorps unterstellt.

Auch die Kampfgruppe Schultz wurde der Division wieder zugeführt.

Neu wurden ihr die Tiger-Abt. 510, die s.ArtAbt. 436, die Alarm-Einheit Vieksniai und die Alarmeinheit Moscheiken unterstellt. Der Divisionsauftrag lautete: "Sicherung des Venta-Abschnitts vor der Einmündung der Vadakste bis Vieksniai und Bildung eines starken Brückenkopfes südlich Moscheiken. Aufklärung nach vorn in Richtung Süden. Wegnahme von Tirksliai".

Als erster Divisionsverband rückte das PGR 33, geführt von Major Heinz Knoche (RK am 5.4. 1945) in den Versammlungsraum Ezere, wo ihm die TigerAbt. 510 unterstellt wurde. Die beiden Alarmeinheiten traten auch unter sein Kommando.

Den ersten Angriff fuhr die TigerAbt. 510 am Nachmittag des 8. 10. gegen einen über das Südufer der Venta vorgedrungenen Feind. Mit schnellen Schüssen aus den schweren Panzerkanonen wurden die vorgezogenen Feindpak im Punktfeuer vernichtet. Der bereits übergesetzte Feind wurde in den Fluss zurückgeworfen.

Um 19.00 Uhr waren das nördliche Ufer ebenso wie das Südufer freigekämpft. Auf Pionierstegen gingen die Panzergrenadiere auf das Südufer, wo ein dichter, kleiner Brückenkopf gebildet wurde. Hier traf um Mitternacht ein deutscher Leutnant mit sieben Soldaten ein. Er war von den Russen freigelassen worden, um die Kameraden zum Überlaufen aufzufordern. Den gleichen Trick hatte der Feind bereits am 28. Juli bei der PzAA 4 versucht.

Als am Morgen des 9. 10. ein Feindeinbruch russischer Schützen in das dichte Wald- und Moorgebiet nordostwärts der Divisionsflanke gemeldet wurde, der bis 5 km südlich und südwestlich auf Mieciai vorgedrungen war und den dort liegenden Bahnhof im Handstreich in Besitz genommen hatte, rollte der Kdr. der II./PGR 103 mitten in den Gegner hinein und wurde gefangen genommen. Lediglich der Adjutant konnte entkommen und Meldung machen.

Der Gegenangriff wurde von der I./PR 35 mit der aufgesessenen und nachfolgenden 3./PGR 12 geführt. Bereits in der Nähe des Bahnhofes stießen diese Einheiten auf den Feind. Die Panzer schossen die Pak und einige MG-Nester zusammen, überkarrten zwei provisorische Feldstellungen und schossen die am und im Bahnhof befindlichen Rotarmisten hinaus. Aber weitere russische Verbände stießen nach und richteten sich rund um den Bahnhof und in den dortigen Schuppen ein.

Mit der Kampfgruppe Hoffmann unter Oberstleutnant Ernst-Wilhelm Hoffmann, die sich aus Einheiten seines Regiments zusammensetzte und dem ein Teil der Kampfgruppe Schultz zugeführt wurde, griffen die Panzergrenadiere an. Feindliche Panzer, die rasch aus dem Hinterhalt auftauchten, wurden von den Panthern und Pz IV der Kampfgruppe Schultz vernichtet, während die Grenadiere vorwärtsstürmten und die Linie vom Bahnhof bis Rekeziai überschritten. Als der Fhr. der 5./ PGR 12 verwundet ausfiel, übernahm hier Uffz. Urban die Führung. Er erstürmte einen starken Feind-Stützpunkt, schoss die Widerstand leistenden Rotarmisten nieder und die, die sich ergaben, wurden von seinen Männern „eingesammelt". Für dieses Leistung erhielt Urban das Ritterkreuz. Feldwebel Gerhard Flechsig, Zugführer in der Stabs-Kp. des PGR12 riss seine

Männer in den Bahnhof mit. Es ging durch alle Gebäude. Ein Wasserturm, der von russischen Scharfschützen besetzt war, wurde mit Tellerminen gesprengt. Immer wieder war Flechsig an der Spitze seiner Männer, wenn es galt, Widerstandsnester zu brechen. So auch jenes hinter einem Schwellenhaufen, der dem Feind gute Deckung bot.

Ein gleichzeitiger Handgranatenwurf in dieses Nest hinein, und Flechsig sprang mit der MPi über die Brustwehr und brach den letzten Widerstand.

Er wurde von seinem RgtKdr. zum RK eingegeben. Der DivKdr. befürwortete die Eingabe. Am 18. 11. 1944 wurde Flechsig diese hohe Auszeichnung verliehen.

Immer noch kämpften die Panzer gegen den nachdrückenden Feindpanzerverband. Fritz-Rudolf Schultz führte seine KGr. an der Spitze. Er schaltete sich immer wieder in den Kampf ein, um Schweigepak und versteckt aufgefahrene Panzer zu vernichten.

Dann war auch hier der Kampf zu Ende, und die KGr. Schultz meldete einen großen Feindverband von zwei bis drei russischen Divisionen vernichtet. Fritz-Rudolf Schultz wurde am 28. 10. 1944 mit dem 636. EL zum RK ausgezeichnet.

Oberstleutnant Ernst-Wilhelm Hoffmann, der am Ende des Frankreichfeldzuges zum RK eingegeben worden war, hatte diese Auszeichnung bereits am 4. 9. 1940 erhalten. Seit dem 9.6. 1944 trug er das 494. EL und wurde am selben Tage wegen Tapferkeit vor dem Feind zum Oberst befördert.

Noch am Nachmittag dieses schweren Kampftages trat auch die sPzAbt. 510 mit zwei unterstellten Kpn, aus Leckawa auf Pikeliai an, wo der Feind sich unter Einrichtung zweier Pakfronten und dahinter liegenden Auffangstellungen eingenistet hatte. Von dort wurde ein neuer russischer Angriff erwartet, dem es zuvorzukommen galt.

Im überschlagenden Einsatz, eine Kp. in schnellster Fahrt voraus, die beiden anderen rechts und links dahinter die vorderste Kp. überschießend und die erkannten Pak an den beiden Flanken im direkten Beschuss ausschaltend, wurde die erste Pakfront im "Durchmarsch" überrollt. Dann kam es zu einigen Feuergefechten mit der Pak, die mit zwei lahmgeschossenen Tigern endete, bevor auch die zweite Pakstellung überwunden war.

Die beiden Tiger wurden in der Nacht abgeschleppt. Allerdings musste die Abteilung auf Leckawa zurückgehen, um die Tiger dort in der Werkstatt reparieren zu können.

Bei diesem Angriff wurden 21 Pak des Gegners und dazu gehörende Munition erbeutet und gegen den Feind eingesetzt.

Am Abend dieses Tages wurde das XXXIX. PzKorps und somit auch die 4. PD der 18. Armee unterstellt. Diese bildete die „Südfront der HGr. Nord". General der Infanterie Boege hatte die Führung der Armee übernommen. Ehrenfried-Oskar Boege, als Oberst und Kdr. des IR 7 am 22.12. 1941 im Mittelabschnitt der Ostfront mit dem RK ausgezeichnet, hatte als KommGen. des XXXXIII. AK am 21.9. 1944 hier in Kurland das 594. EL erhalten.

Am Abend des 10. 10. hatte der Feind durch die Frontlücke südlich der Venta starke Kräfte nachgeschoben und noch an diesem Tage nur 75 km südwestlich der 4. PD die Ostsee erreicht.

Damit war die HGr. Nord ein zweitesmal von der Landverbindung nach Deutschland abgeschnitten, nunmehr nicht bei Riga sondern bei Memel. Die 4. PD erhielt Weisung, ihre Linien 2 km weiter nach Westen zu verlegen. Die KGr. Hoffmann wurde am 11. 10. aufgelöst, der DivGefStand bei Pavari eingerichtet.

Bei dichtem Regen eröffnete der Feind am 12. 10. sein Artilleriefeuer. Die neu gebildete KGr. Hoffmann griff mit Panzern und Artillerieunterstützung die feindbesetzte Höhe 86,2 an, die bis 09.15 erstürmt war. Nunmehr richtete sich das konzentrierte Feuer der russischen Artillerie auf diese Höhe. Der Gegenangriff der Roten Armee erfolgte um 14.15 gegen diese Höhe, die bis 16.20 Uhr noch von Panzern des PR 35 gehalten werden konnte.

Ein Gegenstoß der Tiger brachte keinen Erfolg, und die Höhe musste aufgegeben werden.

Feindliche Vorbereitungen deuteten am 13. 10. darauf hin, dass ein neuer Großangriff zu erwarten war. Am späten Vormittag erschien General Boege auf dem DivGefStand. Er sagte dem Kommandeur: "Es ist zwingend notwendig, einen durchschlagenden Erfolg zu erzielen!"

In diesen Stunden griff die 12. PD mit Teilen des PGR 33 die Höhe 86,2 an, nahm sie nach heftigem Feuer in Besitz und rollte danach durch das stark feindbesetzte "Handtuchwäldchen", um südlich Pikeliai in den dichteren Wald einzudringen. Einige Schlachtflieger des SG 3 (siehe Abschnitt über die Schlachtflieger) griffen die Feindartillerie an und setzten sie mit gezielten Bombenwürfen außer Gefecht.

Im zusammengefassten Feuer der Schlachtflieger und der Artillerie wurden die Feindstellungen südwestlich hinter dem dort verlaufenden Bach zum Schweigen gebracht.

Diese neue Lage wurde von der I./PR 35 genutzt, die den gegen sie gerichteten Feindwiderstand überwand und mit dem II./PGR 12 diese erreichten Stellungen sicherten. Im Tiefflug jagten etwa 30 IL 2-Schlachtflugzeuge über die deutschen Truppen hinweg, ohne sie stoppen zu können.

Die Gruppe des PR 35 drang noch bis zur Bahnlinie Dapsiai vor.

Der Funkspruch des XXXIX. PzKorps: „Größerer Feindeinbruch westlich bei der 61. ID", ließen Division und Korps zur Verteidigung übergehen. Es stellte sich heraus, daß ein weiterer Grund dazu die Absicht der 18. Armee war, aus dem Raume südlich Libau auf Memel anzutreten, um noch einmal eine Verbindung der HGr. Nord mit den in Ostpreussen kämpfenden Truppen zu erzwingen.

Am 14. 10. wurde die 4. PD auf Befehl des Korps in den Raume 12 km nördlich Vainode befohlen und am 15. 10. zum Angriff südostwärts von Libau und nördlich Preekuln bereitgestellt.

Am Morgen des 16. 10. hatte bereits im Raume zwischen dem Rigaer Meerbusen und der Windau die erste Kurland-Schlacht begonnen, an der die 4. PD nur am Rande teilnahm, wie diese Kämpfe und die folgenden zeigen.

Zum Angriff hier im Süden der Kurlandfront hatte das XXXIX. AK folgenden Befehl ausgegeben:

„Angriff entlang der Küste mit der 4. PD rechts, 14. PD links und der 12. PD im zweiten Treffen".

Damit waren sämtliche Panzerverbände dieser Südgruppe zugeteilt, um die Durchschlagskraft zu erhöhen und die Absicht der Verbindungsherstellung zu verwirklichen.

Ein Feindeinbruch bei Vainode gegen Mittag dieses 16. 10. zwang die 4. PD in den Raum nordwestlich von Preekuln zu verlegen, um diesen zu bereinigen. In der Nacht zum 17. 10. traf sie im Raume nördlich Preekuln ein.

Nachbarn waren hier die SS-Division "Nordland" und die 30. ID.

Der am 19. l0. einsetzende Regen, der auch am nächsten Tage anhielt, ließ das gesamte Gelände als einzige Schlammsuhle zurück und machte die Straßen fast unpassierbar.

Als am Abend des 22. 10. General von Saucken, KommGen, des XXXIX Pz Korps zu anderer Verwendung abberufen wurde, trat die 4.PD unter das Kommando des X. AK, GenLt. Foertsch.

Am 24. 10. 1944 begann hier im Süden des großen Brückenkopfes Kurland die erste Kurland-Schlacht zwei Tage nach ihren Ende im Nordabschnitt.

# Die 1. Kurland-Schlacht im Süden

Der vom 10. AK befohlene überraschende Angriff südostwärts Preekuln mit dem Ziel, die sowj. 6. Gardearmee in ihrem Aufmarsch zum Großangriff zu treffen und außerdem die eigene HKL weiter vorzuverlegen, sah den Angriff der 4.PD nicht vor.

Erst nachdem der Angriff gut vorangekommen war, befahl das Korps auch deren Angriff. Der Befehl erreichte die 4. PD um 10.40 Uhr. Der Anmarsch zum Einsatzraum musste teilweise über rasch von den Pionieren angelegte Knüppeldämme erfolgen und wurde mehrfach von IL 2-Schlachtfliegern und Lagg-Jägern attackiert. Der morastige Boden im Raume Bunkas ließ kein schnelles Vorgehen zu, so daß das feindliche Abwehrfeuer lange auf die Angreifer einwirken konnte. GenMaj. Betzel fuhr mit einigen Panzern vor und stellte hier fest, dass sich fast alle Panzer festgefahren hatten. Er entschloss sich zum Abbruch dieses Angriffs. Dennoch gelang es am Abend dieses Tages, die Verbindung zwischen ihnen und den ebenfalls angreifenden Verbänden der 30. ID herzustellen.

Das X. AK befahl die Zurücknahme der Angriffstruppen auf ihre Ausgangsstellungen.

Von der Tagesstärke der Division am 24. 10. 1944 von 12.002 Soldaten waren die Kampfstärken der vorn eingesetzten Teile 4.598 Mann.

Während der 25. 10. ohne größere Einsätze verlief und auch der 26. 10., abgesehen von einem Feindvorstoss westlich Indriki, der abgewiesen wurde, ereignislos verlief, wurde die Rückkehr des Kommandeurs des PGR 33, Oberst Gerlach von Gaudecker-Zuch, gebührend gefeiert. Dieser Offizier hatte am 8. 8. 1944 das RK erhalten.

Bei leichtem Frost und sonnigem Morgen waren am 27. 12. die Wege und Geländestreifen vor der deutschen HKL wieder befahrbar.

Um 07.50 Uhr meldete die Division "Nordland", dass sich der Feind an die Höhe 126,1 heranschiebe. Dort und bei Trekni sei mit einem Angriff zu rechnen.

Um 08.20 Uhr setzte dann starkes Artilleriefeuer, das sich zum Trommelfeuer verdichtete, gegen diese Ziele ein und überschüttete vor allem den Abschnitt der Division „Nordland" mit einem Granatenhagel. Auch die 30. ID. bekam ein gerüttelt Maß an Granaten ab. Selbst in der Tiefe des Gefechtsfeldes detonierten Granaten, unter ihnen auch Nebelmunition.

Schlachtflieger griffen in drei Rudeln hintereinander an.

Zum Ende des Trommelfeuers dröhnten Salvengeschütze los, und ihre röhrenden Geschosse schlugen in der HKL ein.

Der Feind nahm Bunkas in Besitz, brach auch in Lejini ein und warf die eigene Infanterie auf Elkas zurück.

Die 18. Armee befahl um 11.30 Uhr dem III. SS-PzKorps, die ihm unterstellte 4. PD geschlossen zum Gegenangriff an der Korpsnaht einzusetzen. Die Divisionsführung erteilte die dazu notwendigen Befehle: „Division stößt mit 2 Gruppen vor, um die alte HKL wiederzugewinnen. Ostgruppe über Liegni-Bunkas auf Kalaji, Westgruppe über Elkas auf Höhe 126,1."

Der Angriff schritt gut voran, und um 13.15 Uhr erreichte die rechte Gruppe unter Oberst Hoffmann, dem Kdr. des PGR 12, Elkas.

Teile der Gruppe Kdr. PR 35 erreichten nach dem Durchbruch durch die Feindlinie Adami-Vistini den Raum hart westlich von Stanaskrogs. Die 30. ID. hingegen musste melden, dass Feindpanzer bis Astai vorgedrungen seien.

General Boege traf am Nachmittag auf dem vorgezogenen GefStand der 4. PD bei Zingenieki ein. Dort befand sich auch der KommGen mit seinem Stab. General Boege befahl: „Die HKL zwischen der Höhe 126,1 und Pirtkuri ist zurückzugewinnen." Danach fuhr er zur 30. ID weiter.

Während sich die einzelnen Kampfgruppen voran arbeiteten, wurden sie immer wieder von starken feindlichen Schlachtfliegerrudeln angegriffen. Nur einige wenige Maschinen der Luftflotte 1 kamen hier zur Abwehr heran. Es war die

HFlakAbt. 290 , die eine P-2 und eine IL 2 abschoss. Drei weitere Feindflugzeuge wurden von zwei deutschen FW 190 abgeschossen.

Auf dem Gefechtsfeld führte GenMaj. Betzel in alter Panzermanier von vorn und riss immer wieder einzelne Kampfgruppen nach vorn. Zur gleichen Zeit leitete der Ia, Oberstleutnant i.G. Sauerbruch, vom Gefechtsstand Zingenieki aus die Operation. Als um Mitternacht der Kampf zu Ende ging, hatte die Rote Armee hier 23 Panzer und Sturmgeschütze, 24 Pak und mehrere Geschütze verloren. 360 Gefallene und 50 Gefangene wurden gezählt. Die eigenen Verluste der 4. PD betrugen 25 Gefallene, 77 Verwundete und, 2 Vermisste.

In den ersten Morgenstunden des 28. 10. gingen die Kämpfe weiter. Das PGR 33 griff Dieknieki an, während die PzAA 4 einen Feindvorstoss auf Asite abwies.

Der ganze 28.10. war durch Feindangriffe an verschiedenen Stellen der Divisionsfront gezeichnet. In einem harten Gefecht konnte die 1./PR 35 im Raume der 30. ID ein russisches Panzerrudel stellen und 14 Gegner abschießen. Das schwere Artilleriefeuer des Feindes und starke Schlachtfliegereinsätze am Nachmittag zeigten die Fortsetzung des Feindangriffs an. Am Nachmittag wurde GenMaj. Betzel in den DivGefStand zurückgerufen. Dort erteilte der eingetroffene OB der 18. Armee, General Boege die Weisung: "Die Division ist ab sofort dem X. AK General Foertsch unterstellt und hält im Raume Preekuln eine gepanzerte Eingreifgruppe bereit. Ab 29. 10. wird sie durch die 121. ID abgelöst.

An diesem Tage betrug die Erfolgsbilanz 7 Panzer, vier Pak und 7 Flugzeuge. Letztere wurden von der Heflak-Abt. 290 abgeschossen.

GenMaj. Betzel wurde für seine Führung des 27. und 28. 10. wegen persönlicher Tapferkeit und Führungskunst mit dem EL ausgezeichnet, das er aber erst am11. 3. 1945 als 774. deutscher Soldat erhielt.

Auch der 29. l0. brachte der 4. PD eine Vielzahl schwerer Kämpfe, in welche die gesamte Division mit ihren diversen Gruppen verwickelt wurde. Südlich Endrusi stiessen Feindpanzer und Sturmgeschütze mit nachfolgender und aufgesessener Infanterie in den dortigen Wald vor. Zwei deutsche Panther der 3./PR 35, davon einer im Schlepp des anderen, nahmen den Kampf auf. Letzterer feuerte mit der Kanonenstellung "sechs Uhr" nach hinten und wehrte die Angriffe aus dem Rücken ab, während der schleppende Panzer den Raum nach vorn abdeckte.

Diesem Tandem gelang es, in einer schier unglaublichen Leistung, nicht nur sieben feindliche Sturmgeschütze und 2 Panzer zu vernichten, sondern auch noch dem Feind zu entkommen.

Der Raum Endrusi wurde noch stundenlang umkämpft. Am Nachmittag traten hier schwerste russische Panzer des Typs Josef Stalin auf, die nördlich der sogenannten Trigonometerhöhe einen Einbruch von einem Kilometer Tiefe erzielten. Im Gegenstoß wurde dieser bereinigt und dabei vier JS-Panzer abgeschossen.

Ein Angriff, am Nachmittag aus dem Raume Endrusi geführt, brachte einen

Erfolg, als Teile des I./PGR 12 und der I./PR 35 den dortigen Wald nach Süden durchstießen, mehrere Feindpanzer abschossen, den Südrand des Waldes besetzten und dadurch die alte HKL wieder herstellten.

An diesem Tage verlor die Rote Armee hier 19 T 34, von denen zwei im Nahkampf durch Panzergrenadiere gesprengt wurden.

Ein Josef Stalin-Panzer blieb ebenfalls vernichtet liegen. Die beiden anderen konnten vom Feind geborgen werden. 7 Sturmgeschütze, 7 Pak und mehrere kleinere Waffen kamen hinzu.

Dieser Tag kostete die Division 32 Gefallene, 139 Verwundete und 6 Vermisste. Unter den Gefallenen war auch Ofw. Göbel von der 1./PzJägAbt. 49, der am 15. 10. 1944 das RK erhalten hatte.

Der 30.10. brachte eine kleine Verschnaufpause, während derer eine Umgruppierung erfolgte, wonach die Panzer der Division als Stoßreserve hinter der HKL bereitgestellt wurden.

Als der Feind dann noch am Morgen angriff und bei der linken Divisionsgrenze ins Gefecht trat, wurde um 11.25 Uhr ein weiterer Angriff westlich Upites gemeldet. Das feindbesetzte Dorf wurde unter Artillerie- und Werferfeuer genommen. Mit Panzerunterstützung wurde dieser Einbruch bis zum Mittag bereinigt.

Als die 121. ID den Durchbruch von 9 schweren Feindpanzern mit etwa zwei Kompanien Schützen meldete, und dieser Teil der 121. ID hinter den Bach bei Utini ausweichen musste, setzte das Korps eine gepanzerte Eingreifgruppe unter Hptm Kästner, die II./PR 35, an. Sie vernichtete den durchgebrochenen Panzerfeind, brachte die 121.ID in die alte HKL zurück und rollte dann wieder zur Division heim.

Auch bei der 30. ID galt es, einen Einbruch zu beseitigen, der zu einem Durchbruch dort führte. Die 4. PD wurde angewiesen, bei Striki Anschluss an eine neu aufzubauende Abwehrlinie zu gewinnen.

Auch an diesem Tag erlitt der Feind vor der 4.PD wieder herbe Verluste: 19 Panzer und Sturmgeschütze, 11 Pak und einige sMG, sIG und Granatwerfer. Der letzte Oktobertag sah wieder den DivKdr. vorn bei der Truppe. Er führte die Kämpfe bei Dinzdurbe, wo eine Pak- und Panzerfront unter Abschuss von einem Panzer und  10 Pak bei Verlust von drei eigenen Panthern vernichtet wurde. Im Monat Oktober meldete die 4. PD insgesamt als vernichtet oder erbeutet folgende Erfolge:

55 T 34/ 43, 22 Sturmgeschütze, 1 Josef Stalin-Pz., I sFL-Pak, l04 schwere Pak, 13 Geschütze 12,2 cm, und 14 Infanteriegeschütze.

Damit hatte die Division seit 1.7. 1944 430 Panzer und Sturmgeschütze des Gegners vernichtet.

In den ersten Tagen des Novembers flaute auch hier der Kampf ab. Regenschauer und dann Dauerregen machten das Gelände wieder unbefahrbar. Dieses Wetter setzte sich bis zum 6. ll. fort. Um Mitternacht dieses Tages übernahm die

Gruppe Betzel zusätzlich den Abschnitt des GR 408 am rechten Flügel der 30. ID.

Im Abschnitt des PGR 12 erzielte der Feind noch in dieser Nacht einen tiefen Einbruch bei Tiliki. Er konnte aus Mangel an Kräften nicht beseitigt werden. Alle Wege dorthin waren ungangbar, sodass die Gegenstoß-Reserve erst am Nachmittag dort eintraf. Das Kampfgeschehen flaute ab.

Damit nahm die 1.Kurland-Schlacht auch für die 4. PD am 6. 11.1944 ein Ende.

Vom 7. bis zum 17. 11. kam es zu Stellungskämpfen südostwärts von Libau. Bei dichtem Nebel, Dauerregen und schlammigem Gelände waren beide Seiten nicht im Stande, hier einen Angriff durchzuziehen.

Ein anderes Ereignis verdient es in dieser Zeit der verhältnismäßigen Ruhe erwähnt zu werden. In der Nacht des 14. 11. 1944 schleuste die Rote Armee zwei deutsche Soldaten zur HKL. Sie brachten Briefe mit, die an die beiden Armeen und den Oberbefehlshaber der HGr. Kurland gerichtet waren. Hohe deutsche Offiziere des Nationalkommitees Freies Deutschland hatten sie unterzeichnet. Darin wurde zur sofortigen Kapitulation aufgefordert, mit gleichzeitiger Zusicherung bester Behandlung und sofortiger Rückkehr in die Heimat nach Kriegsende. Ein solches Ansinnen war für die Kurlandkämpfer einfach unvorstellbar, vor allem aber: Dass es von deutschen Soldaten und Offizieren gestellt worden war.

General Boege ließ einen Tagesbefehl ausgeben, der das Pflichtbewußtsein der Soldaten in Kurland herausstrich:

"Auf vorgeschobenem Posten ist es Ihre Aufgabe, den schwer ringenden Kameraden in Ostpreussen Entlastung zu bringen, den Feind mit äußerster Härte zu binden und mitzuhelfen, den bolschewistischen Ansturm gegen das Vaterland zu brechen."

Nunmehr galt es, die prekäre Lage an schweren Waffen durch Neuzuführungen abzuwenden. Die Panzerlage am 22. 11. 1944 betrug: 14 Pz IV lang, 20 PzV, 8 Pak auf Selbstfahrlafetten, 7 schwere Pak (mot.). Die Schlammlage verstärkte sich mehr und mehr. Alles war unter einer dicken Schlammschicht begraben, und bei 3 bis 6 Grad über Null und dichtem Nebel gab keine Kampfhandlungen. Der folgende Tag zeigte die gleichen Verhältnisse.

Dies war für die 4. PD das Ende der zweiten Kurland-Schlacht im Süden. Der Feind hatte es geschafft, die deutschen Kräfte so weit zurückzudrücken, dass er nun in der Lage war, mit seiner schweren, weitreichenden Artillerie Schrunden und die Bahnlinie Libau nach Nordosten unter Feuer zu halten. Sein Angriffsziel, die Eroberung von Schrunden, hatte er nicht erreicht.

# Stellungskämpfe der 4. PD

Am Morgen des 27. 11. 1944 griff die Rote Arme mit starker Feuerunterstützung im rechten Nachbarabschnitt an, um von dort aus durch den Koja-Bachgrund in den Wald einzusickern, der sich hinter dem II/PGR 12 befand. Am frühen Nachmittag ging die I./PGR 12 aus dem Raume Gravi gegen den Wald vor, mit dem Ziel, diesen zu säubern und den Anschluss mit dem rechten Nachbarn wieder herzustellen.

Am 29. 11. wurde die Ablösung der Division zu anderer Verwendung vorbereitet. Mit Dunkelwerden des 30. 11. 1944 lösten Teile der 126. ID das II./PGR 12 und das I./GR 94 ab. Das russische Störfeuer dagegen verstärkte sich im Verlaufe der Nacht, ohne die Ablösung in Frage zu stellen.

Von dem Soll von 66 Pz. IV (ohne Befehlspanzer) verfügte die Division am 1.12. 1944 noch über 23 Panzer. Das Soll an Panzern V belief sich auf 61, von denen 23 Panzer einsatzbereit waren. Von 326 PzSpähwagen und ähnlichen Fahrzeugen standen noch 213 einsatzbereit und das mit 1.272 angegebene Soll an MG hatte sich auf 863 einsatzbereite MG verkürzt.

Ähnliche Einbußen hatten alle anderen Waffen der 4. PD zu verzeichnen.

Das PR 35 hatte in diesem harten Monat November 1944 insgesamt 23 T34/85, 1 Josef Stalin-Panzer, 3 Sturmgeschütze, 11 Pak, 1 Pak/Flak und 4 sMG vernichtet.

Am 2. 12. übergab der Kdr. des PGR12 seinen Abschnitt an den Kdr. des GR 422 der 126. ID. In der folgenden Nacht wurden die Einheiten des PR 35 durch die StGeschBrig, 184 abgelöst.

Die ersten Teile des PR 35 trafen am 5.12. vom X. AK her, wo sie verladen worden waren, in Schrunden ein, während die I./PzAR. 103, zur 31. ID abgestellt, erst am 7. 12. zur Division zurückkehrte.

Die nächsten Tage waren mit Auffüllung, Neuausrüstung und Zusammenfassung der zerfledderten Einheiten voll besetzt. Am 14.12. spielte der Kdr. des PR 35 bei Anwesenheit des DivKdrs. und dessen Ia den Einsatz einer gepanzerten Kampfgruppe durch.

Oberst Langkau übernahm nach Rückkehr zur Truppe wieder die Führung des ArtRgt. 103. Damit waren die Stellenbesetzungen wieder komplett.

Bis zum 20. 12. hatte sich die Panzerlage von 23 Pz. IV auf 26 und jene der Pz. V. von 23 auf 40 erhöht. Womit der Panther-Bestand wieder normal war. An diesem 20. 12. 1944 lief die Zeit der Ruhe und Wiederaufrüstung der 4. PD ab. Da sich hier seit einigen Tagen russische Partisaneneinheiten bemerkbar machten, musste die Division ebenfalls einige Einheiten zur Partisanenbekämpfung und Sicherung der wichtigen Anlagen abstellen und in kurzfristiger Marschbereitschaft halten.

Am 20.12. trat der DivKdr. eine Dienstreise ins OKH an, um anschließend in den verdienten Heimaturlaub weiter zu fahren. Für ihn übernahm Oberst Christern am 21. 12. die Führung der Division. Das PR 35 führte ab diesem Tage der neu zur Division kommandierte Major Toelke.

# Die dritte Kurland-Schlacht bei der 4. PD

Am Morgen des 21. 12. wurde aus Richtung des I. AK gegen 08.00 Uhr starkes Trommelfeuer vernehmbar. Der Alarmruf riss alle Truppenteile der Division in die Höhe, und nach wenigen Minuten verstärkte sich das Trommelfeuer mehr und mehr, um gegen 09.00 Uhr mit einem wilden Crescendo auf die deutsche HKL niederzupauken. Der Schwerpunkt dieses Feuers lag auf der Mitte und dem linken Flügel des I. AK. Gleichzeitig damit wurden auch Abschnitte der 16. Armee angegriffen. Der erste Artillerieschlag auf das I. AK wurde auf 60.000 Schuss geschätzt, denen am Nachmittag noch einmal cirka 20.000 Schuss folgten.

Das eigene Abwehrfeuer wurde nach einem "festen Feuerplan" geschossen. Der Kdr. des PGR 33 ließ sofort Verbindung mit der im Feuer liegenden 563. VGD aufnehmen und schickte einen weiteren Ordoffz. zum I. AK. Dieses gab der Division die Weisung, der 218. ID unterstellt (da diese vorn führte) einen bei Laci erfolgten Feindeinbruch "sofort zu bereinigen."

Die KGr. Kommandeur PGR 33 trat um 11.30 an. Erstes Ziel war Kormani. Der stellvertr. DivKdr. wurde von der Armee unterrichtet, dass die Division ab sofort dem I. AK unterstellt sei, das unter dem Kommando von Gen.d.Inf. Busse stand. Oberst Christern fuhr sofort zu dessen GefStand. Dort erfuhr er, daß im Abschnitt der Division drei Feindeinbrüche erfolgt seien: Bei Stedini, Cubas und Zanenieki.

Durch eine feuerfreie Gasse der Feind-Artillerie stießen russische Truppen, angeführt von einigen starken Panzerrudeln, auf einer Breite von 1000 Metern in die Tiefe des Gefechtsfeldes vor. Bei Laci hatte sich allerdings die Lage gebessert, da ein örtlicher Gegenstoss der Infanterie dort einen Befreiungsschlag gelandet hatte.

Von der 18. Armee erhielt die 4. PD den Raum Zirnenieki als Angriffsraum zugewiesen und Oberst Christern erhielt durch General Busse Weisung: „Divisionsgefechtsstand nach Pinkas verlegen, in den GefStand der 11. ID, die inzwischen zum Gegenstoss angetreten ist.

Gepanzerte Gruppe, Major Toelke, stellt sich bei Labdomas zum Einsatz nach Südwesten bereit.

Kampfgruppe Kdr. PGR 12 - Oberst Hoffmann - stellt sich im Raume Zirnenieki zum Angriff bereit."

Dieser Auftrag wurde vom I. AK drei Stunden darauf geändert und befohlen, dass sich die Division im Raume Labdomas so bereitstellen solle, dass sie jederzeit entweder nach Südwesten auf Stedini oder nach Südosten in Richtung Ozoli-Ozolini, antreten könne. (Siehe dazu und zu den anderen Befehlen: Die 4. Panzer-Division 1943-1945 von Gen.d.Pz.Tr. Dietrich von Saucken)

Bei Zirnenieki wurde der Kampfgruppe Kdr. PGR12 die inzwischen dort eingetroffene Tiger Abteilung 510 unterstellt.

Beide Verbände rollten in den Bereitstellungsraum Novady. Von hier aus sollten sie gemeinsam mit der 225. ID eine Sperrlinie jenseits des Zana-Flusses einrichten und den Feind an der Überschreitung desselben hindern.

Die KGr. musste in die Nähe des Gefstandes der 225. ID marschieren und stellte die Gepanzerte Gruppe im Raume Ozolini bereit. Der Korpsbefehl um 21.50 Uhr dieses 21. 12., der ihm vom OB der Armee durchgegeben wurde, lautete: „Die Nacht ist zum Erreichen der alten HKL durch Gegenangriff voll auszunutzen. Klare Befehle an 225. ID und 4. PD!"

Der KommGen. des I. AK setzte noch einen drauf, als er der 4. PD übermitteln ließ:

„Erwarte energisches Vorgehen in die Nacht hinein, da von entscheidender Bedeutung."

Bei eisiger Kälte um 15 Grad minus versuchten die Panzer der Gepanzerten-Gruppe, die Ausgangsstellungen zu erreichen. Die Ungunst des Marschweges ließ die Ausfälle an Pz IV auf 75% und jene der Pz. V, auf 40 % ansteigen, während nur etwa 50 % der Tiger der sPzAbt. 510 den befohlenen Kampfraum erreichten.

Dennoch wurde es erst 10.00 Uhr des 22.12., bevor die Gepanzerte Gruppe mit 20 Pz. V, 10 Tigern und zwei inzwischen eingetroffenen PGD-Kompanien angriffen.

Als der Bachgrund bei Zanenieki erreicht war und durchfurtet werden sollte, eröffneten russische Schweigepak das Feuer vom überhöhten Südufer und vom Waldrand südöstlich davon. Diese letztere Stellung war bei der Lageeinweisung als "in eigener Hand" befindlich ausgewiesen worden. Der Angriff kam zum Erliegen.

Damit war der Einsatz der 4. PD misslungen. Die Ursache war, dass sie in äußerst ungünstigem Gelände angesetzt wurden. Dies wiederum war auf das Antreiben der Division durch die 18. Armee und GenOberst Schörner geschehen. Die von Oberst Christern vorgebrachten Hinweise auf die extreme Geländeschwierigkeiten-und hindernisse wurden ignoriert und die Marschzeiten unterschätzt, die einen befohlenen Nachtangriff überhaupt nicht zuließen. Hauptursache für die vielen Ausfälle, auch bei der sPzAbt. 510, waren die sehr tief ausgefahrenen und dann steinfest gefrorenen Wege, denen die Ketten der Panzer nicht gewachsen waren.

Als das Korps die sPzAbt. 510 zur 11. ID in Marsch setzen wollte, stimmte die Divisionsführung zu.

Der 23. Dezember verging mit einigen Teileinsätzen zur Begradigung der HKL.

Ein Feindvorstoß gegen den linken Flügel des PGR 12 wurde abgewiesen. Als dann um 15.00 Uhr das II./PGR 12 im Rücken angegriffen wurde und starke Ausfälle erlitt, wobei Hptm. Rosemann verwundet wurde und Oblt. Finkbein die Führung des Batl. übernahm, um wenig später ebenfalls verwundet zu werden, ging Zanenieki verloren. Es gelang, die ausweichenden Überlebenden dieses Bataillons und Teile des I./PGR 12 aufzufangen und einzugliedern.

Da das I. AK mit der Führung der Division unzufrieden war, unterstellte er sie am Nachmittag dieses Tages der 225. ID unter GenLt. Walter Risse. Die so entstandene Gruppe Risse erhielt Auftrag, den Feindeinbruch bei Podnieki zu bereinigen und hinter der Zana eine fest HKL einzurichten, die Waldstücke nördlich der Zana zu säubern und den Anschluss an den linken Nachbarn sicherzustellen."

Der am Nachmittag in den Wald bei Dadzi eingedrungene Feind wurde von den Pionieren des PzPiBatl. 79 bis nach Strautini zurückgeworfen und westlich Dadzi zwischen der 225. ID und der 4. PD die Verbindung hergestellt.

Da die HKL beider Divisionen bis an die Zana vorverlegt werden sollte, besprachen GenLt. Risse und Oberst Christern die Angriffsführung.

An diesem 23.12. 1944 waren 3 Pz. IV und 10 Pz. V einsatzbereit. 26 und 23 Panzer befanden sich in den Werkstätten. Dies zeigte unmissverständlich auf, daß die 4. PD zu keiner entscheidenden Angriffsleistung mehr fähig war, so gross auch ihr Kampfgeist war... aber nur mit Einsatzfreude, Kampfgeist und Draufgängertum konnten feindliche Panzerrudel nicht gestoppt werden. So wurde denn der 24.12. ein Tag der Kämpfe mit schweren Verlusten. Die einzelnen Verbände blieben vor und in den dicht- und tiefgestaffelten Feindstellungen hängen, wurden durch Gegenangriffe gestoppt und mussten die dadurch entstehenden Einbrüche wieder ausmerzen. Der Angriff der gepanzerten Gruppe in den Wald blieb vor einer gut getarnten russischen Widerstandslinie liegen. Granatwerfer- und Artilleriefeuer schlugen in die rückwärtigen Teile der Kampfgruppen hinein.

Der Wald nördlich der Zana wurde zu einem Hexenkessel. Nach Abwehr eines Gegenstoßes drang die PzAA 4 bis zur nächsten Querschneise dieses Waldes vor und geriet hier in eine der sogenannten "Feuerglocken", wie sie die russischen Vorschriften zur beiderseitigen Umfassung eines Angreifers vorsahen, vor allem im Waldgebiet.

Um die Mittagszeit griff der Feind dann vor allem die 225. ID an und schickte als stählernen Stoßkeil etwa 40 Panzer vor. In diesem Sturmlauf der Feindpanzer ging Podnieki, das gewonnen worden war, wieder verloren. Mit aufgesessener Infanterie rollten die Panzer weiter, erreichten um 15.45 Uhr Dadzi, während das Gros der Begleitinfanterie 20 Minuten später dort eintraf, weil sie dem rasanten Tempo der Panzer nicht hatte folgen können. Als es dunkelte, wurde auch der rechte Flügel der KGr. Kdr.PGR 12 umfasst und nach Norden zurückgedrückt. Oberst Christern befahl die Abwehr in der allgemeinen Linie der „Ei-Höhe" bis hin zum Friedhof von Anenieki. Als diese Linie bezogen war, standen noch immer sowjetische Sturmgruppen in Kompaniestärke hinter der PzAA 4. Sie wurden von den Soldaten der Gefechtstrosse vernichtet. Für die Kämpfe dieses Tages wurde der Kdr, des PzPiBatl. Hptm. Beukemann zum RK eingegeben, das ihm mit der Beförderung zum Major am 25.1.1945 verlierliehen wurde. Gleichzeitig mit ihm erhielt auch ObGefr. Franz Ertolitsch, MG-Schütze in der 6./PGR 12, diese hohe Auszeichnung, die ihm am 9.1. 1945 übergeben wurde.

Bereits am Vormittag des Heiligen Abends hatte die HGr. Nord den Entschluss gefasst, die 4. PD herauszuziehen und sie der 16. Armee zuzuführen. Dort war die Lage im Abschnitt des VI. SS-Freiwilligenkorps kritisch geworden. Die rückwärtigen Dienste und die bei der Division verbliebenen Verwundeten, die Werkstatt-Kompanien und die einheimische Bevölkerung feierten in den Dorfkirchen der Umgebung das Weihnachtsfest.

Der erste Weihnachtstag sah zunächst kampfstarke Stoßtrupps der Roten Armee im Einsatz, die eine weiche Stelle in der Front suchten. In der Waldstellung des PzPiBatl.79 und der PzAA 4 kam es zu verlustreichen Gefechten. Sie forderten auch unter den Offizieren hohe Opfer. So fielen die Chefs der 3. und 4. /PzAA 4.

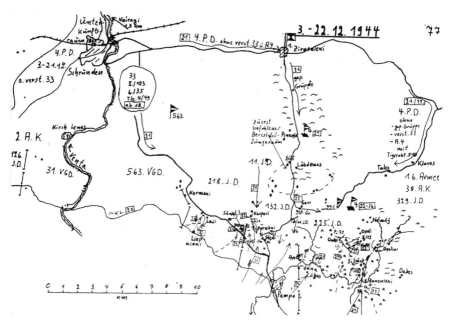

Am Abend erhielt die Division den Verlegungsbefehl in den Abschnitt des VI. SS-Freiwilligenkorps. Nach dem DivStab, der PzNachrAbt. 79 und acht Panzern machte sich auch die KGr. Kdr. PGR 33 auf den Weg dorthin. Mit Eintreffen in dem neuen Raum (die Panzer wurden bahnverladen und vom Bahnhof 15 km

108

westlich Frauenburg aus nach Biksti transportiert) unterstanden die dort befindlichen Teile der 12. PD und wurden am linken Flügel des SS-Korps angesetzt.

Als dort der Feind mit dem Ziel Dzukste angriff und 30 Panzer gegen Pienava schickte, während 43 weitere gegen Rozukalni vorrollten, schien ein neuer harter Kampf bevorzustehen. Dieser sollte am 26.12. 1944 beginnen.

# Die dritte Kurland-Schlacht bei Dzukste
# Der Gegenangriff der 4. PD

Gleichzeitig mit dem OB der HGr. Nord traf der Ia der 4. PD auf dem Gefechtsstand des VI. SS-Freiwilligen Korps ein. Dessen KommGen., SS-Gruppenführer Krüger ließ sich über den neuen Kampfraum orientieren, der zahlreiche Waldstücke, Bachläufe und sumpfige Niederungen aufwies. Die KGr. Kdr. PGR 33, Oberst von Gaudecker, wurde der 19. (lettischen) SS-Division unterstellt, während die bei Biksti ausladende II./PR 35 im Raume nördlich Mazbites zur 227. ID vorstieß, um in deren Verband eingesetzt zu werden. Neuer DivGef-Stand wurde die Ortschaft Miskeni.

Bis zum Abend des 1. 12. hatte das Gros der Division den Raum westlich Dzukste erreicht. In der Nacht zum 28. 12. wurde auch die PzAA 4 bei der 225. ID abgelöst und erreichte am Vormittag des 28.12. den Raum der Division bei Dzukste.

Einige Gefechte brachten für beide Seiten keinen neuen Vorteil. Der Auftrag an die Division, von der 227. ID gegeben, die alte HKL wiederzugewinnen, konnte sie nicht erfüllen. Zum einen war die zugesagte Infanterie nicht eingetroffen und zum anderen waren 3 Pz IV in der Dunkelheit durch eigene Sturmgeschütze als russische Panzer angesprochen und abgeschossen worden.

Dass die gepanzerte Gruppe im Gelände stehend durch flankierenden Pakbeschuss aus dem Raume Atmanieki zurückgenommen werden musste, war zwingend notwendig, um ihre Dezimierung zu verhindern.

Dennoch wurde der 19. (lett) SS-Division durch diese Angriffe Luft verschafft, sodass sie selbstständig den Raum um Rezes säubern und damit ihr Tagesziel erreichen konnte.

Am Abend des 29.12. traf überraschend der aus dem Urlaub in Deutschland zurückgerufene General Betzel wieder bei der 4. PD ein und übernahm dessen Führung. Er war inzwischen zum GenLt. befördert worden.

Der 30. 12. war für die Division ein „geruhsamer" Tag. Sie stellte die Verbindungen zu 93. und 227. ID her und ließ dort einen Spähtrupp stehen. Die in der Infanterielinie liegenden Panzergrenadiere wurden an diesem Abend herausgelöst und für eine zweitägige Ruhezeit nach Irlava geschafft. Hier traf auch ein MarschBatl. mit 367 Mann Ersatz für die Division ein.

In der Nacht zum 31.12. wurde die 227. ID durch die 12.Lw-Feld-Division abgelöst. Mit 20 Grad Kälte war dieser letzte Tag des Jahres einer der kältesten in Kurland. Zur Ausbügelung eines Angriffs und Einbruchs bei der 93. ID wurden die PzAA 4, das Pz-PiBatl.79, das PGR 33 und die 4. /PzJägAbt, 49 zum GefStand dieser Division nach Sparvas befohlen.

Der Vormarsch geriet in die gegengesetzten Marschbewegungen der 12. PD hinein und wurde immer wieder aufgehalten, während der Div.Kdr bereits als „Beistand" bei der 93. ID eingetroffen war.

„Erst am späten Nachmittag trafen die Verbände der 4. PD im Abschnitt der 93. ID ein.

Dort hatte der Feind nach 90-minütigem Trommelfeuer am rechten Flügel der 93. ID einige Einbrüche von bis zu 1.500 m Tiefe erzielt. Es war nur dem mangelnden Kampfwillen der auf russischer Seite kämpfenden 308. lettischen Division zu verdanken, dass ein noch grösserer Erfolg der Roten Armee hier verhindert wurde.

Der Gegenangriff begann um 18.30 Uhr. Die PzAA 4 mit aufgesessenen Panzergrenadieren warf den Feind über die alte HKL zurück.

Nach Eintreffen des PGR 33 und der II./PR 35 gegen 21.00 Uhr setzte sich GenLt. Betzel an die Spitze dieser Kampfgruppe und gewann gegen heftigen russischen Widerstand die HKL zwischen Balozi und der Höhe 94 wieder zurück. Es war nach den Worten von GendPzTr. Dietrich von Saucken gegenüber dem Autor „einer der tollsten Nachtangriffe, die von meiner alten Division gefahren wurde.

In völlig unbekanntem Gelände, ohne jede vorherige Erkundung und mit Panzergrenadieren geführt, die zur Hälfte einen Tag vorher erst als Nachersatz eingetroffen war, erschien uns allen dieser Elan als ein besonderes Zeichen. Ausschlaggebend war aber gewiss die Führung durch den Kommandeur der PzAA 4 und den Divisionskommandeur beim ersten Mann vorn."(Siehe: Die 4. PD 1943-1945)

Diese harten Kämpfe dauerten auch am 1.1.1945 an. Um l0.00 Uhr erhielt die 4. PD Befehl, die restlichen Einbruchstellen bei der 93. ID zu bereinigen. Zu diesem Einsatz waren noch ganze 9 Pz. IV und 1 Panzerjäger V einsatzbereit, aber am Mittag dieses Tages konnte das PGR 33 mit fünf Pz. IV der II./PR 35 den Wald westlich Apsits angehen, ohne das Ziel zu erreichen, weil der rechte Nachbar zurückhing und damit der rechte Flügel der Angriffsgruppe feindlichen Angriffen aus der Flanke ausgesetzt wäre. In der Nacht gelangte das I./PGR 12 an den Waldrand heran, konnte ihn aber nicht durchdringen, da der Russe eine Reihe sehr starker Stützpunkte angelegt hatte.

Ein Feinddurchbruch auf Ileni, mit starker Panzerunterstützung geführt, drang durch. Das PzPiBatl. 79 trat zehn Minuten später dagegen an und verhinderte Schlimmeres, gewann sogar Ileti, als es den Feind ein weiteres Mal um 14.45 Uhr zurückwarf.

Der 93. ID wurde durch diese Hilfeleistungen wertvoller Beistand gegeben, und sie konnte ihre Stellungen sichern. GenOberst Schörner sagte GenLt. Betzel fernschriftlich seine „Anerkennung für die Erledigung der Aufgabe bei der 93. ID."

Damit war die 4. PD in der 3. Kurland-Schlacht mit einigen Angriffserfolgen und Abwehrstärke maßgeblich an der Abwehr dieser feindlichen Großoffensive beteiligt gewesen.

In den nächsten Januartagen konnte die Division mehrfach Einbrüche bereinigen und z.B. mit der 12. PD die 19. (lett.) SS-Inf.Division bei ihrem Angriff unterstützen.

Wieder einmal befand sich General Betzel bei der vordersten Truppe und führte die Hauptangriffe der "Gruppe Bodenhausen", zu der die 4. und 12. PD zusammengeschlossen waren.

Hier kam es zu einer großartigen Zusammenarbeit zwischen der I./PR 35 und Panzern der 12 . PD bei Putni, in deren Verlauf der feindliche Panzerangriff abgewiesen wurde. Diese gepanzerte Gruppe säuberte anschließend das gesamte Waldgelände südlich Bruver. Danach stießen das PGR 33 mit der PzAA 4 und der II./PR 35 durch den Wald von Bruver auf Katini durch und stellten dort den Anschluss an den rechten Nachbarn her.

Um Mitternacht zum 6. Januar erteilte GenLt. Betzel seiner Division den neuen Angriffsbefehl. Der Angriff begann um 02.00 Uhr mit einem Vorbereitungsfeuer der eigenen Artillerie. Hierbei gingen einige Salven auch auf das I./PGR 12 nieder.

Dennoch ging der Angriff zügig vorwärts („weil uns die eigene Artillerie in die Hacken schoss", so StGefr. Stefan Rauschner).

Die Bachlinie Kotini-Sikmanä-Raum nördlich Putni wurde erreicht. Hier aber lagen die Bataillone am Vorderhang in ungünstiger Lage fest und mussten sich tief eingraben und den ganzen Tag über bewegungslos in ihren Löchern verharren.

Aus Putni wurden sie von Feindpanzern mit Sprenggranaten beschossen. Dann erschien sogar auf der in der Nähe verlaufenden Schienenstrecke ein russischer

Panzerzug, der das Feuer eröffnete.

Wenig später erscholl auch aus dem Raum südlich Katini das Feuer russischer Panzer und bei Trenci rollten einige deutsche Panzer gegen eine Schweigepak-Front.

Erst nachdem den festliegenden Panzergrenadieren eine Panzer-Kp. zugeführt wurde, konnte nach neuer Artillerievorbereitung der Angriff fortgesetzt werden.

Zur Erleichterung der Panzergrenadiere beteiligte sich auch das linke Flügelregiment der 19. (lett.) SS-Division mit acht Sturmgeschützen erfolgreich am Angriff.

Paugibelas wurde erreicht. Hier richtete sich die PzAA 4 zur Verteidigung ein. Am Waldrand südwestlich von Vidine aber hielt der Feind sich und kämpfte mit Panzern und Pak um sein Überleben.

Als am Mittag der OB der 16. Armee, Gen.d.Inf. Hilpert, auf dem GefStand der Division erschien, betonte er nachdrücklich, daß die engen Verbindungen zur 19. (lett.) SS-Division gepflegt, und die Ortschaft Paugibelas in die HKL einbezogen werden müsse.

Am Nachmittag setzte starkes Feindfeuer gegen den eigenen Divisionsabschnitt ein. 30 Minuten darauf griff der Feind auf der gesamten Breite zwischen Paugibelas bis Putni an. Doch diese Angriff erwies sich lediglich als Ablenkungsmanöver einiger starker Stoßtrupps, während der Hauptstoß weiter im Süden in westlicher Richtung bei Gibelas gegen den Nachbarn angesetzt war.

An diesem Tage wurden 11 T 34 erbeutet, die von ihren Besatzungen stehengelassen worden waren. Der Bergepanzerzug des PR 35 hatte die ganze Nacht zu tun, um sie zu bergen.

Mit dem Balkenkreuz bemalt, wurden sie nun auf deutscher Seite eingesetzt. In diesen Tagen sank die Kampfstärke der 4. PD bis zur Grenze des eben noch Tragbaren ab, und am 8. 1. 1945 kam es nur zu einigen Stoßtrupp-Unternehmen des Feindes. Am Abend befahl das VI. SS Freiwilligen-Korps der 4. PD, in den Raum nördlich von Biksti zur Verfügung der 16. Armee zu verlegen. Damit endete für die 4. PD die 3. Kurland-Schlacht. In diesen Kämpfen wurden verwundet oder vielen 1.974 Soldaten der 4. PD.

Mitte Januar 1945 gab GenOberst Schörner den Oberbefehl über die HGr. Nord ab. Dass er bei der Truppe ebenso wie bei deren Offizieren nicht gut angeschrieben war, zeigte sich an verschiedenen Bekundungen nach Kriegsende. Anders aber dachten die Soldaten, die unter seinem Kommando standen. So auch der ObGefr. Kühlkens:

*„In Kurland hielten uns nur noch die eisernen Durchhaltebefehle zusammen, außer der Kameradschaft des einen für den anderen, die immer groß geschrieben wurde.*

*General Schörner ist der eiserne Dirigent. Er ist viel bei der kämpfenden Truppe. Dieser Mann war es, der ein verheerendes Chaos für Tausende Soldaten ver-*

*hinderte, indem er sämtliche Trosse und Verwaltungskräfte für die Front mobili-
sierte."*

Nach der 3. Kurland-Schlacht erhielten alle Soldaten, die bis dahin in Kurland
gekämpft hatten, den Ärmelstreifen KURLAND an ihrer Uniform; eine Kenn-
zeichnung, die sich höchsten Ansehens erfreute.

Am 13.1. 1945 begann die Verlegung der Division mit täglich sieben bis acht
Zügen nach Westen zur Küste und von dort aus über See nach Danzig. Auf dem
Eisenbahn-Fährschiff „Preussen" ging es dorthin. Begleitfahrzeuge der 9. Siche-
rungsdivision begleiteten die "Preussen" und wehrten jeden sowjetischen Fliege-
rangriff auf dieses Schiff ab. Der Einsatz im „Brückenkopf Kurland" war zu
Ende, wenigstens, was die 4. PD betraf.

# DIE 215. INFANTERIE-DIVISION IN KURLAND

## Die Bereitstellung nördlich Autz

Am Abend des 24. Oktober 1944 erhielt die 215. ID ihren Einsatzbefehl mit der Weisung, die 121. ID nördlich Autz abzulösen. Das GR 380 unter Oberst Wilhelm Herb, der am 12.8. 1944 das RK erhalten hatte, wurde mit dem unterstellten FüsBatl. 215, geführt von Hptm. Fritz Hockenjos, auch er seit dem 2.9.1944 Träger des Ritterkreuzes, auf dem rechten Divisionsflügel eingesetzt. Der Befehl an das FüsBatl. 215 lautete: „Strasse und Eisenbahn sperren, die nach Autz hineinführen".

Im Morgengrauen des 27. 10. erkannte man vorn in der HKL feindliche Bereitsteilungen in den nur bis zu 300 Metern entfernten russischen Gräben, wo die russischen Schützen dicht an dicht bereit waren, auf das Angriffszeichen ihrer Kommissare hin anzutreten.

Die eigene Artillerie und die Werferstellungen schossen sofort gut liegende Feuerschläge in diese Ansammlungen hinein.

Um Punkt 07.00 Uhr wurde das Gelände von einem unerhörten Feuerschlag erschüttert. Das russische Trommelfeuer hatte eingesetzt, und die Erde schien unter den einhauenden Salven schwerer russischer Geschütze zu schwanken. Dann setzten auch vier erbeutete deutsche Do-Werfer mit ihrem Feuer ein und schickten die Raketen in die deutschen Stellungen. Der Luftdruck der Werfersalven war erstaunlich hart und ließ Bäume zerknicken und ganze Baumwipfel abreissen.

Die kleinen deutschen Bunker schwankten wie Schiffe auf hoher See. Die gesamte Stellung des GR 380 verschwand unter Qualm und Korditgestank. Noch wusste niemand, an welcher Stelle die Russen angreifen würden. Keiner ahnte auch nur, welcher Nachbarabschnitt schon durchstoßen war und welche Opfer dieses Feuer und die angreifenden Gegner bereits gekostet hatten. Bei GenLt. Frankewitz liefen die eingehenden Meldungen zusammen. Von einigen Abschnitten der Divisionsfront war noch keine Meldung erfolgt, von anderen kamen die ersten Verlust- und Durchbruchsmeldungen herein. Zwei Stunden nach diesem gewaltigen Generalangriff zeigte sich der Divisionsführung, dass die Front an mehreren Stellen durchbrochen war. Die 2./GR 380 meldete, daß der Feind die Höhe 94,1 angreife und eine halbe Stunde darauf hatte er die Höhe bereits in Besitz genommen.

Wieder 30 Minuten darauf: „Höhe im Gegenstoß zurückgewonnen!" Die letzte Meldung von dieser Stelle besagte, dass die Russen abermals mit 20 Panzern angreifen würden. Dann brach der Funkspruch ab, und von dieser Sekunde an war niemals wieder auch von nur einem Manne dieser Kompanie etwas zu hören.

Sie waren untergegangen **ohne** jede Spur.

Das II./GR 380 meldete schließlich, dass der Feind bei der Höhe 94,1 endgültig durchgebrochen war und die Einheiten des Regiments hier zurückgingen. GenLt. Frankewitz befahl dem Rgt., den Pionierzug mit zwei Sturmgeschützen in die Bresche zu werfen, um zu halten, was zu halten war und wenigstens das Abfließen der Überlebenden zu sichern. Ein Funkspruch von Oblt. Willi Zeller, der nach Ausfall des BatlKdrs. das II./GR 380 führte, meldete, dass russische Panzer mit Infanterie rechts und links an seinem BatlGefStand vorbeistießen. Zehn Minuten darauf war der Gefechtsstand eingeschlossen.

Um diese Bataillons- und Regiments-Gefechtsstände sammelten sich die abgesprengten Soldaten, hier wurde bis zum bitteren Ende oder bis zum Befreiungsschlag einer Entsatzgruppe gekämpft.

Dies war schon so im Raume Riga und Bauske gewesen, daß sich alle um ihre Kommandeure und Chefs scharten, die das Richtige für sie tun würden. Auch im Abschnitt des GR 390 hatte der Feind mit allen Mitteln angegriffen. Auf einer beherrschenden Höhe dieses Abschnitts war es Oblt. Bachleitner, der rechts und links dieser Höhe die feindlichen Panzerrudel vorbeirollen sah und den Ansturm der Schützen stoppte. Dann aber musste er den Befehl zum Absetzen geben, um nicht eingekreist und vernichtet zu werden.

In kurzen Sprüngen rannten sie ein Stück über die freie Plaine, ehe es ihnen gelang, mit letzter Kraft den rettenden Waldrand zu erreichen. Hier gingen sie in einem dichten Igel zur Verteidigung über. Hier war es Lt. Scharf, der sich immer wieder mit einer Handvoll Männer den angreifenden Russen entgegenwarf und sie mit MPi und Handgranaten niederrang.

Das Bataillon hielt sich den ganzen Tag in dieser Waldstellung und konnte so die Verbindung zu seinen Nachbarn aufrecht erhalten und den drohenden Durchbruch verhindern.

Dass die HKL dennoch nicht zu halten war, zeigte sich am Nachmittag, als neue russische Panzerrudel mit aufgesessener Infanterie diese kleinen Kampfgruppen rechts und links überholten und dann eindrehten.

„Sprungweise zurückgehen und Anschluss an die ebenfalls zurückgehenden Kameraden halten!" befahl Oblt. Bachleitner.

Im Wettlauf mit dem Feind konnte Schritt um Schritt der Weg in die zweite Stellung erreicht werden. Von russischen Panzern gejagt, warfen sich die Grenadiere an geeigneten Stellen in Bombentrichter, ließen die Panzer herankommen und gingen sie mit geballten Ladungen und Handgranaten an, die sie auf die Panzer aufspringend in die teilweise offenen Luken der Russenpanzer warfen. Gefr. Hubertus Engleseer klopfte mit seiner Handgranate auf den Lukendeckel eines T 34. Als dieser sich öffnete, riss er ihn ganz auf und schleuderte die scharfgemachte Handgranate hinein. Dieser Feindpanzer war erledigt.

Anderen Panzern aber gelang es, bis zur HKL vordringend, dort einzudrehen und die Gräben mit Sprenggranaten zu bestreichen und die noch darin hocken-

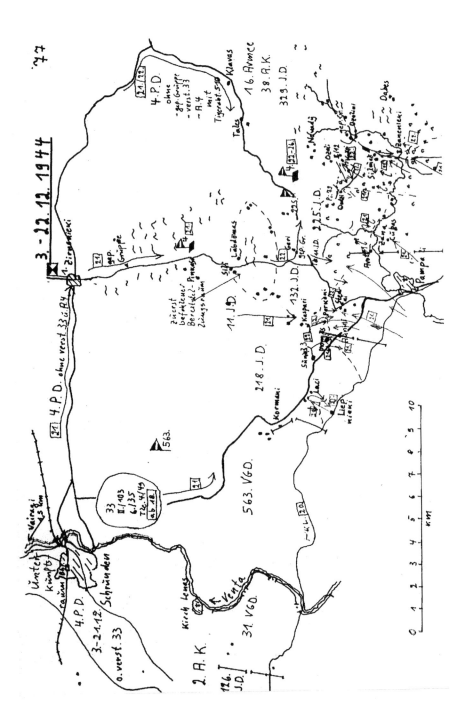

116

den deutschen Soldaten zu vernichten.

Als die Nacht einfiel, stand das,was von den vorn eingesetzten Grenadiereinheiten übrig geblieben war, in der zweiten Linie erneut abwehrbereit.

Dies war auch nötig, denn die Russen traten auch am Morgen des 28. 10. erneut mit starken Kräften an.

Eine der Sturmgeschütz-Kompanien, die in diesen bedrohten Kampfraum gerollt waren, griff hier in den Kampf ein. Im Abschnitt des GR 390 trat ein Reserve-Bataillon der 121. ID. zum Gegenstoß an, um die alte HKL wieder zu erreichen und sie dem Russen zu entreißen. Ihnen wurden die Sturmgeschütze zu Hilfe geschickt. Diese kleine Kampfgruppe rang den ganzen Tag über mit dem Feind. Das Ziel wurde nicht ganz erreicht, doch der Angriff der Russen war damit unterbunden. Erst am Abend wurde in diesem Abschnitt die Front zurückgenommen. Der Befehl besagte, dass es vier km zurück gehen werde, um die dort vorbereitete Brunhilde-Stellung zu beziehen und dem Feind darin erneut Widerstand zu leisten.

In dieser Situation klaffte plötzlich zwischen den beiden Regimentern 380 und 390 eine Lücke auf, die von einer Minute zur anderen bereits für die Russen **die** Durchbruchsstelle werden konnte.

Die Sturmgrenadier-Kp. unter Leutnant Mozer wurde von GenLt. Frankewitz in diese Bresche geworfen, um dort so lange dicht zu machen, wie der Abfluss der Soldaten aus dieser Stelle der HKL an Zeit benötigte. Die Kp. erhielt Auftrag, dorthin zu gehen, aufzuklären, den Feind kurzzeitig zu stoppen und dann auf die Brunhilde-Stellung zurückzuweichen.

Leutnant Mozer führte die Männer in die gewiesene Richtung. Sie erreichten unangefochten den Waldrand, als sie bereits weit voraus das dumpfe Grummeln von Panzermotoren hörten und die Geräusche der Gleisketten wahrnehmen konnten.

Leutnant Mozer brach durch den Wald in Richtung der Strasse. Er wusste, dass er diesen Feind nicht vorbeiziehen lassen durfte, wenn er nicht das Regiment und möglicherweise noch mehr der Vernichtung anheim geben wollte.

Er wies die beiden Züge der Flanken an, sich im Abstand von 300 Metern zueinander bis an die Straße vorzuarbeiten, die Panzerfäuste bereit zu halten und die Spitzenpanzer abzuschießen.

Der zweite Zug lief unter seiner Führung weiter dem Feind entgegen durch den Wald und gelangte nach 300 Metern an eine Biegung, die sich als idealer Platz erwies, zumal der Wald hier zur Strasse hin durch eine etwa meterhohe Böschung abgrenzte, und den Männern seines Zuges gute Deckung bot.

„Zweiter Zug hier Stellung nehmen. Erst schiessen, wenn mindestens fünf Feindpanzer durchgerollt sind, diese den ersten Zug erreicht haben und von dort der erste Panzerfaust-Abschuss zu hören ist."

Dieser Zug ging ebenfalls in Deckung, und Lt. Mozer eilte mit zwei Gruppen und dem Kp.-Trupp noch bis zum äußersten Rand dieser Biegung.

„Da sind sie, Herr Leutnant!" wisperte Fw. Windeis, der Kp-Truppführer.
„Fertigmachen. Erst nach meinem Kommando mit Panzerfaust schiessen."
Schon rollten die ersten Panzer langsam an ihnen vorbei. Sie hatten wenige
Minuten darauf die Stellung des zweiten Zuges hinter der Biegung erreicht..
Auch dort fiel noch kein einziger Schuss.

„Das klappt, Herr Leutnant", rief einer der Männer halblaut, der bereits seine
Panzerfaust mit dem Rohr über die Schulter gelegt hatte und einen T 34 anvisierte, der noch etwa 100 Meter - voraus rollte und mit Getöse näherkam.
Teilweise waren Schützen auf den Panzern aufgesessen. Und nach jeweils zwei
bis drei Panzern kamen einige Lastwagen, randvoll mit russischen Schützen
besetzt.

„Das MG klar?" fragte Mozer den Uffz, der als Schütze I das MG in Stellung
gebracht hatte.

„Fertig, feuerbereit!" antwortete dieser.

„Auf die Infanterie halten. Sie dürfen nicht in den Wald gelangen!"

Lt. Mozer hielt seine MPi schussbereit im Arm, als von der Stellung des zweiten
Zuges und Sekunden später auch von jener des ersten die Abschüsse der Panzerfäuste blafften.

„Schieße mit Panzerfaust", warnten die beiden Schützen ihre Kameraden, damit
sich niemand hinter dem Rückstoss-Flammstrahl befand.

Die beiden Panzerfäuste wurden abgeschossen, als sich die zwei T 34 genau
gegenüber befanden. Aus nur etwa 40 Metern waren diese Schüsse tödlich. Sie
trafen beide T 34 in der Mitte ihrer Flanken, durchstanzten sie und liesse-
se sie in Flammen aufgehen.

Von den beiden dahinter fahrenden Lastwagen, die zum Stehen gekommen
waren, sprangen die ersten Rotarmisten ab. Das MG erfasste sie mit einer von
rechts nach links gestreuten Bewegung.

Sie gingen zu Boden. Eine Gruppe Rotarmisten stürmte auf den Zug Lt. Mozer
zu. Dessen MPi schoss in schnellem Salventakt. Dann drückte er den Halte-
knopf, das leergeschossene Magazin fiel herunter, und schon rammte er das neue
Magazin in die Halterung. Keine Sekunde zu früh, denn die ersten Russen sprangen 15 Meter von ihnen entfernt auf. Sie wurden im Feuer des MG und der MPi
des Leutnants und des Kp-Truppführers gestoppt.

Nun gingen die Flankenzüge von beiden Seiten umfassend gegen die von ihren
Transportmitteln gesprungenen Russen vor und trieben sie in der Mitte zusammen.

Immer noch blafften Panzerfaust-Abschüsse. Drei, vier, dann sechs Feindpanzer
standen brennend am Anfang, in der Mitte und am Schluss dieses Sperrstreifens
in hellen Flammen. Bei dem vordersten ging die Bereitschaftsmunition hoch. Es
war ein unbeschreibliches Durcheinander. Und dann hallte durch den Wald wieder einmal nach langer Zeit das „Hurra!" der Panzer-Sturmgrenadiere.

Der Feind floh, ging schnell zurück, einigen Wagen gelang es, zu wenden, andere fuhren sich bei diesem Versuch fest und steckten nun jenseits in den Strassengräben im Schlamm.

Die Sturmgrenadiere drangen bis zum jenseitigen Waldrand vor und schossen dem fliehenden Feind hinterher, um ihn am Laufen zu halten. Sie sahen, wie die Kolonne, die gedreht hatte in schneller Fahrt zurückrollte, und die Panzer einige der liegengebliebenen Lastwagen einfach zur Seite in den Graben schoben. Die aufgesessenen Russen sprangen ab und rannten über die Plaine davon. Der Feind-Durchbruch, der überraschend an dieser Stelle angesetzt war, war in sich zusammengebrochen, und bei Einfall der Dunkelheit befahl GenLt. Frankewitz die Besetzung dieser neuen Stellung durch die verfügbaren Divisionsteile.

„Die Sturmgrenadier-Kompanie", so GenLt. Frankewitz zum Autor, „hat nicht nur den Regimentsabschnitt, sondern mit Sicherheit auch den Abschnitt der Division, vielleicht sogar die große Niederlage in dieser Schlacht vereitelt."

Leutnant Werner Mozer erhielt am 11. 12. 1944 das Ritterkreuz.

Nachdem die Division eine einigermaßen sichere Stellung bezogen hatte, wurden auf Befehl der HGr. Nord auf der Höhe bei Stirnas, am Ostufer des Lilauce-Sees, durch Feldgendarmerie-Truppen Sperrlinien aufgebaut. Hier sollten Soldaten, die sich abzusetzen versuchten, sogleich den Feldrichtern zugeführt werden, um die Ursache ihres Zurückgehens zu klären. Diese Weisung ging auf Gen-Oberst Schörner zurück. Aber es gab kaum einen deutschen Soldaten, der sich eines solchen Vergehens schuldig machte, so dass diese Maßnahme sehr bald wieder aufgehoben wurde.

Als am Abend des 30. Oktober das Vorkommando einer ablösenden Division im Divisionsabschnitt eintraf, erfolgte die Ablösung der 215. ID. Die Soldaten erhielten einige Tage der Auffrischung in den kleinen Dörfern ostwärts des Lilauce-Sees. Allerdings zeigte der Feind, dass es keine Ruhepause geben würde. In den Nächten und frühen Morgenstunden der nächsten Tage sahen die Grenadiere die Abschussflammen der Stalinorgeln und das Mündungsfeuer der schweren Artillerie wie ein immerwährendes Gewitter den Himmel erhellen.

In der Nacht zum 1.11.1944 marschierten die Einheiten der Division um den Lilauce-See herum in den Abschnitt der 389. ID, der nur einige Kilometer westlich ihres alten Einsatzraumes lag.

Die erste Kurland-Schlacht war noch nicht beendet! Dies zeigte sich bei allen Verbänden. So auch bei den Kalvashöhen südlich von Avotini. Dort hatte das GR 390 neue Stellungen bezogen. Sie fanden bei ihrem Einzug nur noch die Artillerie der Nachbarkompanie, die noch immer nach den Weisungen ihre VB auf die Feindstellungen schossen, während die Infanterie-Verbände bereits abmarschiert waren. Hätte der Feind in diesen Stunden hier einen Durchbruch versucht, wäre er beinahe ungehindert durchmarschiert.

Ein Offizier des AR 389 führte die ankommenden Soldaten der 215. ID in die Stellungen nach vorn, während ein anderer Offizier das I./GR 435 in den zugewiesenen Grabenabschnitt führte. Diese Führung in unbekannte Stellungen war dringend notwendig, denn es war stockfinster, und alles schien geisterhaft leer zu sein.

Auf dem Wege dorthin stießen die Verbände immer wieder auch auf russische Truppen, die ebenfalls nicht zu wissen schienen, wo sie sich gerade befanden. Sie wurden durch einige MG-Salven vertrieben.

Als eine Gruppe des I./GR 435 eben ein Gehöft besetzt hatte, tauchte hier ein T 34 auf. Es war für die wenigen Männer dieser Gruppe eine große Überraschung, dass der Panzer vor dem Stallgebäude anhielt. Zwei Russen stiegen aus, holten eine Kuh aus dem Stall, banden sie hinten an den Panzer an, und schon ging dieses „Organisationskommando" wieder zurück in die eigenen Linien. Alles im Schritt-Tempo und ohne dass diese Gruppe etwas hätte unternehmen können, ohne die eigenen Kameraden zu gefährden und womöglich noch einen Kampf gegeneinander zu provozieren.

Im ersten Büchsenlicht des 1. November wurde plötzlich eine 2 cm-FlaMW der Luftwaffe, die sich hinter dem RgtGefStand des GR 390 eingerichtet hatte, von eingesickerten Russen angegriffen. Gleichzeitig erhielt der BatlGefStand des I./GR 435 auch aus dem Rücken Feuer. Es stellte sich bald durch Aussagen heraus, dass zwei russische Kompanien sich vor Tagesanbruch durch eine tief eingeschnittene Schlucht in Richtung Zemgali in und durch die HKL geschlichen hatte.

Die Melder des RgtsStabes 390 mit einem Sturmgeschütz und dem KpTrupp der 4./GR 435 traten dagegen an und konnten diesen klammheimlichen Einbruch binnen 20 Minuten bereinigen. Sie erbeuteten zwei 4,5 cm Pak und machten einige Gefangene.

Am 2. November ließ der bis dahin beinahe pausenlos andauernde Feuerüberfall mit anschließenden Trommelfeuer plötzlich nach.

Die erste Kurland-Schlacht war zu Ende. Der Brückenkopf Kurland hatte gehalten, und damit war der erste russische Versuch, direkt zum Hafen Libau durchzustoßen und der HGr, den Garaus zu machen, gescheitert. Dieser Versuch wurde auch in den folgenden Kurland-Schlachten immer wieder gemacht, wie noch dargestellt werden soll.

Die Verluste der 215. ID waren hoch. Das FüsBatl. hatte am meisten gelitten und musste zu einer Kompanie verkleinert werden.

Acht Tage hindurch tat sich nichts in den Divisionsstellungen beiderseits der Kalvas-Höhen. Die andauernden Regenfälle machten den Boden zu einer glatten, schmierigen Masse, über die sich nichts bewegen konnte, ohne hoffnungslos zu versinken. Die Nässe und die oftmals in den Nächten auftretende Kälte setzten der Gesundheit der Grenadiere in ihren unzulänglichen Stellungen zu. GenLt. Frankewitz ließ in aller Eile Bunker errichten.

Gräben wurden ausgeworfen und durch Bretterverschalungen gesichert. In Kaunas richtete sich der DivStab ein.

Auch hier wurden einige Bunker gebaut und so gut wie möglich ge-

sichert. Die Fernsprechtrupps waren bei jedem Wetter unterwegs.
Besonders schwierig aber gestaltete sich das Heranschaffen des Nachschubs an Munition, Treibstoff und Verpflegung.

# Die zweite Kurland-Schlacht bei der 215. ID

Als am Morgen des 11. November plötzlich starkes Artillerie- und Granatwerferfeuer gegenüber den Stellungen der Division einsetzte, war allen klar: „Jetzt geht der Iwan wieder los!"

So war es auch! Die ersten Panzer waren in mehreren Rudeln auf der ganzen Divisionsbreite gemeldet worden. Dann kamen die ersten Hiobsbotschaften: „Panzer durchgebrochen!"

Wieder war die Zemgalischlucht, die sich weiter rückwärts zu einer großen Mulde ausbreitete, der Durchschleusungspunkt für die russischen Schützen, während die Panzer beiderseits flankierenden Schutz übernahmen.

Der Gefechtsstand von Major Paul Seibold wurde von zwei Schützeneinheiten der Russen angegriffen und eingeschlossen. Mit seinen Meldern und Schreibern verteidigte der Major, der seit Mitte April 1944 das Deutsche Kreuz in Gold trug, seinen Gefechtsstand.

Es kam zu erbitterten Einzelkämpfen Mann gegen Mann. Handgranaten und Maschienpistolen sowie Sprengmittel aller Art waren die Waffen in diesem Kampf um das nackte Überleben.

Als einige Panzer der Russen bei Avontini durchbrechen wollten, um diesen GefStand aus der Flanke zusammenzuschiessen, wurden sie von einer 7,5 cm Pak der PzJägAbt. 215 gestoppt. Diese Pak schoss zwei Panzer ab, unter ihnen der erste Sherman Panzer, der im Abschnitt der 215. ID gesehen wurde.

Bei den Kalvashöhen aber war es Oberst Wilhelm Herb, Ritterkreuzträger seit dem 12.8. 1944, der die Höhen hielt. Sein GR 380 kämpfte verbissen um ihren Besitz. Sie wurden von einer russischen Übermacht überschwemmt und hinuntergejagt, um sofort, nachdem diese Welle über sie hinweggeschwappt war, wieder anzutreten und die Höhen zurückzugewinnen.

Hier hatten die Russen allein eine Division mit etwa 45 Panzern angesetzt. Es war ein so starker Angriff, dass er mehr als das örtliche Interesse der Russen anzeigte, aber er war zu schwach, um hier und mit diesen Kräften ans Meer durchzudringen. Erst im Verlaufe des späten Vormittags wurde bekannt, dass dies nur ein Ablenkungsangriff war und die Hauptkräfte des Feindes direkt auf Libau angegriffen hatten.

Wilhelm Herb, als Tapferkeitssoldat vom Hauptmann zum Major und vom Major zum Oberstleutnant befördert, stand hier in alter Manier seinen Mann. Schließlich konnte er  sogar noch Kräfte abzweigen, um in dem bedrohten Nachbarabschnitt einen Einbruch auszubügeln und wieder auf die Höhen zurückzugehen.

In den nächsten Tagen versuchten die Russen immer wieder durchzubrechen, um gegebenenfalls auch von hier aus mit rasch nachgeschobenen Kräften in Richtung Ostsee durchzustoßen.

Doch die Grenadiere hielten. Es gab einige Einbrüche, die aber alle in sofortigen Gegenstößen bereinigt werden konnten.

Auf einer beherrschenden Höhe saß ein VB der Artillerie und leitete das eigene Feuer auf gegnerische Angreifer und Feindgeschütze, die erreichbar waren. Eine Gruppe versprengter Grenadiere übernahm den Schutz dieses VB und wies einige kampfstarke Stoßtrupps der Russen ab. Zeitweise von allen Seiten abgeschnitten, hielten sie sich dort oben, und der VB richtete das Feuer seiner Batterie, dann der Abteilung und schließlich des gesamten Artillerie-Regiments 215. Oberst Gruber, dessen Kommandeur (Deutsches Kreuz in Gold am 20.1.1945), schlug den VB zum Eisernen Kreuz I vor, das dem Wachtmeister am Abend des 12. ll. 1944 über Funk verliehen wurde.

In der Nacht zum 13. 11. rollten die Vorkommandos der 12. PD zu den RgtGef-Ständen der GR 380 und 390 vor. Es waren das PGR 5 und eine Panzerabteilung dieser Division. Sie sollten das verloren gegangene Gebiet bis zur alten HKL zurückgewinnen.

Aus dem Abschritt des GR 380 heraus traten die Panzer des PR der 12. PD mit dem ersten Büchsenlicht zum Gegenangriff an. Das erste Ziel, Avontin, wurde im ersten Ansturm überrollt. Alle T 34, die sich diesem deutschen Panzerkeil entgegenwarfen, wurden abgeschossen; einigen gelang es, sich zurückzuziehen. Die Grenadiere des GR 380 erreichten die alte HKL, schossen den dort noch sitzenden Gegner hinaus und richteten sich hier zur Verteidigung ein.

Ein Armeebefehl ließ dann diese großartige Hilfe wieder in eine andere Bereitstellung rollen, wo sie als Feuerwehr ebenfalls gebraucht wurde. Die Kalvashöhen waren in deutscher Hand geblieben. Aber bei Avontini war etwa ein Kilometer Gelände verloren gegangen.

GenLt. Frankewitz verzichtete auf die Wiederinbesitznahme, weil die jetzigen Stellungen zur Verteidigung besser geeignet waren. Jene Linie, die von den Panzern und Panzergrenadieren der 12. PD erreicht worden war, wurde ausgebaut. Hier wollte sich die Division den weiteren Angriffen der Roten Armee stellen. Wenige Tage darauf wurde die 215. ID durch die 12LwFeld-Division abgelöst und als Korpsreserve hinter die Front in den Raum ostwärts von Frauenburg verlegt.

Hier konnten die passionierten Jäger der Division den Speisezettel durch erlegte Wildschweine und Rehe aufbessern.

Allerdings gab es nur einen ganzen Ruhetag für das I./GR 435, das alarmiert wurde. Auf schweren Lastwagen wurde das Battaillon nach Windau gefahren. Von dort wurden die Männer auf Marine-Fährprähmen auf die Halbinsel Sworbe übergesetzt, die noch als letzte Bastion der Baltischen Inseln gehalten wurde. Nach mehrstündiger Fahrt marschierten die Grenadiere, völlig durchnäßt und zum Großteil seekrank, in ihre Stellungen.

Hier griffen die Russen Tag für Tag an. Unter den Angreifern auch estnische Bataillone, die die Rote Armee in den wenigen Wochen der Besetzung Estlands dort ausgehoben hatte und die hier ins Gefecht geschickt wurden.

Als dann Sworbe (wie an anderer Stelle dargelegt) geräumt werden musste, waren die Grenadiere des I./GR 435 die letzten Nachhuten, die auf dem engen Landkopf die nachdrängenden Russen in Schach hielten, ehe auch sie eingeschifft wurden.

In einer einzigen Nacht wurden nicht wenige als 7.000 Soldaten verschiedenster Divisionen auf Fährprähmen und Barkassen nach Windau geschafft. Das Bataillon kehrte zur Division zurück, die noch immer im alten Raum in Ruhe lag. Aber nur etwa die Hälfte der Männer sahen ihre Kameraden wieder. Der Rest war auf Sworbe geblieben.

Im neuen Abschnitt stand die 215. ID, rechts an die 205. ID und links an die 24. ID angelehnt in Erwartung neuer Befehle.

Im Rücken der HKL im Abschnitt des I./GR 435 schlugen die Männer des GR 390 eine breite Schuss-Schneise quer durch den dichten Wald. Sie wurde durch Minen, Stolperdrähte und andere Sprengmittel gesperrt. Zwischen den RgtGef-Ständen wurden starke Stützpunkte errichtet, in denen 7,5 cm-Pak postiert wurden.

Als hier Mitte Dezember 1944 russische Batterien das Feuer eröffneten und sich einschossen, war die Division so gut wie beinahe nie zuvor gerüstet, dem neuen russischen Grossangriff standzuhalten.

# DIE DRITTE KURLAND-SCHLACHT

## Übersicht für beide Seiten und Zwischenkämpfe

Bis zum 18. November hatte die Rote Armee ihre Vorbereitungen zu einem Zwischenschlag beendet. Dieser begann am Vormittag des 19. 11. um l0.30 Uhr mit einem Trommelfeuer besonderer Art, das sich insbesondere auf die Stellungen der 18. Armee zwischen Engelspusi und der Windau konzentrierte.

Damit war die Nahtstelle zwischen den beiden Kurland-Armeen besonders gefährdet. Neben dem Feuer schwerer und schwerster Geschütze, fielen Stalinorgel-Verbände in das Getöse ein, griffen russische Schlacht- und Bomberflugzeuge die deutschen Stellungen an, um sie für den anschließenden Sturmangriff der 4. sowj. Stossarmee unter GenLt, Malischew und der 6. Gardearmee unter GenOberst Tschistjakow sowie der 3. Garde-Panzerarmee, die von Marschall Rotmistrow geführt wurde, reifzubomben.

Dieser erste Angriffsstoß zwischen dem Sepenisee und Dzelgaleskrogs wurde mit letzter Kraft abgewiesen. Einzelne Kampfgruppen riegelten die Feindeinbrüche ab. Es ging durch tiefen Matsch und eisiges Schneewasser vorwärts. Der Gegenstöße waren so viele, dass sie nicht einmal in den Divisions-KTB Platz fanden. Einer von ihnen aber erregte auch die Aufmerksamkeit der Armeen. Als die von Teilen der 30. ID gehaltene Höhe 107,5 am Sepenisee verloren ging, sollte sie - da sie das Gelände beherrschte - in der Nacht zum 20. 11. zurückgeholt werden.

Dazu setzte man die Kampfgruppe unter Hptm Gerhard Stein ein. Stein war Kdr. des Divisions-Füsilier-Bataillons 30, dieser Division, trug seit dem 13.12. 1942 das Deutsche Kreuz in Gold und hatte einen bekannten Namen als Stoßtruppführer. Ihm wurden ein Zug Pioniere und eine Gruppe soeben zur Division getretener Fahnenjunker unterstellt, die hier ihren ersten Einsatz erlebte.

Mit MPi, Sprengmitteln und Handgranaten griffen sie bei völliger Finsternis an. Sie mussten sich an den Händen halten, um in dem von wassergefüllten Granattrichtern übersäten Gelände nicht den Anschluss zu verlieren.

Als sie die halbe Höhe erreicht hatten, stiessen sie auf die ersten Feind MG, die mit Handgranaten und MPi zum Schweigen gebracht wurden. Dann folgte Schlag auf Schlag. Hptm. Stein scharte die Fahnenjunker um sich und setzte seine bewährten Füsiliere als Spitze ein.

So erstürmten sie drei Stellungsriegel des Gegners und schossen diesen - teilweise im Nahkampf - hinaus.

Als der Tag heraufzog, waren sie die Herren der Höhe. Aber die Verluste waren schwer gewesen. So fielen auch zwei Fahnenjunker in ihrem ersten Gefecht.

Dennoch: Dieser Erfolg stärkte die gesamte Division und war Garant dafür, daß die Stellungen der 30. ID gehalten werden konnten.

Am 26.11. 1944 erhielt Gerhard Stein für diesen Erfolg das Ritterkreuz.(Am 5. Februar 1945 ist er bei den schweren Kämpfen seiner Division in Kurland gefallen.)

Die unerbittlichen weiteren Angriffe der Roten Armee zeigten in diesen Tagen an, dass dies kein Zwischenangriff war, sondern eher eine Fortsetzung der 2. Kurland-Schlacht.

Die Stellungen der 83., 132, und 225. ID am linken Armeeflügel wurden teilweise durch Einbrüche dezimiert. An der Venta gelang der 4. Stoßarme ein Einbruch von 5 km Breite und 2 km Tiefe, nachdem an diesem 21.11. die russische Artillerie nicht weniger als 35.000 Granaten in die HKL des II. AK geschossen hatte.

Auch am 22.11. steigerte sich dieses Granatfeuer noch und schuf den beiden vorgenannten Garde- und Garde-Panzerarmeen der Roten Armee eine weitere Möglichkeit des Durchbruchs zwischen PreekuIn und Windau.

Nicht weniger als 15 sowjetische Schützen-Divisionen stürmten gegen das XXXVIII. AK an. Ihr Ziel war einer der Frontmittelpunkte: Frauenburg.

Hier standen die 290. ID und die 215. ID im Feuer der Angreifer. Das PGR 5 der 12. PD wurde den bedrängten Divisionen zur Verteidigung der Kalvashöhen unterstellt.

Gleichzeitig damit kämpfte die 12. PD Schulter an Schulter mit der 24. ID in den schweren Waldkämpfen am Zebres- und Lilauce-See.

Südlich Frauenburg rang die 205. ID verbissen um jeden Meter Boden gegen die sechs anrennenden russischen Schützendivisionen.

Alles, was den Divisionen zur Verfügung stand, bis hin zum letzten Schreiber und Funker, griff zur Panzerfaust und zum MG. Die Kämpfe um den Gewinn der beherrschenden Höhen rissen nicht ab. Einige der Hügel wechselten bis zu viermal ihren Besitzer.

Nach Ende dieser Kämpfe bis zum 24.11. hatte das X. AK seine Kampfkraft verloren. Die 14. PD war ebenfalls mehrfach angeschlagen worden,und das L. AK musste den Abgang von1.413 Mann bis zum 24.11. melden. Die Tagesmeldung der 32. ID vom 28.11. besagte, dass ihre beiden Grenadier-Regimenter 4 und 94 noch ganze 225 Mann stark waren.

Nun erst brach die Rote Armee ihre dritte Kurland-Schlacht ab.

# DIE VIERTE KURLAND-SCHLACHT

## Die sowjetische Seite

Um 07.20 Uhr des 21. Dezember 1944 eröffnete die Rote Armee auf einem Frontabschnitt von 35 Kilometern Breite die dritte Schlacht um Kurland mit einem Trommelfeuer von 170.000 Granaten im ersten Abschnitt.

Noch während das Feuer anhielt, das die Stellungen des I. und XXXVIII. AK umwühlte, trat um 08.30 Uhr die Rote Armee mit vier kampfkräftigen Armeen an. Ihr Ziel war es, Frauenburg und Libau in Besitz zu nehmen.

Dazu bot sie die 3. Stoßarmee unter GenOberst Kasakow, die 4. Stoßarmee unter GenLt. Malyschew, die 10. Gardearmee geführt von GenLt. Korotkow und die 42. Armee unter GenLt. Swiridow auf.

Der erste Angriff schlug durch. Die Verbindung des Korps zur 225. ID brach plötzlich ab, während die 339. ID in einem verzweifelten Abwehrkampf mit russischen Panzerkräften schwere Verluste erlitt. Vor Frauenburg wurde die 205. ID von drei feindlichen Panzerrudeln angegriffen und aus den Stellungen hinausgeschossen.

GenOberst Schörner warf sofort die 12. PD und die 227. ID in die Lücke hinein, um Frauenburg zu halten. Die Panzergrenadiere der Regimenter 5 und 25 kämpften bis zur Vernichtung, ohne dem Vorstoss des Feindes gewachsen zu sein.

Bei Pampali, südlich Frauenburg, stiessen die russischen Panzerverbände nach Nordwesten vor, um die Bahnlinie Freuenburg-Libau zu gewinnen und zu sperren. Falls dies gelänge, waren die beiden Kurlandarmeen voneinander getrennt. Bis zu vier Kilometer drangen die russischen Panzerrudel vor, als sich ihnen die Sturmgeschütze der Sturmgeschütz-Brigade 912 unter Hptm. Joseph „Sepp" Brandner entgegenwarfen. Ihre 1.Batterie unter Oblt. Schubert schoss in diesen Tagen 37 T 34 ab. (Siehe anschliessenden Bericht über den Einsatz der StGesch-Brig.912.)

GenLt. Herbert Wagner, der während der Abwehrkämpfe in der 1. und 2. Kurland-Schlacht am 23. 10. 1944 das RK erhalten hatte, versuchte alles, um dem übermächtigen Druck des Feindes standzuhalten. Doch dies war ein Ding der Unmöglichkeit. Die Division wich vor dem Druck der starken Feindpanzerkräfte zur Seite aus, um nicht völlig vernichtet zu werden.

Das GR 438 unter Oberst Friedrich Sierts kämpfte bis zur letzten Minute, ehe er das Ausweichen auf Pampaki befahl.

Dazu der Bericht von G.H. Biedermann: „Krim-Kurland - Mit der 132. Infanterie-Division", der über diese Situation schreibt:

„In den Nachmittagsstunden des 21. Dezember waren wir vollkommen einge-schlossen. Die Zahl der Toten und Verwundeten stieg ständig. Munition, Ver-bandsmaterial und Verpflegung gingen zur Neige. Die Verbindung zum Regi-ment und zur Division ist nurmehr über Funk möglich. Wiederholt wird der Befehl zum Halten durchgegeben. Der Ring um uns wird enger, es kommt zur Igelbildung um den Gefechtsstand. Für 24.00 Uhr wurde die Verteidigung einge-stellt, und der Versuch unternommen, zum Rückzug und Ausbruch anzutreten und dies der Division angekündigt.

Ohne Munition, keinerlei schwere Waffen mehr, dazu eine grosse Zahl an Ver-wundeten.

Die Antwort blieb aus, die Funkverbindung war also auch unterbrochen. Wir warten bis 03.00 Uhr und beschliessen, vor Tagesanbruch auch ohne Befehl aus-zubrechen. Einteilung der Trägerkolonnen für die Verwundeten. Einige Schlitten werden organisiert, der Rest kommt in Zeltbahnen. Wir machen uns fertig. Kei-ner der Verwundeten blieb zurück."

Aus diesen nüchternen Zahlen spricht das ganze Elend der zerschlagenen Truppe und zugleich auch das Verharren in den Stellungen und das Warten auf den Aus-bruchsbefehl bis zuletzt. Und - wie immer - die Sorge um die verwundeten Kameraden.

Zu diesen Einbrüchen kam es auch bei der 132. und 225. ID. Um hier die Front zu stabilisieren, wurde die 11. Ostpreussen-Division zwischen diese beiden schwer gebeutelten Verbände eingeschoben. Aber erst als in der kommenden Nacht die 12. PD mit den ersten gepanzerten Teilen dort eintraf und eingebrochene Feindgruppierungen hinauswarf schien die Lage hier entspannt, keiner der russischen Angriffe hatte hier zu einem Durchbruch geführt.

Die am nächsten Tag von der 18. und 16. Armee angesetzten Gegenstösse kamen nicht durch die tiefgestaffelten schweren Waffen und Panzerverbände durch, sondern wurden noch von den russischen Schützen-Divisionen gestoppt. Jeder Angriff, der in grösserer Stärke zum Feind vorgetragen wurde, erstickte zudem auch im sofort einsetzenden Bombardement der russischen Schlachtflie-ger und Bomber, die allein am ersten Tag der dritten Kurland-Schlacht 2.491 Angriffe flogen. 42 dieser Flugzeuge konnten von der Flak und dem JG 54 abge-schossen werden.

Am zweiten Kampftag flog die rote Luftwaffe 1.800 Angriffe, überwiegend mit Kampfflugzeugen und Bombern, und am 23. 12. waren es abermals 2.415 Einsätze.

Schwerpunkt aller russischen Angriffe war der Raum um Frauenburg. Die sowjetischen Schützendivisionen 145, 158, 164, 239, 306, 357 und 378 der 4. Stossarmee rannten unermüdlich gegen die Front der 18. Armee südlich Frauen-burg an.

Bei der16. Armee waren es die Divisionen 29, 30, 53, 56, 65, 85 und 119 der 10. Gardearmee, während die 40. Armee der Russen die Schützen-Divisionen 2, 48,

256 und 268 ins Rennen schickte.

Der Hauptstoss bei der 16. Armee zielte im Raume Zvardes auf die 205. ID unter GenLt. von Mellenthin, die allein drei Sowjet-Schützendivisionen abzuwehren hatte. Bei der 290. ID unter Genmaj. Hans-Joachim Baurmeister, der als Oberst und Kdr. des Arko 130 am 21. 10. 1943 das Deutsche Kreuz in Gold errungen hatte, schlug man nicht weniger als 52 Feindvorstösse ab.

Diese Division kämpfte in allen sechs Kurland-Schlachten und war als „die Norddeutschen" bekannt.

Die 11. ID unter GenMaj. Feyerabend konnte nicht weniger als 11 Panzerangriffe abwehren. Dabei kam es immer wieder zu Ansätzen kleiner Panzerkampfgruppen, die 12 Panzer mit Nahkampfmitteln zur Strecke brachten.

Am 23. Dezember waren alle Einbrüche ausgebügelt. Doch das hinderte die Rote Arme nicht daran, weiter anzugreifen und frische Verbände in den Kampf zu schicken. So die 22. Armee unter GenLt. Juschkewitz, die nördlich Doblen antrat, um dem VI. SS-Korps unter SS-Obergruppenführer Krüger den Garaus zu machen. Es gelang dieser frischen Armee, das Korps um etwa drei Kilometer zurückzudrücken. In diesen Kämpfen kam es zur erbitterten Abwehr der 19. Lettischen SS-Division, die sich aus Freiwilligen zusammensetzte und hart ostwärts Dzukste den Feind zum Stehen brachte. (Siehe Abschnitt über die Einsätze der Verbände der Waffen-SS im Kurland)

Der Heilige Abend 1944 war für die Rote Armee kein Grund, ihre Angriffe zeitweise einzustellen. Bis etwa gegen 17.00 Uhr hallte das Gefechtsfeld wider von dem Donner der Kanonensalven und dem Geknatter der abwehrenden Grenadier-Waffen. Dann setzte schlagartig das Feuer aus. Nunmehr erlebten Soldaten der Kurlandtruppen Weihnachten lediglich vom 24.12. nachmittags bis zum 25. 12. vormittags, als mit einem Schlage die russische Artillerie das Trommelfeuer eröffnete.

Der neue Hauptangriffsraum Dzukste im Süden von Tukkum erlebte diese „Weihnachtsüberraschung" zuerst. Hier verteidigten die Divisionen 227 unter GenMaj. Wengler, dem grossen „Steher" und Träger des RK mit EL und Schwertern, der - von seinen Soldaten als Vater der Division verehrt - noch am 24. 4. 1945 bei Pillau-Neutief als Kdr. der 83. ID den Tod fand. Seiner Zähigkeit, Ausdauer und Mut verdankte die Nordfront und vor allem der Brückenkopf Kurland sein Überleben in vielen Abwehrschlachten. Seine Führungskunst fand immer wieder den einen noch möglichen Ausweg, den dieser Soldat konsequent beschritt. Alle anderen Divisionen dieses Frontabschnittes richteten sich nach diesem Offizier aus.

Gleichzeitig mit diesem Angriffskeil trat die 6. Gardearmee von Süden gegen Libau an. Wer Libau hatte, der hatte den Sieg in der Tasche, das war bekannt, und dementsprechend blutig waren die Kämpfe um diesen entscheidenden deutschen Zufuhr- und Abtransporthafen.

Aber auch hier hielt die Front eisern, nicht zuletzt dank der Standfestigkeit der Divisionen des II. AK unter Gen.d.Inf. Hasse, dem Kommandierenden General, der noch am 14.1. 1945 das 698. EL erhielt. Im Lager Pisek in der sowj. Kriegsgefangenschaft starb er am 9.5. 1945 unter ungeklärten Umständen. Die 126. ID und die 31. ID waren bewährte Kurland-Verbände, und die14. PD unter GenLt. Unrein wurde auch hier zum Fels in der roten Sturzwoge. Die Front vor Libau war nicht zu knacken.

Bei Dzukste hingegen stürmten nach einem Trommelfeuer aus 60 Feindbatterien das V. und XIX. russische Panzerkorps mit den kampferprobten Verbänden der 101. und 202. PzBrigade und versuchten, die lettischen Freiwilligen der 19. SS-Division auseinanderzuwirbeln.

Die 16. Armee warf alles, was erreichbar war, in die Schlacht. Einzelne Regimenter anderer Divisionen verhinderten den russischen Durchbruch bei Dzukste und als am Abend des ersten Weihnachtstages die 4. PD hier eintraf und als „grösstes Weihnachtsgeschenk" begrüsst wurde, war die Lage auch hier gerettet, obgleich die Rote Armee auch am nächsten Tage unermüdlich weiter angriff, aber keine weiche Stelle beim Verteidiger fand.

Erneut ballerten schwere Feind-Batterien auf die deutsche HKL, rollten Panzerrudel über die stützpunktartigen Stellungen hinweg, brannten russische Flammenwerfer-Gruppen die wenigen Bunker aus, dröhnten russische Fliegerverbände über die Front hinweg und warfen ihre Bomben.

Als die 22. Gardedivision gegen die 205. ID angriff, waren die Verteidiger nur einige Sekunden überrascht, daß dieser Feind deutsche Uniformen trug, um sie zu täuschen. Aber aus den russischen Stellungen konnten nur Russen kommen, wie sich gleich herausstellte. Die deutschen Panzerjäger konnten aus ihren Schweigestellungen nicht weniger als 18 der vorrollenden russischen Panzerkolosse abschiessen und den Angriff zum Erliegen bringen.

An diesem 26.12. 1945 meldete die HGr. Nord den Abschuss von 111 feindlichen Panzern.

Am 27. 12. wurde ein letzter Versuch unternommen, bei Dzukste den Durchbruch doch noch zu schaffen. Es gelang einigen Sturmtruppen, bis 2 km tief durchzustossen, dann aber kam auch dieser Durchbruch vor den Stellungen der einzelnen Kampfgruppen zum Erliegen. Es waren immer wieder die Gefechtsstände der Divisionen, die sich erfolgreich zur Wehr setzten und nicht aufgaben.

Das Luftwaffen-Jäger-Regiment 24 unter seinem Kommandeur kämpfte bis zum letzten Mann. Als einer der letzten fiel Oberst Wolfgang Kretzschmar, der zu diesem Zeitpunkt die 12. LW-Feld-Division führte.

Als Major hatte Wolfgang Kretzschmar am 15. Mai 1943 das RK erhalten; die Auszeichnung mit dem EL erhielt er als 600. deutscher Soldat und mit den 121. Schwertern wurde er am 12. 1. 1945 ausgezeichnet. Bei Frauenburg mussten sich die Soldaten seiner Division von ihm verabschieden.

An diesem Abend beendeten die Armeen der Roten Armee die Schlacht und die

Versuche, den Durchbruch zu erzwingen. Die 3. Kurland-Schlacht war zu Ende. Die Rote Armee hatte in jenen zehn Tagen der dritten Kurland-Schlacht 513 Panzer verloren. Die Zahl der anderen Waffen war ebenso hoch und vernichtend.(Siehe: Die Wehrmachtberichte vom 11. bis 31. 12. 1944).
Über die vierte bis sechste Kurland-Schlacht soll im Rahmen der nachfolgenden Einsatzschilderungen jener Divisionen berichtet werden, die an allen Brennpunkten die schwere Last des Abwehrkampfes zu tragen hatten.)

## Die dritte Kurland - Schlacht bei 215. ID

Am Morgen des 20. Dezember 1944 eröffnete die Rote Armee ihre dritte Kurland-Schlacht mit einem drei Stunden andauernden Trommelfeuer aus mindestens 1.000 Geschützen. Dieses Feuer übertraf alles, was hier im Brückenkopf Kurland je erlebt wurde.
Das Feuer ging auf die Abschnitte der 205. und 215. ID und zum Teil auch noch auf die anschliessende 329. ID nieder.
Über dieser Todeswelle flogen die Schlachtflieger, und als das Feuer weiter zurückverlegte, stiessen sie auf die deutsche HKL herunter und warfen ihre 250-Kilo-Bomben, um anschliessend aus ihren Bordwaffen auf alles zu schiessen, was sich bewegte.
Die gesamte HKL der 215. ID wurde in ein dichtes Tuch aus Staub und Dreck, Stahl und Pulverdampf eingehüllt und schien darunter zu ersticken. Die eigene Artillerie konnte zunächst nicht erkennen, wohin sie schiessen musste, bis die VB ihnen die Anweisungen durchgaben.
Die Funkgeräte in den Regimentsgefechtsständen der 215. ID nahmen nach Ende des Trommelfeuers die ersten Meldungen auf:
„Durchbruch im Abschnitt des I./GR 380 - Hptm. Stüwing gefallen", lautete die erste, und ihr folgten nun Schlag auf Schlag weitere niederschmetternde Meldungen. So fiel bei einem Gegenstoss Lt. Krauter von der 6./GR 380, musste diese Kp. der Übermacht russischer Schützen weichen, wurde selbst der Batl GefStand von Hptm Seibold angegriffen, konnte sich aber halten.
„Feindpanzer zwischen 380 und 390 durchgebrochen. Sie stossen in Richtung Striki vor."
Das war die erste wirklich schlimme Nachricht, die den Divisionskommandeur erreichte. Die Meldung, dass der Feind bei der 205. ID einen grossen Panzerangriff gestartet habe, liess das Schlimmste für den Zusammenhalt beider Divisionen zueinander befürchten.
Dann war es beim GR 380 so weit! Der Alarmruf des Postens vor dem RgtGefStand liess alle sogleich handeln. Jene russische Kompanie, die sich durch das Feuer und den dicken Dunstschleier bis vor den GefStand durchgeschlagen hatten, eröffnete das Feuer. Aber aus dem Bunker und von der 2 cm-Flak rechts

dahinter schlug diesen Angreifern ein so massiertes Feuer entgegen, dass die letzten dieser Angreifer nur knapp 30 Meter vor dem GefStand zu Boden stürzten. Doch der Kampf ging hier weiter, und der Gefechtsstand war damit ebenfalls zur HKL geworden.

Generalleutnant Frankewitz liess alle Melder, Funker, Fahrer und Artilleristen zu einer Gegenstoss-Reserve zusammenfassen.

Aus dem Bunker des GR 380 heraus wurde zum Gegenstoss angetreten. Der Kampf tobte mit unerhörter Erbitterung. Geschrei, Schüsse und Befehle gellten durcheinander. Oberst Harms sammelte seine Funktioner des GR 390 um sich. Hinzu stiess der Kp-Trupp der 14./GR 390, und mit Hurra gegen das Urrä der Russen anbrüllend stürmten die Männer, der Oberst mit einigen Männern der alten Garde voraus und ununterbrochen feuernd, durch die russischen Gruppen und gegen die in den Bomben- und Granattrichtern liegenden Rotarmisten vor. Schritt für Schritt mussten die Russen weichen. Dann waren schon die Bataillonsgefechtsstände erreicht und der Feind auch hier einige hundert Meter weiter zurückgedrückt.

Feindliche Panzer, die vor allem an der Strasse in Richtung Striki erfasst wurden, mussten sich gegenüber den 7,5 cm-Kanonen der Panzerjäger geschlagen bekennen. Diese schossen genau und in schnellerer Folge als die Russen, schossen die ersten zwei Panzer ab und liessen die anderen - darunter einige, die dicke Qualmfahnen hinter sich herzogen - abdrehen und zurückrollen. Als russische Infanterie versuchte, die Stellung der Pak zu umgehen, wurden sie von der Rundumverteidigung im Rücken der Pak erfasst und niedergemacht. Dann kamen zur grossen Erleichterung aller die Sturmgeschütze heran. „Sturmgeschütze vor!" Dieser Ruf der Infanterie, wenn es brannte, hatte sie hierher gebracht. Sie rollten an den feindbesetzten Waldrändern entlang, schossen Sprenggranaten gegen die erkannten Infanterie-Sammelstellen des Feindes und hielten sich mit gutgezielten Schüssen die Panzer vom Leibe. Damit verschafften sie der bedrängten Infanterie Luft. Der Feind war an dieser Stelle abgeschlagen.

Der nächste Tag sah das neuerliche Anrennen der Rotarmisten gegen die Stellungen der 215. ID. An diesem Tage war es das PiBatl. 204 unter Hptm. Schreiber, das hier im infanteristischen Einsatz seinen Abschnitt mit Klauen und Zähnen verteidigte, und mit zwei Gegenangriffen mit allen pioniertechnischen Mitteln den Feind ins Laufen brachte, und die alte HKL wieder besetzte.

Dann flaute hier der Kampf ab, um sich im Bereich der 205. ID enorm zu verstärken, weil der Feind nunmehr hier die schwache Stelle suchte.

Das Hauptziel dieser Angriffe war Frauenburg, doch dieses erreichten sie nicht.

Als es einmal sehr brenzlig wurde, warf die Armeeführung abermals ihre „Feuerwehr" in Gestalt der 12. PD in den Skat. Die Panzer derselben rollten in die gefährdeten Abschnitte der 205, und auch 215. ID.

Am rechten Flügel der 215. ID kämpfte vom 23. bis zum 27.12. 1944 das PGR

25 unter Oberstleutnant Engelien. Hans Engelien, einer jener Soldaten, die seit Beginn des Zweiten Weltkrieges immer an den Brennpunkten der Kämpfe gestanden hatte, war als Hptm. und Chef der 6./Schützenregiment 3 am 5.ll. 1941 als einer der ersten Träger dieses Ordens mit dem Deutschen Kreuz in Gold ausgezeichnet worden. Er erhielt als Fhr. der PzAA12 (der 12. PD., seiner Stammdivision) am 12.8. 1944 das Ritterkreuz, um am 16.3. 1945 als Oberstleutnant und Kdr. des PzGrenRgt. 25 das   788. Eichenlaub zu erringen. (Er wurde nach der Kapitulation in Kurland am 9. Mai 1945 vermisst und hinterliess keinerlei Spur.)

Mit seinen Panzergrenadieren wies er Angriff um Angriff ab, trat zu Gegenstössen an und warf den Feind aus den Stellungen seiner Kameraden von der 215. ID hinaus, um kurze Zeit später selber angegriffen zu werden.

Er war ein deutscher Offizier, der für seine Männer alles getan hätte, selbst unter Ensatz des eigenen Lebens, wie die verschiedenen Beispiele bewiesen, ohne das Geringste davon herzumachen.

Als die 3. Kurland-Schlacht zu Ende gegangen war, verabschiedete er sich mit seinem Verband von den Kameraden, denen er Freund und Helfer geworden war, mit Handschlag.

Gemessen am Erfolg dieser dritten Kurland-Schlacht war sie für die Russen eine Niederlage geworden, denn sie hatten kaum Bodengewinne erzielt, trotz des gigantischen Aufgebotes an Waffen, Munition und Truppen.

Die 215. ID hatte den Verlust von 600 Gefallenen, Verwundeten und Vermisten zu beklagen. Viele der Soldaten waren vom Stehen in dem knietiefen Eiswasser der Gräben schwer erkrankt. Dennoch versuchten alle, bei ihrem „Haufen" zu bleiben.

Auf dem Hauptverbandsplatz in Frauenburg arbeiteten die Ärzte unter Oberfeldarzt Dr. Eichhorn rund um die Uhr, um die Verwundeten zu versorgen. Im Wehrmachtbericht des 29. Dezember meldete das OKW, dass „die 215. ID insgesamt 111 feindliche Angriffe , zum grössten Teil in Bataillons- und Regimentsstärke abgewehrt hat."

# Die vierte Kurland-Schlacht bei der 215. ID

## Abtransport nach Deutschland

Mit dem Losbrechen des Trommelfeuers am 23.1. 1945 wurde die vierte Kurland-Schlacht durch die Rote Armee eröffnet. Der Schwerpunkt der Angriffe lag bei der 205. ID. Mehrere Einbrüche konnten im sofortigen Gegenstoss bereinigt werden.

Jener Einbruch bei dem I./GR 435 unter Hptm. Julius Steffens (Deutsches Kreuz in Gold am 27.3.1944 als Oblt. und Chef der 13./GR 435) sah eine dichte Sturmwoge russischer Schützen auf ihre Stellungen zurennen und davor sowie auf beiden Flanken drei Panzerrudel.

„Panzerfäuste bereitlegen!" befahl der Hauptmann. Es standen in seinem Abschnitt acht solcher Raketengeschosse zur Verfügung.

Als die Panzer herangekommen waren, schossen die betreffenden Grenadiere ihre Panzerfäuste ab. Drei T 34 blieben schwer getroffen liegen, zwei weitere auf der rechten Flanke fahrende wurden abgeschossen.

Dann drehte plötzlich die ganze Panzer-Mahalla, und schon waren die russischen Schützen nur noch 80 bis 100 Meter vor den Stellungen.

Die MG ratschten los. Dann wurden Handgranaten geschleudert, und keine 30 Meter vor den Stellungen dieses Bataillons blieb der Gegner liegen.

Es stellte sich durch Gefangenenaussagen heraus, dass die russischen Panzer lediglich die Schützen nach vorn und auf Einbruchsentfernung heranbringen sollten.

Dann erscholl ein Notruf aus einer der Flankenstellungen aus dem Wald von Brammant. Die Sturmgrenadierkompanie sollte dorthin und einen Befreiungsschlag gegen jene Russen führen, die die 1./GR 435 eingeschlossen hatten. Oblt. Heinrich Vogel, Chef dieser Kompanie meldete abschliessend der Division:

„Die Russen waren in unserem Abschnitt im Wald bei Brammani eingebrochen, die schwache Kompaniereserve genügte nicht für einen Gegenstoss. Da kamen unsere Sturmgrenadiere, lauter junge Soldaten vom letzten und vorletzten Nachersatz, alle mit den neuen Sturmgewehren 44 ausgestattet.

Gemeinsam griffen wir den verloren gegangenen Kompanie-Gefechtsstand an. Der Kompanieführer der Sturmgrenadiere Lt. Mozer reisst die Tür des Bunkers auf. Der Bunker war voller Russen, die mit Maschinenpistolen hinausschiessen. Mozer erhält mehrere Schüsse in die Oberschenkel und bricht zusammen.

Seine Sturmgrenadiere packt eine grimmige Wut. Sie schreien nicht mehr „Hurra!" sondern „Rache für Mozer - Rache für Mozer!"

Sie stürmen durch den Wald, schalten jeden Widerstand aus und erreichen mit uns gemeinsam die alte Stellung." (Siehe: Vogel, Heinrich, Von den Kämpfen der 215. württembergisch-badischen Infanterie-Division. - Ein Erinnerungsbuch).

Die Kämpfe im Raume der 215. ID dauerten bis zum 3. Februar 1945 an. Immer wieder versuchte die Rote Armee hier auf der Nahtlinie zwischen der 215. und der 205. ID den Durchbruch zu erzwingen, doch es reichte nur einige Male zum Einbruch in die Front. Diese wurden stets in sofortigen Gegenstössen bereinigt. Als die Not am Höchsten war, rollten die Panzer und Panzergrenadiere der 12. PD - der Armeefeuerwehr - heran und schossen den Feind aus seinen Schlupflöchern heraus, in die er sich verkrallt hatte. Am 5. Februar wurde es an der Front wieder ruhig. Der grosse Brückenkopf Kurland hatte ein viertesmal gehalten.

Wenn die Rote Armee in ihren Kriegsberichten immer wieder betont, dass der deutsche Brückenkopf Kurland nur ein besseres Kriegsgefangenenlager für die HGr. Kurland gewesen sei, so werden diese Zweckmeldungen durch die immerwährenden verlustreichen Angriffe gegen diesen Lügen gestraft. Kurland war für die Rote Armee zu einem Prestigeobjekt geworden und die vier sowjetischen Fronten taten alles, um Kurland in Besitz zu bringen. Ungeachtet der hohen Opfer, die zu den schwersten zählten, welche die Rote Armee im letzten Kriegsjahr erlitt.

Am 17. Februar 1945 erhielt die 215. ID einen Befehl des OKH, sich aus den Stellungen südlich Frauenburg zu lösen und für den Abtransport fertigzumachen. Während die rechte Hälfte des Divisionsabschnittes von der 205. ID übernommen wurde, marschierte die 24. ID mit Teilen im Landmarsch in die linke Hälfte der 215. ID.

In mehreren Bahntransporten, aber auch auf dem Landmarsch zogen die Überlebenden der vier Kurland-Schlachten der 215. ID nach Libau. Sie stellten sich hinter den Landungsstellen zur Verladung auf die Schiffe bereit, die sie aus der Hölle herauskarren sollten.

Binnen vier Monaten hatte die Division vier Schlachten geschlagen. Einer jener Männer, der diesen 120 Tagen des unerbittlichen Ringens entkam, brachte die Fragen des Autors nach den Verhältnissen auf den Punkt:„Unsere Versorgung klappte, die Postverbindungen mit der Heimat ebenso; und wenn es zum Grosskampf kam, standen immer genügende Mengen an Munition zur Verfügung. In den Stunden größter Gefahr rollten die Panzer oder Sturmgeschütze in unsere Stellungen und schossen den Feind hinaus.

Dies gesah nicht von ungefähr. Damals führte bei uns der spätere Generalfeldmarschall Ferdinand Schörner. Seine rigorosen Maßnahmen schafften ihm viele Feinde und lösten Verbitterung aus. Aber er erreichte stets, dass die rückwärtigen Dienste buchstäblich alles taten, um die Truppe optimal zu versorgen. Keiner der Stäbe bis hinunter zum Bataillon gab auch nur eine Stellung grundlos auf. Es gab keine Zerfallserscheinungen an der Front in Kurland. Dies alles machte es dem Feind unmöglich, uns zu besiegen." Bis zu diesem Zeitpunkt waren bereits acht Divisionen aus Kurland hinausgezogen worden, als die 215. ID Libau erreichte. Der Hapag-Dampfer „Volta", ein 8.000-Tonner, nahm das GR 390 und die III./AR 215 am 20. Februar auf, als bereits der Donner der 5. Kurland-Schlacht bis nach Libau herüberdröhnte. Plötzlich der Befehl: „Ausladen und Abmarsch in Richtung Preekuln so rasch wie möglich."

Die Soldaten gingen von Bord, die bereits an Bord gehievten Geschütze und Sturmgeschütze wurden wieder ausgeladen und noch in der Nacht marschierten die Männer von Oberst Harms durch die Nacht zurück. Voraus der Divisionsstab, der hinter der schwer umkämpften Front bei Preekuln die ersten Einsatzbesprechungen führte.

Als die Spitzen des GR 390 dort eintrafen, lag bereits der Gegenbefehl vor. „Fortsetzung der Einschiffung!" Die Lage hatte sich entspannt und nunmehr gingen die Soldaten an Bord des Dampfers „Askari", denn die „Volta" war bereits voll beladen ankerauf gegangen.

Zwischen dem 20. und 23.02.1945 fuhren die Soldaten der 215. ID nach Gotenhafen und Danzig-Neufahrwasser. Es gab keine Ausfälle unterwegs. Erst auf dem Rückweg, leer nach Libau, wurden zwei dieser Dampfer, unter ihnen die 10.000 Tonnen große „Borbeck" versenkt.

Der Kampf in Kurland war für die 215. ID zu Ende. In der Tucheler Heide ging es weiter. Erst am 18. März trafen auch die Trosse der Division in Swinemünde ein.

# Feldwebel Hans Henkenschuh
# Ein Soldat der 215. Infanterie-Division

Nach dem Zusammenbruch der Heeresgruppe Mitte hatte sich die 215. ID am 26. und 27.07. 1944 in den Raum Birsen und Bauske abgesetzt. Die Rote Armee hatte in diesen Tagen südlich der 215. ID einen weiteren Vorstoß nach Westen unternommen und Wilna ebenso wie Schaulen genommen. Erst kurz vor der ostpreußischen Grenze gelang es, den russischen Vorstoß zu stoppen.

Im neuen Einsatzraum Birsen-Baus erhielt die Division einen Abschnitts-streifen von 50 km Breite zugewiesen. Er verlief in der Linie südlich Bauske-Salociau-Birsen.

Das GR 390 war bereits am 02.08. in Unterstellung unter Oberst Meyer, Kdr. eines Flak-Regiments, aus der Marschbewegung heraus in Schönberg nach Süden abgedreht worden, um die nach Süden führende Straße zu sperren. Dort hatten russische Verbände in der vorangegangenen Nacht die Flak-Kampftrupps zurückgeworfen und waren in Birsen eingedrungen.

Oberstleutnant Harms, Kdr. des GR 390, ließ die Bataillonskommandeure um sich versammeln und wies diese zum Sturm auf Birsen ein.

Als der Zug Lt. Weidich der 7./GR 390 sich zum Sturm in die Ortschaft bereitstellte traf auch die Sturmgeschütz-Batterie der StGeschBrigade 227 dort ein. Der Sturm auf Birsen konnte beginnen.

Als sie den Stadtrand erreichten, eröffnete der Feind das Feuer. Hans Henkenschuh sah die Kaskaden greller Feuerstöße blitzen. „Volle Deckung!" rief er. Sein Zug sprang beinahe geschlossen in den Straßengraben. LT. Weidich robbte zu ihm vor.

„Es geht sprungweise weiter. Direkt nach dem Feuerschlag der Sturmgeschütze!"

Vier Sturmgeschütze rollten jeweils zu zweit im überschlagenden Feuerwechsel voran. Sie hielten die Feind-MG nieder und ermöglichten der 7./GR 390 das Vorwärtskommen. Zwei russische MG wurden auf dem Weg zum Bahnhof, dem Ziel der Siebten, ausgeschlachtet. Dann erhielten sie von der Kirchhofsmauer aus Feuer. In diesem Feuer wurde Lt. Weidich tödlich getroffen. Zwölf Soldaten bleiben verwundet liegen. Danach fielen auch noch Lt. Theege und ein dritter Offizier aus.

„Kompanie hört auf mein Kommando!" rief Henkenschuh, als er diese Mitteilung erhielt. Er winkte die beiden Sturmgeschütze ein und deutete auf die Mauer. Die beiden Geschütze rollten vor, ein drittes schloss sich ihnen an. Sie walzten die Mauer zusammen, unter deren Schutt einige MG-Nester der Russen begraben wurden.

Sie durchliefen eine Feuerschneise der Russen und erreichten eine Achtacht-Flak. „Vorziehen bis zur Straßenecke und dann die Hauptstraße entlang mit einigen Schüssen freie Bahn schaffen!" befahl Henkenschuh dem Unteroffizier, der als Geschützführer fungierte.

Sie zerschossen den Widerstand des Feindes in den Häusern entlang der Straße. Eine vorgezogene Russen-Pak wurde, noch bevor sie den ersten Schuss abgeben konnte, zerschossen.

„Alles mir nach!" Henkenschuh übernahm die Führung. Er durchstieß mit seiner Siebten die Stadt. Russische Kampfgruppen, die sich in den Häusern hielten, wurden von der Flak hinausgeschossen. So erreichten sie den Westrand von Birsen.

Als hier Oberstleutnant Harms eintraf, hatte Henkenschuh die 7. Kp. bereits zur Verteidigung eingesetzt, zwei erbeutete Russenpak und eine Haubitze des Gegners waren in die eigene Verteidigungslinie eingebaut worden.

„Henkenschuh", sagte Oberstleutnant Harms bewegt, „was immer auch geschehen mag, Sie haben für alle Zeiten einen Wunsch bei mir frei."

Wenige Tage später hatte der Regimentskommandeur die Beförderung Henkenschuhs zum Feldwebel durchgesetzt: Für Tapferkeit vor dem Feind.

Als die Russen am 3. August versuchten, Birsen im Gegenangriff zurückzugewinnen, wurden sie abgeschmiert. Dass Birsen diesen sowjetischen Versuchen standhielt, ermöglichte es den übrigen Teilen der Division und des Korps, sich planmäßig abzusetzen und die neue Abwehrlinie einzurichten. In der Nacht zum 4. August zogen sich auch die zusammengeschmolzenen Kompanien des II./GR 390 hinter die Memele zurück, um bei Schönberg neue Stellungen zu beziehen. Dieser Rückzug wurde durch eine schneidige Maßnahme von Oberstleutnant Harms ermöglicht. Er ließ eine Lkw-Kolonne in schneller Fahrt bis zum Birsen-See vorfahren. Dann drehten die Wagen auf der Straße und auf ein Signal hin stürmten die in den Gräben und Waldrändern wartenden Soldaten auf die Lkw zu, saßen auf, und schon rollte der gesamte Transport zurück, noch ehe die russische Artillerie eingreifen konnte.

In Schönberg schrieb Oberstleutnant Harms jenen Bericht an die Division, der mit der Befürwortung des DivKdrs. zum Ritterkreuz für Henkenschuh werden sollte.

Zwischen Schönberg und Birsen standen die Männer der 7. Kp. ebenso wie alle anderen Grenadiere im dauernden Einsatz, als plötzlich im Rücken des GR 390 russische Verbände auftauchten, die in dreitägiger Schlacht bezwungen wurden. In letzter Sekunde gelang es Oberstleutnant Harms, das GR 390 in der Nacht zum 07.08. aus dieser russischen Umklammerung zu lösen. Es gelang ihm, gemeinsam mit Teilen der zu ihnen gestoßenen 290. ID bis nach Dauknischkiai zu kommen, wo sich der Verband einigelte und der 290. ID vorübergehend unterstellt wurde. Am 08.08. wurde die Memele erreicht, wo ein südlich des Flusses eingerichteter Brückenkopf des FüsBatl. 215 unter Oblt. Kurrer sie aufnahm.

Als hier zwei russische Panzerrudel nacheinander einzudringen versuchten, erschienen rechtzeitig zwei Tigerpanzer der sPzAbt. 510. Diese schossen in den nächsten 20 Stunden – ständig im Einsatz – 12 T 34 ab, ehe der Feind seinen Angriff einstellte.

Im Kampf um Bauske stürmte das II./GR 390 zum Gegenangriff auf den im Ostteil der Stadt eingedrungenen Feind vor. Major Post führte diesen Angriff, der in starkes russisches Werferfeuer geriet. Hans Henkenschuh schleppte einen jungen Gefreiten seiner Kp. zurück, dessen Körper von mindestens 15 Werfergranatsplitter getroffen worden war. Major Post fiel in diesem Angriff, mit ihm Oblt. Walter Schmid, Bataillonsadjutant und Ritterkreuzträger Fw. Klipfel übernahm die Führung des II. Bataillons, das noch eine Kopfzahl von 54 Mann hatte.

Am 25. September erhielt Hans Henkenschuh das Ritterkreuz, das ihm bereits am 10.09 verliehen worden war.

Er konnte noch einmal in Urlaub fahren und wurde nach Beendigung desselben auf Befehl von GenMaj. Frankewitz zur Offiziersschule nach Brunn versetzt.

Nach absolviertem Schuleinsatz kehrte er als OrdOffz. zum GR 390 zurück, wo er im November zum Leutnant befördert wurde. Er war dem RgtKdr. zugeteilt und begleitete diesen auf den Gängen und Fahrten in die Stellungen.

Ende 1944, er war inzwischen Offizier z.b.V. geworden, wurde er in der 3. Kurlandschlacht abermals verwundet. Es war nahe dem RgtGefstand bei

Sudmali, als ein russisches Bataillon plötzlich aus einem Waldstück heraus angriff. Der Feind eroberte die Bunker der Trosse und jagte Melder, Fahrer und Funker vor sich her in den Wald, Verwundete schrien, Oberstleutnant Harms rannte mit Henkenschuh ins Freie, sie griffen alle Soldaten auf, die sie fanden, der KpTrupp der 14. Kp. stieß zu ihnen, und mit diesen wenigen Soldaten traten der Oberstleutnant und der Leutnant zum Gegenstoß an. Im Verlauf dieses Gefechtes erhielt Henkenschuh einen Streifschuß. Er blieb bei seinen Kameraden und war wenige Tage später wieder an den Gegenstößen beteiligt, von denen seine Division nicht weniger als 111 zu führen hatte, wie der Wehrmachtbericht vom 29.12.1944 meldete.

Der Krieg neigte sich seinem Ende zu, als Lt. Henkenschuh, der bereits das Goldene Verwundetenabzeichen trug und zur Nahkampfspange in Gold eingereicht war, abermals schwer verwundet wurde.

Oberst Harms brachte seinen schwer verwundeten Kameraden im Kettenkrad von Hauptverbandsplatz zu Hauptverbandsplatz. Als er nirgendwo aufgenommen werden konnte, fuhr er nun direkt zum Hafen von Libau und setzte es durch, dass Henkenschuh auf dem nächsten Dampfer nach Gotenhafen in die Freiheit entkommen konnte.

An Bord der „Herkules" ging es nach Dänemark, von wo aus er dann in ein deutsches Lazarett überführt wurde.

# DIE 14. PANZERDIVISION IN DEN KURLAND-SCHLACHTEN 1944 – 1945

## Die Kämpfe zwischen Preekuln und Skuodas

In seiner Geschichte der 14. Panzerdivision 1940 – 1945 erklärte der seinerzeitige Kdr. des Kradschützen-Bataillons 64, Oberstleutnant a. D. Rolf Grams, bezüglich der Lage nach dem Zusammenbruch der HGr. Mitte folgendes:

„Zwar mussten die deutschen Verbände den Nordostteil von Lettland räumen und sich auf den Brückenkopf Riga zurückziehen, konnten jedoch den schmalen Korridor nördlich von Mitau gegen alle Versuche des Feindes, ihn neuerlich einzudrücken, aufrecht erhalten und damit die Verbindung zur HGr. Mitte sicherstellen.

Eine zweckmäßig handelnde deutsche Wehrmachtführung hätte die nun gewonnene Atempause dazu benutzen müssen, den einmal begonnenen Rückzug konsequent fortzusetzen und – noch ehe der Feind nachstoßen konnte – eine starke Memelfront zum Schutz Ostpreußens zu bilden.

Gründe dazu gab es genug, hatte doch Finnland durch seinen Waffenstillstand mit der Sowjetunion erheblich an Wert verloren.

Hitler wurde denn auch in diesen Tagen von allen Seiten bedrängt, seine Einwilligung zur Zurücknahme der HGr. Nord bis an die Reichsgrenze zu geben. Er beharrte jedoch auf seiner Entscheidung: "Keinen Fußbreit Boden kampflos aufzugeben."

Darüber hinaus wollte er die HGr. Nord, gleichzeitig mit einer neuen Offensive der übrigen Ostfront, nach Süden in die tiefe Flanke des Feindes vorstoßen lassen.“

Dass dies unmöglich war, wusste Hitler nur zu genau. Aber mit dieser Entscheidung blieb die HGr. Nord dort, wo sie war.

Die 14. PD blieb in ihren Stellungen in und um Riga liegen, um als Rückhaltetruppe für die Verteidiger dieses Brückenkopfes bereit zu stehen. Die dadurch entstehende Kampfpause wurde zur Auffrischung der Kräfte genutzt, die beschädigten Panzer in den Werkstätten repariert und die Truppen des Nachersatzes in die zusammengeschrumpften Panzergrenadier-Regimenter eingefügt.

Diese Ruhepause endete am 04.10.1944. An diesem Tage trat die Rote Armee zur Fortsetzung ihrer Offensive auf dem Gesamtraum der HGr. Nord an.

Das Schwergewicht ihrer Angriffe lag bei der I. und II. Baltischen Front, die im Raume Schaulen-Moscheiken mit 29 Schützen-Divisionen, 5 selbständigen PzBrigaden und drei Panzerkorps angriffen.

Die 14. PD wieder der 3. Panzerarmee, GenOberst Raus unterstellt wurde in den Raum Moscheiken befohlen. Sie konnte erst gegen 10:00 Uhr des 05.10. aus und bei Riga antreten und erreichte – trotz der vielen Behinderungen und Straßenverstopfungen mit dem ersten Teil um 16:00 Uhr Dzukste und stand zu Einfall der Nacht bereits im Raume Ezere.

Major Sauvant hatte die Führung des PR 36 übernommen. Er traf mit seinen Pz. V am Mittag des 06.10. in Autz ein.

Starke russische Feindkräfte hatten bereits Autz erreicht. Die Regimenter der Division wurden nach Preekuln weitergeleitet und erhielten hier Befehl, sich der PGD „GD" anzuschließen. In Skuodas mußte das Rgt. angehalten werden. Von den dort eingesetzten Stellungsdivisonen war nichts zu finden und zur „GD" bestand keinerlei Verbindung mehr.

Am Morgen des 08.10. rollten 10 Panther unter Führung von Major Molinari südlich Preekuln bis nach Lejini vor. Nach der dort erfolgenden Vereinigung mit dem PG 108 wurde dieser Angriff nach Südosten fortgesetzt.

Zur gleichen Zeit führte das PGR 103, von vier Sturmgeschützen unterstützt, seine Sicherungslinien von Skuodas bis an den Wald bei Narvydziai und Berzi nach Osten vor. 12 Panzer der II./PR 36 warfen den Feind nach Osten zurück.

Der Feind wurde durch diese Gefechte so lange gestoppt, bis das X. AK seine

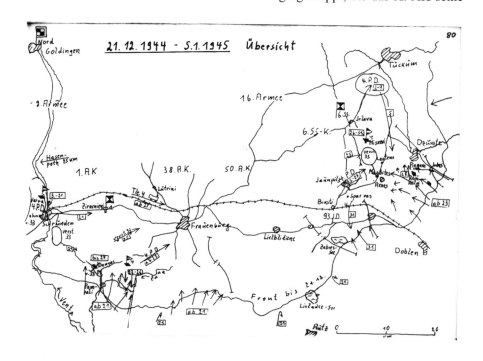

Verstärkungen in den bedrohten Abschnitt geworfen hatte.

So löste das GR 23 der 11. ID ostwärts Skuodas das PGR 103 ab. Einige Tiger der sPzAbt. 502 unterstützten die Abwehr in diesem Abschnitt, während Panzergrenadiere der 7. PD nachzogen und alles dicht machten. Schließlich konnte die 31. ID die noch aufklaffende Frontlücke am Nordflügel schließen.

Die Kämpfe dauerten acht Tage ununterbrochen an. Dann traf nach Konsolidierung der Lage in der Nacht zum 16.10. die SS-PzGrenDiv. „Nordland" ein und löste die zusammengewürfelten Verbände ab.

Das gesamte Vorfeld dieser Kämpfe war mit gefallenen Russen übersät. Mehr als 100 Panzer lagen zerschossen im Gelände. Ebenso viele Geschütze wurden vernichtet oder erbeutet. Damit war der sowjetische Angriff an dieser Stelle abgewiesen.

Anders verlief jener Angriff der 51. Sowjetarmee südlich Skuodas. Diese hatte mit Verbänden der I. Baltischen Front gemeinsam bei Schaulen die schwachen Sicherungslinien der deutschen Truppen überrannt und erreichten am 10.10.1944 die Küste der Ostsee. Damit war die HGr. Nord von der Landverbindung nach Ostpreußen abgeschnitten. Es gelang unter besonderer Anstrengung, den Durchbruchsversuch der I. Baltischen Front, von Süden her nach Norden entlang der Küste zu vereiteln und den Hafen Libau zu halten. Hier stand eine Kampfgruppe der 14. PD im Einsatz.

Unter Führung von Hptm. Wohlleben wurde eine aus der II./PR 36 und der 3./PGR 103 zusammengestellte Kampfgruppe dort angesetzt. Ihr gelang es am 12. und 13.10., den weit überlegenen Feind auf Jurmalciens und Paipas zurückzuwerfen. Die erreichten Höhenstellungen wurden besetzt und gegen mehrere Gegenstöße des Feindes gehalten.

Lt. Wolfgang Wohlleben in der III./PR 36 hatte nach einer Reihe schneidig geführter Angriffe bereits am 14.10.1942 das Deutsche Kreuz in Gold erhalten. Nachdem im Norden Riga aufgegeben worden war, ließ die Gefechtstätigkeit nach. Die ungünstig gelegenen Einbrüche in die eigene HKL wurden in den folgenden Tagen ausgeräumt.

Am Abend des 23.10.1944 rollten die Regimenter der 14. PD südlich von Embute in die befohlenen Ausgangsstellungen zu einem Angriff, der am frühen Morgen des 24.10 um 05:30 Uhr begann.

Alle Panzer der Division, durch Major Molinari, Hptm. Arendt und Hptm. Wohlleben zusammengefasst, traten von Smiksteri aus nach Süden an. Eine Sturmgeschütz-Kp. unter Oblt. Willy Einfeldt schloss sich diesem Angriffskeil an, der mit den Grenadieren der 563. ID aus Buteli nach Süden antrat. Es ging nur zögerlich vorwärts, denn einige Gegenangriffe russischer Panzer mussten abgeblockt und der Angreifer vernichtet werden. Jedoch ließ sich die entstandene Lücke zur 563. ID erst am 25.10 schließen. Die Division wurde in die Abwehr gedrängt und musste in einer Reihe von Gegenangriffen kleinere Einbrüche ausräumen. Etwa 50 Panzer und Sturmgeschütze des russischen XIX. PzKorps erangen Erfolge und Einbrüche, die erst am kommenden Tage wieder bereinigt werden konnten. Die Division erreichte im Wesentlichen die befohlenen Räume, doch die gepanzerte Gruppe derselben bestand nur noch aus 15 Panzern.

Nach diesen, unter schweren Verlusten geschlagenen Abwehrkämpfen begann auch für die 14. PD die erste Kurland-Schlacht.

## Die 14. PD in der ersten Kurland-Schlacht

Zwischen Preekuln und der Venta eröffnete die Rote Armee um 06:00 Uhr des 27.10.1944 aus mehr als 2.000 Rohren ihr Trommelfeuer auf die Stellungen auch der 14. PD. Wenig später rollten ihre Panzerverbände, gefolgt von ganzen Schützen-Brigaden noch im Schutz der weiter nach Norden wandernden Feuerglocke an, deren Hauptstoß sich gegen die im Norden etwas zurückgestaffelte 30. ID richtete, wo offenbar eine Durch-bruchslücke vermutet wurde.

Die in ihren Stellungen liegenden Regimenter dieser Division erlitten schwere Verluste durch das gut liegende Feindfeuer. Mehrere Einbrüche konnten nicht geschlossen werden. Die durchgebrochenen Russen verbanden sich teilweise miteinander, um dann geschlossen weiter nach Norden vorzudringen. Dadurch wurden die noch haltenden Verbände dieser Division gezwungen, mit auszuweichen, womit der Anschluss an den rechten Flügel der 14. PD verloren ging.

In schneller Reaktion, wie sie nur selten gesehen wurde, drehten die sowjetischen Angriffsregimenter einen Teil ihrer Panzer nach Osten ab, die nun in die tiefe Flanke und in den Rücken der 30. ID vorrollen und diese vollkommen abschneiden konnten.

Es war das PGR 108, das diese Bewegung rechtzeitig erkannte und diesen gefährlichen Feindvorstoß abblockte, noch bevor dieser den Raum Smiksteri erreichte. Die PzAA 14 und die PzKGr. Wohlleben rollten zu dieser Abwehrlinie vor und beteiligten sich an den Kämpfen gegen diese russischen Panzerverbände. Sie ermöglichten es, dass unter geringen Geländeverlusten zwischen Keri und Annenieki eine neue HKL eingerichtet werden konnte.

Aber dieser erste schüttere Zusammenhalt ging am Nachmittag dieses Tages wieder verloren. Dennoch gelang es in den nächsten 36 Stunden, den Feind zu stoppen.

Als aber die Nachbar-Divisionen immer mehr zurückfielen, mussten auch die Kampfgruppen der 14. PD zurückgehen, um nicht abgeschnitten zu werden.

Der Feind ließ seine abgekämpften Truppen durch frische Divisionen ersetzen und eröffnete den neuen Generalangriff am Morgen des 29.10. mit einem gewaltigen Artillerie- und Werferfeuer.

Der Schwerpunkt lang abermals auf dem Abschnitt der 30. ID und dem rechten anschließenden Flügel der 14. PD. Der Roten Armee gelangen einige Einbrüche, die allerdings von den Tigern und Panthern der Gruppe Molinari immer wieder ausgebügelt wurden. Hierbei gelang es, eine Reihe schwerer JS-Panzer abzuschießen. Sie blieben brennend und lahmgeschlagen im Vorfeld liegen. Doch die sowjetischen Gardedivisionen ließen sich noch immer nicht stoppen. Erst die mit Panzern und Sturmgeschützen geführten Gegenangriffe ließen sie Schritt für Schritt nach Süden zurückweichen. Danach setzte Ruhe ein, die im Abschnitt von Dinzdurbe durch einen neuen Stalin-Panzer-Angriff mit aufgesessener und nachfolgender Infanterie unterbrochen wurde. Mehrere schwere russische Panzer wurden von der Artillerie in direktem Beschuss vernichtet. Gegenstöße der Panzergrenadiere wehrten die Durchbruchsversuche des Feindes erfolgreich ab.

Nunmehr entschloss sich die 18. Armee, die 14. PD herauszuziehen und nach Westen in den Raum Preekuln zu verlegen, weil dort der neue Feindangriff erwartet wurde. In den freiwerdenden HKL-Abschnitt zog in der Nacht die 263. ID ein.

Noch auf dem Marsch in den neuen Einsatzraum wurde die Division angehalten, denn der Feind hatte durch Stoßtrupps von diesen Verlegungen erfahren und stürzte sich nun auf die nur von Grenadieren der 263. ID besetzten Stützpunkte. Die am weitesten zurückhängenden Verbände der 14. PD drehten und richteten sich im Raume Brinki zur Verteidigung ein. Eine Sicherungsgruppe zog auf die Höhen bei Priezukrogs vor. Nach Osten schloss sich das PGR 108 an. Westlich der Rollbahn standen die PzAA 4 und das PGR 103 bereit. Die PzA 4 übernahm im Gegenstoß den Angriff auf die feindbesetzte Höhe 143,8. Die Heerespanzerjäger mit ihren 8,8 cm-Geschützen wurden als Verstärkung in den Divisionsverband einbezogen.

Es kam zu einer Reihe turbulenter Gefechte in der stark ausgebogenen Front, aber das weitere Vorgehen des Feindes und seine Durchbrüche konnten nicht verhindert werden, sodass am 02.11. eine neue Abwehrfront bei Svinpii-Dzelzgaleskrog-Metraine-Vartaja bezogen werden musste. Die beiden Dzeldas-Brücken wurden vorsorglich gesprengt. Dennoch gelang es den Truppen der Roten Armee, das Nordufer zu besetzen und einen starken Brückenkopf zu bilden. Von hier aus wollte sie weiter vorstürmen.

Dieser Absicht setzte die 14. PD ihre Angriffe entgegen. Das von Russen gehaltene Gehöft Mazdzelda wurde zurückgewonnen. Eine Stunde darauf meldeten die Sturmgruppen auch den Friedhof, den die Russen als starken Stützpunkt ausgebaut hatten, wieder in eigenem Besitz.

Alle diese Kämpfe, seien sie nun erfolgreich verlaufen oder nicht, endeten mit schweren eigenen Verlusten. Es mussten die eigenen Panzer immer wieder an andere schwer bedrohte Infanterie-Divisionen abgegeben werden, um dort die Kämpfe zu Erfolgen umzuwandeln. Das war nicht im Sinne der Panzerführung, aber in diesen Situationen die einzige Möglichkeit, die Front zu retten und den schwer ringenden Grenadieren wirkliche Hilfe zu leisten.

So wurde die KGr. Schammler mit PzAA 4 und einer PZ IV-Kp. unter Oblt. Kühn am 14.11. an das II. AK in Schrunden abgegeben.

Die übrigen Kampfeinheiten wurden an diesem und dem folgenden 15.11. aus der Front herausgezogen und in den Raum Rudbarzi verlegt, wo sie als Eingreifreserve für das X. AK vorgesehen waren.

Nach einer Kommandeursbesprechung in Rudbarzi war GenLt. Unrein wieder zur Stelle. Die OB der HGr. Nord und der 18. Armee sowie alle kommandierenden Generale nahmen an dieser Besprechung teil. Es ging darum, wie man dem erwarteten russischen Großangriff widerstehen könnte, denn eines war klar: Auf der anderen Seite wurden eifrige Vorarbeiten dafür betrieben, wie dies durch Spähtrupps und die Horchbeobachtung erkannt wurde.

## Die zweite Kurland-Schlacht bei der 14. Panzerdivision

Mit einem zweistündigen Trommelfeuer eröffnete die Rote Armee am Mittag des 19.11.1944 das zwei Stunden andauernde Trommelfeuer, das im gesamten Abschnitt zwischen Preekuln und Frauenburg aufflammte. Schwerpunkt war der Frontabschnitt südwestlich von Schrunden. Ein starker sowjetischer Panzerangriff durchbrach die schwache Nahtstelle zwischen der 30. und 32. ID und trennte beide voneinander. Diese Einbruchstelle konnte nicht ausgeräumt werden. Vielmehr stieß die Rote Armee in einem Zuge hindurch, durchbrach die Zweite Linie und rollte weiter nach Nordwesten vor, um nun auch noch bei Jaunspaili und Silsati durchzubrechen.

Die 14. PD erhielt Befehl, sich diesem Gegner entgegenzuwerfen und ihn zu stoppen.

Panzer und Panzergrenadiere rollten sofort los und erreichten bis zum Abend den Raum südlich Purvakrogs und mit den PzGrenadiere den Abschnitt nördlich Cimmeri.

In der Frühe des anderen Tages wurde zum Angriff auf Cimmeri angetreten. Der Einbruch in dieses Dorf gelang, und die russischen Sperrstellungen wurden aufgerollt.

Heftiges Artilleriefeuer sollte die 14. PD stoppen. Gegenangriffe mit Panzern ebenfalls. So kam es nur zu geringen Geländegewinnen. Dennoch gelang es bis zum Abend, zum Teil in die alte HKL einzudringen.

In der Zwischenzeit hatte die Rote Armee westlich und nordwestlich der 14. PD neue tiefe Einbrüche erzielt. Dies zwang GenLt. Unrein dazu, den Angriff zur Inbesitznahme der gesamten alten HKL einzustellen und gegen die durchgebrochenen Panzer Front zu machen. Die Einbrüche wurden abgeriegelt und ausgeräumt, und am 22.11. übernahm die Division die Stellungen der 263. ID, in der Hauptsache jene des GR 463 derselben.

Zum nächsten Mittag wurde der Angriff zur Gewinnung der alten HKL fortgesetzt, so war die Planung; doch der Feind kam dieser durch seinen neuen Angriff zuvor und begann um 08:00 Uhr mit einem Trommelfeuer, bei dem er allein auf den Abschnitt des PGR 108 200.000 Granaten verschoss. Die Rote Armee musste diesen bei Krici am weitesten vorspringenden Fronthaken zum Durchbruch nutzen, wenn sie Erfolg haben wollte.

Es war eine Stunde nach Beginn dieses Trommelfeuers, als die russischen Panzerrudel anrollten und zum Teil noch durch das Feuer ihrer eigenen Artillerie erfasst wurden. Dann traten die deutschen Panzergrenadiere mit den Panthern ins Gefecht. Diese zwangen den Panzerfeind noch vor Erreichen der eigenen HKL zum Abdrehen. Ein sowjetisches Strafbataillon, von zwei Kommissaren angetrieben, wurde abgewiesen. Das II./PGR 108 wurde zwei Kilometer zurückgedrängt, sammelte dort und trat zum Gegenstoß an. Dabei gelang es ihm, Teile des III. mech Gardekorps und der 212. Schützen-Brigade auf ihre Ausgangsstellungen zurückzuwerfen.

Erst am Nachmittag konnten weitere russische Angriffe eine Lücke zwischen den Stützpunkten des PGR 108 und des GR 96 verbreitern und mit stärkeren Panzer- und Schützenkräften über die Koja zu setzen. Allerdings wurden die angreifenden Panzer von der „Panthergruppe Lindenberg" zum größten Teil abgeschossen.

Die Begleitinfanterie erreichte jedoch den Wald, durchschritt ihn und stand damit, nach rechts und links ausschwärmend, im Rücken der Stellungskräfte.

Panzer und Sturmgeschütze der 14. PD rollten zu den Waldschneisen vor, erreichten sie vor den Feindkräften und schossen diese zusammen, sobald sie die Schneisen passierten.

Es waren jedoch nicht genügend Infanteriekräfte zur Hand, um diesen Erfolg zu sichern, so dass sich die 14. PD in der Nacht mit dem gesamten linken Flügel auf das Norufer des Kojabaches zurückziehen musste. Um eine geschlossene Frontlinie zu erhalten, setzten sich auch die Mitte und der rechte Flügel auf die zweite Linie ab. Die Kojabrücken wurden gesprengt, der Feind gestoppt, die eingebrochenen Gruppen im Kampf niedergemacht.

Damit schien die Kraft der Angriffstruppen am 26.11. erschöpft. Die alte HKL konnte wieder auf der gesamten Abschnittsbreite erreicht und eingenommen werden.

Hier übernahm die 14. PD den Abschnitt der 32. ID. Ihr wurden Teile der 125. ID unterstellt. Hinzu kamen zwei Sturmgeschützbatterien, jeweils eine von der Abt. 184 und 600.

In den nächsten Tagen verlor der russische Einbruch weitgehend an Durchschlagskraft. In seinem Tagesbefehl vom 28.11.1944 gab der OB der 18. Armee die Erfolge dieser Schlacht bekannt:

„Am 27.10. trat der Feind mit 5 Armeen, darin 45 Schützen-Divisionen, ein mech. und ein Panzerkorps sowie mehreren selbständigen Panzerbrigaden an.

Für seinen Stoß am 19.11 waren diese Feindkräfte noch um 2 Panzerkorps und mehrere Schützen-Divisionen verstärkt worden

Trotz dieser erdrückenden Übermacht musste er beide Unternehmen bereits nach wenigen Tagen abbrechen.

Dem erzielten Geländegewinn von etwa 10 bis 12 km Tiefe stand der Verlust von 478 Panzern gegenüber. Die blutigen Verluste und Ausfälle anderer Waffen und Fahrzeuge überstiegen diese Zahl noch um ein Beträchtliches."

Dass auch die deutsche Seite schwere Verluste erlitt, die außerdem n i c h t mehr zu ersetzen waren, wurde nicht direkt erwähnt, lediglich in den Divisionsberichten tauchten sie mit Zahlen und Daten auf.

So hatte die 14. PD einen entscheidenden Erfolg in der Bekämpfung der Feindpanzerrudel erzielt. Das PR 36 vernichtete in der Zeit vom 23.10 bis zum 28.11. 68 Panzer, davon 20 Josef-Stalin und konnte 102 Geschütze ausschalten, hauptsächlich die gefährlichen Pak, „Ratsch-Bumm!" genannt.

„Ruf und Ansehen der Division als unerschütterliche und jeder Situation gewachsene ‚Kurland-Feuerwehr', die sie ausnahmslos bei allen Stäben und Truppenteilen der Heeresgruppe bis Kriegsende genoss, wurden in diesen Einsätzen begründet. (Siehe Grams, Rolf: a.a.O. und Unrein Martin: Unter-lagen und Gefechtsberichte an den Autor).

Vom 03.12. an wurde die 14. PD von der 83. ID abgelöst. In dichtem Schneetreiben marschierte sie in den neuen Unterkunftsraum Rudbarzi-Grandi-Birzgali.

GenLt. Unrein nahm den Besuch des Chef des Stabes der 18. Armee GenMaj. Von Natzmer und des GenMaj. Thomale, der gerade in Kurland weilte zum Anlass, auf die miserable Panzerlage hinzuweisen. Vor allem die Neuaufstellung der II./PR 36 war unumgänglich. Um dies so rasch wie möglich und mit größtem Nachdruck beim OKH und der Inspektion der Panzertruppe durchzusetzen, kamen die drei Generale überein, Major Bernhard Sauvant zu den entsprechen-den Stellen ins Reich zu entsenden. Dieser konnte sich als Panzerführer von hohen Graden und Träger des Ritterkreuzes mit Eichenlaub sicherlich gegen jedermann durchsetzen. Der Major erhielt Weisung, alle Wünsche und Forderungen der Division für den Nachersatz bei den Ersatztruppenteilen ener-gisch vorzubringen und die Heranführung starker Panzerkontingente für das PR 36 zu beschaffen.

Die Division sollte sich hinter der Front etwa in 3 Wochen wieder auf volle Kampfstärke bringen.

In diese Zeit fiel das Revirement der Divisions-Führungsstellen. Oberst von Usedom übernahm nun auch offiziell das PGR 108, Oberst Palm führte ab sofort das PGR 103. Als 1. GenStabs-Offz. wurde Major von Bomhard eingesetzt. Kdr. Der PzNachr.Abt. 4 wurde Hptm. Nockelmann und das Pz-Rgt. wurde während der Abwesenheit von Major Sauvant von Hptm. Neuendorf geführt. Hptm.

Molinari trat zur Führerreserve des OKH.

Mitte Dezember versuchte die Rote Armee das erstemal, mit Teilen der 2. Garde-und der 4. Stoßarmee beiderseits der Venta in einem überraschenden Angriff auf Schrunden vorzustoßen. Die Angriffe auf Lenas wurden abgewehrt. Weiter ost-wärts in den Sumpfwäldern zwischen Curkises und Avoti setzte er sich fest. Dieser erste Erfolg verleitete die Rote Armee dazu, den Angriff fortzusetzen und auch nach Westen Bodengewinne zu erzielen. Sie stieß auf so entschlossenen Widerstand, dass sie den Angriff einstellte und auf neue Verbände wartete. Doch die blieben aus, und der Angriffsstoß versickerte.

## Die dritte Kurland-Schlacht bei der 14. PD

Der Angriff gegen die Front der 18. Armee begann am 21.12.1944. Als das ein-leitende Feuer der Russen nach einer Stunde abbrach, waren die Männer in den Gräben ebenso wie in den Stäben überrascht und erleichtert zugleich. Diese Erleichterung wuchs, als der Feind auch mit verhältnismäßig schwachen Panzer-und Schützenverbänden antrat. Alles deutete darauf hin, dass auch der Koloss Sowjetunion an seine Grenzen zu stoßen schien.

In der Nacht zum 22.12., wurden die Angriffe allerdings stärker. Bei den Infanterie-Divisionen in der HKL konnten die von Panzerrudeln angeführten Rotarmisten tiefe Einbrüche erzielen.

Die als Reserve bereitstehende 14. PD wurde zur Abriegelung und anschließen-dem Gegenangriff vorgeführt. Sie konnte noch in der Nacht einen gefährlichen Einbruch abriegeln und ausräumen. Die HKL wurde wieder geschlossen. Weitere in der Nacht vorgetragene Durchbruchsversuche scheiterten.

Zu Weihnachten flauten die Kämpfe ab. Die Eingreifverbände konnten wieder zur 14. PD zurückkehren. Die Auffrischung wurde fortgesetzt.

An anderer Stelle der dritten Kurland-Schlacht hatte die Rote Armee allerdings schwere Verluste erlitten. In und vor den deutschen Stellungen verbluteten ganze Schützen-Divisionen der Roten Armee. Eine Reihe Panzerverbände wurden bis auf Reste zerschlagen und waren nicht mehr einsatzfähig.

Eine abgehörte Meldung eines Garde-Panzerregiments betonte, dass nur noch 5 (!) Panzer einsatzbereit seien. Eine ihr unterstellte schwere JS-Einheit hatte nur noch drei Panzer übrig behalten.

## Das Ärmelband Kurland

Verleihungsbestimmungen:

Das Ärmelband „Kurland" wird im Namen des Oberbefehlshabers der Heeresgruppe Kurland verliehen.
Das Band wird als Kampfabzeichen verliehen und darüber eine Besitzurkunde ausgestellt.
Die Verleihung ist an folgende Bedingungen gebunden:
Für die kämpfende Truppe Teilnahme an mindestens drei Kurlandschlachten
Verwundung bei einem Kampfeinsatz in Kurland.
Für die rückwärtigen Dienste: Ehrenvoller Einsatz von mindestens drei Monaten im Bereich der Heeresgruppe Kurland, gerechnet ab September 1944.

Das Ärmelband ist etwa 38 Zentimeter breit. Es zeigt auf silbergrauem Grund die 18 Millimeter hohe Inschrift KURLAND zwischen zwei Wappenschilden.
Der linke Schild in frühgotischer Dreiecksform zeigt das Wappen des Hochmeisters des Deutschen Ritterordens ohne Adlerschild.
Der Schild rechts hat eine spätgotische breite Form und enthält auf schwarzem Grunde den hell ausgesparten Elchkopf aus dem Stadtwappen von Mitau, der Hauptstadt Kurlands.

# DIE VIERTE KURLAND-SCHLACHT BEI DER 14. PD

## Die sowjetischen Streitkräfte und ihre Umgruppierung

Mit Beginn des Jahres 1945 wurden einige sowjetische Armeen nach Ostpreußen in Marsch gesetzt. Zu Mitte Januar 1945 standen in jenen drei Großräumen, die sich in Kurland gebildet hatten, folgende sowjetische Verbände zum neuen Schlag – der vierten Kurlandschlacht – bereit.

Es waren dies:
Raum Libau:     51. Armee mit 11 Divisionen.
                   6. Gardearmee mit 10 Divisionen.
                   4. Stoßarmee mit 7 Divisionen.
                   III. Garde (mech.) Korps mit 18 Brigaden (mot.)
Raum Pampali-
Frauenburg:    42. Armee mit 7 Divisionen.
                   10. Gardearmee mit 12 Divisionen.
                   XIV. Garde-Schützenkorps mit 3 Divisionen.
                   XIX. Panzerkorps mit 2 Panzerbrigaden.
Raum Tukkum: 22. Armee mit 5 Divisionen.
                   1. Stoßarmee mit 5 Division
                67. Armee mit 5 Divisionen.
                   V. Panzerkorps mit 2 Panzerbrigaden.
Diese Umgruppierung der Roten Armee war Mitte Januar 1945 abgeschlossen. Sie zog ihre Truppen in die Bereitstellungen vor, und alles deutete darauf hin, dass in den nächsten Tagen die vierte Kurlandschlacht beginnen würde.
Die HGr., seit dem 15. Januar mit der neuen Bezeichnung „Heeresgruppe Kurland" versehen, hatte eine Front zu verteidigen, die von der Küste etwa 20 km südlich Libau 10 km weit nach Osten verlief, um sodann scharf nach Nordosten einzuschwenken und südlich Durben und Schrunden bis in die Höhe von Frauenburg weiter zu führen. Von dort verlief sie weiter in immer noch nordöstlicher Richtung, an Tukkum vorbei und schwenkte ans Meer hinein.
Den acht sowjetischen Armeen standen in dieser Front die Verbände der 16. und 18. Armee, denen eine Reihe starker Kampfverbände weggenommen und nach Ostpreußen transportiert worden waren, gegenüber. Die Gesamt-Stärkemeldung

vom Januar 1945 belief sich auf folgende Verteilungen:

357.000 Mann für das Heer.

20.500 Mann für die Luftwaffe.

12.000 Mann für die SS- und Polizeitruppen.

10.000 Zivilisten im Dienst der Heeresgruppe.

Am 24. Januar 1945 begann die vierte Kurlandschlacht. Beiderseits von Preekuln stürmten 11 sowjetische Schützen-Divisionen der deutschen HKL entgegen, ihr Ziel war Libau **u n d** die Trennung der beiden deutschen Armeen voneinander. Der Hauptstoß traf die unter dem Kommando von GenMaj. Barth stehende 30. ID und die von SS-Brigadeführer Ziegler geführte SS-Division „Nordland".

In der HKL beider Divisionen spielten sich schreckliche Kämpfe ab. Drei Tage und Nächte waren die Feinde ineinander verkeilt, ohne dass es zu einer Entscheidung gekommen wäre. Grenadiere, Panzergrenadiere und Panzermänner kämpften gegen eine siebenfache Übermacht.

Aus ihrem Ruheraum wurde unmittelbar nach Beginn der Kämpfe die 14. PD alarmiert und in Marsch gesetzt. Alle Fahrzeuge, die von dort aus zur Front fuhren, waren bis an die Grenze des Belastbaren mit Munition, Waffen, Gerät und Menschen beladen.

Die 14. PD, von den Tigern der sPzAbt. 510 unter Major Gilbert unterstützt, trat am Morgen des 25.01. zum Gegenangriff an. Ziel waren die feindbesetzten Wälder von Kaleti und Purmsati südlich Preekuln. Der Kampf Panzer gegen Panzer entbrannte mit voller Wucht. Aus den Waldrändern rollten einzelne russische Panzerrudel hinaus, um den deutschen Angriff zu stoppen. Das Duell dauerte drei Stunden, dann war dieser Feind vernichtet oder geflohen. Als der Abend einfiel, hatte die 14. PD 63 russische Panzer vernichtet und den Feind gestoppt.

Die Rote Armee rüstete und stellte um. Sie gruppierte frische Kräfte zum zweiten Hauptstoß, den sie mit starkem Werferfeuer unterstützten. Es gelang einem Panzerrudel direkten Weges zum Höhengelände von Vartaja vorzudringen. Dort bildeten sie zwei starke Brückenköpfe.

Im selben Angriffstaumel rollten T 34-Gruppen mit aufgesessener und nachfolgender Infanterie nördlich an Preekuln vorbei. Doch bevor sie durchrollen konnten, hatten sie die Stellungen der 121. ID unter GenMaj. Rank und die 126. ID unter Oberst Hähling zu durchbrechen. Hier aber wurden sie durch Pak und Flak und einige zugeteilte Sturmgeschütze gestoppt.

Damit war dieser Durchbruchsversuch auf Libau gescheitert. Bei Frauenburg, wo der erste Angriff ebenfalls festgefahren war, griffen die Truppen der Roten Armee noch einmal mit allem, was sie in die Schlacht werfen konnte, an.

Es waren neun Schützen-Divisionen die gegen die 205. ID unter GenLt. Von Mellenthin und die 215. ID unter GenLt. Frankewitz anstürmten. Aber auch hier war kein Durchkommen.

Allein die 205. ID vernichtete in fünf Kampftagen 117 Feindpanzer, überwiegend durch Pak, Sturmgeschütze und die Nahkampf-Gruppen der Grenadiere. In diesem Großabschnitt standen auch die 122. ID unter Gen-Lt. Fangohr, die 225. ID unter GenLt. Risse, die 81. ID geführt von GenLt. von Bentivegni und Teile der als Feuerwehr herangekarrten 12. PD unter GenLt. Frhr. von Bodenhausen im Einsatz.

Als gegen Ende Januar 1945 die 4. Kurland-Schlacht in Schnee und dann im Schlamm hängen blieb, war wieder ein großer Abwehrsieg mit noch weniger eigenen Kräften als vorher bei der 3. Kurland-Schlacht geschlagen worden. Die Rote Armee ging am 03.02.1945 zur Verteidigung über. Sie hatte in diesen 11 Tagen des Kampfes 40.000 Mann, 541 Panzer, 178 Flugzeuge und eine Unmasse an Infanteriewaffen verloren.

Während dieser Kämpfe war Generaloberst von Vietinghoff am 29.01.1945 zum neuen Oberbefehlshaber der HGr. Kurland ernannt worden.

Er ließ noch während dieser Schlacht eine Studie entwerfen, in welcher er den Abtransport der gesamten Heeresgruppe über See nach Ostpreußen ausarbeiten ließ. Diese Studie mit dem Codenamen „Laura" lag ihm am nächsten Tage vor. Sie wurde nach Berlin weitergeleitet und dort am 15. und 17.02.1945 erneut besprochen. GenOberst Guderian sprach sich für diesen Plan aus. Großadmiral Dönitz schloss sich dem Generalobersten an und erklärte:

„Bei rücksichtslosem Einsatz aller Schiffe, die zur Verfügung stehen und der Drosselung aller übrigen Anforderungen an Schiffsraum, sowie stärkster Unterstützung durch die Luftwaffe, rechne ich für die Rückführung aller Mannschaften und des notwendigen Materials mit vier Wochen. Die Verlade-Kapazität von Windau und Libau sind dazu ausreichend."

Hitler hatte dem OB der Kriegsmarine aufmerksam zugehört. Dann wandte er sich GenOberst Guderian zu:

**„Eine Rückführung der Kurlandtruppen kommt überhaupt nicht in Frage!"**

Damit hatte Hitler das endgültige Todesurteil über die HGr. Kurland gesprochen. Er hatte eine ganze Heeresgruppe abgeschrieben und aller Kampf, alles Leiden der Kurland-HGr waren letztendlich umsonst.

Alle Hoffnungen, die in der kämpfenden Truppe durch die verschiedenen durchgesickerten Parolen **u n d** die Anlegung verschiedener Auffangstellungen in Richtung zur Küste genährt wurden, deuteten auf einen Rückzug und schließlich auf die Einschiffung und Fahrt über See nach Ostpreußen hin. Das abschnittsweise Absetzen in Richtung zu den beiden großen Häfen schien diese „Parole" als glaubwürdig zu stützen. Es kamen Gerüchte auf, die zwar den Planungen der HGr Kurland entsprachen, ohne dass diese aber schließlich zur Durchführung kamen, weil Hitlers Veto dies nicht zuließ.

„Zunächst sollte die 18. Armee zu den Häfen marschieren, sich einschiffen und losfahren. Dann würde die schrittweise verteidigend zurückgehende 16. Armee Zug um Zug folgen."

Als dann im Januar die Befehle ausgegeben wurden, welche die 14. PD betrafen und deren Lastwagen-Kolonnen zum vorsorglichen Abschub des freiwerdenden Gerätes aus Kurland bereitzustellen, schienen diese Gerüchte bestätigt, dass in wenigen Tagen der allgemeine Auszug aus Kurland beginnen werde.

Doch dann trafen Nachersatz, Waffen und Panzer bei der 14. PD ein und versetzten dem Abmarschgedanken einen gewaltigen Dämpfer. Von der wirklich abtransportierten 4. PD erhielt die 14. PD einige Panzer; Schützenpanzer, Panzerfäuste, Sturmgewehre kamen hinzu. Dann erhielt die Division neue Filzstiefel, Tarnkombinationen und Pelzmützen.

Es wurde bei dichtem Schneetreiben geschanzt, und am 10. Januar 1945 traf die Flakabteilung der Division wieder bei der Truppe ein.

Auf der Gegenseite rüstete sich die Rote Armee in diesen Tagen zu einem neuen Großangriff. In Vainode wurden 200 neue Panzer des US-Typs Sherman ausgeladen. Artillerie-Regimenter verstärkten die Angriffstruppen, die noch durch zwei Garde-Werferbrigaden aufgestockt wurden. Die Bewegungen der Roten Armee und ihrer Nachschubbasen zeigten an, dass der Feind es auch diesmal wieder auf den Hafen Libau abgesehen hatte, während ein zweiter Hauptstoß gegen Frauenburg gerichtet sein würde, dessen endgültiges Ziel, nach dem Auseinandersprengen der 18. von der 16. Armee, der Hafen von Windau war.

Die Angriffsverbände der I. Baltischen Front standen zwischen Skuodas und Preekuln mit Stoßrichtung Westen und Nordwesten bereit. Da das Sumpfgebiet hart westlich von Preekuln nunmehr festgefroren war, konnten hier auch schwere Panzerverbände eingesetzt werden. Und zwar mit größerer Erfolgsaussicht als aus dem Koja-Abschnitt bei Schrunden.

Wenige Tage vor Beginn der vierten Kurland-Schlacht eröffneten russische Fliegerverbände ihre Angriffe. Die Häfen Libau und Windau waren ihre bevorzugten Ziele. In diesem Raum waren es die Jäger des JG 54, an ihrer Spitze Oblt. Kittel, die ihre großen Erfolge errangen. (Siehe Abschnitt über den Einsatz des JG 54 über Kurland).

Die HGr. Kurland stellte in der 2. und 3. Stellung bewegliche Eingreifreserven bereit.

# DIE FÜNFTE KURLAND-SCHLACHT

## Der sowjetische Auftakt - Abwehrkämpfe der 126. ID

Um 07:00 Uhr des 20.02.1945 eröffnete die Rote Armee zwischen Dzukste und Preekuln ihre fünfte Kurland-Schlacht. Alle Geschütze und die neu in die Front eingebauten Werfer und Salvenschütze eröffneten das Trommelfeuer aus etwa 2000 Rohren. Schwerpunkt dieses Feuers lag im Süden bei Preekuln. Dies war der kürzeste Weg nach Libau, und den wollte die Rote Armee nehmen, koste es, was es wolle.

Unter der dichten Feuerglocke aus Stahl rollten die Panzer-Verbände jenen 21 Schützen-Divisionen voran, gegen die HKL beiderseits Preekuln. Hier standen die Soldaten der 12. Lw-Felddivision und der Infanterie-Divisionen 121, 126, 263 und 290 abwehrbereit.

Bei der 126. ID, deren Führungsstab bei Bunkas in seinem Gefechtsstand in einem alten baltischen Schloss lag, ging das Artilleriefeuer dicht bei dicht nieder. Pausenlos flitzten russische Kampfflieger über die Stellungen der Division hinweg, die bereits am 15. und 16.02. die ersten Angriffe der Russen abzuwehren hatte.

GenMaj. Kurt Hähling, der am 05.01. die Division übernommen hatte, schickte den Offz. im DivStab Oblt. Möntmann zu den RgtStäben, da für mehrere Stunden jede andere Orientierung unmöglich geworden war. Dann fuhr er selbst nach vorn. Er stieß mehrfach auf durchgebrochene Panzerrudel und musste ihnen ausweichen. Als er den RgtGefStand des GR 426 erreichte, standen bei diesem Rgt. bereits die Grenadiere im Nahkampf mit den heranrollenden Russen. Das gleiche Bild bot sich ihm beim GR 434, und bis zum Nachmittag standen selbst einige Artillerie-Feuerstellungen im Nahkampf. Oblt. Dittloff, Führer des II./GR 424 unternahm mit den Resten seines Bataillons den Versuch, eine neue Widerstandslinie aufzubauen. Er fiel im Nahkampf. An dieser Stelle sei der Gefechtsbericht von Oberst Dr. jur. Henning Daubert eingebracht, der die Lage bei seinem GR 426 drastisch und dennoch korrekt schilderte:

„Als am 20.02. der russische Großangriff losbrach, hatte das Regiment zur Verteidigung seiner ausgedehnten HKL nur das schwache I. Batl. zur Verfügung. Zugeführte Teile des Sturmbataillons 18 kamen größtenteils zu spät.

Der Gegner hatte unter hohen Verlusten bis zum Nachmittag trotz verzweifelter Gegenwehr die gesamte HKL durchbrochen und den Regiments-gefechtsstand erreicht, dessen Bunker im Steilhang einer Kiesgrube lagen.

Im Verlaufe der Nacht zum 21.02. wurde der RgtGefStand mit den Resten meines Rgts., etwa 200 Mann, eingeschlossen. Während des nächsten Tages und in der Nacht zum 22.02. erwehrte sich das Regiment in einer engen Igelstellung an den Rändern der Kiesgrube mühsam der massierten, besonders von Süden und

Westen vorgetragenen feindlichen Angriffe. Nur infolge der ausgezeichneten Unterstützung durch den Kdr. des I./AR 125, Major Wolffram, und des von ihm vorzüglich geleiteten und bis auf kürzeste Distanz an unsere HKL herangezogenen Feuers gelang es, die Russen abzuschlagen.

Die mehrfach an die Division gerichtete Bitte um Genehmigung zum Ausbruch wurde mit der Begründung abgelehnt, dass erst auf den Höhen 1.500 Meter rückwärts eine neue Verteidigungsstellung aufgebaut werden müsse.

Am Vormittag des 22.02. wurde die Ausbruchsgenehmigung erteilt. Gegen 11:00 Uhr besprach ich in einer Kampfpause mit Major Wolffram die Lage. Er war für das sofortige Ausbrechen, ehe sich der Russe in dichten Massen und mit Panzern h i n t e r uns zum Angriff auf die neue HKL bereitstellte.

Dem Entschluss hierüber wurde ich wenige Minuten darauf enthoben, als der Gegner einen überraschenden Einbruch in die Kiesgrube unternahm.

Der Ausbruchsbefehl wurde durch Melder erteilt. Unter dröhnendem ‚Hurra!' durchbrach das Regiment gemeinsam mit dem Stab in einem Anlauf den Feind und erreichte den Hang zu jenem Höhenzug, auf dessen Kamm die neue HKL verlief.

In dieser neuen Stellung sammelte ich den restlichen Teil meines Regiments zu einem neuen Einsatz." (Oberstleutnant Daubert erhielt am 05.03.1945 das RK).

Der Abwehrkampf ging weiter. Seit Mittag des 21.02. war Preekuln zum „Festen Platz" erklärt worden. Das GR 422 hatte Befehl, sich hier bis zum Letzten zu verteidigen. Das GR 424, das links an das GR 422 anschloss, hatte an diesem Tage seinen Kommandeur, Oberstleutnant Lindow, verloren und wurde vom Rgt-Adj. Hptm. Grosche geführt. (Deutsches Kreuz in Gold am 24.04.1944 als Oberleutnant).

Während sich die Division bemühte, nördlich Preekuln eine neue Abwehrfront aufzubauen und sich das GR 426 (wie dargelegt) noch halten konnte, erhielten die beiden Rgter 422 und 424 am Abend des 21.02. Befehl, sich in der kommenden Nacht von Preekuln aus nach Nordwesten durchzuschlagen.

In einem schweren Nachtgefecht bei Julesmuiza wurden mehrere feindliche Sperrstellungen im Kampf Mann gegen Mann aufgebrochen. Die wenigen Panzer und Sturmgeschütze bildeten den Stoßkeil. Sie nahmen auch die Verwundeten mit zurück. In der neuen Stellung auf dem Grat der Hügellinie hatte sich die 126. ID sehr bald der Angriffe der Roten Armee zu erwehren.

Es gelang, allen Befürchtungen zum Trotz, diese Abwehrstellung zu halten. Hier war es wieder einmal mehr die 6./AR 126, die unter ihrem Batterie-Offizier Lt. Neumann allen Anstürmen weit überlegener Feindkräfte trotzte. Im Abwehrkampf gegen eine kompaniestarke Gruppe Rotarmisten, die in die Stellung eindrang, konnte diese niedergemacht werden. Im Nahkampf, als er drei Russen abwehren wollte, die einen Kameraden erschossen, fiel Lt. Otto Neumann. Ihm wurde posthum am 05.04.1945 das RK verliehen.

Als am 24.02. die Funkaufklärung einen starken Feindpanzer-Verband im Anrollen meldete, schien die Sache des nur noch 30 km entfernten Hafens Libau verloren. In der Front der 126. ID gab es an panzerbrechenden Waffen nur einige Ofenrohre. Doch die Russen hielten diesen Panzerverband an. In den Abendstunden des 24.02. verließ die 126. ID ihre Stellungen und übergab sie an die 132. ID. Sie marschierte in Richtung Küste ab, um den Verteidigungsabschnitt südlich von Libau zu übernehmen und sich von den Verlusten zu erholen.

Zurück zu den übrigen Divisionen, die am 20.02.1945 in dieser Abwehrfront eingesetzt waren und ein ähnliches Schicksal erlitten wie die 126. ID. Auch sie mussten sich auf die Höhenlinie von Vartaja zurückziehen. Der Feind kam hier nicht durch. Nördlich von Preekuln erlitt er durch die 11. ID, GenMaj. Feyerabend eine schwere Schlappe. Die Sturmgeschütze der Sturmgeschütz-Brigade 912 unter Major Joseph „Sepp" Brandner griffen hier erfolgreich in den Abwehrkampf ein und schossen eine Reihe angreifender Feindpanzer zusammen. (Siehe im folgenden Abschnitt Angriff der Sturmgeschütz-Brigade 912). Die 121. ID geführt von GenMaj. Werner Rank kämpfte sich schrittweise aus der mehrfach drohenden Überflügelung zurück und erlitt schwere Verluste. Sämtliche Bataillonskommandeure dieser tapferen Division fielen. Diese ostpreußische Division kämpfte mit letztem Einsatz. Sie schoss größtenteils durch Panzernahkämpfer 250 Feindpanzer und Lastwagen ab. GenMaj. Ranck erhielt am 02.03.1945 das RK. In die Front an der Vartaja wurde von der 18. Armee die 132. und 225. ID eingeschoben. Die Russen blieben noch weit vor dem Fluss liegen und wurden aufgerieben. Nur bei Krote erreichten sie das Steilufer des Flusses. Oberst Rudolf Demme, Kdr. der 132. ID, zeigte sich jeder Feindlage und jeder Krisensituation gewachsen. Er trug seit dem 14.08.1943 das RK das er als Kdr. Des PzGrenRgt. 59 erhalten hatte. Am 28.07.1944 wurde er als 537. Soldat mit dem EL ausgezeichnet und war immer noch Kdr. dieses Regiments. Generalleutnant Walther Risse hatte als Oberst und Kdr. des IR 474 am 22.09.1941 das RK erhalten, um als Kdr. der 225. ID am 18.01.1945 mit dem 704. EL ausgezeichnet zu werden. In diesen Kämpfen hatte die 18. Armee 5.400 Mann an Ausfällen zu beklagen. 40 % davon erlitt allein das I.AK. Doch der Durchbruch auf Libau blieb der Roten Armee auch diesesmal versagt. Dies lag nicht zuletzt auch am Einsatz der „Kurlandfeuerwehr" in Gestalt der 14. Panzerdivision.

# Die 14. Panzerdivision in der fünften Kurland-Schlacht

## Die Panzerbrigade Kurland

Noch bevor die 5. Kurland-Schlacht begann, hatte die 14. PD eine Reihe von Umstellungen und Neuaufstellungen durchzuführen, von denen die Neuaufstellung der Panzerbrigade Kurland einen größeren Aderlass bedeutete. GenLt. Unrein gab die Divisionsführung an Oberst Jürgens ab, um eine Korpsgruppe zu übernehmen.

Oberst von Usedom, der das PGR 108 geführt hatte, wurde zum Kommandeur der neu zu bildenden „Panzerbrigade Kurland" ernannt. Major Graf von Rittberg, zum DivAdj. Seit der Neuaufstellung der 14. PD im Frühjahr 1943, übernahm er anstelle des gefallenen Hptm. Schammler zunächst die PzAA 14, um im März 1945 Oberst von Usedom als Kdr. der PzBrig. Kurland abzulösen. Der bisherige OrdOffz der 14. PD Hptm. Kapitzki wurde am März 1945 Ia der Division.

Da in der gesamten HGr. Kurland ständiger Mangel an schnellen, kampfstarken Reserveverbänden bestand u n d ein solcher Verband auch die Lücken schließen sollte, welche der Abzug der 4. PD gerissen hatte, war der Entschluss zur Bildung der PzBrig. Kurland gefasst worden.

Die beiden Aufklärungsabteilungen der 12. und 14. PD bildeten den Kern dieser neuen Brigade. Hinzu kamen das ebenfalls aus Nachersatz und Teilen anderer Verbände aufgestellte Grenadier-Sturmbataillon Kurland und zwei Heeres-PiBatlne. Zur Panzerabwehr und als Unterstützungswaffen kamen eine neue Hetzer-Abteilung (Pak auf Selbstfahr-Lafetten) unter Hptm. Gutzeit, eine gemischte Panzerjäger-Abteilung, eine Beutepanzer-Kp. mit 10 T 34, eine Flakart-Abt. und eine Batterie leichter Feldhaubitzen, sowie Sanitäts- und Versorgungstruppen hinzu.

Dieser Verband sollte nicht in Einzeloperationen eingesetzt, sondern nur jeweils als Unterstützungsverband bei der 12. oder 14. PD zum Einsatz kommen.

Dies bedeutet für den Stab der Brigade Kurland, dass die taktische Führung der kämpfenden Verbände jeweils von den einzelnen Kampfgruppenführern geleistet wurde. Diese wurden von Fall zu Fall den schwer bedrängten Infanterie-Divisionen unterstellt. Das Brigadekommando schaltete sich unmittelbar in die Führung ein, wenn der Großteil derselben geschlossen eingesetzt wurde.

Als sich mit dem 17.02.1945 beginnend starke feindliche Stoß- und Spähtruppbewegungen zeigten und die Luftangriffe stärker wurden, schien ein neuer Großangriff der Roten Armee unmittelbar bevorzustehen.

Russische Schlachtflieger griffen in starken Pulks in Tiefangriffen Straßen und

Bahnlinien nahe dem Vartava-Abschnitt an. Hochbomber versuchten die im Hafen und auf Libau-Reede liegende Schiffe zu versenken. Dabei wurden einige Nachschubdampfer, die auf die Einfahrt in den Hafen warteten, versenkt. Als die Rote Luftwaffe einen geschlossenen Angriff gegen einen dicht unter Land versammelten Geleitzug flog, wurde sie beim Überfliegen der tiefgestaffelten Flaksperre zwischen Grobin und Libau erfasst und nicht weniger als 40 dieser Angreifer abgeschossen.

Die zum Hafenschutz eingesetzten Flak-Batterien und die Bordgeschütze und Flak der Schiffseinheiten schossen, was das Zeug hielt und brachten weitere 60 Feindflugzeuge zum Absturz.

Ein zweiter Angriff der Roten Luftwaffe auf Windau schlug ebenso fehl. Aus zwei großen Bomberpulks wurden einmal 19 und ein zweitesmal 26 Flugzeuge abgeschossen.

Ein Angriff der Roten Armee im Dreieck zwischen Curuli-Kniveri, Zingenieki und gegen die anschließende Waldstellung westlich der Linie Malini-Berzini blieb vor allem vor den Stellungen des PGR 108 liegen, noch bevor die stürmenden Schützenverbände den flachen und deckungsarmen Sumpfstreifen vor der HKL erreicht hatten.

Erst als am Morgen des 20.02.1945 das russische Trommelfeuer in einer bis dahin noch nicht erlebten Wucht begann, und die Verteidiger in vorderster Linie in volle Deckung zwang, gelangen den Russen auch hier einige Einbrüche.

Die sowjetische Artillerie hatte in ihrer breiten Feuerwalze einige Gassen ausgespart, die schräg zur Front verliefen. Darin konnten sich die Panzer ungehindert fortbewegen und erreichten unbeschossen die Tiefe des Hauptkampffeldes.

Zum Glück für die Verteidiger blieb die russische Infanterie zurück, weil ihre eigene Artillerie immer wieder falsche Schussangaben erhielten und auch in diese Gassen hineinschossen.

Während vorn die Front an einigen Stellen durchbrochen wurde, standen in der Tiefenstaffelung zwei weitere Abwehrlinien einsatzbereit. Erst als das Trommelfeuer der Russen spürbar nachließ, gingen diese Soldaten wieder in die HKL vor.

Die russischen Panzer erhielten offenbar nicht genügend präzisierte Befehle, denn immer wieder wurden kleinere Rudel im Gelände stehend beobachtet und unter Feuer genommen.

Ein aufgefangener Funkspruch der sowjetischen Führung lautete: „Angreifen! Angreifen! Kein Wagen darf zurückkommen, ehe er nicht die letzte Granate verschossen hat."

Den ersten Kampftag über gelang es, die eigenen Linien zu halten. Sowjetische Schützenverbände wurden aus dem Waldgebiet geworfen. Aber am zweiten Tage der Schlacht waren es bereits zwei Armeen, die hier völlig aufgefrischt im Einsatz standen und mit ihrem Schwerpunkt im Zentrum und auf dem linken

Flügel die schwach besetzte deutsche Front zwischen Paplaka und Krusatdroga angriffen.

Die Feindartillerie schoss nunmehr breite Feuerwalzen. In ihrem Granatenregen dicht auf folgend rollten „Sherman- und T 34" mit aufgesessenen Schützen an. Erst als die zweite Welle stürmten tiefgegliederte Infanterie-Kolonnen hinterher. Sie wurden von zahlreichen 12,2 cm-Sturmgeschützen und JS-Panzern gedeckt. Es gelang an allen Stellen, die Feind-Infanterie von ihren Panzern zu trennen. Aber derer wurden immer mehr. Mit bis zu zehn Panzern wurden einzelne kleine deutsche Stützpunkte angegriffen und in den Boden gewalzt.

Mit Nahkampfmitteln und im Kampf gegen russische Infanterie mit Handgranaten, MP's und Sturmgewehren konnte der Feind nicht mehr gestoppt werden, und wenig später tobte dieser Abwehrkampf auch in der Tiefenzone um die dort liegenden Stützpunkte.

Erst hier wurde der Widerstand stärker. Es ging nun von Waldstück zu Waldstück, von Graben zu Graben zurück, und bis zum Abend konnte die Rote Armee die Straße Zingenieki-Krote in breiter Form überschreiten und entlang der Rollbahn auf Lubaskrogs vordringen, ehe auch er erschöpft und ausgeblutet liegen blieb.

Durch Flankenstoß einiger Panther der Division und einiger SPW-Gruppen wurden die russischen Panzer abgeschossen, die zu weit vorgeprellt waren. Ein Panzervernichtungstrupp der PzNachr.Abt. 14 vernichtete nicht weniger als neun Feindpanzer.

Der Feind wurde in den nächsten Tagen gehalten und immer wieder zurückgeworfen. Der DivGefStand musste über die Vartava zurückverlegt werden, um ihn weiterer Zugriffsversuche sowjetischer Stoßtrupps zu entziehen. Im Norden bei Krote kam der Feind bis dicht an die Vartajabrücke heran, ehe er auch hier aufsteckte.

Am 28. Februar 1945 ließ der russische Angriff plötzlich nach. Das Artilleriefeuer wurde bedeutend schwächer, und nur noch kleine Panzerrudel fühlten gegen die deutschen Stellungen vor. Die Infanterieangriffe blieben im Abwehrfeuer liegen.

Die hohen Ausfälle zeigten der Roten Armee an, dass auch diese fünfte Kurland-Schlacht keinen Erfolg bringen würde. Libau wurde gehalten, auch wenn es in den ersten Tagen des März 1945 noch zu einigen schweren Abwehrkämpfen kam und die Russen einen Brückenkopf auf dem Westufer der Vartaja bildeten, der aber abgeriegelt und eingedrückt wurde.

Ab dem 28.02. löste die 14. PD ihre Verbände heraus und führte sie über Vartava in den Raum Tadaiki-Anski zurück.

Es zeigte sich am Ende des Monats, dass die 14. PD den überwiegenden Teil seiner Kampfkraft verloren hatte. Mit sechsfacher Übermacht angreifend war von der Roten Armee ein Geländegewinn von 5 km geschafft worden.

# Das Fazit der fünften Kurlands-Schlacht

Die Rote Armee hatte in den ersten Märztagen bei Frauenburg gegen das VI. SS-Korps unter Obergruppenführer Krüger noch einmal angegriffen. In tagelangen Kämpfen bei schneidendem Frost, stoppten die Männer der Waffen-SS gemeinsam mit der 122. ID, der 24. ID und der PzBrigade Kurland in den dichten Wäldern nahe Lieblidiene und Upesmuiza den Feind. Hier stand auch die 21. Lw-Felddivision unter GenMaj. Barth im schweren Abwehrkampf. Der Feind wurde gestoppt, und als Mitte März 1945 ganz überraschend Tauwetter einsetzte und binnen 12 Stunden das gesamte Gelände sich in eine unübersehbare Schlammfläche verwandelte, blieben alle Bewegungen darin stecken. Die Schlacht wurde von der Roten Armee abgebrochen. Diesmal hatte sie 70.000 Soldaten verloren. 608 Panzer, 436 Geschütze und 178 Flugzeuge hatte dieser fünfte Versuch gekostet, der HGr. Kurland den Garaus zu machen. Das einzige Ziel, das sie erreichten, war die Stadt Dzukste.

Am 18. März 1945 legte Großadmiral Dönitz in der Lagebesprechung im Führerhauptquartier seine letzten Pläne vor, die die Evakuierung der HGr. und damit Aufgabe Kurlands vorsahen. Der Marine standen noch 28 Schiffe mit 110.729 BRT zur Verfügung. Diese konnten in neun Tagen 23.250 Mann, 4.520 Pferde und 3.610 Kraftfahrzeuge zurückschaffen.

Hitler lehnte ein letztesmal ab. Das Schicksal der HGr. Kurland war entschieden, entschieden war auch das Los der Kurlandsoldaten.

GenOberst von Vitinghoff wurde aus Kurland nach Italien versetzt. An seine Stelle trat im „Brückenkopf" noch einmal GenOberst Dr. Lothar Rendulic. Er sollte nur 24 Stunden führen, bevor Hitler ihn nach Norwegen zur Rettung der Gebirgsarmee Norwegen schickte und den General der Infanterie Hilpert an dessen Stelle setzte, der bis dahin OB der 16. Armee gewesen war. Die Führung der 16. Armee übernahm Gen.d.Inf. von Krosigk. Er kam am ersten Tag seines neuen Kommandos bei einem Luftangriff ums Leben und für ihn sprang General der Gebirgstruppen Volckamer von Kirchensittenbach in die Bresche.

# Hauptmann Herbert Zimmermann-Panzeroffizier der 14. Panzerdivision im Kurland

Das Panzerregiment 36 der 14. Panzerdivision hatte bereits in der ersten Kurlandschlacht seinen Ruhm als „Feuerwehr" unter Beweis gestellt. Wie es begann, sei anhand der Aufzeichnungen von Herbert Zimmermann im folgenden Abschnitt dargelegt.

Anfang Oktober 1944 erhielt Major Sauvant ein Fernschreiben der 14. PD, in der er gedient und als Kdr. der I./PR 36 am 30.11.1942 das RK erhalten hatte. Darin wurde er gebeten, das PR 36 als Kommandeur zu übernehmen. Er war derzeit Taktiklehrer an der Panzertruppenschule Bergen. Sein Adjutant war Oblt. Herbert Zimmermann.

Sauvant nahm seinen Freund Zimmermann mit zur 14. PD, wo er eine Panzerkompanie erhielt. Es war die 1./PR 36.

Als sie mit einer Reihe weiterer erfahrener Panzerkommandanten und ausgebildeten Panzerbesatzungen bei der 14. PD eintrafen, befand sich diese auf dem Marsch von Riga in den Raum Moscheiken. Dort war die Rote Armee mit der I. und II. Baltischen Front am 5. Oktober 1944 zum Angriff angetreten. Im Raume Schaulen-Moscheiken versuchten ein Panzerkorps, acht Panzerbrigaden und 29 Schützendivisionen durchzubrechen und nach Nordwesten Boden zu gewinnen. An der Spitze des PR 36 fuhr die Panther-Kp. Zimmermann aus dem Raume Riga nach Südwesten, erreichte Dzukste und in der Nacht zum 06.10. Ezere. Hier mussten die Panther erst die Panzergrenadiere aufschließen lassen. Am Mittag des 06.10. war Autz erreicht.

Hier gab Oberst Oskar Munzel den Befehl aus: "Alles auf Preekuln eindrehen und südlich davon einen Sperr-Riegel aufbauen".

Am Morgen des 08.10 war das PR 36 westlich der Straße Preekuln-Skuodas versammelt. Hier stellten sich die Panzer der I./PR 36 unter Major Molinari bereit. „Panzer Marsch!" befahl Zimmermann seinen 10 Panthern, die die Spitze übernommen hatten und der AbtKdr. mit seinem Befehlswagen und den zwei Begleitpanzern folgten. Berzukrogs wurde als erstes durchrollt, dann röhrten die zehn Panther auf Gramzda zu. Kurz vor Erreichen dieser Ortschaft befahl Maj. Molinari auf Lejini einzudrehen. Dort sollte das PGR 108 stehen, mit dem vereinigt die I./PR 36 nach Südosten vorstoßen sollte. Sie stießen kurz vor Lejini auf den Kdr. des PGR 108 und besprachen den Angriff. Major Molinari erfuhr, dass die II./PR 36 unter Befehl des RgtKdrs bereits über Indriki hinaus nach Osten vorgedrungen war.

Eine Stunde später begann der Angriff. Die ersten Feindpanzer tauchten auf. Das Gefecht begann, und die Pantherbesatzungen erwiesen sich als durchaus schusssicher. Insgesamt wurden elf Feindpanzer und sieben Pak abgeschossen. Davon kamen zwei Panzer und eine Pak auf Zimmermanns Konto.

Nach Einfall der Dunkelheit wurde die mittlere Gruppe mit den 10 Panthern Zimmermanns vom Feind umgangen. Oberst Grässel befahl den Rückzug. Die Panzer rollten nach allen Seiten feuernd zurück. Sie ermöglichten den Panzergrenadieren, sich ohne große Verluste absetzen zu können. Sie setzten sich in der Linie Kopenieki-Pilskalni fest. Hier erlebten sie einige gefährliche Tage und Nächte.

Die Kämpfe in diesem Raum dauerten bis zum 15. Oktober. Insgesamt schoss die 14. PD seit dem ersten Tag ihres Einsatzes über 100 Panzer und gepanzerte Fahrzeuge ab. Oberst Oskar Munzel erhielt das RK.

(Fortsetzung Text Seite 193)

Generaloberst Georg-Hans Reinhardt,
Träger des Ritterkreuzes mit Eichenlaub und Schwertern.
(118. Schw. am 26.5. 1944)

Generalmajor Hyazinth Graf von
Strachwitz (11. Träger der Brillanten
zum RK mit Eichenlaub und Schwertern). Am 15. 4. 1944)

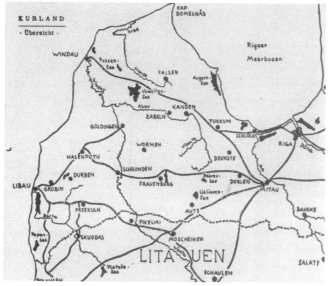

Übersichtskarte des
Kurländischen
Raumes.

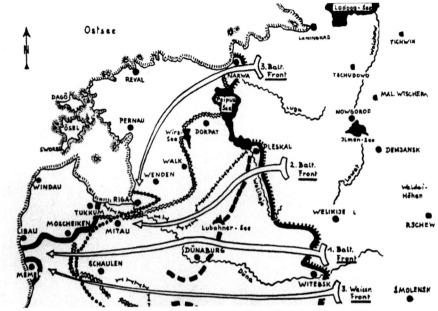

Der sowjetische Großangriff aus der Front Witebsk-Pleskau-Narwa

Generaloberst Eduard Raus.
(Träger des 280. EL am 22.8.1943).

Riga, alter Sitz des Deutschen Ordens. Lange Zeit Hauptstadt des Reichskommissariats Ostland. Die Stadt konnte kampflos geräumt werden.

Links: Generalleutnant Martin Unrein. (515.EL zum RK am 26.6.1944)

Rechts: General der Infanterie Anton Grasser. (344. EL zum RK am 5.12.1943)

Brücke über die Windau in Goldingen.

Generalmajor Siegfried Thomaschki. (299. EL zum RK am 11.9.1943)

Generalleutnant Bruno Frankewitz. (790. EL zum RK am 16.3.1945)

Generalleutnant Albert Hentze.( 709. EL zum RK am 21.1.1945).

Generalfeldmarschall Ferdinand Schörner. Hier ein früheres Foto. (23. Brillanten zum RK mit EL und Schwertern am 1.1.1945)

Die lettische Bevölkerung vor den Russen auf der Flucht.

General der Artillerie
Horst von Mellenthin.
(815. EL zum RK am
4.4.1945).

Generalleutnant Erpo
Frhr. von Bodenhausen.
(RK am 17.12.1943)

Generalleutnant Walther
Risse (704. EL zum RK
am 18.1.1945)

Eine aus der HKL zur
Auffrischung abgelöste
Kampfgruppe geht
zurück.

Generalmajor Werner Mummert (107. Schwerter zum RK mit EL am 23.10.1944).

Generalmajor Werner Rudolph Anton. (RK am 16.11.1944)

Links: Generalmajor Rudolf Dämme. (537. EL zum RK am 28.7.1944)

Rechts: Oberstleutnant Karl-Theodor Molinari. (RK am 3.11.1944)

Abwehrstellung in einem dichten Verhau. Hier wurde ein russisches Regiment gestoppt.

Ein getarnter Kampfstand wird eingerichtet.

Auf dem Marsch zur Küste. Für diese Soldaten naht die Stunde der Rettung.

Eine Flak-Kampfgruppe fertig zur Abwehr der Tieflieger.

Leutnant Werner Mozer rettete den Frontabschnitt. (RK am 11.12.1944)

Stabsgefreiter Wilhelm Jerschke. Ein As der 32.ID. (RK am 7.10.1944)

Gefreiter Manfred Kuhnert. (RK am 22.1.1944).

Oberfeldwebel Walter Rappholz. (RK am 3.11.1944)

Panzerfaustschütze erwartet den Feind.

MG-Munition wird gegurtet, um beim nächsten Angriff gewappnet zu sein.

Oberst Joachim Reuter.
(RK am 27.8.1944).

Hauptmann Fritz Hockenjos.
(RK am 2.9.1944)

Major Klaus von Bismarck.
(669. EL zum RK am 26.11.1944)

Feldwebel Hans Henckenschuh.
(RK am 10.9.1944)

Verwundete aus der zweiten Kurland-
schlacht gehen zum Hauptverbandsplatz.

Ein Grenadier hat eine Panzerfaust
ergattert und geht nach vorn.

Das Deutsche Kreuz in Gold wurde
jenen Soldaten verliehen, die sechs
mal Leistungen erbracht hatten, die
für das EK I. reichten.

Es wurden echte Zigarretten verteilt.
Dieser Grenadier hatte Glück.

Oberst Wilhelm Harms.
(RK am 1.2.1945)

Oberst Hans Christern.
(RK am 31.1.1941)

Oberstleutnant Konrad Zeller.
(495. EL zum RK am 9.6.1944).

Oberst Wilhelm Herb.
(RK am 12.8.1944)

Ein Panzer IV - der Standardpanzer in allen Kriegsjahren.

Ein Panzervernichtungstrupp übernimmt „Ofenrohre" genannte Panzerschreck.

SS-Brigadeführer Streckenbach.
(701. EL zum RK am 16.1.1945)

SS-Obersturmbannführer Friedrich-
Wilhelm Karl. (RK am 26.12.1944)

SS-Standarten - Oberjunker Georg
Schluifelder. (RK am 26.11.1944)

SS-Hauptsturmführer Martin Gürtz.
(RK am 23.10.1944)

Die Häfen Libau und Windau sehen die Ausschiffung neuer Truppen.

Vorposten - und Minensuchboote sind in dauerndem Einsatz.

Admiral Theodor Burchardi, Kommandierender Admiral östliche Ostsee war für alle Kriegsschiffeinheiten in der Ostsee verantwortlich. (823. EL zum RK am 8.4.1945)

Fregattenkapitän Adalbert von Blanc. (866. EL zum RK am 7.5.1945)

Korvettenkapitän Dr. Emil Kieffer. (RK am 3.12.1944)

Fregattenkapitän Erich Brauneis. (RK am 28.12.1944)

Kapitänleutnant Carl Hoff.
(RK am 28.5.1945)(nach Beendigung
des Krieges noch überreicht).

Kapitänleutnant Werner Weinlig.
(RK am 10.5.1945)

Kapitän zur See Hans-Jürgen Reinecke.
(RK am 21.4.1945)

Über Funkbeobachter an Land wurden
die Kriegsschiff-Einheiten eingewie-
sen.

Die Feldpost für die HGr. Nord. Letztes Verbindungsglied zu der Heimat.

Soeben angelandeter Treibstoff wird zum Auftanken der Panzer benutzt.

Die Artillerie wurde oft zum Lebensretter. Vorausgesetzt, es gab Munition.

Schwere Granaten werden auf kleinen Spezialwagen ans Geschütz geschafft.

Pferdetransporte waren im Schlamm die einzige Möglichkeit, Munition und Verpflegung nach vorn zukarren. Hier an einer Bach-Tränke.

Im tiefsten Schnee eingesunken ein treuer Begleiter der Grenadiere.

Generalmajor Kurt Hähling. Er führte
die 126.ID in den letzten Kriegstagen

Fregattenkapitän Karl Palmgreen, Chef
der 3. Sicherungsflottille in der 9.
Sicherungsdivision (RK am 3.8.1941,
523. EL am 17.11.1944)

In der vier-
ten Kurland-
schlacht
erhielt die
HGr. Nord
die neue
Bezeich-
nung: Hee-
resgruppe
Kurland.
Bereitstel-
lung zum
Gegenstoß.

Oberleutnant Bruno Belz.
(RK am 30.4.1945)

Hauptmann Jürgen Gauss.
(RK am 28.3.1945)

Oberleutnant Hans-Joachim Floer,
KpChef in der 12. PD. (RK am 5.3.1945)

Die Front verläuft vor russischen Panzer-wracks, die gute Deckung abgeben.

Abgeschossene Feind-panzer auf der Plaine.

Hier haben gleich zwei den Graben nicht mehr geschafft.

Straßen und Wege versinken im Schlamm.

Am Strand bei Libau bilden nicht mehr fahrbereite Kraftfahrzeuge einen riesigen Autofriedhof.

Die letzte Aufnahme von Großadmiral Dönitz wenige Tage vor Kriegsende. Seine Sorge galt den Kurlandkämpfern und den Flüchtlingen aus Ostpreussen gleichermaßen.

Im Raume Rubarzi auf-
gefahrener Panther

Dieser Koloss wurde
zerschrottet.

Russische
Kriegsgefangene.

Major Josef Brandner.
Kommandeur der Sturmgeschützbrigade 912 - „Kurland-Feuerwehr".
(RK am 17.3.1945. 846. EL am 26.4.1945).

Hauptmann Johannes Dratwa kämpfte in der StGeschBrig. 184 in Kurland.
(RK am 5.3. 1945)

Von Nahkämpfern vernichtete russische Panzer.

Unteroffizier Roman Niedzwitzki. Vorgeschobener Beobachter in der 290. ID. (RK am 28.4.1945)

Hauptmann Werner Buxa führte die 1./GR 44. (RK am 23.3.1945)

Hauptmann Werner Kamischke. Kdr. II/GR 4 der 32.ID. Kampfgruppenführer von Rang. (RK am 9.1.1945)

Hauptmann Paul Helmig. Kdr.I./GR 94 der 32.ID. (RK am 4.10.1944.)

Fahnenjunker Stabsfeldwebel Otto Hamburger, MG-Schütze in der 126.ID (RK am 4.10.1944)

Hauptmann Viktor Bruck. Bataillons-kommandeur I./GR 376 der 225.ID. (RK am 20.10.1944)

Lt. Heinz Brand, KpFhr. im GR 103 der 14.PD. (RK am 6.5.1945)

Leutnant Helmut Höhno. ZugFhr. in der schweren PzAbt. 510, RK am 9.12.1944 nach großen Abschusserfolgen

Oberstleutnant Dietrich Hrabak.,
Geschwaderkommandore des JG 54
im Kurlandkessel.
(RK am 21.10.1940. 337. EL am
25.11.1943.)

Hauptmann Max Stotz. Er errang als Ofw.
im JG 54 am 19.6.1942 das RK und wurde
am 30.10.1942 mit dem 137. EL ausgezeichnet.

Eine Me 109 wird einsatzbereit gemacht. Die
Grünherz-Jäger waren in ganz Kurland
bekannt.

Feldwebel Ulrich Wernitz, Flugzeugführer in
der 4./JG 54 kämpfte sich über Kurland in die
Reihe der „Hundert-Luftsiege-Halter". 8RK
am 29.10.1944)

Major Kurt Kuhlmey führte in Kurland die II./ Stukageschwader 3.

Einer seiner Kameraden war Oblt. Siegfried Göbel, der in Kuhlmeys Gruppe stand.

General der Flieger Kurt Pflugbeil, Oberbefehlshaber der Luftflotte 1. (562. EL zum RK am 27.8.1944.) Der „alte Adler" ging mit seinen Soldaten in die russische Kriegsgefangenschaft, aus der er am 4.1.1954 entlassen wurde.

Generaloberst Carl Hilpert, letzter Oberbefehlshaber im Brückenkopf Kurland, teilte sein Schicksal. Er verstarb unter ungeklärten Umständen 1946 in Moskau. (542. EL zum RK am 8.8.1944).

Am 25.10 begann die erste Kurland-Schlacht. Die Infanterie musste nach einigen Tagen ausweichen. Bei dem russischen Angriff des 29.11. traten auch Zimmermanns Panzer gemeinsam mit Teilen der sPzAbt. 510 an und schlugen den Feind zurück.

Bei diesem Einsatz stießen die Panther auf russische JS-Panzer. Der erste dieser bulligen schweren Gegner wurde von einer 7,5 cm-Granate der langen Pantherkanone zwischen Turm und Unterwagen getroffen. Der nächste Schuss traf das Heck, aus dem Flammen emporsprangen. Der Panzer brannte völlig aus. Auch der Zugführerwagen erzielte einen Abschusserfolg.

Die Tiger kamen heran und eröffneten das Feuer aus 1.800 Metern. Weitere JS-Panzer blieben getroffen und brennend liegen.

Der Angriff russischer Gardeverbände, begleitet von schwerem Werfer- und Salvengeschütz-Feuer riss die Schützen zwar nach vor. Aber der Durchbruch gelang ihnen nicht. Am 15. November wurde auch Major Molinari mit dem RK ausgezeichnet.

Diese Einsätze machten das PR 36 zur Kurland-Feuerwehr. Bis zum 28.11.1944 schoss es 68 Feindpanzer, darunter 20 JS-Panzer ab.

Mit der Bildung der gepanzerten Gruppe Sauvant kam es zu einigen weiteren Umbesetzungen. Major Molinari wurde zur Führerreserve versetzt, um sich auf den Dienst als RgtKdr. vorzubereiten. An seine Stelle trat Hptm. Neuendorff, der zeitweise für den abwesenden RgtKdr. im Dezember das PR 36 führte.

Bis zum 20. Januar 1945 blieb es in diesem Geländeabschnitt ruhig. Am 23.01.1945 begann die vierte Kurland-Schlacht. Der zugefrorene Vartava-Sumpf bot der Roten Armee alle Chancen, hier durchzubrechen.

Am Morgen des 25.01.1945 trat die 14. PD zum Gegenangriff an. Die Panzer drangen, geführt von Hptm. Neuendorff, auf zwei Waldwegen vor. Als ihnen MG-Feuer entgegenpeitschte, wurde „Gefechtsbereitschaft!" befohlen. Sie rollten, schneller werdend, durch Busch- und Kiefernbestände. Plötzlich paukte es aus Dutzenden Werferstellungen auf sie herunter. Von den „Kartoffelschmeißern" (den kleinkalibrigen) bis zu den berüchtigten 30 cm Werfern krachten die Granaten auch vor Zimmermanns Wagen auseinander. Splitter schlugen gegen Bug und Seiten.

Mit Sprenggranaten wurden die Werferstellungen im Vorrollen zusammengeschossen. Sie erreichten eine beherrschende Höhe und sahen bereits die ersten heranrollenden Feindpanzer.

Es waren US-Sherman-Panzer, die sie hier das erstemal sahen. Aus Dutzenden Panzerkanonen peitschten die Abschussflammen. Nach etwa 30 Minuten war der Sherman-Angriff unter Verlust von 11 Shermans abgeschlagen. Am Abend war die alte HKL wieder in eigenem Besitz. Die 14. PD hatte insgesamt 63 Feindpanzer vernichtet.

Als die Russen erneut angriffen, wurden sie von den Panzergrenadieren und

Panzern abgeschmiert. Ein russischer Oberst der Schützen ließ an seinen Armeestab funken: „Schickt Panzer und Pak! Wir liegen fest! Die 14. Panzerdivision greift an!"

Am 28. Januar meldete der deutsche Wehrmachtbericht das Ende der vierten Kurland-Schlacht, in welcher Zimmermann das EK I. verliehen wurde.

Am späten Abend des 3. Februar 1945 war die Kp. Zimmermann auf der gesamten Abschnittsbreite des PGR 108 verteilt. Inzwischen hatte Oberst von Usedom das Regiment übernommen. Auf dem linken Divisionsflügel griffen sowjetische Sturmdivisionen in den frühen Morgenstunden des 04.02.1945 an. Panzer rollten ihnen voraus, um Durchbruchsgassen freizuschießen.

Hptm. Zimmermann hatte seine Panzer hinter einem Kusselgebüsch in Deckung fahren lassen. Er konnte von seinem Standort aus einen Teil des voraus liegenden Bachgrunds überblicken. Schneidende Kälte biss sich durch die dicken Ohrenschützer und Wattejacken. Als Zimmermann rechterhand einige Leuchtkugeln aufsteigen sah, fragte er den AbtKdr.: „Was ist los?"

„Die Russen kommen! – Aufpassen!"

Als die ersten sowjetischen Schützenrudel ins Blickfeld des Hptms. kamen, befahl er „Sprenggranaten laden!"

Die Russen überschritten in dichten Gruppen den Hang und gerieten in den Schussbereich der Panzer. Die Abschüsse hallten wie ein einziger Feuerschlag. Die Sprenggranaten detonierten in den Feindgruppen und ließen sie auseinander flattern. Dann rollten sie den Hang zur Rechten hinauf und strichen – oben angekommen – das Gelände mit ihren MG ab, um anschließend erneut Panzergranaten zu schießen. Der Richtschütze des Panthers von Zimmermann sah die fünf aus der rechten Flanke anrollenden Feindpanzer als erster. Er meldete dem Chef. Sie luden in fieberhafter Eile Panzergranaten und rollten dann nach halblinks weg. Ein kurzer Schießhalt der Hälfte von Zimmermanns Panthern und die Abschüsse ihrer Kanonen ließen vier Gegner abrupt stehenbleiben. Während sie anrollten, schoss die zweite Hälfte der Kompanie, und wieder waren es drei Panzer, die diesen Angriff mit dem Ende bezahlten.

Sie zogen 100 Meter weiter vor, walzten brechendes Gebüsch zusammen und sahen sich einem T 34 aus nur 80 Metern Distanz gegenüber. Der eigene Richtschütze schoss zuerst und besiegelte damit das Schicksal dieses Gegners.

„Vierhundert, 13 Uhr!" rief Zimmermann seinem Richtschützen zu, als er einen T 34 sah.

„Erkannt!" erwiderte der Richtschütze und mit einer kleinen Kurbeldrehung und einem Tritt auf den Schwenkkreis des Panthers kam dieser Panzer ins Visier. Sie schossen fast gleichzeitig. Dem T 34 wurde der Turm von der Zahnkranzhalterung des Unterwagens gerissen. Die Besatzung büchste aus und war verschwunden.

Die restlichen Feindpanzer zogen sich zurück. Doch wenige Minuten später rollte ein weiteres Panzerrudel heran. Auch dieses wurde abgewehrt. Die Russen verzettelten ihre Kräfte, als sie jeweils nur mit einer Handvoll Panzer angriffen, die schnell zu Zielen der deutschen Panzer wurden.

Richt- und Ladeschützen in den Panzern arbeiteten wie Roboter. Alles ging in der Präzision des Gelernten vor sich, und jeder Befehl wurde zügig und sofort umgesetzt. Das sicherte ihr eigenes Überleben.

Die Langrohrkanonen hämmerten ihre Granaten in den Panzerstahl der Russenpanzer. Flammen schlugen heraus.

Dann wurden sie zum Rgt. 108 am Bachgrund gerufen, wo russische Panzer die Panzergrenadiere in den Grund einwalzen wollten. Als hier eine zweite Panzerwelle heranrollte, um das Werk der abgewiesenen ersten Welle zu vollenden, waren die Panther zur Stelle.

Es waren 20 T 34, die rasch herankamen. Sie wurden vom überschlagenden Einsatz aus jeweils vier Panzerkanonen empfangen, und von ihnen schoss keiner vorbei. Vier T 34 blieben liegen. Die übrigen verstärkten ihr Tempo und rollten weiter, um in die Salve der nächsten vier Panther hineinzurollen und ebenfalls abgeschossen zu werden. Die anderen vergrößerten ihre Abstände zueinander und schossen im Vorrollen.

Auch dieser Angriff wurde abgeschlagen. 26 Stunden hatte die Panzer-Kampfgruppe Zimmermann im ununterbrochenen Einsatz gestanden. 26 zerschossene Feindpanzer lagen vor dem Abschnitt des PGR 108. Der wichtige Flussabschnitt bei Preekuln war gerettet.

Für diesen schlachtentscheidenden Einsatz erhielt Hptm. Herbert Zimmermann am 27.02.1945 das Ritterkreuz. Von seinem Divisionskom-mandeur wurde er wegen Tapferkeit vor dem Feind zur Beförderung zum Major eingegeben. Wenige Tage darauf übernahm er die Führung der II./PR 36 als Kommandeur und erlebte das letzte verzweifelte Ringen der 14. PD in Kurland, über das im abschließenden Einsatzbericht der 14. PD bis Kriegsende zu lesen sein wird.

# STURMGESCHÜTZ-BRIGADE 912 IN KURLAND

Hauptmann Josef Brandner erhielt nach seinen Erfolgen während der Abwehrkämpfe in Rumänien den höchsten rumänischen Orden Michael der Tapfere der ersten Klasse. Er war bereits im Ehrenblatt des Deutschen Heeres genannt und zum zweitenmal zum Ritterkreuz eingereicht worden.

Dass dieser russische Großangriff, der am 26. April 1944 begann, gestoppt werden konnte und dem Feind der Einbruch zwischen Pruth und Moldau und durch das Tal des Sereth direkt nach Ploesti verwehrt wurde, war mit sein Erfolg. Er hatte bis dahin 50 russische Panzer mit seinem Sturmgeschütz abgeschossen und als Chef der 2./Sturmgeschütz-Brigade 202 hohe Führungsqualitäten unter Beweis gestellt.

Bis zu diesem Zeitpunkt hatte er das Sturmabzeichen mit der stolzen Zahl 100 erhalten. Hundertmal war er an der Spitze seiner Batterie gegen den Feind gefahren.

Am 2. Juni 1944 erreichte ihn der Marschbefehl zur Sturmgeschützschule Burg bei Magdeburg. Dort sollte er die seit dem Frühjahr aufgestellte StGeschBrigade 912 als Kommandeur übernehmen.

Doch zuvor hatte er einen Kommandeurslehrgang zu durchlaufen, um anschließend den lange fälligen Urlaub nach Wien anzutreten.

Eingangs Dezember 1944 gebar seine Frau ihm einen Sohn, und am 10. Dezember erreichte ihn ein Telegramm, das ihn zur sofortigen Übernahme der Brigade 912 zurückrief, die sich bereits in Kurland im Einsatz befand.

Hptm. „Sepp" Brandner erreichte seine Brigade am 12.12. 1944, zu der er gleich nach der Ausschiffung in Libau eilte.

Als erstes erkundete er mit seinem Stab das vorgesehene Einsatzgelände, bevor er sich als neuer Brigadekommandeur bei GenLt. Feyerabend, Kdr. Der 11. ID meldete, dem seine Brigade unterstellt war.

Sepp Brandner verlangte sofort das noch fehlende Kommandeursgeschütz und erhielt außerdem drei zusätzliche Geschütze für den Schwerpunktein-satz.

Nach zwei Tagen kannte „Sepp" jeden Mann seiner Brigade. Tag für Tag fuhr er zur Geländeerkundung hinaus. Er wusste, wie er die Brigade einzusetzen hatte, wenn die dritte Kurland-Schlacht begann.

Am 21. Dezember war es dann so weit. Nach schwerer Feuervorbereitung begann der russische Großangriff. Der Brigadegefechtsstand bei Frauenburg wurde von einem wahren Granatenhagel eingedeckt. Zu den Waffen, die der Feind einsetzte, gehörte auch eine Brigade mit Salvengeschützen, den berüchtigten „Stalinorgeln", die von den Russen „Katjuschas = Kätchen" genannt wurden. Die Brigade war in der vorangegangenen Nacht bereits durch Brandner in die

Bereitstellungen vorgezogen worden. Der OrdOffz. Oblt. Opel, übergab dem Kommandeur die vom Funk-Uffz Kaiser aufgefangene Funkmeldung: „Starkes Störfeuer, Herr Hauptmann!"

„Sturmgeschütze gefechtsbereit machen!" befahl der Kommandeur. Wenig später liefen die starken Maybach-Motoren warm. Die Funker gingen auf Empfang. Die russische Feuerwalze tastete sich derweilen näher und näher an Frauenburg heran.

„Herr Hauptmann: Funkmeldung von der Gefechtsbatterie. Schwerstes Artilleriefeuer auf die Bereitstellungen."

„Hundertprozentige Wachbereitschaft! Angriffsbeginn sofort melden", befahl Brandner.

Zehn Minuten darauf wurden die ersten T 34-Rudel gemeldet, die zunächst vorsichtig vorfühlten. Das Angriffziel war nach wenigen Minuten klar: Die Rollbahn Tukkum-Frauenburg. Wenn die Rote Armee ihr Ziel erreichte, hätte sie die Heeresgruppe Kurland aufgespalten und wäre sicherlich dazu übergegangen, die beiden Armeen nördlich und südlich von Frauenburg einzeln zu vernichten, indem sie die eine Armee mit Fesselungsangriffen unter Kontrolle hielt, um mit dem Gros aller Panzerverbände auf die zweite Kurland-Armee einzuhämmern, um sie zu vernichten.

Hier der erste Bericht, den Major Sepp Brandner dem Autor nach dem Kriege über die Ausgangsposition machte:

„Es ist 07:20 Uhr. Der Schwerpunkt des Angriffs zeichnet sich ab. Ich erhalte Befehl, mit der Brigade dorthin zu rollen und den Feind zu stoppen.

Zwanzig Minuten darauf wurde ein erster Einbruch in unsere HKL von einem Kilometer Breite gemeldet. Dort überrollte der Feind mit schweren und schwersten Panzern unsere Infanterie.

Ich setze mich an die Spitze meiner Brigade und rolle zur Einbruchstelle vor. Der Feind kann mich am Brigadeständer erkennen, der rechts am Abdeckblech meines Geschützes flattert. Vielleicht auch an den über 50 Abschussringen um das Rohr der Kanone. Soll er!

Wir fuhren mit größeren Abständen, um den Russen kein geschlossenes auch mit Artillerie gut zu bekämpfendes Ziel zu bieten. Aber auch vor anrollenden Feindpanzern müssen wir gewappnet sein.

Schon flammte der Abschuss eines Feindpanzers auf. Der Einschlag kracht knapp rechts seitlich von uns. Der Fahrer erfasst die Situation in Sekundenschnelle. Er zieht den Knüppel rechts an, und wir stehen in Schussrichtung zu unserem Widersacher.

Ich weise den Richt-Unteroffizier ein. Er bekommt die Entfernung. ‚Ziel erkannt!' meldet er, und schon peitscht die erste Granate aus dem Rohr. Eine Stichflamme beim Gegner, der anvisierte T 34 explodiert.

Genau vierhundert Meter weiter bricht eben ein zweiter T 34 durch und erreicht die Rollbahn.

‚Verdammt! – Ladehemmung!' ruft der Richtschütze. Der Ladekanonier flucht. Alles dies spielt sich innerhalb von Sekunden ab. Die beiden nachfolgenden Geschütze sind ebenfalls schon im Gefecht mit weiteren T 34 verwickelt. Sie können nicht helfend eingreifen. Warum schießt der T 34 denn nicht? Was ist bei ihm los?

In diesem Moment erfolgt dort der Abschuss, und gleich darauf rasiert die Granate über uns einen Baumwipfel.

Mit der ‚Schere' klebe ich fast auf dem Gegner, so nah ist er bereits herangekommen. Dann ruckt mein Geschütz, und ich sehe die grelle Flammenrosette des Einschlags am Bug des T 34. Dessen Besatzung bootet aus und verschwindet im Gebüsch.

Auf der vor uns liegenden Straßenstrecke liegt nun ein starker Artillerie-Feuerüberfall. Der Feind hat den Anmarsch der Brigade erkannt und will sie außer Gefecht setzen, noch ehe wir richtig in den Kampf eingegriffen haben.

Ein Funkspruch der 2. Gefechtsbatterie geht ein: ‚Eigene Infanterie verläßt rechts von uns die Stellungen und weicht vor den Russen aus.'

Aber wir können die rechte Flanke nicht unterstützen, denn nun kommen die dichten Panzerrudel in zwei Sturmspitzen herangedröhnt. Das Duell beginnt. T 34 und JS-Panzer schießen aus allen Rohren. Dennoch: Wir schaffen es, einige gleich zu Beginn abzuschießen.

Die Richt- und Landeschützen arbeiten wie besessen. Die Fahrer kurven hin und her. Granaten zischen an uns vorbei. Panzer, Panzer, Panzer, wohin man blickt.

Die ersten Meldungen laufen ein. Die Brigade hat bereits 20 Feindpanzer abgeschossen. Dann wurde eine Erfolgsmeldung von 26 Abschüssen gesammelt durchgegeben. Dies zeigt, dass meine Bereitstellung an den neuralgischen Stellen richtig war und dass der Feind genau dort kam, wo ich es vermutet hatte. Das russische Sperrfeuer setzt wieder ein.

‚Gas geben! – Gas, Gas!'

Mit eingezogenem Genick brausen wir durch das Sperrfeuer, sehen Einschlagfontänen zu allen Seiten emporsteigen. Das Geschütz rumpelt in einem Granattrichter hinein, legt sich weit über und kommt wieder in die Gerade zurück. Mit aufheulendem Motor geht es weiter. Wir rollen der zurückrennenden eigenen Infanterie entgegen. Die Kameraden sehen uns, reißen die Arme hoch, brüllen! Sie sind nicht mehr allein dem Panzerangriff ausgesetzt. Jetzt bekommen sie den Schutz, den sie bei einem massierten Panzerangriff haben müssen, wenn sie nicht vernichtet werden wollen.

Ein neuer Funkruf: ‚Hier Egghardt. Stehen auf der linken Flanke' meldete der Chef der 2. Batterie, Lt. Alfred Egghardt.

Er war einer der Tapfersten der Brigade, unermüdlich trat er mit seinen Sturmgeschützen an, wenn es brannte und rollte der Infanterie zur Hilfe. Am 20.

April 1945 wurde er mit dem Ritterkreuz ausgezeichnet.

„Was ist dort bei euch los?" fragte ich.

‚Schwere Panzergefechte. Unzählige Feindpanzer rollen auf uns zu!'

‚Wir kommen, haltet aus!'

Und wie wir losbrausten. Wir sehen von weitem schon die Flammen, die aus den brennenden Panzern in die Höhe schießen. Dorthin müssen wir. Meine beiden Kommandeursgeschütze staffeln sich rechts und links von mir. Ich rufe sie: ‚Brandner an Opel: Stehenbleiben und Feuerschutz übernehmen. Flanken sichern; ich versuche, die alte HKL zu erreichen.'

Im nunmehr wieder voll einsetzenden Artilleriefeuer rollt das Chefgeschütz vor. Auf einmal erkenne ich aus dem brodelnden Dunst aus Flammen und Rauch T 34 hervorbrechen. Es sind unheimlich viele. Wohl die zweite Angriffswelle. Ich rufe:

‚Halt! Linker Panzer, elf Uhr Entfernung 300, feuern!'

Die erste Panzergranate verlässt das Rohr und trifft den Gegner genau. Seine Munition explodiert. Mit einer hellen Stichflamme bricht er auseinander. Das ganze Rudel scheint etwas abgeschreckt, aber es schießt, und ich sehe die Mündungsfeuer nahe vor mir, halblinks wie halbrechts aufflammen.

Immer wieder kommen wir nach einem kurzen Rochieren in eine neue Schussposition. Mehr und mehr T 34 brennen. Die zurückgegangene Infanterie arbeitet sich hinter unseren drei Geschützen ebenfalls in Richtung HKL vor, sie erreicht ihre alten Stellungen und wirft im Nahkampf den drinsitzenden Feind wieder hinaus. Sie kämpfen entschlossen, weil sie wissen, sie sind nicht allein.

Oberleutnant Egghardt meldet ‚schwere russische Granatwerfer!'. Schon hauen auch bei uns diese Mordsbrocken ein. Aber wir müssen stehen bleiben, dürfen uns nicht absetzen, denn wenn wir dies täten, würden uns die Feindpanzer sofort im Nacken sitzen, was dann auch das Aus für unsere Infanterie und damit für den Bestand der HKL wäre.

Eines meiner Geschütze wird von den näherkommenden Einschlägen getroffen. Wir können jetzt nur noch eines tun: Über die eigene HKL hinaus nach vorn fahren, dorthin, wo uns die Werfer nicht vermuten. Dazu muss ich mit Kopf raus, um genug sehen zu können.

Ein Infanteriegeschoss zirpt an mir vorbei, ähnlich wie damals, als mir der Hals zerschossen wurde. Diesmal gehen die Schüsse vorbei.

Wir rollen in schneller Fahrt mit allen Geschützen vorwärts, schießen auf die Widerstandsnester, fahren mitten unter die Russen und überkarren sie, wenn sie sich nicht zur Seite werfen. Unsere große Fresskiste auf dem Heck wird von einer Granate auseinandergerissen.

Dann erreiche ich eine Gruppe Landser, die in Deckung gegangen ist und winke sie ein. Sie laufen heran, schwingen sich auf das Geschütz, und andere reihen sich dahinter ein. Auch meine beiden anderen Geschütze haben gleiche

Menschentrauben auf den Wagen, und so geht es hinter dem Feind her, dem wir mit diesem Vorstoß, der sie völlig überraschend traf, ordentlich eingeheizt haben. Wir erreichen einige vorgezogene Feind-Batterien, die von ihren Besatzungen verlassen sind und walzen sie nieder. Dann halten wir an. Kein Russe ist mehr zu sehen, das Feindfeuer verstummt, und die Infanterie hat die alte HKL wieder besetzt. Wir rollen hinter die HKL zurück, fassen Verpflegung, tanken und munitionieren auf, um für den nächsten Tag gewappnet zu sein. In meinem Wagen waren nur noch fünf Panzer- und drei Sprenggranaten.

Mit schnellen Prüfungsbewegungen kontrollieren wir die Einsatzbereitschaft unserer Wagen. Vom Fahrer werden die Lenk- und Stützbremsen nachgeprüft. Der Ladekanonier staut alle heraufgereichten Granaten in unserem Wagen, und ich bedanke mich bei meiner Besatzung. Ein jeder hat sein Bestes gegeben.

Dann laufen die Erfolgsmeldungen ein. Leider auch Verlustmeldungen und Meldungen über schwer verwundete Kameraden. Zum Glück hatten wir keinen einzigen Toten, und ich kann aufatmen.

Es ist eine harte Sache, Kommandeur zu sein, denn das heißt, Verantwortung für alle Männer der Brigade zu tragen. Für sie vor der Truppenführung und vor allem vor sich selber verantwortlich zu sein." So weit der direkte Bericht von Josef Brandner.

Die StGeschBrig. 912 igelte sich im Hauptkampffeld ein. Im Kübelwagen rollte Sepp Brandner zu den einzelnen Gefechts-Batterien. Er reichte Unteroffizier Wögel die Hand, der wieder dreimal zugeschlagen hatte und einer der erfolgreichsten Kämpfer der Brigade war.

Danach fuhr er zur Brigadestaffel zurück.

Am 17. Januar 1945 wurde Sepp Brandner das Ritterkreuz verliehen, dies war sein dritter Vorschlag zu dieser Auszeichnung. In seiner Begründung schrieb GenLt. Feyerabend:

„Am ersten Tag der Schlacht ist die StGesch-Brigade 912 in den russischen Angriff hineingefahren und hat die feindliche Panzerspitze vernichtet. Dieser entscheidende Gegenschlag sicherte den Erfolg der Abwehrschlacht und vereitelte das Vorhaben der Roten Armee, die Heeresgruppe Kurland aufzuspalten."

Wenige Tage darauf wurde Josef Brandner wegen Tapferkeit vor dem Feind zum Major befördert. Auf Schloss Pelci bei Goldingen stand er Generaloberst Schörner gegenüber, der ihm das Ritterkreuz umhängte.

Wenig später schlug der OB der HGr. Kurland dem Major vor, ihn aus dem Kessel ausfliegen zu lassen, um abermals eine neue Brigade aufzustellen. Sepp Brandner lehnte dieses Anerbieten ab:

„Ich danke Herrn Generaloberst dafür, aber ich möchte bei meinen Männern bleiben." Sein Wunsch wurde respektiert. Er blieb Kommandeur der StGesch-Brigade 912.

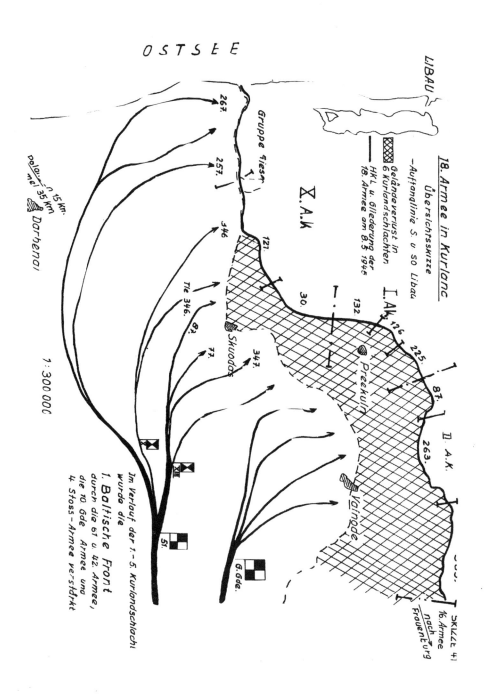

18. Armee in Kurland
Übersichtsskizze

— Auffanglinie S u SO Libau

Geländeverlust in
6 Kurlandschlachten

HKL u. Gliederung der
18. Armee am 8.5.1945

1 : 300 000

Im Verlauf der 1.–5. Kurlandschlacht
wurde die

1. Baltische Front

durch die 61 u. 42. Armee,
die 10. Gde. Armee und
4 Stoss-Armee verstärkt

OSTSEE

LIBAU

Gruppe Fies.

X.A.K.

I.A.K.

II. A.K.

Skuodas

Preekuln

Vainode

nach
Frauenburg

16. Armee

Skizze 41

Darbenai

15 Km.
35 Km

201

# In der vierten Kurland-Schlacht

Am 23.01.1945 begann die vierte Kurland-Schlacht. Die drei Baltischen Fronten der Russen unter ihren bewährten Oberbefehlshabern Bagramian, Jeremenkow und Maslennikow griffen in einer Gesamtstärke von 101 Schützendivisionen, zwei Panzerkorps, einem motorisierten Korps und 18 (!) selbständigen Panzerverbänden an.

Die auf nur noch 24 Divisionen zusammengeschmolzene HGr. Kurland sollte nun mit einem letzten Gewaltschlag vernichtet werden.

Als der Angriff der Panzer begann, erhielt Major Brandner die Meldung, dass bereits alle Gefechts-Batterien im Einsatz seien und keines der dicht hinter der HKL stehenden Geschütze herausgezogen werden könne.

„Wir greifen mit der Begleitstaffel der Brigade an!" befahl Brandner. „Abmarsch in fünf Minuten."

Die drei Geschütze der Brigadestaffel rollten pünktlich los. Seit einigen Tagen versuchte der Gegner bei Preekuln in Richtung Libau durchzustoßen und den wichtigsten deutschen Hafen im Brückenkopf Kurland in Besitz zu bringen und damit den Nachschub der HGr. Kurland zu unterbinden. Nun schien die Entscheidung gekommen. Die Schlacht stand auf des Messers Schneide, und der Feindeinbruch westlich des Lielauces-Sees konnte nicht geschlossen werden.

Auch südlich Frauenburg, wo der Feind nordostwärts des Ortes Pampali seit Tagen mit starken Panzerkräften den Durchbruch erzwingen wollte, brannte es. Und an diesem Tage wollte die Rote Armee es offenbar wissen.

„Der Gegner – 13.00 Uhr voraus."

Der erste T 34 rollte ins Visier des Richtschützen, als der Feind stehenblieb, um zu schießen, traf ihn die Granate des Chefgeschützes und ließ ihn aufbrennen. An brennenden deutschen Fahrzeugen vorbei, stießen die drei Sturmgeschütze vor. Einer der wichtigen Spritwagen ging soeben in Flammen auf. Weit auseinandergezogen eröffneten die drei Geschütze das Feuer auf jenen russischen Panzerpulk, der hier unmittelbar vor der HKL angelangt war und nun von einigen Grenadieren mit Nahkampfmitteln angegangen wurde. Panzerfäuste und einige „Ofenrohre" konnten die stählerne Spitze dieses Angriffs zerschmettern. Alles andere wurde von den Gefechts-Batterien und den drei Wagen unter Brandner geschafft.

Als Sepp Brandner den Befehl zum Wenden geben wollte, tauchte hinter einer Bodenwelle herausrollend ein weiteres Rudel T 34 auf. Sie feuerten in ihre eigenen Infanteriegruppen hinein, die sich anschickten, die deutsche HKL zu überwinden.

„Der uns die Breitseite zeigt – Feuer frei!"

Der Richtschütze des Kommandeurs-Wagens hatte ihn mit einer schnellen ruckartigen Bewegung des Fahrers im Visier. Der Schuss krachte, und Flammen schossen aus dem Heck dieses T 34 heraus. Die Besatzung verließ den Wagen und wurde von der deutschen Infanterie überwunden.

Über eine weite Schneefläche rollten weiß gestrichene T 34 als nächste Welle heran. Es war bereits dämmerig, so dass sich die vorwärtsrollenden Feindpanzer trotz des Tarnanstrichs gut abhoben. Die drei Geschütze um Brandner schossen das Rundel nacheinander ab. Nach einer Reihe schneller Rochaden und immer wieder Schießhalten eines der drei Geschütze wurde dieser Feind abgeschmettert. Nur drei oder vier T 34 entgingen ihrem Untergang.

Durch ein verlassenes Dorf rollend, stießen die drei Geschütze auf eine schmale Pakfront. Sie wurde zum Schweigen gebracht.

Dann tauchte noch weiter entfernt eine dichte Sturzwoge Rotarmisten auf und auf deren Flanke sah Brandner die 1. Batterie heranrollen. Er wies sie über Funk ein:

„Schießen, schießen, schießen!"

Sprenggranaten hieben in die tiefgestaffelte Phalanx der Russen hinein und mähten die ersten Reihen von den Beinen. Russische MG erwiderten das Feuer, sie wurden in schnellen Sprüngen nach vorn überrollt und in den Schnee gedrückt. Schon waren die ersten vorgeschobenen russischen Stützpunkte und Vorpostenstellungen erreicht. Der Feind verließ fluchtartig seine Stellungen.

Die Entscheidung über die vierte Kurland-Schlacht war an dieser Stelle zu deutschen Gunsten entschieden worden.

Als sich in der Nacht die Meldungen häuften, dass die Russen in kleinen Trupps in die nur spärlich gesicherten Gehöfte des Niemandslandes einsickerten, griffen Brandners Sturmgeschütze im Morgengrauen – voll aufgetankt und aufmunitioniert – erneut an.

Es war 03:40 Uhr, als sich die Batterie Egghardt in Bewegung setzte. An der Spitze die drei Geschütze unter Brandner als Brigadeeinheit. Als die Gehöfte auftauchten und das erste feindliche MG- und Werferfeuer einsetzte, waren sie bereits von den beiden anderen Batterien auf der rechten und linken Flanke umrollt worden. Alle Geschütze schossen nacheinander und rollten dann weiter vor.

Der Feind versuchte zu entkommen, was aber nur wenigen gelang. Die Sturmgeschütze brachten über 50 Gefangene zurück, die verhört und nach rückwärts abgeschoben wurden.

Am 1. und 2. Februar 1945 hielten diese Kämpfe an. Unter dem Beschuss einer Stalinorgel-Brigade drangen alle Gefechtsbatterien in die sowjetische HKL ein, schossen die Geschütz-Batterien zusammen, lieferten sich mit den T 34 ein hartes Duell und zogen sich wieder zurück. An dieser Stelle konnte der Feind nicht mehr angreifen und auch an den übrigen Abschnitten mussten die Sowjets erschöpft und zerschlagen die vierte Kurland-Schlacht einstellen.

Im deutschen Wehrmachtsbericht hieß es über diese Kämpfe: „Unter dem

Eindruck der an den Vortagen erlittenen hohen Ausfälle an Menschen und Material haben die Sowjets auf die Fortführung ihrer Durchbruchsversuche auf Libau verzichten müssen und sich zu einer größeren Umgruppierung veranlasst gesehen.

Die Verluste des Feindes in den ersten 12 Tagen der vierten Kurland-Schlacht sind beträchtlich. Sie betrugen mindestens 45.000 Mann. Die Zahl der in der Zeit vom 23. Januar bis zum 4. Februar in Kurland abgeschossenen Feindpanzer beläuft sich auf 541.

Eine süddeutsche Sturmgeschütz-Brigade erhöhte bei den jüngsten Kämpfen die Zahl der von ihr vernichteten Feindpanzer auf 500. Der neunundzwanzig-jährige Kommandeur, Major Josef Brandner aus Wien, erzielte dabei seinen 57. Panzerabschuss." (Siehe auch Der Wehrmachtsbericht der vierten Kurland-Schlacht).

## Die beiden letzten Kurland-Schlachten bei der Sturmgeschütz-Brigade 912

Aus der Bereitstellung heraus rollten zu Beginn der fünften Kurlandschlacht am Morgen des 20. Februar 1945 die ersten Sturmgeschütze der 1. Batterien in einen der gefährdeten Abschnitte, während das Gros noch zurückgehalten wurde. Major Brandner hatte seine Männer auch diesmal vorher auf den bevorstehenden Kampf eingestimmt und ihnen die Bedeutung desselben eingeschärft:

„Wir müssen halten, Männer! Nicht, weil wir glauben, dass wir noch einen Blumenpott gewinnen könnten, sondern weil wir hier stehenbleiben müssen, um den Zehntausenden Zivilisten, Verwundeten und Kranken den Hafen Libau zum Abtransport in die Heimat offenzuhalten.

Wir haben nur noch die eine Aufgabe, uns hier vorn zu behaupten und unseren Kameraden in der HKL den Rücken zu stärken."

Am Morgen des genannten 20. Februar begann der Angriff der Roten Armee. Als erstes wurde ein KpGefStand der Infanterie in vorderster Linie von russischen Sturmtruppen eingeschlossen. Die Aufgabe der Brigade lautete: „Befreiungsschlag!"

Sie rollten langsam und unter größtmöglicher Vermeidung der Geräusche in diese Richtung vor. Der KpFührer des eingeschlossenen Gef-Standes kam ihnen atemlos entgegen, um sie einzuweisen:

„500 Meter voraus in dem Wäldchen stehen die russischen Panzer, drei waren schon bis auf 200 Meter heran, sie rollten zurück, als ich drei Leuchtkugeln in ihre Richtung schoss", meldete er.

Mit seinem besonderen Kampftrupp bootete Brandner aus, um nach vorn zu sondieren. Jeder von ihnen war mit Handgranaten und MPi ausgestattet.

„Da sind sie, Herr Major!" wisperte Wachtmeister Pringe, „direkt vor uns!"
In ihren weißen Tarnjacken hoben sich die drei Männer um Brandner nicht von der Umgebung ab. Sie kamen bis auf einige Meter an den Rand der Lichtung heran, auf der sich die Russenpanzer zum Sturm auf den KpGefStand bereitmachten.

„Brandner an Opel und Schubert: Geräuschlos vorrollen.
Feuerbereitschaft, Feindpanzer werden gleich aus dem Wäldchen vorrollen!"
Eine Minute darauf dröhnten die russischen Panzermotoren aus dem Leerlauf ins Vollgas. Ketten rasselten, und der Gestank brennenden Treibstoffes zog über den Waldrand hinweg.

Als die feindliche Panzerspitze das Wäldchen verließ eröffneten die drei Kommandeursgeschütze das Feuer. Drei Schüsse forderten drei Opfer. Bevor sich der Feind von diesem Überraschungsschlag erholt hatte, fetzte die nächste Dreiersalve wieder drei T 34 zusammen.

Dann schossen die T 34, doch sie hatten für den vermeintlichen Kampf gegen die deutsche Infanterie und deren Gefechtsstand Sprenggranaten geladen, so dass ihre erste Salve wirkungslos verpuffte.

Der russische Panzerverband wurde auf diese Art und Weise abgefangen. Die wenigen, die entkamen wurden zum Teil noch durch Nahkampftrupps aus dem KpGefStand angegangen und einige zur Strecke gebracht.

Im Verlauf der Nacht wurde die 2. und 3. Batterie nach vorn gebracht, denn Gefangenenaussagen ergaben, dass der Feind hier einen neuen Angriff plante.

Am 11. Februar 1945 wurde Sepp Brandner im Heeresbericht der HGr. Kurland erneut genannt, um am 12. Februar abermals einen Panzerangriff abzuwehren.

Bei diesem Unternehmen tauchten wieder einmal Josef-Stalin-Panzer auf. Aus einer Distanz von nur 400 Metern schoss die Besatzung Brandner auf den JS. Die Granate traf schräg auf und heulte gen Himmel. Dann blaffte der Abschuss der 12,2 cm-Kanone des russischen Stahlgiganten, der fehlging. Der zweite Schuss des Richtschützen Brandners traf den JS zwischen Turm und Unterwagen und ließ ihn als Wrack liegen bleiben. Die Besatzung büchste aus.

Als sie zurückrollten, krachte es wie aus heiterem Himmel. Brandner spürte den Einschlag unter seinem Geschütz. „Kette zerschossen!" meldete der Fahrer. In diesem Moment hämmerte ein zweiter Treffer ins Geschütz hinein. Die Kartuschen der Panzermunition brannten.

„Raus, raus!" befahl Brandner seinen Männern.

Sie verließen das Geschütz, warfen sich in einen Trichter und der Ladekanonier hatte sogar die mitgenommene Panzerfaust dabei, als er sich zum Grabenrand hocharbeitete und darüber hinweg auf die heranrennenden dichten Pulks Rotarmisten starrte.

„Schieße mit Panzerfaust!" warnte der Ladekanonier seine Kameraden, als die vorderste Russengruppe bis auf etwa 60 Meter herangekommen war.

„Sprung auf – maaarsch!" rief Brandner und in schnellen Sprüngen rannten sie der Waldbürste halbrechts voraus entgegen und tauchten darin unter. Infanteristen, am jenseitigen Waldrand in Bereitstellung, sicherte sie vor den nachdrängenden Russen. So erreichten sie die eigene Bereitstellung.

In der Nacht wurde das lahmgeschossene Kommandeursgeschütz von der Besatzung mit einer neuen Kette versehen und konnte, von zwei anderen Sturmgeschützen gesichert zurückrollen.

Als Brandner zum Befehlsempfang in den Gefechtsstand von GenLt. Feyerabend befohlen wurde, versuchte der Feind gerade, dessen DivGefStand auszuräuchern. Es gelang Brandner, mit seinem Geschütz und einigen Männern des Begleittrupps, die Russen zu verscheuchen.

„Wie machen Sie das Brandner, dass Sie immer zur rechten Zeit dort auftauchen, wo es brennt?" fragte der General. „Herr General", erwiderte Brandner, „ein Sturmartillerist muss immer dort sein, wo er gerade gebraucht wird."

Der General, ein eisgrauer Offizier des Ersten Weltkrieges, aus Dopsattel in Ostpreußen, lächelte verhalten. Dann rückte er mit seinem Befehl heraus: „In der kommenden Nacht wollen wir die kleine Frontausbuchtung auf unserem rechten Flügel ausmerzen. Dazu stoßen Sie mit der gesamten Brigade durch, überrollen die Feindgräben und Kampfstände und machen so den Weg für die nachfolgende Infanterie frei."

So geschah es. Mit großem Elan, allen voran der Kommandeur mit dem Chefgeschütz und den beiden Begleitgeschützen, wurde der Feind geworfen. Die Infanterie stieß nach und rang die letzten Russen nieder, die sich noch in den Gräben hielten.

Noch zweimal wurde das Geschütz des Kommandeurs von Feindpanzern angeschossen. Am 11. April wurde Sepp Brandner die Nahkampfspange in Silber verliehen, für einen Sturmgeschützmann eine seltene Auszeichnung. Von GenLt. Feyerabend zweimal zum Eichenlaub eingereicht, wurde ihm diese Auszeichnung am 17.03.1945 verliehen. Aber erst am 26. April 1945 konnte der KommGen. des XXXVIII. AK, Gen.d.Art. Kurt Herzog diese Auszeichnung Brandner persönlich überreichen.

Die außerordentlichen Leistungen dieser Brigade hatte Berlin veranlasst Brandner diese Auszeichnung direkt zu verleihen.

Als ihm ein zweitesmal, diesmal dienstlich der Befehl gegeben wurde, aus Kurland ausgeflogen zu werden, lehnte er dieses Ansinnen erneut kategorisch ab. „Ein Kommandeur", so seine Worte, „hat in den dunkelsten Stunden seines Verbandes bei seinen Männern zu bleiben, etwas anderes kann es für mich nicht geben."

# Der Waffenstillstand und die Sturmgeschütz-Brigade 912

Am 8. Mai um 14:00 Uhr trat für die HGr. Kurland der Waffenstillstand in Kraft. Der Krieg war nun auch in Kurland zu Ende. Noch einmal dankte Sepp Brandner seinen Soldaten für Treue und Einsatzbereitschaft. Er dankte vor allem Hpt. Otto Schubert, der im Februar das RK errungen hatte, Oblt. Egghardt (dessen Ernennung zum Hptm. nicht mehr durchgekommen war) und auch Oblt. Siebenbürgen, dem Chef der 3. Batterie, die sich unter diesem jungen Offizier stets bewährt hatte.

Danach ließ er sich mit dem Korpsgefechtsstand verbinden und erfuhr durch Gen.d.Art. Herzog, dass alle Übergriffe der Russen abzuwehren seien, die an verschiedenen Stellen des Korpsbereichs versucht hatten, Soldaten auszuplündern. Um solche Dinge bei seiner Brigade zu verhindern, legte er die 1. und 2. Batterie um den Gefechtsstand und blieb einsatzbereit.

Hptm. Schubert fuhr den heranrollenden Russen entgegen. Seine erste Batterie hatte Sprenggranaten geladen. Aber die Russen stoppten vor den drohend auf sie gerichteten Sturmkanonen und drehten dann ab. Sie wussten nur zu genau, dass sie an diesem letzten Kriegstag „noch ins Gras beißen würden", wie einer der Kommandanten bemerkte.

Auch Major Brandner fuhr mit dem Kommandeursgeschütz, um dessen Rohr 60 weiße Abschussringe leuchteten nach vorn. Die Sirenen aus dem Chefgeschütz heulten auf, als der Verband in einem schrägen Breitkeil stehenblieb.

Ein Oberst der Roten Armee kam mit Dolmetscher und Parlamentär zu ihnen herüber. Er forderte Brandner auf, die Waffen niederzulegen und die Sturmgeschütze stehen zu lassen.

„Woina kaputt! – Tu Woina plenni" radebrechte der Dolmetscher.

„Wir haben noch keine Kapitulation, sondern nur einen Waffenstillstand", erklärte Brandner. „Hier stehen wir, und ihr solltet dort bleiben, wo ihr seid."

Diese Sprache wurde auch von den Russen verstanden. Und auch die auf die Brücke gerichteten Sturmgeschützkanonen waren deutlich genug. Also blieben sie hinter der Brücke stehen. Sie zogen sich in der nächsten halben Stunde noch ein Stück weiter zurück. Die Batterie Schubert blieb an der Brücke, und Brandner rollte mit dem Gros zum Brigadegefechtsstand zurück. Seine Männer vernichteten alle Unterlagen, darunter auch die Brigadechro-nik. Danach fuhr er wieder nach vorn.

Hier schlug am Morgen des 9. Mai 1945 die Stunde der Trennung. Die Sturmgeschütz-Brigade 912 marschierte unbesiegt in die Kriegsgefangen-schaft. Josef Brandner kam über Moskau, Orel und Kursk in ein Arbeitskommando nach Stalinogorsk.

In den ersten Januartagen des Jahres 1948 kehrte auch Sepp Brandner aus russischer Kriegsgefangenschaft zurück. Er war Tapferkeitssoldat gewesen und nicht einmal die russische „Rechtssprechung" hatte ihn verurteilen können.

# DIE LUFTFLOTTE 1 IM HERBST 1944

## Allgemeine Übersicht.

Die Luftflotte 1, die sich den Rückzugsbewegungen der HGr. Nord im Spätsommer 1944 anschließen musste, verfügte um diese Zeit über einen Bestand von 48.000 Offizieren, Unteroffizieren und Mannschaften. Dies waren etwa 60 % der Sollpersonalstärke des Juni 1941, zu Beginn des Russlandfeldzuges.

Während der Zeit der Einsätze der 3. Panzerarmee im Raume der HGr. Nord wurde auch die 4. Fliegerdivision der Luftflotte 1 in der Art unterstellt, dass sie auf Zusammenwirken mit derselben angewiesen wurde.

Die noch bis zum Sommer bestehenden zwei Kommandostäbe der Luftflotte 1, als „Luftwaffen-Legion Estland" und „Luftwaffen-Legion Lettland", die mit lettischen und estnischen Piloten aufgestellt worden waren, wiesen ab September Zersetzungserscheinungen auf. Diese machten sich in der Desertion starker Gruppen bemerkbar, die teilweise sogar mit ihren Flugzeugen nach Schweden desertierten. Sie wurden am 7. Oktober 1944 aufgelöst.

Am 03.10 verfügte die Luftflotte 1 demzufolge über insgesamt 267 Flugzeuge. Es waren dies: 80 Schlachtflieger, 73 Nachtschlachtflieger, 19 Fernaufklärer, 32 Nahaufklärer und 63 Jagdflugzeuge.

An der Spitze dieser Fliegenden Verbände standen das JG 54 und die III./Schlachtgeschwader 4.

Die Stellenbesetzungsliste mit den fliegenden Verbänden vom Herbst 1944 stellt sich wie folgt dar:

**LUFTFLOTTE 1**
Stab der Luftflotte:

| | |
|---|---|
| Oberbefehlshaber: | General der Flieger Pflugbeil. |
| Chef des Stabes: | Generalmajor Uebe. |
| Ia Op.: | Oberstleutnant i. G. Hozzel |
| Ia Flieg.: | Oberstleutnant i. G.Wöhlermann |
| Ia Flak: | Oberstleutnant i. G.Wandt |
| Ic: | Oberstleutnant i. G.Allolilio |
| Oberquartiermeister: | Oberstleutnant i. O. Pape |
| Höhere Nachr.Fhr. | Generalleutnant Sattler |

| Zugehörige Großverbände | | Maschinen |
|---|---|---|
| Stab Schlachtgr. 3 | Libau | keine |
| II./SG 3 | Libau | 24 Maschinen |
| III./SG 3 | Frauenburg | 23 Maschinen |
| III./SG 4 | Tukkum | 13 Maschinen |
| Nacht-SG 3 | Schrunden | 24 Maschinen |
| StabNahAufklGr. 5 | Frauenburg | 2 Maschinen |
| 1. NahaufklGr. 5 | Frauenburg | 7 Maschinen |
| 2. NahaufklGr. 5 | Tukkum | 11 Maschinen |
| Stab JG 54 | Tukkum | -- Maschinen |
| I./JG 54 | Tukkum-Windau | 27 Maschinen |
| II./JG54 | Libau | 29 Maschinen |

**Flakartillerie der Luftflotte 1**

| Verband | schwere-mittlere/leichte | | ScheinwBattr. | EisenbFlak. |
|---|---|---|---|---|
| 2. Flak-Division 39 | 32 ½ Batterien | | 2 | - |
| 6. Flak-Division 22 | 33 3/5 | „ | 2 | - |
| Der Luftflotte unterstellt: | 2 | 2 | - | 1 ¾ |

Das Hauptquartier der Luftflotte 1 befand sich in Hasenpoth, etwa 20 km west-nordwestlich von Schrunden. Ihr OB, General der Flieger Johann Pflugbeil, war von August 1941 bis eingangs September 1943 Komm.Gen. des IV. Fliegerkorps und hatte am 05.10.1941 das RK erhalten. Am 27.08.1944 errang er das 562. EL zum RK.

Am 17.04.1945 wurde die Luftflotte 1 in Luftwaffenkommando Kurland umbe-nannt unter der gleichen Führung.

Bereits im Ersten Weltkrieg stand Pflugbeil als Flugzeugführer der Kampfstaffel 23 beim Kampfgeschwader 4 der obersten Heeresleitung im Einsatz. Mit dem Ritterkreuz des Königlich-Sächsischen Militär-St.Heinrichs Orden, und dem Ritterkreuz des Königlich-Preußischen Hausordens von Hohenzollern mit Schwertern ausgezeichnet, blieb er im Reichsheer.

Als „Alter Adler" trat er am 1. Oktober 1933 in die noch geheime Luftwaffe ein und führte das erste Vorkommando der neuen Fliegerschule Lechfeld als deren Kommandeur von März bis Oktober 1935.

Den General der Flieger zog es nach der Kapitulation der Truppen im Brückenkopf Kurland vor, nicht im bereitstehenden Flugzeug nach Westen zu fliegen, sondern ging mit seinen Fliegern in die sowjetische Gefangenschaft, aus der er am 04.01.1954 entlassen wurde.

Die Luftflotte 1 unterstützte die HGr. Kurland bis zum letzten Tag nach besten

Kräften. Die Fliegenden Einheiten wurden ihr mehr und mehr entzogen und nach Ostpreußen oder gar an die Westfront verlegt, so dass sich spätestens seit der 5. Kurland-schlacht lediglich die I./JG 54, einige wenige Aufklärungsflugzeuge und Flakbatterien im Brückenkopf befanden.

Es waren überwiegend Männer der I./JG 54, die pausenlos im Einsatz standen, während das Bodenpersonal schuftete, um die oftmals im Schlamm erstickenden Flugfelder und die im Morast steckengebliebenen Me 109 und FW 190 einsatzbereit zu halten.

In den ersten beiden Kurland-Schlachten vernichtete die Gruppe laut Gruppen-KTB 293 Feindflugzeuge. In der 3. Kurland-Schlacht schoss sie binnen zweier Tage über dem Hafen Libau 100 Feindflugzeuge ab und rettete die anlandenden und auslaufenden Schiffe vor der Vernichtung. Elf eigene Jäger bezahlten diesen Einsatz mit ihrem Ende.

Bei einem Großangriff der sowjetischen Fliegerkräfte während der nächsten Tage gelang es noch einmal, mit einer Gewaltanstrengung von bis zu fünf Starts einer jeden Maschine am Tage, 60 Gegner vom Himmel zu holen.

Vermerkt sei an dieser Stelle auch, dass die 2. und 6. Flak-Division über Kurland nicht weniger als 500 Gegner abschoss. Eine stolze Bilanz unter den schwierigen Bedingungen der dauernden Abkommandierungen einzelner Batterien.

Während des acht Monate andauernden Kampfes im Brückenkopf Kurland, führte Oberst Dietrich Hrabak den Verband. Er trug seit dem 21.10.1940 das RK und wurde als 337. deutscher Soldat am 25.11.1943 mit dem Eichenlaub ausgezeichnet.

Er selber erzielte 125 Luftsiege und einer seiner besten Kämpfer und Rückhalt des jungen Nachersatzes war der noch vor Kriegsende zum Oblt. beförderte Fw. dann Ofw. Otto Kittel. Von ihm soll noch die Rede sein.

Das Bodenpersonal, oftmals einfach vergessen, stand auf den provisorischen Plätzen im Brückenkopf Kurland ununterbrochen im Einsatz aller Kräfte. Die wenigen Schlachtflugzeuge, in Gestalt der Ju 87, die nach dem Herbst in Kurland verblieben waren, mussten zum Schutz vor der hereinbrechenden Kälte mit Planen überzogen werden.

Jeder Start und jede Landung verwandelte die Plätze in zerfurchte Äcker, die immer wieder eingeebnet werden mussten.

Wenn nunmehr im Folgenden der Gesamteinsatz dieses Teiles des JG 54 im Brückenkopf Kurland dargelegt wird, wenn einige seiner erfolgreichsten Flieger genannt werden, so sollte nicht vergessen werden, dass jeder Angehörige dieses Geschwaders zu allen Zeiten und vor allem in Kurland, sein Bestes gegeben hat und die großen Kämpfer ständig mit jedem Einsatz ihr Leben aufs Spiel setzten.

Der Gegner war nicht mehr – wie noch 1941 – kaum ausgebildet und schlecht ausgerüstet oder mit langsamen Maschinen ausgestattet, sondern verfügte über gleichwertige Flugzeuge und über gut ausgerüstete Männer, die im Angesicht des endgültigen Sieges hoch motiviert waren.

Vor allem stand ihnen eines zur Verfügung: Für jede verlorengegangene Maschine kamen zwei neue zur Front, während die Männer des JG 54 keine der verlorengegangenen Maschinen mehr ersetzt bekamen.

Hier die Geschichte eines Teiles dieses Geschwaders bis zum letzten Tage.

## Vorschau des Jagdgeschwaders 54 im Herbst und Winter 1944

Seit seinem Bestehen am 13. September 1939 bis zum letzten Kriegstag, dem 8. Mai 1945 errang dieses Geschwader insgesamt 9.600 Luftsiege. Davon wurden 388 im Westen und 9.212 im Osten erkämpft. Die I. Gruppe dieses Geschwaders konnte 3.100 Luftsiege für sich buchen.

Der erste Luftsieg des Geschwaders kam auf das Konto des Kommandeurs der I./JG 54, Major von Cramon, der eine französische Morane über dem Predigtstuhl abschoss, während sich Oblt. Gerd Thyben mit seinem Luftsieg am 8. Mai 1945 über der Ostsee als letzter in die Ehrenliste des Geschwaders eintrug, als er einen sowjetischen Aufklärer des Typs Pe 2 vernichtete.

Hier noch die Liste der vollen „Tausender-Siege":

1000. LS:     Oblt. Ostermann am 01.08.1941 im Nordabschnitt der Ostfront.

2000. LS:     Ofw. Klemm am 04.04.1942 im Nordabschnitt der Ostfront.

3000. LS:     Leutnant Heyer am 14.09.1942 über dem Nordabschnitt der Ostfront.

4000. LS:     Feldwebel Kittel am 23.02.1943 über dem Nordabschnitt der Ostfront.

5000. LS:     Feldwebel Mißner am 17.07.1943 über dem Mittelabschnitt der Ostfront.

6000. LS:     Hauptmann Nowotny am 09.10.1943 über dem Mittelabschnitt der Ostfront.

7000. LS:     Leutnant Wolf am 23.03.1944 über dem Nordabschnitt der Ostfront.

8000. LS:     (nicht zu ermitteln, wahrscheinlich Sommer 1944).

9000. LS:     Hauptmann Wettstein am 13.10.1944 über der Kurlandfront.

9600. LS:     Oberleutnant Thyben auf dem Flug von der Kurlandfront nach Westen.

Unter seinem Kommandeur Dieter Hrabak stand das JG 54 seit Kriegsausbruch im Nordabschnitt der Ostfront. Bei Krasnogwardeisk und vor Leningrad kämpfte es gegen die immer stärker werdende Überlegenheit eines Gegners, der aus dem Vollen schöpfte. Nicht nur weil seine Fabriken jenseits des Ural mit Hochdruck produzierten, sondern auch und vor allem, weil die Kriegslieferungen der Alliierten für die UdSSR seit Sommer 1942 mit ständig größeren Geleitzügen unterwegs waren und Tausende von Panzern, einige Millionen Stiefel und allem, was die sowjetische Front sonst benötigte, über die Nordroute nach Murmansk und Archangelsk gekarrt wurde.

Mit Beginn des neuen Jahres 1944 standen die einzelnen Staffeln des JG 54 im Raum Dünaburg im Einsatz. Hier schlug auch die große Stunde von Hptm. Ademeit, der am 04.04.1943 nach seinem 53. Luftsieg das RK erhalten hatte, am 15.01.1944 seinen 100. Luftsieg erreichte und am 04.02.1944 vom Staffelkapitän der 6./JG 54 zum Kommandeur der I./JG 54 avancierte, als Hptm. Nowotny das Geschwader verlassen musste. Am 02.03.1944 erhielt Ademeit das 414. EL zum Ritterkreuz.

Mit seiner neuen FW 190 startete er am 7. August 1944 vom Platz Skirotava gegen einen gemeldeten IL 2-Verband. Etwa zehn Kilometer ostwärts von Kreuzburg, noch über der eigenen HKL, stieß er in den Rücken einer IL 2 und geriet im Tiefflug in das Feuer einer russischen Flakbatterie. Er wurde tödlich getroffen, seine Maschine stürzte ab. Posthum wurde er zum Major befördert.

Einer seiner besten Kameraden, Lt. Ulrich Wöhnert, der am 9. April 1944 Staffelkapitän der 5./JG 54 wurde, erhöhte die Zahl seiner Abschüsse bis zum 15.08.1944 auf 67. Das RK erhielt er nach 86 Luftsiegen am 06.12.1944. Er hätte es noch viel weiter bringen können, musste aber aus Krankheitsgründen im Januar 1945 das Geschwader verlassen. Er kehrte noch einmal zum Geschwader zurück und wurde beim Angriff gegen eine russische Flakstellung in Kurland Ende März 1945 schwer verwundet und verstarb im Lazarett.

Als Oberstleutnant Dietrich Hrabak am 2. September 1944 in Kurland das JG 54 übernahm, um es bis Kriegsende zu führen, hatte er bereits als Kommodore des JG 52 dessen Abschusszahl in Höhe von 10.000 Feindflugzeugen entscheidend mit herbeigeführt und war nach 118 Luftsiegen am 25.11.1943 mit dem EL zum RK ausgezeichnet worden.

Unter seiner Führung kam auch das JG 54 hart an diese Abschusszahlen heran. Allerdings war er keiner jener blindwütigen Schießer. Seine Devise lautete: „Fliege und kämpfe nicht allein mit den Muskeln, sondern in erster Linie mit dem Kopf!"

Er flog befehlsgemäß mit allen Unterlagen des Geschwaders am 8. Mai – mit dem, was vom JG 54 übrig geblieben war, über See nach Westen. Er selbst hatte sich in Flensburg zu melden, wo sich die Regierung Dönitz befand. Danach kehrte er nach Odderade zurück und löste dort im Juli 1945 das JG 54 auf.

## Streiflichter eines Einsatzes

Oberfeldwebel Helmut Missner, der bis Mitte Juli 1944 im Osten 82 Luftsiege errang, erzielte mit der von ihm abgeschossenen IL 2 am 17.07.1943 den 5000.

Luftsieg seines Geschwaders. Als er am 12.09.1944 über der Kurlandfront flog, um sich mit seinen Kameraden einer einfliegenden russischen Luftarmada entgegenzuwerfen, stürzte er aus 6.500 Metern Höhe tödlich ab. Noch wenig vorher hatte er sich noch bei seinem Staffelkapitän gemeldet. Die Nachforschungen ergaben, dass er infolge der Höhenkrankheit abgestürzt sein musste. Das RK wurde ihm nach seinem Tode am 10.10.1944 verliehen.

Einer jener Männer, der wie viele andere unermüdlich für das Wohl und Wehe der ihm anvertrauten Flugzeuge bemüht war und selbst die schwersten Brüche wieder flugfähig machte, war der Ofw. Arthur Schröder, Oberwerkmeister der 1./JG 54. Er wurde im August 1944 zum Lt. und Technischen Offizier der I./JG 54 ernannt und arbeitete mit seinen „schwarzen Männern" des Werkstattzuges Tag und Nacht, um die Zahl an einsatzbereiten Maschinen auf dem höchstmöglichen Stand zu halten.

Am 16.12.1944 wurde in einer Rundfunk-Sondermeldung bekannt gegeben: „Ein Jagdgeschwader unter der Führung seines Kommodore Oberstleutnant Hrabak, eingesetzt an der Kurlandfront, hat durch den 21. Luftsieg des Oblt. und Staffelkapitäns Helmut Wettstein am 15.12.1944 den 9000. Luftsieg errungen."

Ein weiteres Mal wurde das JG 54 im Wehrmachtbericht des 5. März 1945 genannt, als die Ergänzung desselben bekannt gab:

„LT. Paul Brandt, Staffelkapitän in einem Jagdgeschwader, (JG 54) mit dem RK ausgezeichnet. (er erhielt diese Auszeichnung am 05.09.1944 über Kurland kämpfend) vollbrachte trotz Behinderung durch eine Beinprothese am 5. März 1945 im Osten eine hervorragende kämpferische Einzelleistung. Durch Bombenabwurf (mit der FW 190) zerstörte er drei sowjetische Panzer T 34, schoss bei Tiefangriffen 20 Lastkraftwagen in Brand und brachte in Luftkämpfen drei feindliche Flugzeuge zum Absturz."

Einer der ganz Großen dieses Geschwaders aber war Otto Kittel. Hier zunächst seine persönlichen Daten.

Geb. am 21. Februar 1917 in Kronsdorf/Sudetenland.
Letzter Dienstgrad: Oberleutnant
Ritterkreuz am 29.10.1943 nach 123 Luftsiegen
449. Eichenlaub zum RK am 14.04.1944 nach 152 Luftsiegen
113. Schwerter zum RK mit EL am 25.11.1944 nach 230 Luftsiegen.
Gesamtzahl der Luftsiege 267.
Gefallen am 14. Februar 1945 über Kurland im Luftkampf.
Letzte Dienststellung: Staffelkapitän der 2./JG 54.

Otto Kittel gehörte vom Beginn seiner fliegerischen Laufbahn bis zu seinem Tode dem Jagdgeschwader 54 an und war der erfolgreichste Flieger dieses Geschwaders der Asse.

Im Frühjahr 1939 trat er in die Luftwaffe ein und durchlief alle Eignungsprüfungen und Ausbildungslehrgänge, ohne besonders aufzufallen. Dennoch war er einer der zuverlässigsten, wenn es darum ging, allen Anforderungen des Dienstes gerecht zu werden.

Im Februar 1941 kam Kittel, von seinen Vorgesetzten als „begabter und sicherer Flieger" eingestuft, zum JG 54. Er hatte den Rang eines Unteroffiziers erreicht. Das Geschwader lag in Le Mans und hatte die Luftverteidigung über der Normandie übernommen. Allerdings war die I. Gruppe, zu der Kittel stieß, in Jever geblieben.

Über Jugoslawien stand Kittel in seinem ersten scharfen Einsatz. Sein Kommodore, Major Hans Trautloft, war mit ihm zufrieden, auch wenn er mit „Null-Erfolgen" von dort mit der Gruppe nach Stolp in Pommern zurückkehrte, wo diese mit den neuen Me 109 F ausgestattet wurde.

Zum Unternehmen Barbarossa verlegt das Geschwader zunächst nach Trakehnen.

Ab dem 22.06.1941 stand Kittel im Rahmen seiner Gruppe im Einsatz. Alle 120 Maschinen des Geschwaders überflogen am Morgen des ersten Kriegstages gegen die Sowjetunion die Grenze und bildeten für die eingesetzten Kampfflugzeuge Geleitschutz. Es ging gegen die russischen Plätze Kowno, Kedainiai und Poniewesch. Diese galt es im Überraschungsschlag auszuschalten. Im Kampf gegen sowjetische Jäger, die von weiter zurückliegenden Flugplätzen starteten, gelang es Kittel, zwei derselben abzuschießen.

Während der weiteren Kämpfe der Heeresgruppe Nord in Richtung Leningrad verlegte das Geschwader nacheinander auf die Plätze Dünaburg, Pleskau, Ostrow und Luga.

Als am 30. Juni ein großer feindlicher Bomberpulk unter Begleitschutz von etwa 40 IL-2-Schlachtfliegern angriff, die ebenfalls je zwei 250-Kilo-Bomben mit sich führten, kam es zum ersten großen Luftduell Adler gegen rote Falken. Die I. Gruppe kam als erste im Alarmstart heraus. Als Rottenführer seines Staffelkapitäns flog Otto Kittel diesem Feind entgegen. Oblt. Seiler, Kapitän der 1. Staffel, gab bei Insichtkommen dieser Mahalla, zu der sich noch Sicherungsmaschinen der Typen LaGG-3 und Jak-1 hinzugesellt hatten, den Angriff frei.

Oblt. Rumpf, der vertretungsweise die 3. Staffel führte, der auch Kittel angehörte, tat ein gleiches. Im Kampf gegen seinen ersten IL-2-Gegner gelang es Kittel, diesen abzuschießen. Ein Angriff auf ein Jak-1 führte nicht zum Erfolg.

Als alle Maschinen heimgekehrt waren und der Gefechtsschreiber die Auswertung der bezeugten Abschüsse addierte, berichtete der Kommodore seinen Männern: „Wir haben heute 65 Russen abgeschossen!" Otto Kittel erhielt das EK II.

Am 5. September 1941 erreichte das Geschwader den Flugplatz Siverskaja. Von dort aus ging es am nächsten Tag nach Gatschina weiter. Diese beiden Plätze sollten im schnellen Wechsel mit den Plätzen Staraja-Russa und Rjelbitzi – letzterer „Ringelpietz" genannt – für fast zwei Jahre die Basen des JG 54 werden.

Mit Kittels Abschüssen ging es zunächst nur sehr zögerlich weiter. Er hatte vor allem für prominente Luftsieger den Rottenflieger oder Katschmarek zu machen, was bedeutet, dass er dem Kameraden den Rücken zu decken hatte und nur selten selber zu einem Angriff kam. Hier sei vermerkt, dass er etwa 100 Einsätze gewissermaßen „Manndecker" absolvierte.

Dennoch schraubte er seine Erfolgsbilanz bis zum Winter auf 11 Abschüsse herauf und erhielt das EK I., auf das er sehr stolz war.

Den ganzen Winter über flog er erfolglos. Erst am 14. Februar 1942 gelang es ihm – mit drei Maschinen seiner Staffel auf „freier Jagd" gegen einen IL-2-Pulk, zwei dieser gefährlichen „Schlächter" abzuschießen, noch bevor diese ihre Bomben hatten werfen können.

Bei dem letzten Abschuss wurde seine Frontscheibe vom Öl des abgeschossenen Gegners verschmiert. Er musste den Rückflug zum Horst antreten. Diese beiden Abschüsse waren die Nr. 13 und 14 in seinem Flugbuch. Während in den nächsten Wochen die Temperatur anstieg, stand Kittel mit seinen Kameraden ununterbrochen im Einsatz. Einige Male war er als Rottenführer eingesetzt, dann wieder in freier Jagd und konnte bis zum 15. Mai seinen Rekord auf 17 Abschüsse erhöhen.

Ein Alarmstart an diesem Tage ließ ihn als ersten abheben. Er flog mit gedrosseltem Motor, um die anderen herankommen zu lassen. Als er eine Höhe von 4800 Metern erreicht und sein Atemgerät übergestülpt hatte, sah er 1800 Meter tiefer die ersten Feindbomber, die ihm entgegenflogen. Es waren Tupulew SB 2. Darüber schwirrten etwa 40 Jäger herum.

Er meldete: „Indianer über Möbelwagen!"

„Bomber zuerst angreifen", rief Oblt. Seiler zurück.

Kittel jagte aus der Überhöhung mitten durch den Pulk der sichernden I 16, die hinter ihm zurückblieben und schoss den anvisierten Gegner im ersten Anflug ab. Sekunden später sah er sich einer Rata gegenüber, die ihm gefolgt war. In einem erbitterten Kurvenkampf konnte er auch diesen Gegner zur Erde schicken. Als er auf dem Rückflug soeben die russischen Linien überflog, flackerte das erste Warnlicht auf. Mit dem letzten Tropfen Sprit landete er.

In den nächsten Wochen erzielte er einige weitere Abschüsse. Tag um Tag wurden es einer oder einige mehr. Im Februar 1943 holte er seinen 39. Gegner vom Himmel. Als die Staffel am Morgen des 19. Februar 1943 zum Feindflug startete, weil ein russischer Bomberverband gemeldet worden war, verlor der Feind in dem Gefecht 13 Bomber und sieben Begleitjäger.

Kittel, der wie seine Kameraden seit Januar 1943 in Krasnogwardeisk das neueste Modell der FW 190 – die FW 190 A-8 – erhalten hatte, deren Bewaffnung aus vier 20 mm-Kanonen und zwei 13 mm-MG bestand, war zuversichtlich, damit auch der IL-2 besser zu Leibe rücken zu können, was sich als richtig herausstellte.

Kittel schoss zwei der Gegner ab und wurde anschließend in den Geschwadergefechtsstand befohlen, wo ihm Major Trautloft mitteilte, dass er mit seinem eigenen 39. Abschuss zugleich den 4000. Luftsieg des Geschwaders errungen hatte.

Die einzige Unterstützung der Infanterie im Kampf gegen die russischen Luftverbände im Nordabschnitt der Ostfront war das JG 54. Es ging vor allem darum, die in Tiefangriffen über die HKL hinwegbrausenden Schlachtflieger IL-2 abzuwehren und damit der Infanterie spürbare Entlastung zu bringen. So entwickelte sich Otto Kittel in den folgenden Monaten zum Killer der russischen „Schlächter".

Am 4. März 1943 startete Kittel neben seinem Staffelkapitän Oblt. Götz zum Einsatz gegen einen Bomberverband und schoss eine P-2 ab, um unmittelbar danach eine Rata nachfolgen zu lassen. Minuten später konnte er einen weiteren Bomber vernichten. Nach 70 Minuten Flugzeit fiel er dreimal wackelnd (damit drei Luftsiege anzeigend) auf dem Platz in Krasnogwardeisk ein. Eine Stunde, nachdem er sich zur Ruhe hingelegt hatte, gab es Alarm. Diesmal ging es in Richtung Lowat, wo Schlachtflieger deutsche Stellungen beharkten. Zwei weitere IL-2 wurden von Kittel heruntergeholt.

Am Morgen des 14. März startete Kittel mit einem Schwarm unter Oblt. Götz zu freier Jagd. Sie stießen auf einen Pulk von 20 Feindflugzeugen, die in freier Jagd angegangen wurden. Kittel schoss einen Gegner ab. Auf dem Rückflug hatte er eine Motorstörung, die ihn dazu zwang, etwa 45 Kilometer hinter der russischen Front notzulanden.

Vier Tage dauerte der Rückmarsch. Er ging einmal mitten durch ein russisches Fliegerlager, das Kittel in den Lumpen eines russischen Bauern durchwanderte. Als er die deutschen Linien erreichte, wurde er angerufen und nach der Parole gefragt, die er nicht wissen konnte. Er wählte ein einfaches Wort, das alle verstanden:

„Arschloch!" brüllte er. „Ich bin Feldwebel Otto Kittel vom Jagdgeschwader 54!"

Man glaubte ihm, und eine Stunde später wurde er von einem Kübelwagen seines Geschwaders abgeholt. Er war heimgekehrt.

Major Hans Philipp freute sich wie ein Schneekönig, seinen Kameraden wiederzusehen. Immerhin war er es gewesen, der Kittel ferngetraut hatte.

Als Otto Kittel von dem nötigen Heimaturlaub zurückkehrte, war Major Philipp nicht mehr sein Kommandeur. Er war durch Hauptmann Walter Nowotny abgelöst worden. Otto Kittel, der nunmehr den zweiten Stern eines Oberfeldwebels auf den Achselklappen trug, ging am 3. Mai wieder zur Sache.

216

Sein erster Gegner, eine Rata, fiel nach wenigen Schüssen der stark armierten FW 190 vom Himmel. Zwei Bomber folgten nach, und beim Angriff auf einen dritten wurde Kittels Maschine getroffen. Der Motor stotterte und fiel dann aus. Kittel legte eine gute Notlandung auf dem Feldflugplatz der Heeresfliegergruppe 122 hin. In den nächsten Tagen musste er mit einer geliehenen Maschine fliegen, und am 10. Juni 1943 konnte er seinen 50. und 51. Gegner überwinden.

Als Feuerwehr an allen Fronten stand das JG 54 an der Ostfront im Einsatz. Es kämpfte bei Wjasma-Briansk ebenso wie auf der Krim. Die Plätze Orel, Wjasma, Briansk, Witebsk, Kiew, Charkow und Poltawa sahen seine „Gastspiele". Danach ging es nach Poltawa, Mamaia, Orscha und Newel, nach Winniza und Shitomier weiter. Major Seiler führte nun die I. Gruppe. Neuer Geschwaderkommodore wurde nach dem Abgang von Hannes Trautloft Major Hubert von Bonin.

Am 5. Juli 1943 kämpfte die I./JG 54 über der Nordzange der Kursker Front. An diesem 05.07. starteten 132 IL-2, geschützt durch 285 Jäger, gegen die deutschen Flugfelder, um diese auszuschalten. Seit 05:30 Uhr dieses Tages standen alle einsatzbereiten Maschinen des JG 54 am Feind. In den Vorwochen hatte Kittel seinen Rekord auf 56 Luftsiege gesteigert.

Im Angriff auf die IL-2 Gruppe erzielte Kittel vier weitere Luftsiege. Am Nachmittag erfolgte der nächste Feindflug, und zwei weitere Abschüsse kamen hinzu. Der 6. Juli brachte drei weitere Abschusserfolge. Beinahe schulmäßig ging es nun Schlag auf Schlag.

Viele seiner alten Kameraden und Freunde fielen in dieser erbitterten Luftschlacht über Kursk und Orel. Am 17.07. erzielte das Geschwader den 6000. Luftsieg. Bis Ende August hatten die Kursker Schlacht und die danach folgenden Einsätze um Orel den Großteil der deutschen Luftwaffe gefressen. Insgesamt gingen in diesem Zeitabschnitt im Mittelabschnitt der Ostfront 1.272 deutsche Flugzeuge verloren.

In einer für ihn und seine Kameraden unvorstellbaren Leistung brachte Kittel es bis zum 4. September auf 94 Luftsiege. Das hätte längst das Ritterkreuz sein müssen. Am Abend des 15. September musste der Staffelmaler den 100. Balken am Seitenleitwerk von Kittels Maschine anbringen. Er wurde von Major Nowotny, dem neuen Kommodore, zum Ritterkreuz eingegeben.

Aber „offenbar werde ich überhaupt nicht in der Geschwaderliste geführt", meinte Kittel lächelnd.

Am 26. Oktober hatte er 123 bestätigte Abschüsse. 30 weitere, die er nicht zählte, waren auf Alleinflügen erzielt worden. Sein 127. Gegner wurde am 26. Oktober abgeschossen.

Am 28. Oktober erhielt er das Ritterkreuz, mit einer Abschussliste, die längs des Eichenlaubs, wenn nicht der Schwerter würdig gewesen wäre.

Im Januar 1944 wurde er vorzeitig wegen Tapferkeit vor dem Feind zum

Leutnant befördert und gleichzeitig als Fluglehrer zur Ergänzungsgruppe Ost versetzt. Nach einer Reihe von Rückversetzungsanträgen durfte er im März zu seinem Geschwader zurückkehren.

Er übernahm sofort die verwaiste 3. Staffel. Am 4. April war sein nächster Luftsieg fällig, und bis zum 8. April stand er täglich dreimal im Einsatz. An diesem Tag hatte er seinen 150. Luftsieg errungen.

Bis zum 39. September hatte er diese Zahl auf 200 heraufgeschraubt. Nach einem sagenhaften Einsatz am 7. und 8. Oktober konnte er seinen 250. Luftsieg eintragen. Seit dem 152. Luftsieg trug er das Eichenlaub und nach dem 230. die ihm erst am 25.11.1944 verliehenen Schwerter zum Ritterkreuz mit Eichenlaub, zu denen er nach 230 Luftsiegen eingereicht worden war, die er inzwischen weit überschritten hatte.

Wegen Tapferkeit vor dem Feind wurde er nach dem 250. Sieg zum Oberleutnant befördert.

Am 25. November waren es 264 Luftsiege geworden. Das heißt, dass er die Schwerter erst nach diesem Erfolg erhielt. In Berlin stand er vor Hitler und nahm diese hohe Auszeichnung in Empfang, ehe er zu seinem letzten Heimaturlaub aufbrach.

Am 13. Februar 1945 erzielte er seinen 267. Luftsieg. Am darauffolgenden Tage startete er vom Horst in Dzukste. Er stieß mitten in einen Pulk von acht IL-2 hinein, schoss einige in Brand (die nicht gezählt wurden, da sie in Richtung russische Front entkamen). Dann trieben ihn zwei IL-2 auf einen Schwarm von vier weiteren IL-2 zu. Er erhielt schwere Treffer. Die FW 190 A-8 stieß mit einer langen Flammenfahne der Erde entgegen. Kittel konnte nicht mehr mit dem Fallschirm aussteigen.

Am Abend nach Bekanntwerden dieses herben Verlustes von Otto Kittel, der in der ewigen Bestenliste aller Flieger der Welt an vierter Stelle steht, sagte sein erster Wart:

„Soldaten wie er sterben nicht!
Sie gehen nur von uns. Aber in
Unseren Herzen leben sie weiter.
Als eine großartige Fliegerlegende."

In seinem Nachruf auf den erfolgreichsten Jäger seines Geschwaders sagte der letzte Kommodore, Dietrich Hrabak:

„In der Kurlandschaft kannte man den Namen Kittel an allen Frontabschnitten. Hier ereilte ihn auch sein Schicksal. Von einer Vielzahl von russischen IL 2-Schlachtflugzeugen im Raume Zabeln angegriffen, schoss er noch einen dieser Angreifer ab, ehe ihn ein tödliches Geschoss traf. Kittels FW 190 stürzte brennend ab.

Mit 267 Luftsiegen, ausgezeichnet mit Ritterkreuz, Eichenlaub und Schwertern war er der erfolgreichste Jagdflieger unseres Geschwaders."

218

# Einige weitere Piloten im Kurlandeinsatz

Ein weiterer erfolgreicher Jagdflieger des Geschwaders war Lt. Rudi Rademacher. Er errang seine ersten 95 Abschüsse alle im Nordabschnitt der Ostfront, wurde am 30.9.1944 mit dem RK ausgezeichnet und als Jagdlehrer zur 1./ Ergänzungsgruppe Nord abkommandiert. Hier konnte er in einigen Duellen mit „dicken Autos" vier dieser Viermotorigen und eine schnelle P-47 Thunderbolt beschädigen. Er wurde bei letzterem Duell gegen viermotor-ige Bomber, von denen er zwei abschoss verwundet, konnte sich aber durch Fallschirmabsprung retten.

Nach Ausheilung kam er auf eigenes Betreiben wieder zum JG 54 zurück, schoss in einer Vielzahl von Duellen über der Kurlandfront 49 russische Flugzeuge ab. Im Januar 1945 erfolgte seine Kommandierung zur 11./JG 7 in der Reichsverteidigung. Er schulte auf Me 262 um und wurde mit 8 Abschüssen ab Februar 1945 einer der erfolgreichsten Düsenjäger-Piloten.

Dass es nicht zum Eichenlaub reichte, lag an der mehrfachen Versetzung, aufgrund derer diese immer wieder unterging.

Rudi Rademacher blieb der Fliegerei auch nach Kriegsschluss treu. Am 15.6.1953 stürzte er bei einem Höhenflug mit einem Segelflugzeug tödlich ab. Insgesamt errang er 126 Luftsiege, darunter 10 viermotorige Bomber.

Unermüdlicher Kämpfer an Kurlands Himmel war auch Lt. Heino Cordes. Er errang 63 Luftsiege und trug seit langem das Deutsche Kreuz in Gold. Er konn-te am 8.5.1945 das Unterbringen des letzten Bodenpersonals im Hafen von Libau auf den Schiffen der Kriegsmarine organisieren und durchsetzen.

Wenn von den Getreuen des JG 54 in Kurland die Rede ist, darf auch Major Franz Eisenach nicht vergessen werden, der als Leutnant im November 1942 zur I./JG 54 in den Nordabschnitt der Ostfront kam. Hier wurde er als Oblt. Kapitän der 3./JG 54 und zwei Monate darauf bei Orel verwundet. Eine zweite Verwundung erlitt er, bereits wieder in den Nordabschnitt verlegt, bei einem Luftkampf mit einer gepanzerten IL 2 über Gorodok und musste mit dem Fallschirm abspringen.

Nach dem Tode von Major Ademeit war er seit dem 9. August 1944 auf dem Flugplatz von Skirotava vor Riga letzter Kommandeur der I./JG 54 und zeichne-te sich vor allem hier im Kampf an Kurlands Himmel immer wieder aus. Wegen Tapferkeit vor dem Feind wurde er am 1.1. 1945 zum Major befördert.

Franz Eisenach erhielt als Hauptmann nach 100 Luftsiegen das Ritterkreuz am 10.10.1944.

Am 14.9.1944 hatte er bei mehreren Schnellstarts mit 9 Abschüssen an einem Tage eine der besten Leistungen des JG 54 erzielt.

Mit 129 Luftsiegen bei nur 318 Einsätzen war er einer der sichersten Schützen des Geschwaders.

# Dem Ende entgegen – Flieger im Erdeinsatz

Als im Januar 1945 keine Jäger mehr nach Kurland überflogen wurden, mussten viele Angehörige des Geschwaders, vor allem der Bodendienste, ihre Kameraden verlassen. Am 6. Januar 1945 wurde bereits ein Teil in Richtung II. AK in Marsch gesetzt und zum Infanterie-Einsatz nach Zinten in Ostpreußen verlegt. Hier kam es zu einer Reihe Verwundungen, unter denen sich auch Lt. Alois Riebl befand. Dieser gelangte nach kurzem Lazarettaufenthalt am 18. Februar 1945 zum FschPzKorps „HG" und wurde in die 2. Fallschirm-Panzergrenadier-Division eingegliedert und am 1.2.1945 zum Lt. befördert. Sein Einsatz als KpFhr. erfolgte genau drei Tage später, und die erneute Beförderung zum Oblt. am 20.2.1945 war selbst für ihn eine Überraschung. Riebl errang das EKI und geriet mit Resten seiner Division am 27.3.1945 im Heiligenbeiler Kessel bei Rosenberg-Follendorf in russische Gefangen-schaft, aus der er bereits Ende 1945 nach schwerer Krankheit entlassen wurde.

Das gesamte Rückhaltkommando der I./JG 54 unter Hptm. Schaffrin gelangte nach dem Abflug vom letzten Kurland-Flugplatz Neuhausen am 25.1.1945 zum Vietzker Strand westlich Stolp. Von dort ging es über Pillau zur Frischen Nehrung. Von her erfolgte der Weitermarsch, vorbei an Stettin, nach Prenzlau und einige Tage später bis nach Güstrow bei Frankfurt/Oder, das am 28.2.1945 erreicht wurde.

Bis dahin waren dem Rückhaltkommando von verschiedenen Stellen Männer für den Erdeinsatz entzogen worden. Hier sollte nunmehr die Durchschleusestation für den immer noch zäh und opfervoll kämpfenden fliegenden Verband des JG 54 geschaffen werden.

Am 30.4.1945 marschierte dieser Verband über Wismar und Lübeck nach Kiel-Holtenau. Von dort aus ging es nach Odderade bei Heide in Holstein. Hier war auch der in letzter Stunde aus Kurland entkommene Fliegende Verband inzwischen angekommen. Doch zurück zu den Jägern.

## Letzte Einsätze

Den Winter hindurch und bis tief ins Frühjahr hinein kämpften die „Grünherzjäger" mit dem Rücken zur Ostsee, mit dem Geschwaderstab und der I. und II. Gruppe ihren letzten Kampf während der sechs Kurland-Schlachten. Sie hatten entscheidenden Anteil daran, dass die Rote Luftwaffe nicht ungeschoren ihre geballten Einsätze flog.

In einem Kessel von nur noch etwa 150 km Durchmesser und einer Frontlänge von ca. 250 km flogen sie zu allen Brennpunkten, um ihren Kameraden von der Infanterie den allernotwendigsten Schutz vor russischen Bombern und

Schlachtfliegern zu geben.

Sie starteten von den Flugplätzen und Horsten Libau-Grobin, Cirava, Tukkum, Skrunda, Zabeln und Windau gegen einen jedesmal zehn- und mehrfach überlegenen Gegner.

Dass sie von Libau und Windau aus mehrfach auch zum Hochschutz der Transporte von Libau und Windau nach dem Westen eingesetzt wurden, mehrfach russische Bomber am Überfliegen der Geleite und deren Bombardierungen erfolgreich hinderten und mehr und mehr dieser Feindflugzeuge abschossen, wurde von den Männern der Kriegsmarine ebenso wie von den auf den Landestellen und Piers wartenden Verwundeten, Zivilisten und Soldaten mit Begeisterung begrüßt.

Als Begleitschutz für die wenigen deutschen Schlachtflieger ebenso wie zur Bekämpfung russischer Panzer waren die FW 190 pausenlos im Einsatz. Eines der ganz großen Probleme war der Mangel an Flugbenzin.

Da es in Kurland keine deutschen Kampfflieger-Einheiten mehr gab, mussten von den FW 190 auch Bombenangriffe geflogen werden.

Über dem Kurlandkessel wurden vom 1.1.1945 bis zum 8.5.1945 von den wenigen Piloten des JG 54 noch über 400 russische Flugzeuge aller Typen abgeschossen. Dies bei sehr geringen eigenen Verlusten. Hätte das gesamte Geschwader vollzählig zur Verfügung gestanden, wäre dazu auch nur ein deutsches Kampfgeschwader über Kurland im Einsatz gewesen, hätte der Feind ungleich höhere Verluste erlitten.

Die siegegewohnten altbeschossenen Hasen Hrabak, Rudorffer, Eisenach, Thyben, Wettstein, Schleinhege, Broch, Wöhnert, Cordes, Wernitz und Tegtmeier sowie alle übrigen, die anderen Stellen genannt wurden, vor allem Oberleutnant Otto Kittel, waren jene Grünherzjäger, vor denen selbst die russische Führung der Luftstreitkräfte im Baltikum in mehreren Befehlen warnte.

Damit soll an dieser Stelle klargestellt werden, dass es die Grünherzjäger des JG 54 waren, die bis zur letzten Stunde mit den Kurlandkämpfern im Einsatz standen und nicht aufsteckten.

Die Rufe der Infanterie nach Luftwaffe, so berechtigt sie auch waren, änderten nichts daran, dass diese Handvoll deutscher Jäger alles für jeden Kurlandkämpfer gegeben hatten.

Eines sei an dieser Stelle nachgetragen, um darzulegen, dass auch die oberste Luftwaffen-Führung in Kurland gemeinsam mit dem letzten ihrer Soldaten in die Gefangenschaft ging.

So ließ Generaloberst Curt Pflugbeil Weltkrieg-I-Kämpfer, Träger vieler Auszeichnungen aus dem Ersten Weltkrieg und des Ritterkreuzes sowie des 562. EL zum RK als OB der Luftflotte 1 sich auch als Befehlshaber des Luftwaffenkommandos Kurland nicht ausfliegen ließ, sondern er ging gemeinsam mit seinem Höheren Luftnachrichtenführer GenLt. Xaver Sattler am

8.5.1945 an der Spitze seiner Soldaten mit vielen seiner Stabsoffiziere in die russische Gefangenschaft. Beide wurden vor dem Militärtribunal der UdSSR zu 25 Jahren Zwangsarbeit verurteilt, aus der sie im Oktober 1955 dank der eisernen Haltung von Bundeskanzler Konrad Adenauer entlassen wurden.

## Die Ju 52 – Als Retter in der Not in den eigenen Untergang

Am Morgen des 8. Mai 1945 flogen ein letztesmal 35 Ju 52-Transporter aus Norwegen in den Kurlandkessel und landeten bei Grobin, dem letzten noch gehaltenen Flugplatz hart ostwärts Libau. Sie nahmen in mustergültiger Ordnung Verwundete und Familienväter an Bord, um sie ins Reichsgebiet abzutransportieren.

Über der Ostsee wurden sie von russischen Jägern und Schlachtfliegern gestellt. Brennend und dicke Qualmwolken hinter sich herziehend wurden fast alle in einem einstündigen, unaufhaltsamen Überfall von weit über 100 russischen Jägern und IL-2Schlachtflugzeugen abgeschossen. Keiner der Insassen dieser Maschinen konnte gerettet werden. Nur zwei der Ju 52 gelang es, sich im Tiefstflug, nur etwa 20 Meter über See, davon zu schleichen. Das war eine fürchterliche Katastrophe, die allein dadurch ausgelöst wurde, dass das JG 54 Weisung erhalten hatte, am frühen Morgen zum Rückflug aus Kurland zu starten.

Im Hafen von Libau wurden die Männer des Bodenpersonals des JG 54 am frühen Nachmittag dieses Tages in Kohlenschiffen zum Transport nach Schleswig Holstein verladen. Dieser Konvoi kam nach drei Tagen Fahrt in Kiel an.

Vorher waren noch einige russische Fliegerangriffe erfolgt, die vor allem auch unter der Zivilbevölkerung herbe Verluste hervorriefen.

Über die letzten beiden Rettungsfahrten der Kriegsmarine und hier vor allem der Torpedoboote und Zerstörer sei abschließend berichtet. Bliebe nur noch der letzte Flug des JG 54 nach den vorliegenden Berichten darzulegen.

## Der Rückflug nach Deutschland

In der Nacht zum 8. Mai 1945 erhielt der Kommodore des JG 54, Oberst Dietrich Hrabak, einen telefonischen Anruf des OB der Luftflotte 1, GenOberst Pflugbeil, mit folgendem Inhalt:

„Die deutsche Wehrmacht hat kapituliert. Die fliegenden Teile des Geschwaders sind unter Führung des Kommodore bei Tagesanbruch ins Reich zu überführen. Zielflugplatz ist Flensburg.

Transportflugzeuge, aus Norwegen kommend, werden ab Morgengrauen das Bodenpersonal – so weit als möglich – abholen. Alles Material ist zu zerstören.

Möglichkeiten, mit der Marine Personal zu evakuieren, sind zu nutzen.
Der Befehlshaber wird in Kurland verbleiben und in die russische Gefangenschaft gehen."

Am Morgen des 8. Mai wurde der Rückflug in Rotten und Schwärmen angetreten.

Es war Oblt. Gerard Thyben, der als Kapitän der 7./JG 54 als einer der ersten losflog, um 07:45 Uhr über der Ostsee einen russischen Seeaufklärer zu sichten und sich auf diesen zu stürzen. Westlich von Libau, noch in Landsicht, wurde dieser Gegner im ersten Anflug vom Himmel heruntergeholt. Damit hatte Gerhard Thyben, seit dem 8. April 1945 Träger des RK, den letzten Erfolg seines Geschwaders und seinen 157. Luftsieg errungen. Er war erst im Dezember 1943 zur Fliegenden Truppe gekommen.

Bei ihrer Landung in Flensburg wurden die Piloten von britischen Soldaten in Empfang genommen. Wenige Tage später traf auch die Masse des Bodenpersonals hier ein, die auf Schiffen in letzter Stunde aus Kurland entkommen konnten. Dem Geschwader wurde die kleine Ortschaft Odderade als Quartier zugewiesen. Hier trat es im Juli zu seinem letzten Appell zusammen. Oberst Dieter Hrabak hielt die Abschiedsrede.

Danach wurden die einzelnen Gruppen des Geschwaders schubweise entlassen. Mitte September war der letzte Angehörige des „Grünherzgeschwaders" aus Schleswig Holstein verschwunden. Das JG 54 hatte aufgehört zu bestehen.

Am folgenden Tage, dem 9. Mai 1945, als dieses Geschwader sich auf dem Rückflug nach Deutschland befand, erließ der Oberste Befehlshaber der Russen, Marschall der Sowjetunion J. Stalin einen Befehl folgenden Inhalts:

BEFEHL
DES OBERSTEN BEFEHLSHABERS
AN DIE TRUPPEN DER ROTEN ARMEE
UND DIE KRIEGSMARINE

Am 8. Mai 1945 wurde in Berlin von Vertretern des deutschen Oberkommandos die Urkunde über die bedingungslose Kapitulation der deutschen Streitkräfte unterzeichnet.

Der Große Vaterländische Krieg, den das Sowjetvolk gegen die faschistischen deutschen Okkupanten führte, ist siegreich beendet. Deutschland ist restlos geschlagen.

Genossen Rotarmisten und Matrosen der Roten Flotte, Sergeanten und Obermaate, Offiziere der Armee und Flotte, Generale, Admirale und Marschälle, ich beglückwünsche Euch zur siegreichen Beendigung des Großen Vaterländischen Krieges.

In Würdigung des vollen Sieges über Deutschland salutiert heute, den 9. Mai, am Tage des Sieges, um 22 Uhr die Hauptstadt unserer Heimat, Moskau, im Namen der Heimat den heldenmütigen Truppen der Roten Armee, den Schiffen und

Formationen der Kriegsmarine, die diesen glänzenden Sieg errungen haben, mit dreißig Artilleriesalven aus tausend Geschützen.

Ewiger Ruhm den Helden, die in den Kämpfen für die Freiheit und Unabhängigkeit unserer Heimat gefallen sind!

Es lebe die siegreiche Rote Armee und die siegreiche Kriegsmarine!

Der Oberste Befehlshaber
Marschall der Sowjetunion
J. Stalin

# Schlachtflieger über Kurland

Jene etwa 80 Schlachtflieger, die insgesamt über Kurland zum Einsatz kamen, gehörten überwiegend zum Schlachtgeschwader 3. Die I. Gruppe dieses Geschwaders wurde bereits ab dem 1.2.1944 im Nordabschnitt der Ostfront eingesetzt und unterstand dort der Luftflotte 1.

Im Juli 1944 rüstete diese Gruppe auf FW 190 um und blieb bis Kriegsende als Unterstützungswaffe für das Heer über Kurland im Einsatz, um am 8. Mai 1945 aufgelöst zu werden.

Aus ihr gingen einige erfolgreiche Schlachtflieger hervor.

Die II. Gruppe dieses Geschwaders, die im Frühjahr 1942 aus dem Sturzkampfgeschwader 3 hervorgegangen ist, wurde ebenfalls von Januar bis Mai 1944 bei der Luftflotte 1 eingesetzt. Sie starteten von den Horsten Pleskau, Siwerskaja, Petseri und Idriza.

Ab Juli kämpfte diese Gruppe im „Gefechtsverband Kuhlmey" unter Major Kurt Kuhlmey, der seit dem 15.7.1942 das RK trug, das er als Kommandeur der II./Stukageschwader 3 erhalten hatte.

Nach Umrüstung dieser Gruppe auf die FW 190 kämpfte sie von den Plätzen Jakobstadt, Schaulen, Riga-Spilve, Libau und Jesau aus mit nie erlahmender Einsatzfreude, bevor sie im Mai 1945 aufgelöst wurde.

Auch die III./Schlachtgeschwader 3 kämpfte in Unterstellung unter der 3. Fliegerdivision im Nordabschnitt der Ostfront, um nach Umrüstung auf die FW 190 zu einer der stärksten Unterstützungswaffen in den Abwehrkämpfen der 18. Armee in Kurland zu werden. Lediglich ihre geringe Zahl war ein dauerndes Manko, das nicht von den Fliegern selbst beseitigt werden konnte.

Ihre Einsatzhäfen waren Idriza, Dünaburg, Tilsit, Welonen, Laatre, Wolmar, Frauenburg und Cirawa.

Hier kam es wegen des akuten Treibstoffmangels im Frühjahr 1945 nahezu zum Ende der Einsätze. Dennoch starteten immer wieder einige wenige Schlachtflieger zu ihrer schweren Aufgabe.

Vom Schlachtgeschwader 4 stand allein die III. Gruppe im Einsatz an der

Nordfront. In Jakobstadt, Dünaburg, Wenden, Welonen, Riga-Spilve, Wolmar, Insterburg, Tummuk, Gerdauen und anderen Plätzen, die bereits in Ostpreußen lagen, versuchten auch sie, mit ihren wenigen schnellen, kampfkräftigen FW 190 die Infanterie zu unterstützen.

Auch wenn dies nur „Nadelstiche" waren, gelang es immer wieder, in einem begrenzten Rahmen den Kameraden von der Infanterie Hilfe in höchster Bedrängnis zu leisten.

In der Gruppe Kuhlmey, die als Gefechtsverband zusammengeschlossen war, und schließlich das gesamte SG 3 umfasste, stand mit Kurt Kuhlmey einer der Stukaflieger aus der Pionierzeit des Jahres 1936 in vorderster Front. Er brachte es vom Hauptmann zur Zeit der Verleihung des RK an ihn bis zum Ende des Kampfes in Kurland zum Oberst.

Immer wieder wurde das Schlachtgeschwader 3, das er in Kurland führte, für seinen und seiner Männer Einsatz hervorgehoben. Im Nordabschnitt flogen diese Piloten insgesamt etwa 20.000 Einsätze. Dies bedeutet, dass jeder Flugzeugführer täglich bis zu achtmal starten musste.

Im Dezember 1944 musste Oberst Kuhlmey das Geschwader an seinen Nachfolger Major Hamester übergeben. Auch dieser trug bereits seit dem 3.9.1943 das Ritterkreuz. (Gefallen am 22.4.1945 bei Trebbin).

Einer der profilierten Flieger des Geschwaders war Lt. Heinz Georg Kempken, der allerdings erst am 1. Februar 1945 nach Kurland kam und im SG 3 immer wieder Einsätze flog. Vorher hatte er bereits am 29.10.1944 in der Reichsverteidigung das RK erhalten.

Kempken flog insgesamt 580 Einsätze als Stuka- und Schlachtflieger.

Als Lt. kam Wilhelm Meyn nach seiner Umschulung auf FW 190 als Staffelkapitän der 9./SG 3 in Kurland zum Einsatz. Dort kämpfte er bis zum letzten Kriegstag. Während seiner Einsätze kam es immer wieder zu Luftgefechten, bei denen seine FW 190 die Überhand behielt. Als Schlachtflieger schoss er über Kurland 26 Feindflugzeuge ab.

Bereits am 24.10.1944 erhielt er das RK nach 645 Einsätzen. Über Kurland startete er 76-mal und konnte eine Reihe Transportzüge und Truppenansammlungen zusammenschießen und mit Erfolg russische Bereitstellungen bomben.

Am 8. Mai 1945 konnte er mit seiner gesamten Staffel Kurland verlassen und bei Flensburg landen, wo er in Gefangenschaft geriet. Am 16.8.1945 wurde er von den Engländern entlassen.

Als Hauptmann trat Wilhelm Meyn am 16. März 1956 in die Bundesluftwaffe ein. Er wurde Jet-Pilot, Staffelkapitän, Gruppenkomman-deur und schließlich Kommodore des Jabo-Geschwaders 31 „Boelcke", des ersten Starfighter-Verbandes der Bundesluftwaffe.

Seit dem 1.10.1975 war er als GenMaj. Kommandeur der 2. Luftwaffendivision der BW in Birkenfeld an der Nahe.

Als die III./SG 3 im Herbst 1944 nach Kurland verlegte, war Oblt, Helmut Fickel Staffelkapitän der 9./SG 3. Hier machte er von sich reden, als er auf Anordnungen der Korps- und DivGef-Stände immer gegen eingebrochene Feindkräfte startete und im Jahre 1945 von 700 Feindflügen auf 800 Einsätze kam.

Dabei wurde er einmal durch Infanteriebeschuss heruntergeholt, als er einige Bunker mit seinen Bomben ausschaltete. Es gelang ihm, die eigene HKL noch zu erreichen und eine glatte Bauchlandung hinzulegen.

Das RK trug Fickel bereits seit dem 9.6.1944. Er errang diese hohe Auszeichnung noch als Staffelkapitän der 9./SG 3, „Immelmann". Auch er konnte mit seiner Staffel Kurland am Tage der Kapitulation verlassen.

Einer der ganz Großen über Kurland war zweifelsfrei Hptm. Erhard Jähnert. Am 18.5.1943 errang er, noch für seine Glanzleistungen über Afrika, das RK als Lt. in der III./StGeschwader 4.

Als Staffelkapitän seiner 9./StG 2 war er an dem großen Erfolg dieser Gruppe an der Vernichtung dreier russischer Zerstörer im Schwarzen Meer, südlich der Krim, beteiligt. Nach einer Zwischenepisode als Lehrer an einer Schlachtfliegerschule wurde er auf eigenen Wunsch im Herbst 1944 als Kpt. der 2./SG 3 in den Raum Kurland verlegt.

Als er während eines Aufklärungsfluges am 25. Dezember 1944 ein russisches Panzerrudel von etwa 12 T 34 sichtete, das auf einen Frontabschnitt bei einer der Infanterie-Divisionen zurollte, griff er sofort an. In drei Anflügen schoss er drei T 34 ab. Zwei weitere FW 190 hatten sich ihm angeschlossen. Sie kamen ebenfalls zum Schuss. Es gelang Ofw. Bennedikt einen weiteren T 34 zu vernichten. Diese Meldung wurde vom Heer dergestalt bestätigt, dass nicht vier, sondern sieben Feindpanzer von diesen drei FW 190 vernichtet worden seien. Davon war einer noch auf der Flucht in Flammen aufgegangen und restlos ausgebrannt.

Am frühen Morgen des 26. Dezember hielt ein Wagen mit dem Stander des Heeresgruppenbefehlshabers vor Jähnerts Unterkunft. Im Auftrage von GenOberst Schörner übergab einer seiner Adjutanten dem erfolgreichen Schlachtflieger eine Kiste Sekt, deren 10 Flaschen am Abend dieses Tages nach glücklicher Rückkehr aller eingesetzten Kameraden leergetrunken wurden.

An dieser Stelle sei der 599. Feindflug von Jähnert eingeblendet:

„Am 16. Februar 1945 griff ich mit meiner Focke Wulf 190 feindliche Panzer an, die etwa 10 km südostwärts von Tukkum bei nebligem Wetter bereits dicht an unsere HKL herangekommen waren.

Drei meiner Kameraden schlossen sich mir an, als ich das Ziel ansprach. Wir stießen auf dieses Panzerrudel herunter und schossen unsere Raketenmunition. Ich hatte das Glück, in drei Anflügen auch drei Feindpanzer abzuschießen. Drei weitere wurden von meinen Kameraden lahmgeschossen. Da meine Raketenmunition verschossen war, versuchte ich, die restlichen Panzer, die bereits abgedreht hatten, mit Bordwaffen zu vernichten. Hierbei erhielt meine Maschine einen oder zwei Schüsse in die Ölleitung, ebenso auch in die Kompassleitung. Eine Orientierung war nicht mehr möglich. Bedingt durch den Ölfilm, der sich auf der Frontscheibe bildete, war mir jegliche Sicht nach vorn genommen. Auch der Abwurf der Haube funktionierte nicht mehr, so dass ich in meiner Kiste wie in einem Sarg saß.

Nachdem das Öl zur Neige ging und die Motortemperatur anstieg, musste ich zur Notlandung ansetzen. Ich konnte nur noch hinten sehen und bin so, mit einem ‚Blick zurück‘, auf freiem Feld über einer verlassenen Artilleriestellung ungefähr 30 Meter an einem Bauernhof vorbei und 80 Meter neben einer Hochspannungsleitung gelandet.

Ich bin sicher, dass diese Landung in der Fliegerei als ganz außergewöhnli-cher Glücksfall zu bezeichnen ist.

Ich hatte weder Pistole noch Ausweis bei mir, als ich mehrere Soldaten in Tarnhemden auf mich zukommen sah. Die Leuchtpistole aus der Maschine reißend, wartete ich ab.

Ein weiteresmal hatte ich Glück. Es waren Letten von einer der beiden lettischen Waffen-SS-Divisionen, die mich zu ihrem Bataillonsgefechtsstand mitnahmen.

Ich wurde im Bunker der Grenadiere gastlich aufgenommen und verpflegt und konnte bald zu meinem Feldflugplatz zurückfahren.

Zwei Tage darauf startete ich zu meinem 600. Feindflug gegen feindliche Panzer.“

Mit seiner FW 190 gelang Erhard Jähnert der Abschuss von 25 russischen Panzern. Er flog über 50 seiner insgesamt 622 Einsätze über dem Kurlandkessel und startete am Tage der Kapitulation mit der III./SG 3 die er stellvertretend führte, vom Feldflugplatz Nikas zwischen Windau und Libau gelegen, über die Ostsee und landete zweieinhalb Stunden darauf mit seiner Gruppe auf dem Flugplatz bei Flensburg.

Erhard Jähnert war zum Eichenlaub eingereicht, das ihn aber in der Hektik der letzten Kriegswochen nicht mehr erreichte.

# Weitere Piloten in Kurzberichten

Gruppenkommandeur der III./SG 3 von Mai 1944 bis März 1945 war Hptm. Siegfried Göbel. Er wurde von Hptm. Erich Bunge Mitte März abgelöst. Dieser führte die Gruppe bis Kriegsschluss.

Die 10. (Panzerjäger)/SG 3 unter Oblt. Andreas Kuffner flog vom Herbst 1944 bis zum 7.1.1945 über Kurland ihre Einsätze. Kuffner war bereits erfolgreicher Panzerknacker. Als er am 16.4.1943 nach 600 Feindflügen das RK erhielt, hatte er 17 Panzer und vier russische Flakbatterien vernichtet. Er war bereits Träger des deutschen Kreuzes in Gold und des Ehrenpokals, bevor er im

Februar 1944 die Aufstellung der 10.(PZ)/SG 3 leitete und diesen Verband als Oblt. (seit dem 1.9.1944 als Hptm.) führte.

Am 25.9.1944 – inzwischen nach Kurland übergeführt – vernichtete die Staffel ihren 300. Panzer seit ihrer Aufstellung. Knapp einen Monat darauf, am 22.10.1944, schoss Kuffner mit seiner Kanonenmaschine seinen 50. Panzer ab.

Als „fliegende Pak" bekannt, hatte die Staffel bereits bei der Verteidigung des „Festen Platzes Wilna", Juni 1944 im Mittelabschnitt, binnen dreier Tage 32 Panzer, 13 Lkw und 5 Flak abgeschossen.

Ihren größten Erfolg aber erzielte die 10. (Pz)/SG 3 im Nordabschnitt der Ostfront über Kurland. Als Mietau von 25 Feindpanzern angegriffen wurde, stürzte sich die gesamte Staffel im Steilflug auf diesen Feind. Sie kam zu einem sensationellen Erfolg. Nicht weniger als 21 der 25 Panzerkolosse wurden vernichtet. Dies in Anflügen, bei denen die Panzerjäger nur 20 bis 30 Meter über die Feindpanzer hinwegjagten und ihnen die tödlichen Raketengeschosse antrugen.

Am 1.9.1944 wurde Kuffner zum Hptm. befördert, und am 20.12.1944 erhielt er als 684. deutscher Soldat das Eichenlaub zum Ritterkreuz; nach 745 Feindflügen und dem Abschuss von 60 Feindpanzern, hinzu kamen zahlreiche Bahnhofsanlagen und Brücken sowie Feind-Bereitstellungen.

„Noch fünf oder sechs solcher Staffeln und die Russen hätten das Rennen gelernt", berichtete Dietrich von Saucken dem Autor. „Jeder kannte sie. Aber ganz besonders waren es die Grenadiere, die sich voll auf diese Einheit verlassen konnten."

Hier wuchs dem Feind eine verschworene Gemeinschaft heran, die nur aus acht bis zehn FW 190 bestand, die aber – neben Rudel und seinem SG 2 – zu den gefürchtetsten Panzerjägern aus der Luft wurden.

Nach beinahe 1000 Einsätzen wurde Hptm. Kuffner noch am 30. April 1945 über Schwerin abgeschossen. Bei diesem Luftduell der Panzerjäger-Staffel wurden auch seine beiden Staffelführer, die RK-Träger Rainer Nossek tödlich abgeschossen und Oblt. Bromen schwer verwundet. Bromen hatte Ende 1944 bereits seinen 1000. Feindflug absolviert. Josef Blümel aus Trautenau in den Sudeten gehörte als Feldwebel nach dem Abschuss seines 34. Panzers in der 10.(Pz)/SG 3 zu den härtesten Kämpfern dieser Staffel, die Hptm. Kuffner führte. Er startete am 19. September 1944 um 09:20 Uhr zum Feindflug und schoss dabei seinen 60. Panzer ab. Er flog zu der Zeit noch immer die Ju 87-G-2.

Von der russischen Flak abgeschossen, musste er bei Kekawa, südlich Riga mit seinem Bordfunker Hermann Schwärzel notlanden. Beide wurden von einer russischen Einheit durch Genickschüsse ermordet.

Hptm. Kuffner startete ebenso wie einige andere Kameraden zu Suchflügen nach den verschollenen Kameraden. Es war Kuffner selber, der drei Tage darauf gemeinsam mit einem Suchtrupp des Heeres in dem inzwischen freigekämpften Gebiet die Notlandestelle und die beiden ermordeten Kameraden fand. Sie wurden mit militärischen Ehren beigesetzt.

Wenn in diesem Abschnitt einige Schlachtflieger persönlich genannt wurden, so ist das auch als Würdigung ihrer eigenen und der Leistungen ihrer Kameraden hinter den Kuppeln der FW 190 gedacht, die unter Kurlands Himmel ihre oftmals tödlichen Einsätze geflogen sind.

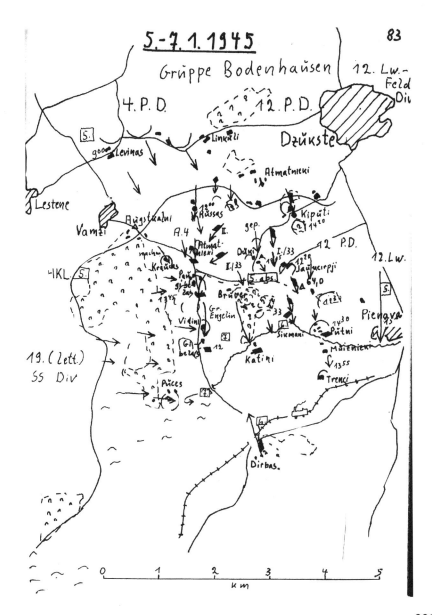

# WAFFEN-SS IN KURLAND

## Allgemeine Übersicht

Das III. (germanische) SS-Panzerkorps, das in drei Schlachten gegen die Rote Armee die Narwa-Enge gehalten hatte, musste im Zuge der Rückzugsbewegungen ab September 1944 Estland aufgeben und nach Riga ausweichen, um nicht eingekesselt und vernichtet zu werden.

Nach neuen Angriffen der Roten Armee wurde das Korps in den Raum ostwärts Libau zurückgenommen.

Das gleiche Schicksal traf auch das VI. (lettische) SS-Freiwilligen-AK, das sich ebenfalls aus Estland in den späteren Brückenkopf Kurland absetzen musste.

In den folgenden Kämpfen in Kurland hat vor allem das VI. (lettische) SS-Freiwilligen-AK mit ihren Divisionen 15. und 19. (lettische) und Unterstellungen, aber auch das III. (germanische) SS-Panzerkorps mit den beiden Divisionen „Nordland" und „Nederland" Schulter an Schulter miteinander im Feuer gestanden.

Als Ende Oktober 1944 die Rote Armee mit einem Panzerverband und einer Schützen-Division beim rechten Flügel der Division „Nederland" einbrach und nahe dem Bahnhof Ozoli eine beherrschende Höhe besetzte, führte Hauptscharführer Georg Schluifelder die 1./GR 49 „De Ruyter" und einige Kameraden anderer Kompanien seines Regiments zum Gegenangriff auf diese Höhe. Das Wagnis gelang, der Feind wurde geworfen und die Freiwilligen krallten sich in den Boden ein. Alle Versuche des Feindes, diese Höhe zurückzugewinnen, scheiterten.

Schluifelder wurde zum Tapferkeitsoffizier befördert. Er wurde in den folgenden Kämpfen in Kurland am 24.1.1945 schwer verwundet und starb unmittelbar nach der Gefangennahme.

Das II./GR 49 „De Ruyter" unter Hauptsturmführer Petersen kämpfte zur gleichen Zeit in den Sümpfen von Tirs-Purvs. Zur Beseitigung eines Feindeinbruchs eingesetzt, mit dem Ziel, die verlorengegangene Verbindung mit dem rechten Nachbarn aufzunehmen, kämpfte sich Petersen durch ein dichtes Waldgebiet, musste sich vieler Sprengfallen und Baumschützen erwehren, ohne dass er gestoppt werden konnte. Nachdem alle Gegner im Wald überwunden oder zurückgetrieben worden waren, wurde der Anschluss zum Nachbar-Regiment des Heeres hergestellt.

Obersturmbannführer Friedrich Karl, Kdr. des AR „Nordland", verhinderte durch sofortiges Eingreifen einen Feinddurchbruch auf Libau, als er einen russischen Angriff im direkten Feuer niederschlug. Sein Freund, Sturmbannführer Hermann Potschka, Kdr. der II./PzArtRgt. „Nordland", war an dieser Stelle entscheidend am Abwehrerfolg beteiligt. Er erhielt am 26.12.1944 das RK. Auf einer Höhe im Vorfeld übernahm SS-Kanonier Walter Jenschke, Funktruppführer in der 5./ArtRgt. 54, die Führung, als die Offiziere des Stützpunktes gefallen waren. In den Kämpfen, die bis zum Abend andauerten, gewann er die ihnen entrissene Höhe im Nahkampf mit ganzen 27 Mann zurück.

Hauptsturmführer Richard Spöhrle wiederum stand mit der 7./Rgt. „Norge" auf der Höhe 126,1. Hier griffen die Russen ebenfalls mehrfach mit starken Kräften an. Spöhrle konnte alle Angriffe abweisen. Seit dem 16.11.1944 trug er das RK. Im April 1945 ist er bei Ihlow, ostwärts von Berlin, gefallen.

Während dieses Einsatzes war es Hauptscharführer Siegfried Lüngen, der mit seinem Pakzug der 6./"Norge" nach dem Tode seines Chefs die Führung der Kp. übernahm. Der mit zwei Schützen-Kompanien angreifende Feind erzielte zwei Einbrüche, die im Gegenstößen ausgemerzt wurden. Mit Handgranaten, MG und MPi wurden die Einbruchsstellen geschlossen und die alte HKL wieder hergestellt. Auch Lüngen trug seit dem 16.11.1944 das RK. Dieses Regiment aus norwegischen und dänischen Freiwilligen wurde von Obersturmbannführer Fritz Knöchlein geführt. Auch er war Ritterkreuzträger.

Wenden wir uns nun der 19. (lettischen) SS-Division zu, die von SS-Gruppenführer Bruno Streckenbach geführt wurde. Dieser Divisionskom-mandeur – was vorausgeschickt werden sollte – hatte bereits als Brigadeführer am 27.8.1944 für die Abwehrkämpfe in Lettland das Ritterkreuz erhalten.

Als die dritte Kurland-Schlacht tobte und die Rote Armee am 23.12.1944 in die Stellungen des linken Nachbarn seiner Division eindrang, errichtete Streckenbach, persönlich vorn führend, einen starken Sperr-Riegel. Der bereits in die HKL eingedrungene Feind wurde abgeriegelt. Gleichzeitig stieß Streckenbach mit einem Regiment in die feindliche Flanke hinein und besiegte ihn entscheidend, so dass er seinen Angriff einstellen musste.

Das war für Bruno Streckenbach das Eichenlaub zum RK, das ihm am 16.1.1945 als 701. deutschen Soldaten verliehen wurde.

Als die Rote Armee zur vierten Kurland-Schlacht antrat, zerschellten ihre Angriffe im Bereich dieser Division am entschiedenen Widerstand der lettischen Freiwilligen. Das Füsilier-Bataillon der Division hielt allen Anstürmen stand, die der Feind über die Straße Lestebe-Tukkum führte.

Hier war es Untersturmführer Alfred Riekstins, der einen Zug der 1./FüsBatl. 19 führte, der hier seine Bewährungsprobe bestand.

Als das Regiment meldete: „Der Russe ist am Waldrand bei Kiepas durchgebrochen und steckt in Regimentsstärke dahinter im Wald", erhielt die 3./43 Befehl, sich in eine Auffangstellung zurückzuziehen und den gefährlichen Einbruch in der Nacht zu beseitigen.

Sturmbannführer Laumanis, BatlKdr. Im FüsRgt. 19, protestierte und erklärte dem Nachrichten-Offizier: „Wenn sich mein Bataillon eine Suppe einbrockt,

dann löffelt sie diese auch sofort und heiß wieder aus!"
Der verständigte Ia der 19. (lettischen) Division verbot sofort jeden selbständigen Gegenstoß und ließ nach kurzer Artillerie- und Werfer-Vorbereitung um 19:00 Uhr zum Gegenstoß antreten, um das verloren gegangene Kiepas zurück zu gewinnen.

Bereits nach der ersten Salve ging ein Funkspruch aus Kiepas ein:

„Nicht auf uns schießen, wir sitzen schon wieder drin!"

Sturmbannführer Laumanis hatte „das Kaff zurückgeholt!"

Hauptsächlich war es dem Unterscharführer Riekstins zu verdanken, der etwa 1500 Meter seitlich der Ortschaft auf der Windmühlenhöhe saß. Er sah die Rotarmisten in der Ortschaft, erkannte drei T 34, einige 7,2 cm-Pak-„Ratschbumm" und mehrere MG. Vor dem Dorf in einer Waldbürste lag ein russisches Schützenregiment, so dass sich die Russen in Kiepas völlig sicher fühlten. Riekstins erkannte seine Chance.

Einige Männer hatten sich freiwillig zu seiner Gruppe gesellt. Sie schlichen gemeinsam am Waldrand entlang, umgingen die biwakierenden Russen und stürmten dann lautlos ins Dorf. Die Russen wurden hinausgeschossen, alle erbeuteten Pak umgedreht und auf den Waldrand gerichtet. Ein T 34 konnte mit einem „kundigen" Fahrer bemannt werden.

Als die Russen aus dem Wald heraus angriffen, wurden sie mit Sprenggranaten aus Pak und Panzer und mit MG-Dauerfeuer empfangen. Nach 20 Minuten zog sich das Regiment zurück.

Riekstins erhielt am 5. April 1945 das Ritterkreuz. Er war einer der Waldwölfe, die auch nach Kriegsschluss in den Wäldern seiner Heimat weiterkämpften. Bei einem Feuergefecht mit russischen Verfolgergruppen wurde Riekstins in einem dichten Waldgebiet ostwärts von Frauenburg im Spätsommer 1959 (!) erschossen.

# Die „Freiwilligen" in der sechsten Kurland-Schlacht

Ende März 1945 standen die Verbände des VI. SS-AK ostwärts Frauenburg. Als hier die Rote Armee mit stärksten Kräften und riesigen Panzerrudeln die Front der 24. und 218. ID durchbrach und es diesen beiden Verbänden nur unter Aufbietung der letzten Kräfte gelang, das in der HKL klaffende Loch im Raume Remte-Vistraute abzuriegeln, eilte die 19. (lettische) SS-Division herbei und verhinderte 48 Stunden später den endgültigen russischen Durchbruch. In Gegenangriffen mit einer Reihe blutiger Nahkämpfe wurde die alte HKL wieder besetzt.

Die Russen gruppierten um und griffen nunmehr das VI. SS-AK an. Auch hier wurden alle Angriffe abgewiesen. Für ihre oftmals schlachtentscheidenden Einsätze erhielten in diesem Raum SS-Obersturmführer Adrejs Freimanis,

232

Obersturmführer Robert Gaigals und Sturmbannführer Voldemars Reinholds das Ritterkreuz.

Als nach Eintreten des Waffenstillstands die Übergabe aller Waffen erfolgen sollte, weigerten sich die lettischen Verbände, diesem russischen Befehl nachzukommen. In einem besonderen Appell wurden sie von ihrem Fahneneid entbunden und schlugen sich mit allen Waffen durch die russischen Abschnürungsriegel in die heimischen Wälder durch. Von dort aus setzten sie noch lange Jahre ihren Kampf gegen die russischen Besatzer fort.

Einer jener Männer, die diesen lettischen Großverband führten, soll hier abschließend gewürdigt werden: SS-Obergruppenführer Walter Krüger.

Er übernahm im Sommer 1944 das VI. (lettische) SS-Freiwilligen-AK, der allerdings die 15. SS-Freiwilligen-Division entzogen wurde, weil sie in den vorangegangenen Kämpfen dezimiert worden war. Damit bestand dieses Armeekorps nur noch aus einer Division mit einigen Unterstellungen.

An der Ostflanke des Brückenkopfes Kurland hatte „Ohm Krüger" mit seinen Soldaten in der dritten Kurland-Schlacht (wie bereits aus der Sicht der Gruppenführer Streckenbach dargelegt) den Abwehrkampf geführt. Der angestrebte russische Durchbruch wurde verhindert.

Als die Rote Armee mit 1.200 Schlachtfliegereinsätzen hier angriff und die nachfolgenden sowjetischen Sturmtruppen am linken Korpsflügel einen Einbruch erzielten, aus dem heraus sie anschließend nach Westen einschwenkten und bereits im Rücken der Division auftauchten, befahl Krüger den Gegenstoß.

Gruppenführer Streckenbach rollte im gepanzerten Führerwagen zu seinen Soldaten und führte sie gegen den beim Stützpunkt Dumbas angreifenden Feind. Hier waren es die Männer der Panzernahkampfschule der Division, die mit Nahkampfmitteln binnen weniger Minuten neun Feindpanzer vernichteten. Die Front hielt.

Armeegeneral Jermenko ließ am 26. abermals angreifen und diesen Angriff auch am 27. und 28.12.1944 fortsetzen. Am ersten Tage verloren seine Panzerverbände 83, am zweiten Tage 75 und am letzten Tag 32 Panzer. Ein Großteil davon ging auf das Konto der Waffen-SS-Panzernahkämpfer.

Als alles auf des Messers Schneide stand, ließ Walter Krüger unter Zusammenfassung aller Kräfte zum Gegenangriff antreten.

Dieser stieß in die offene Flanke des Gegners. In starken Stoßkeilen errangen die Männer an diesem 3.1.1945 die alte HKL wieder zurück. Ein tiefer Feindeinbruch wurde beseitigt.

Nach dreitägigem Ringen – oftmals Mann gegen Mann – wurde auch die „Panzerburg" Gibelas zurückerobert.

Das 20 Tage andauernde Ringen um Doblen war damit beendet. Die Rote Armee hatte insgesamt 328 Panzer, 17 Flugzeuge, 350 Geschütze und Granatwerfer verloren, blutige Verluste erlitten und 830 Gefangene zurücklassen müssen.

Obergruppenführer Krüger und Generalmajor Albert Henze, Kdr. der 30. ID, Maximilian Wengler, Kdr. der 227. ID, und die 12. Lw-Felddivision unter GenMaj. Gottfried Weber, die zeitweise Obergruppenführer Krüger unterstellt waren, hatten ihren Anteil am großen Erfolg.

Dazu gehörten außerdem noch GenMaj. Domanski mit der 50. ID, GenLt. Freiherr von Bodenhausen mit der 12. PD.

Walter Krüger erhielt am 1.2.1945 als 120. deutscher Soldat die Schwerter zum Ritterkreuz mit Eichenlaub.

Seine letzten Tage in Kurland, das er nicht mehr verlassen sollte, nutzte er zur Rettung seiner lettischen Kameraden. Er entband sie von ihrem Fahneneid, ließ sie alle mit Heeresuniformen versehen und kleine Gruppen von etwa 10 Soldaten bilden, die sich durch die russischen Linien schlagen sollten. In Nachtmärschen zogen sie los, um übertags in den dichten Wäldern Schutz zu suchen.

Jene Gruppe, bei der sich auch „Ohm Krüger" befand, wurde am 22. Mai 1945 unmittelbar an der ostpreußischen Grenze in einem Waldversteck aufgestöbert und gefangen genommen. Walter Krüger gelang es noch seine Pistole zu ziehen und nach einigen Schüssen auf den Feind sich selber den Tod zu geben.

\*\*\*

# DIE 290. INFANTERIE-DIVISION IM ABWEHRKAMPF

Nachdem in den vorangegangenen Abschnitten immer wieder die 290. ID genannt wurde, sei an dieser Stelle ihr Einsatz anhand einiger dramatischer Kämpfe in „Nahaufnahme" dargelegt.

Aus diesen Kämpfen wird deutlich, dass auch diese Division ohne jeden Abstrich im Höllenfeuer der Abwehrschlachten in Kurland ausgehalten und ihren Mann gestanden hat, ohne viel von sich her zu machen.

Als die Rote Armee in der zweiten Phase der zweiten Kurland-schlacht am frühen Morgen des 19. November 1944 zwei Stunden lang auf die Stellungen des II. Armeekorps einhämmerte und im ersten Generalangriff zwischen der 31. und 132. ID durchbrach, zum weiteren Vorstoß nach Westen antrat, um auch diesem Teil der Front den Garaus zu machen, stand die 290. ID am 22.11.1944 in 25 Abwehrkämpfen gegen die rote Flutwelle, die ostwärts von Frauenburg gegen die „Brunhilde-Stellung" anrannte, ihren Mann.

Zwischen Doblen und Autz war der Teufel los. In den festungsartig ausgebauten Stellungen und Stützpunkten, wie beispielsweise das „Pastorat" und die „Schule", sowie auf der Mazgerini-Höhe standen neben den Männern der 24. ID auch Bataillone der 290. ID im Einsatz.

Zu den bereits im Kampf stehenden 45 Schützen-Divisionen hatte der Feind seit dem 19.11. noch zwei weitere Panzerkorps in den Kampf geworfen.

Dennoch wurden die Stellungen gehalten. Die 290. ID hatte sich an der Seite der 32. und 30. ID, der 11. ID und der 12. LwFeld-Division tapfer geschlagen.

Erschöpft und dezimiert mussten die Grenadiere in den Schneelöchern, oftmals bis zum oberen Stiefelrand im Schneewasser stehend, ausharren. Störfeuer des Feindes und andauernde Tieffliegerangriffe forderten weitere Opfer. Der Nachschub musste auf Pferdegespannen oftmals bis zu 20 Kilometer weit nach vorn gekarrt werden. Ruhrerkrankungen und Erkältungen grassierten.

Als dann Mitte Dezember Frost einsetzte, atmeten die Männer in den Gräben ebenso wie jene der Nachschubtruppen auf. Entgegen den Befürchtungen der Heeresgruppenführung hatte es auch in dieser schwierigen Zeit keine Zerfallserscheinungen gegeben. Im Gegenteil: Im Raume der Heeresgruppe Kurland blieb die Disziplin bis zur letzten Stunde voll erhalten.

Die letzte Kriegsweihnacht wurde in „Ruhe" gefeiert. Zum Beginn des Januar wurden die ersten Divisionen aus Kurland abtransportiert. So die 4. PD, die 32. ID und Teile der dezimierten und abgekämpften 227. ID. Wenig später folgten die 218. ID, die 389. und die lettische 15. SS-Division nach, letztere gemeinsam mit dem Generalkommando des III. SS-Korps.

Dies hegte und beflügelte die Hoffnungen, dass Kurland nun doch noch geräumt werden würde. Doch dies Hoffnungen trogen.

# Der Abwehrkampf bei Ezermali

Als nach starkem Störfeuer und ausgedehnten Luftangriffen am frühen Morgen des 21. Dezember 1944 um 08:00 Uhr das feindliche Trommelfeuer begann, in dem bei zweistündiger Dauer auch Nebel- und Phosphorgranaten verschossen wurden, der russische Angriff gegen einen Frontabschnitt der 290. ID südost-wärts und westlich Pumpuri und die nahebei gelegenen Höhen 145,1 und 135,2 begann und der Brückenkopf der 290. ID westlich der Seenenge in Gefahr geriet, eingedrückt zu werden, kam die Stunde des II./GR 501. Als die Höhe 135,2 ver-loren ging, nachdem die Höhe bei Smukas ebenfalls nicht mehr zu halten war, raffte Hptm. Müller (er hatte bereits am 10. September 1944 das RK errungen) eine Kräftegruppe zusammen, deren Kern die 5./GR 503 war.

Mit kurzen Handbewegungen deutete der Hauptmann die Richtung der beiden Flügel seines Kampfverbandes an und rief dann seine Sturmkompanie ins Zentrum.

„Angriff! – In kurzen Sprüngen durch die vorgeschobenen russischen Linien!" gab er den Befehl.

Sie rannten los, rechts und links konnten die Männer seiner Kampfgruppe sehr schnell an Boden gewinnen. Als dann das Zentrum bei Smukas die erste feind-besetzte Höhe erreichte, konnte es nur noch schrittweise vorwärtskommen.

Der Fernsprechtrupp gab die Weisung des Hauptmanns durch: „Beide Flügel schwenken ein und dringen aus den Flanken zur Höhe vor."

Durch sein Fernglas sah der Hauptmann, dass dieser Befehl befolgt wurde, und nur Minuten später merkte er auch, dass das Feuer auf seine Mittelgruppe merk-lich nachließ, weil der Feind nun nach drei Seiten verteidigen musste.

„Sprung auf maaarsch!" rief er und stürmte in langen Sätzen voraus. Die Männer folgten ihm, die beiden MG-42 auf den Flügeln streuten das Gelände ab, auf des-sen langsam emporsteigendem Hang sich russischer Stützpunkte gebildet hatten. Sie zwangen deren Verteidiger in volle Deckung. Dann erreichte der Hauptmann mit seinem Bataillons-Trupp den Hauptstand des Feindes. Sie warfen gleichzei-tig Handgranaten, stürmten in den Graben und machten den Feind nieder. Eine geballte Ladung ließ alles Leben im Bunker-Stand in der Mitte erlöschen.

„Weiter, weiter, nicht hängenbleiben!"

Wieder ging es hangaufwärts, dann war gleichzeitig mit den beiden Flankengruppen das leicht wellige, von Kusselbüschen bestandene Plateau der Höhe erreicht. Von drei Seiten stürmten die Männer unter Hptm. Müller zum Zentrum der russischen Verteidigung durch und nach kurzem Schusswechsel und den krachenden Schlägen der Sprengmittel erlosch der feindliche Widerstand.

„Nächstes Ziel ist die Höhe 135,2!" sagte Toni Müller. Seine Kompaniechef erhielten ihre Weisungen, und nachdem die gesamte Höhe gesäubert war und die ersten Gruppen des Nachbar-Bataillons diese Gräben wieder besetzten, ging die Kampfgruppe Müller weiter vor.

Zunächst ging es hügelabwärts, sodann durch einen tiefen Bacheinschnitt direkt auf die linke Flanke der Höhe 135,2 zu. Sie kamen infolge des eigenen Beschusses der Feindkräfte von der linken Flanke und aus den Feldhaubitzen der Divisionsartillerie bis an den Rand des Hochplateaus, ehe eine russische MG-Stellung das Feuer auf sie eröffnete.

„Höllerer zu mir!" befahl Hptm. Müller. Der junge Soldat aus Beilngries kam mit seinem Zielfernrohrgewehr zum Hauptmann. Dieser deutete auf die feindliche MG-Stellung. „Die müssen weg!" sagte er.

Höllerer ging neben dem Hauptmann in Stellung, spähte zunächst durch dessen Fernglas, ehe er durch sein Zielfernrohr die Feindstellung ins Visier bekam. Er sah den Schützen I der Russen und den daneben liegenden Schützen II, visierte und schoss zweimal kurz hintereinander. Beide Schützen sackten hinter ihrem MG zusammen. „Sprung auf maaarsch!"

Sie stürmten an dem ausgeschalteten MG vorbei und befanden sich auf der Höhe. Auch hier wurde der Feind im überraschenden Ansprung geworfen und die Höhe wieder besetzt.

„Nun geht es um die Wurst", meinte Meier, der Offizier aus Niedersteinebach im Kreise Altenkirchen und zeigte auf die Höhe 145,1, die als Zentralpunkt des Feindeinbruchs scheinbar unbezwingbar vor ihnen lag.

Sie stürmten gegen diese Höhe. Eine Kompanie des GR 501 leistete ihnen Schützenhilfe, als sie von schräg rückwärts durch einen Einschnitt den oberen Höhenrand erreichte und das Feuer auf sich zog.

In einem zehnminütigen Nahkampf Mann gegen Mann wurde diese Höhe als dritte des Morgens im letzten Ansprung in Besitz genommen.

Die alte HKL der 290. ID vom Kerklinu-See aus bis zu einer kleinen Ortschaft direkt an der Rollbahn nach Libau wurde wieder in Besitz genommen und gehalten.

Dieser selbstständige Entschluss von Hptm. Müller hatte die gesamte Brückenkopfstellung gerettet. Sie verlief nun wieder vom Svetainu-See bis nach Jesalnieki und von dort aus entlang der Rollbahn über Bresmes, die Höhe 135,2 von Smukas und von dort aus westlich entlang der Rollbahn nach Anites, wo sie wieder auf die alte HKL bei Ezermali stieß. Die 8. Kp. und Teile des Stabes nisteten sich im Abschnitt zwischen Jesalnieki bis Bresmes ein. Spähtrupps nahmen die Verbindung zum anschließenden Bataillon unter Hptm. Einfeld auf.

Der Feindangriff des Nachmittags, unter Einschaltung einer Salvengeschütz-Batterie gegen die Höhen bei Smukas waren derart stark, dass diese Höhen schließlich wieder verloren gingen. Dennoch wurde die übrige

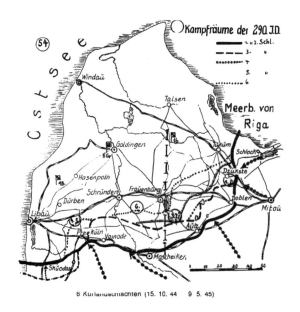

6 Kurlandschlachten (15. 10. 44    9 5. 45)

Brückenkopfstellung eisern gehalten.

Als die Kp. Petzold der Kampfgruppe Müller zugeführt wurde, wurden zwei Stoßgruppen zur Wiedergewinnung der Höhen aufgestellt. Eine unter Fw. Toben, die andere unter Oblt. Petzold.

Aus ihren Ausgangsstellungen westlich der Rollbahn traten die beiden Stoßgruppen, von weiteren Einheiten des GR 503 unterstützt, nach einem kurzen Artillerie-Feuerschlag auf die Höhen an. Es gelang Fw. Toben nach hartem Kampf, mit seinen Männern die Höhe bei Smukas zurückzugewinnen. Die Höhe 135,2 konnte trotz viermaligen verlustreichen Einsätzen nicht erobert werden.

Der Feind hatte in der Zwischenzeit die schwache Besatzung auf der Höhe 145,1 geworfen. Eine Gruppe Pioniere holte sie in direktem Gegenstoß zurück.

Am frühen Morgen des 22.12. traten die Kampfgruppeneinheiten Müllers abermals an. Es gelang den Männern unter schweren blutigen Verlusten für den Gegner, diese Höhe 135,2 zurückzugewinnen und zu besetzen. Hier verlor der Feind einen Großteil seiner Schützen-Kompanien.

Als wenig später starke russische Bereitstellungen ostwärts der Rollbahn vor Ezermali erkannt wurden, hämmerte die Divisionsartillerie diese nieder. Dennoch gelang es den russischen Schützenverbänden, die immer wieder frischen Nachersatz erhielten, die Höhe 145,1 zu nehmen und in den Graben des GR 503 bei Ezermali einzudringen.

Dann trat die Rote Armee mit mindestens einer Division im Zentrum und zwei weiteren Verbänden auf beiden Flanken gegen 10:00 Uhr aus dem Wald süd-

238

westlich der Höhe zum Angriff auf 135,2 an. Diese ging endgültig verloren, und die Front stabilisierte sich rund um den Gefechtsstand, über den Kraujas-Wald verlaufend, über die Rollbahn hinwegführend, zu den Höhen von Smukas westlich Bresmes, um die Rollbahn bei Jesalnieki abermals zu kreuzen und bis zum See zu führen.

Hier wurden die folgenden Angriffe der Russen immer wieder abgewiesen. Hptm. Müller war stets zur Stelle. Als dann die 389. ID Verstärkungen an die 290. ID abgab, griff hier der Kommandeur immer wieder persönlich ein.

Mit der Unterstützung durch einige Sturmgeschütze gelang es dann, die Höhe 145,1 abermals zurückzugewinnen, Der Feind ließ hier zwei Pak, fünf MG und zahlreiche Handfeuerwaffen liegen, mit denen sich die Männer um Hptm. Müller versorgten.

Am frühen Morgen des 23.12. erhielt das Bataillon Müller Befehl, sich aus der Front zu lösen und in den Raum Dumpje zurückzugehen.

Dennoch setzte Hptm. Müller mit den in der Front verbliebenen Soldaten am Nachmittag dieses Tages noch einen Angriff gegen Ezermali an, um den Feind am zu schnellen Nachrücken und möglicherweise Überflügeln der zurückgehenden Grenadiere zu hindern. Der Gegner wurde auch hier geworfen, obgleich er bereits zum Vorstoß angetreten war.

Drei Tage und drei Nächte stand die Kampfgruppe Müller hier im Einsatz, um erst dann diesen Brückenkopf befehlsgemäß zu räumen, nachdem sie den Abzug der übrigen Regimenter der Division gedeckt hatte. Anton Müller wurde zum Eichenlaub eingereicht, das ihm am 14.2.1945 als 738. deutschen Soldaten verliehen wurde.

# Der Kampf um Purvini und Siseni

Aus der Feder von Oberst Gerhard von Ludowig sei an dieser Stelle ein weiterer Einsatz der 290. ID eingebracht, der ebenso wie der vorher geschilderte eine gefährliche Situation wiedergibt.

Gerhard von Ludowig, als Major und Kdr. des Sicherungs-Bataillons 163 bereits am 19.12.1941 mit dem Deutschen Kreuz in Gold ausgezeichnet, erhielt am 25.1.1945 durch den Kdr der SS-Division Nordland Weisung, seine im Kraftfahrzeugmarsch an die Front rollenden Einheiten nach Paplaka abzudrehen, dort zu entladen und bei Adnin zu versammeln. Der Feind hatte einen tiefen Einbruch bei einer Nachbardivision erzielt und den Raum Stalgi bereits erreicht. Es galt, dem Feind das Höhengelände bei Balki zu entreißen und den Feindeinbruch bei Stalgi zu bereinigen.

Zu letzterem Einsatz befahl der Kdr. der 14. PD, dem die 290. ID unterstellt worden war, das GR 501 einzusetzen. Es sollte sich beim GefStand des PGR 103, Oberst von Usedom melden und würde dort weitere Befehle erhalten.

Als Oberst von Ludowig dort eintraf, wurde ihm von seinem RgtAdj. gemeldet, dass sie sich bei Balki mit dem SS-Sturmbannführer Hofer, Kdr. III./SS-ArtRgt. 49 der SS-Division „Nederland", treffen sollten.

Die Bataillonskommandeure des GR 501 meldeten durch Hptm. Löpting, der das I./501 führte, dass der Feind die Linie 42,9 –Aduzi – Stalgi-Wald nördlich von Siseni erreicht habe. Er musste geworfen und das Höhengelände beiderseits des Straßenkreuzes südostwärts Purvini gewonnen werden. Dort sollten sich noch einige isolierte deutsche Stellungen befinden, die es herauszuhauen galt.

Der Angriff erfolgte aus der Bewegung, ohne besondere Bereitstellung. Beide Bataillone stießen schwungvoll vor und erreichten die Höhe bei Purvini-Dinviesi, wo sie durch starkes Panzer- und Pakfeuer gestoppt wurden. Es kam zu wechselvollen Kämpfen.

Nach einem eigenen Artillerie-Feuerschlag, durch Major Kaisea AbtKdr. der DivArt. ausgelöst, erfolgte ein erneuter Angriff. Oberst Palm, der Divisionskommandeur der 290. ID ließ nach einer Besprechung des 26. Januar 1945 den Angriff in einer Divisionsbesprechung organisieren.

Neben ihm und Oberst von Ludowig waren noch Oberst Hetzel, Kdr. Des GR 502, Major Kaiser, Hptm. Wohlleben (Kdr, eines Panzerverbandes) SS-Sturmbannführer Hofer und die Begleitoffiziere anwesend.

Der Angriff wurde am 27.2.1945 planmäßig eröffnet. Unterstützt von den Panzern gelang es, in Purvini einzubrechen. Leider kam die Pz.-KGr. unter Hptm. Wohlleben nicht schnell genug heran, um diesen Einbruch auszunutzen, denn sie war zur Verfügung der Division im Raume Balki zurückgeblieben.

Dies gab dem Feind die Möglichkeit, mit schwerer Pak, Granatwerfern und Salvengeschützen einen Gegenangriff der Schützenverbände wirkungsvoll zu unterstützen. Die Rotarmisten erstürmten den Ort Purvini und wurden erst an dessen Westrand gestoppt.

In der Nacht zum 30.1.1945 übernahm das II./503 den Abschnitt des I./502. Die 13./503 und die I./AR 290 kamen hinzu.

Als der Feind von Osten her in den Wald von Dinviesi einbrach und eine deutsche Stellung überrannte, war es noch einmal Hptm. Toni Müller, der ihn warf und am 31.1.1945 mehrfach am linken Flügel eingriff. Er wurde unmittelbar nach Überreichung des Eichenlaubs an ihn wegen Tapferkeit vor dem Feind zum Major befördert.

Der Abschnitt wurde in der folgenden Nacht an Teile der 218. ID übergeben.

# Mit der „Göttingen" in den Tod

Am 19.2.1945 erhielt die Ersatzabteilung der 290. ID Weisung, aus Dänemark nach Kurland zu verlegen. In Stettin ging sie an Bord des Nord-deutschen Lloyd Frachters „Göttingen" der am 20. Februar vom Hafenkai ablegte und mit 5.000

Soldaten für Kurland an Bord in See ging.

Um 22.2.145 gegen 22:00 Uhr wurde die „Göttingen" gewarnt, dass ein feindliches U-Boot gesichtet worden sei. Aber dieses lag nicht auf dem Kurs des Dampfers.

Um 04.30 Uhr des 23.2. erhielt der Dampfer etwa 30 km vor Libau zwei Torpedotreffer, die beide ins Vorschiff einschlugen und den Laderaum 2 zerfetzten. Die „Göttingen" brach wenig später auseinander. 5000 Soldaten schwammen im eisigen Wasser der Ostsee.

Von Libau liefen unmittelbar nach der SOS-Meldung einige Fahrzeuge der 9. Sicherungsdivision aus und begannen mit der Bergungsarbeit. Zwischen 10:00 und 11:20 Uhr trafen die kleinen Einheiten, bis an den Rand mit Schiffbrüchigen vollgepackt, in Libau ein. Etwa 2.000 Soldaten konnten gerettet werden. Die übrigen 3.000 behielt die See.

Am Morgen des 24.2. trafen die Geretteten der 290. ID bei ihren Einheiten ein. Sie nahmen am letzten Großeinsatz ihrer Division teil, der am 18. März mit der sechsten Kurland-Schlacht einsetzte. Die Front zwischen Frauenburg und Schrunden wurde 12 Tage lang berannt. Die deutsche Verteidigung hielt die vorbereiteten Abwehrriegel. Alle Soldaten der 290. ID standen wie ihre Kameraden der HGr. Kurland bis zum letzten Moment eisern. Die Kompaniestärken sackten auf 50, dann auf 20 Mann ab.

Oberst Frotscher, der neue Divisionskommandeur erhielt bereits am 11. März 1945 das RK. Er hatte den verwundeten GenMaj. Hans-Joachim Baurmeister als letzter DivKdr. abgelöst.

Als der Wehrmachtbericht am 31. März 1945 den Abschluss der 6. Kurland-Schlacht (die die letzte gewesen sein sollte) bekannt gab, hatte diese noch einmal einen Offizier der 290. ID im letzten Einsatz gesehen. Es war Oblt. Wilhelm Salz, seit dem 10.9.1944 Träger des Ritterkreuzes und seit dem 25.3.1942 bereits Inhaber des Deutschen Kreuzes in Gold, der in einem dramatischen Einsatz siegreich war. Es war Oberst Joachim von Amsberg, Kdr. des GR 502, der hier die Führung fest in der Hand hielt und noch am 9. Mai 1945 das Ritterkreuz erhielt, nachdem er wenige Stunden vorher noch im Auftrag von General Otto Rauser, dem Oberquartiermeister der Heeresgruppe Kurland, der von der HGr.-Führung als Leiter der Kapitulationskommission eingesetzt worden war, als Parlamentär der 290. ID zur gegenüberliegenden Feindgruppe entsandt wurde.

„So fuhr ich denn um 14:00 Uhr" (Oberst von Amsberg) von einem Hornisten, einem Dolmetscher und einem Uffz, begleitet, mit einer weißen Fahne vorn am Kotflügel, zum ersten russischen Stützpunkt. Von dort aus wurde ich zu einem russischen Divisionsstab geleitet und unterschrieb hier die Kapitulation.

Dann fuhr ich zum Regiment zurück und verlebte die letzten 12 Stunden der Nacht in Freiheit. Es waren für die nächsten zehneinhalb Jahre für mich die letzten Stunden als freier Mensch.

\*\*\*

# DIE SECHSTE KURLAND-SCHLACHT

## Übersicht beider Seiten

Am 18. März 1945 begann die sechste Kurland-Schlacht mit einem gewaltigen Trommelfeuer der Roten Armee. Aus hunderten Geschützen und ebenso viele Werfern und Salvengeschützen wurden die deutschen Stellungen zwischen Dangas und Skutini mit einem wahren Stahlregen eingedeckt.

Seit dem Morgengrauen dieses Tages hämmerten die russischen Artillerie-Verbände auf die deutschen Stellungen ein. Diesmal sollte die Heeresgruppe Kurland endgültig niedergerungen werden. Zielrichtung war es, über Frauenburg direkt auf Libau vorzustoßen.

Im Zentrum dieses Trommelfeuers stellte sich die 10. Sowjetarmee hinter der Sicherungszone bereit. Alle Schützen-Divisionen und ebenso die motorisierten Korps, wie auch die Panzerbrigaden waren auf dem Sprung, der HGr. Kurland den Garaus zu machen.

Darin schaltete sich auch die Rote Luftwaffe voll ein, die vor allem die Aufgabe hatte, alle Verkehrsverbindungen aus dem Hinterland zur deutschen HKL lahmzulegen und das Nachführen von Nachschub Treibstoff und Nachersatz zu unterbrechen.

Wieder einmal hatte die Führung der Roten Armee schmale Streifen aus dem Trommelfeuergebiet ausgespart, durch welche die T 34, Josef-Stalin-Panzer und Sturmgeschütze noch vor Ende des Feuerregens durchstoßen sollten.

Panzerrudel der Russen, gefolgt und begleitet von Schützenverbänden, trafen im ersten Ansturm auf die bereits von der fünften Kurland-Schlacht abgekämpften und noch nicht durch Nachersatz gestärkten Verbände. Das Heeresgruppenkommando musste die wenigen Divisionen in den Skat werfen, die als „Feuerwehr" sattsam bekannt waren: Die kampferprobte 11. ID unter GenLt. Feyerabend, die 12. PD geführt von GenLt. Frhr. von Bodenhausen, und die in allen Schlachten in Kurland eingesetzte 14. PD unter Genlt. Unrein. Die schnellen Verbände der 14. PD bildeten den Abwehrriegel an den gefährdetsten Stellen der HKL. Doch auch sie konnten den Strom der russischen Verbände nicht stoppen. An einigen Stellen brachen die den Panzern folgenden Schützen durch die HKL und drangen teilweise bis zu den deutschen Artillerie-Stellungen vor. Einzelne Bataillone der Infanterie wurden aus dem Verband der HKL herausgerissen und eingekesselt. Stützpunkte wurden von ihren Verbindungen rechts und links abgeschnitten. Sie mussten sich in tagelangen Waldkämpfen durch die russischen Verbände zurückkämpfen, um wieder Anschluss zu gewinnen.

Dennoch war der Teilerfolg der Roten Armee an diesem 18. März teuer erkauft.

242

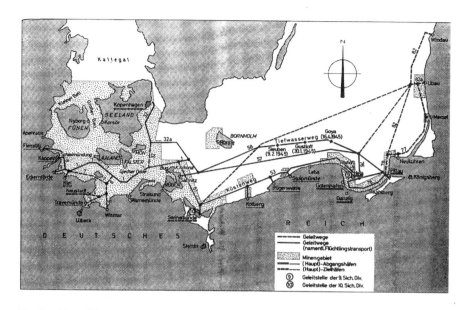

Als die Abenddämmerung einfiel, lagen auf dem weiten Gefechtsfeld nicht weniger als 92 abgeschossene und teilweise noch immer brennende Feindpanzer.

Dieser Abwehrerfolg musste deutscherseits mit schweren Verlusten erkauft werden. Hier kam die große Stunde der Sanitäter aller Dienstgrade und der Chirurgen in den Lazaretten und vor allem auf den Hauptverbandsplätzen. Hier galt es, Leben zu retten, sich ins Niemandsland hinaus zu wagen und dort liegende Verwundete zu versorgen und zurückzubringen.

Gefährlich war die Situation auf der Nahtstelle zwischen der 16. und 18. Armee. Hier hielten einige Stützpunkte unter erfahrenen Offizieren und tapferen Männern einer vielfachen Übermacht stand und verhinderten damit, dass der Sieg der Roten Armee vollkommen wurde.

Es waren in Sonderheit auch die Divisionen des beiderseits von Frauenburg kämpfenden XXXVIII: AK unter Gen.d.Art Herzog, die ein Desaster verhinderten, denn hier konzentrierte sich der Schwerpunkt der russischen Angriffskräfte. Obwohl die Divisionen der deutschen Abwehrkräfte hier schwer geprüft wurden und starke Verluste erlitten, konnten sie an keiner Stelle zur Gänze überwunden oder zum Rückzug gezwungen werden.

Aus der offenen Feuerstellung schossen die Batterien des XXXVIII. AK auf die dichten Panzerrudel und hatten einen starken Anteil am Abwehrerfolg. An dieser erfolgreichen Abwehr beteiligten sich auch die wenigen schweren Flak erfolgreich.

Die deutschen Stützpunkte Bezzbij, auf dem das GR 44 der „Ostpreußen" (11.ID) verteidigte, blieben in eigener Hand. Desgleichen die Ortschaft Struteli, die vom GR 386 der 218. ID in einer Gewaltanstrengung sondergleichen gehalten wurde und wo vier Feindeinbrüche im Nahkampf ausgebügelt werden mussten, waren Beispiele deutscher Standhaftigkeit. Nicht zu vergessen die 1./PzJägAbt. 24 der 24. ID, die das Gehöft Strautini in eine feuerspeiende Festung verwandelt hatte, vor der neun Feindpanzer zerschossen liegengeblieben waren.

Selbst im Bombenhagel feindlicher Bomber und in den Tiefangriffen russischer IL 2-„Schlächter", die nicht nur mit ihren Bordkanonen, sondern auch noch mit 250-Kilo-Bomben angriffen und die Stützpunkte zu Fall bringen versuchten, konnten gegen diese Kämpfer nichts ausrichten.

In den Nahkämpfen zeigten sich die deutschen Verteidiger den kampferfahrenen russischen Gegnern trotz waffenmäßiger Unterlegenheit nicht nur ebenbürtig, selbst wenn sie in beinahe hoffnungsloser personeller Unterlegenheit und damit ungleich härteren Bedingungen fochten.

Während die russischen Truppen abgekämpft herausgezogen, und durch kampfkräftige frische Verbände ersetzt wurden, standen die deutschen Soldaten tage- und nächtelang im Feuer, erhielten keinen Nachersatz und standen doch eisern.

Diese russische Lawine des ersten Tages konnte gestoppt werden. Aber die 10. Gardearmee versuchte in den nächsten Tagen immer wieder, den endgültigen Durchbruch ans Meer und in die Stadt Libau hinein zu erzwingen. Aber der Durchbruch misslang. Die geschlossene Phalanx des Feindes löste sich ebenso in Einzelkampfgruppen auf, wie die deutsche HKL in viele Stützpunkte.

Oberst Heinz-Oskar Laebe führte sein GR 44 vorn im ersten Stützpunkt mit einer schnellen Eingreif- und Kampfkompanie. Er hatte bereits als Oberstleutnant und Kdr. Des I./GR 44 das RK errungen. Für die Abwehrkämpfe im Stützpunkt Bezzobij wurde er als 854. deutscher Soldat am 29.4.1945 mit dem Eichenlaub zum RK ausgezeichnet.

Oberst Joachim Reuter, Kdr. des GR 386, der seit dem 27.8.1944 das RK trug, wurde ebenfalls zum Eichenlaub eingereicht. Dieser Antrag ging nicht mehr durch, obgleich er in Struteli jedem Feindangriff die Stirn bot und als Fels in der Brandung der „Roten Sturzwoge" stand.

Auch die 12. PD war wieder in den Abwehrkampf eingebunden und konnte den feindlichen Panzerdurchbruch bei Mezalazi unter Abschuss von 19 Feindpanzern stoppen.

Im Verband der 16. Armee kämpfte aber auch – oftmals vergessen oder nur ansatzweise genannt – das VI. SS-PzKorps, über das in einem gesonderten Abschnitt zu berichten sein wird.

Hinzu stießen die Sturmgeschütz-Brigaden, eine der Waffen, um der Infanterie in schwerster Bedrängnis beizustehen und Feindpanzer-Angriffe zum Stehen zu bringen. Hier war es in Sonderheit die Sturmgeschütz-Brigade 912 unter Major Josef „Sepp" Brandner. Sie war es, die dem Feind die größten Verluste zufügte und vom Beginn der Kurlandkämpfe bis zu deren Ende im Einsatz stand und während der Zeit ihres Bestehens 600 Feindpanzer abschoss. Auch ihr sei in einem Sonderkapitel ein ehrendes Gedenken bewahrt.

Am 23. März musste die 10. Gardearmee ihre Truppen aus dem Raum südlich Frauenburg zurückziehen. An diesem Frontabschnitt ebbte die Schlacht ab. Die deutschen Divisionen hatten sich bis zu diesem Tage Schritt für Schritt bis zum Ciceres-See zurückgezogen und dort eine neue Widerstandslinie aufgebaut. Bis zum 23. März hatte allein die 10. Gardearmee 263 Panzer verloren, unter ihnen eine Reihe der überschweren „Josef-Stalin".

Im Norden von Frauenburg aber ging die Schlacht weiter. In unablässigen Angriffen starker Panzerrudel und motorisierter Schützen konnte die Rote Armee hier die Linie der Bahn zwischen Doblen und Frauenburg überschreiten. Die deutschen Truppen mussten auf die „Burgstellung an der Viesate" zurückweichen.

Dass dieser Rückzug gelang, war einer KGr. der 24. ID unter GenMaj. Harald Schultz mit ihren Panzern und Panzergrenadieren zu danken, die noch vier weitere Tage am Bahnhof Josta die Nachhut stellte und damit das Einfließen und Einrichten der Truppen in der neuen Widerstandslinie ermöglichte. Dafür wurde

| Schematische Kriegsgliederung | | | 1. März 1945 |
|---|---|---|---|
| H.Gr. | Armeen | Korps | Div., Kampfgr., Stäbe |
| | **18.** | **X.** | K.Gr.126.   87.<br>30.   .12.Lw.FD. |
| | Fest.Kdt.Libau<br>(Stab 52.Sich.) | **I.** | 218.   132. |
| | K.Gr.121.<br>14.Pz.Div.<br>12.Pz.Div. | **L.** | 205.   225.   11. |
| **Kurland** | | **II.** | 263.   563.V.Gr.<br>K.Gr.290. |
| | | **XXXVIII.Pz.** | 329.   122. |
| Feld-Ausb.Div.<br>Kurland | | **VI.SS-Frw.** | 24.<br>19.Waff.Gren.Div.SS(Lett.Nr.2) |
| Stab 201.Sich.-<br>Div. | **16.** | **XVI.** | St.21.Lw.FD.(Barth)<br>81.   Div.zbV.300 |
| | | **XXXXIII.** | Kdt.Küste (F.K.186)<br>Gr.Ost   St.Sich.Div.zbV.207<br>Gr.Nord   Gr.Nordwest<br>Fest.Kdt.Windau Gr.Südwest |

Quelle: Fotokopien des Bundesarchivs - Militärarchiv (Koblenz)

dieser Offizier am 5. April 1945 mit dem RK ausgezeichnet.

Die Rote Armee steckte den Kampf auf. Der Kalender zeigte den 27. März 1945 an, und die Rote Armee hatte neben den genannten 263 Panzern 249 MG, 185 Geschütze, 29 Granatwerfer und 27 Flugzeuge verloren.

Die deutsche Widerstandslinie war nur schütter und weit auseinandergezogen an den genannten Stellen eingerichtet worden. Aber von einer HKL konnte nicht mehr die Rede sein, denn oftmals stand alle 100 Meter nur ein Stützpunkt, teilweise nur noch ein Doppelposten, während das, was von der „Feuerwehr" noch kampfbereit war, hinter der Front so postiert wurde, dass sie jederzeit alle Teile der Front erreichen konnte.

Am 1. April 1945 schickte das Heeresgruppenkommando eine Beurteilung des Kampfwertes seiner Divisionen, wie sie sich nach sechs Kurland-Schlachten darstellte, an das OKH.

Unter den Divisionen, die nach wie vor als sehr gut und gut beurteilt wurden, befanden sich die 11. ID, 12. PD, 24. ID, 81. ID und die 121. ID.

Sie alle hatten sich in schwersten Krisenlagen voll bewährt, verfügten über einen hohen Standard der Ausbildung und hohe Kampfmoral. Dass sie von erfahrenen schwungvollen Kommandeuren geführt wurde, verstand sich.

Ebenfalls unter die guten Divisionen wurden die 126. ID, 205. ID, 225. ID, 263. ID und die 329. ID genannt. Sie standen unter der Führung erfahrener Soldaten, waren hart und entschlossen und immer noch zuversichtlich, diesem Todesorkan entkommen zu können.

Eine Reihe weiterer Divisionen, die das „Prädikat" genügend erhielten, waren nicht weniger tapfer und im Kampf erfolgreich, als die höher eingestuften Verbände. Allerdings waren sie in den vorangegangenen Kämpfen, immer wieder in den Brennpunkten stehend, dezimiert worden. So auch die 30. ID, die in der Anfangszeit immer wieder erfolgreich verteidigt hatte und nun ausgeblutet war. Die 290. ID war  nicht minder  stark eingesetzt gewesen, hatte sich tapfer geschlagen und unter GenMaj. Karl Henke (RK als Oberst und Kdr. des PiLandRgt. 770 (mot). am 4.8.1943) eine Reihe stolzer Abwehrerfolge erzielt, dabei aber über die Hälfte ihres Bestandes verloren.

Als Kdr. der 290. ID war Karl Henke am 27. April 1945 auf der Frischen Nehrung bei Pillau in den Abwehrkämpfen gegen nachdrängende russische Verbände gefallen.

Auch die 14. PD war infolge ihrer starken Verluste nicht mehr als hundertprozentig einsetzbar eingestuft. Dafür hatte sie zu viele Schlachten unter GenLt. Unrein aus dem Feuer gerissen und unter Oberst Grässel bis zum bitteren Ende gekämpft.

Hier die Detail-Kampfberichte der eingesetzten Verbände:

# Abwehrkampf bei der 14. Panzerdivision

Aus ihrem Ruheraum heraus, in welchem die erlittenen Verluste in den fünf vergangenen Kurland-Schlachten ausgeglichen werden sollten, bereitete sich auch die stark dezimierte 14. PD auf einen zu erwartenden weiteren Kampf mit der Roten Armee vor.

Am 10. März setzte in Kurland allgemein Tauwetter ein. Der Frühjahrs-schlamm setzte allen Bewegungen auf der Straße, selbst von Kettenfahrzeugen auf den Feldern, ein Ende. Eiswasser und wieder erneut fallender Schnee ließen Gräben und Unterstände „ersaufen". Flüsse, Seen und Teiche traten über die Ufer und überschwemmten das Land. Alle Knüppeldämme, die bisher den Weg durch das Moorgebiet ermöglicht hatten, verschwanden im Morast. Pioniere und Bautruppen waren nicht mehr in der Lage, die Hauptstraßen zu den Regimentern fahrbereit zu halten. Räderfahrzeuge konnten keinen Schritt mehr fahren. Alles war auf den „feurigen Elias" konzentriert, jene Zuckelbahn, die auf der Strecke Libau-Schrunden-Frauenburg trotz vieler Bombenangriffe nach wie vor verkehrte. Selbst der Abzweig nach Grobin und Hasenpoth blieb – auch unter Artilleriebeschuss – fahrbereit. Demzufolge mussten alle Truppenbewegungen und das Heranschaffen von Verpflegung und Versorgungsgüter per Bahntransport erfolgen.

Als die sechste Kurland-Schlacht begann, versackte sie in diesem Frontabschnitt binnen einer Woche im knietiefen Schlamm.

Die 14. PD war an dieser Schlacht nur am Rande beteiligt, da sie noch nicht wieder kampfbereit war und nur einige wenige Panzer einsetzen konnte.

Dennoch wurde sie hinter dem erwarteten Angriffsschwerpunkt bereitgestellt. Es kam nach dem Schlammfeld im Süden im Vartava-Sumpf nur eine Stelle in Frage. Westlich dieser Stelle bei der Ortschaft Durben, die auch an der genannten Haupt-Bahnlinie lag und sicherlich Ziel der Russen sein würde.

Im Waldlager von Gelzi und am Bahnhof Ilmaja sowie südlich der Bahnlinie Padone-Ilmaja hatten die PzGrenadiere ihre Bunkerunterkünfte eingerichtet, während die noch vorhandenen Panzer beiderseits der Rollbahn Ilmai-Berzukrogs untergezogen waren.

Die Feuerstellungen der Artillerie lagen südlich der Bahnlinie in der Nähe des Bahnhofs Padone, während die FlakAbt. 276 im Flakriegel des Flak-Rgt. 60 unter Oberst Ludwig Bulla, RK am 11.6.1944 als Oberstleutnant und Kdr. FlakRgt. 164 (mot.) kämpfte, und eine Reihe bestätigter Flugzeugabschüsse und Panzervernichtungen erzielte.

Es gelang, alle Feindvorstöße gegen diese Stellungen abzuwehren, da sie von den Russen nur halbherzig vorgetragen und wohl nur als Ablenkungs- und Täuschungsangriffe gedacht waren.

In dieser Zeit trat Oberst Grässel, der vorher bereits das PGR 108 geführt hatte, als DivFührer die Nachfolge von Oberst Jürgens an, der den zur 12. Armee befohlenen GenLt. Unrein abgelöst hatte.

Dieser kurze Überblick zeigt, dass die 14. PD in der Tat keine große Kampfkraft mehr hatte und offenbar so rasch wie möglich wieder zur alten Schlagkraft geführt werden sollte.

Dies kam nicht mehr zum Tragen, denn (hier eingefügt, um den Zusammenhang zu wahren) die 14. PD konnte nicht mehr auf einen einigermaßen kampfkräftigen Stand gebracht werden, das war mit den zugeführten HJ-Formationen, den Volkssturmeinheiten und den Polizei- und Arbeitsdienst-Einheiten, sowie Resten der zerschlagenen Felddivisionen nicht mehr zu schaffen.

So stellte sich hier die Frage ein: „Warum schafft man uns nicht ins Reich zurück, wie andere Divisionen auch, wo in der Heimatfront doch jeder Mann gebraucht wurde?

In den nächsten Tagen und Wochen kam es im Bereich der 14. PD – wie auch an der gesamten Kurlandfront – zu weiteren kleineren Gefechten, ohne dass diese den Rahmen örtlicher Kampfhandlungen überschritten hätten.

Lediglich in der Nacht zum 3. Mai 1945 schlug die Rote Armee noch einmal mit einem Feuerwerk aus Tausenden Rohren auf der gesamten Kurlandfront zu, ohne allerdings damit mehr als nur „Ruhestörung" zu verursachen, wie einer der Männer der 14. PD dem Autor berichtete. „Vielmehr schien es nur eine Art von vorgezogener Siegesfeier zu sein. Dies wurde durch jene Lautsprecherparolen der Russen bestätigt, die zu den deutschen Stellungen hinüberdröhnten: „Berlin ist gefallen. Deutschland ist am Ende!"

## Beim Heeresgruppenkommando Kurland

General der Infanterie Hilpert richtete noch am 13. April an den OB der Luftflotte 1 und an den Seekommandanten Lettland die Bitte, der HGr. Kurland weitere ausgesiebte Truppen zur Verfügung zu stellen. In seinem Befehl über den Ia, Nr. 49/45 gKdos, Chefsache erklärte der Oberbefehlshaber:

„Der Auftrag der Heeresgruppe Kurland bleibt unverändert:

Mit allen Mitteln zu kämpfen und damit die russische Menschenkraft zu schwächen und ein Eingreifen weiterer russischer Kräfte ins Reich zu verhindern."

Das Oberkommando des Heeres schrieb am 14. April 1945 zurück: „Um auch die siebte Kurland-Schlacht zu einem vollen Abwehrerfolg zu führen, muss die Heeresgruppe wie bisher an nicht angegriffenen Fronten erhebliche Streckungen in Kauf nehmen, um an den Schwerpunkt-Abschnitten, insbesondere im Raum ostwärts Libau stark zu sein."

Noch am selben Tage ließ Gen.d.Inf. Hilpert über Funk die getroffenen Pläne und Maßnahmen nach Berlin übermitteln:

„1.) Im Großen: Annahme der kommenden Schlacht in jetziger Front. Heeresgruppe ist entschlossen, durch zähe Abwehr und aktive Kampfführung die Front zu halten. Grundbedingung jedoch ist ausreichender Vorrat an Munition und Betriebsstoff.

2.) Im Einzelnen:

Raum nordwestlich und nordostwärts Preekuln: Verstärkung der infanteristischen Abwehrkraft durch die nächst eintreffenden Ersatztransporte. Einsatz der 14. PD einschließlich der schweren PzKp. 510 und der 126. ID wird vorbereitet. Raum südwestlich Frauenburg: Ein GR der 11. ID als HGr. Reserve dahinter. Besondere Abstützung durch Artillerie, Flak und Sturmgeschütze. Infanteristisch kein besonderer Schwerpunkt wegen Kräftemangels zu schaffen."

Die genannten Großverbände 14. PD und 126. ID hatten sich völlig verausgabt und befanden sich in der Wiederherstellung ihrer alten Kampfkraft. Dass dies nicht geschehen konnte, lag daran, dass einfach für Kurland keine Truppen mehr bereitgestellt wurden. Wie sich dies bei der 126. ID auswirkte, sei im Anschluss an diesen Absatz geschildert.

Diese Meldungen beider Seiten zeigen an, dass der Kräfteverschleiß- und mangel so enorm war, dass die Front in Kurland nicht mehr durchgehend geschützt werden konnte.

Als die Luftflotte 1 noch einmal 17 Bataillone zum Infanterieeinsatz aus ihren Verbänden aufstellte, um sie für den Erdeinsatz freizugeben, änderte dies nichts an der Tatsache, dass diese Männer weder infanteristisch ausgebildet noch mit starken Infanteriewaffen ausgestattet waren. Womit ihr Kampfwert gegenüber der höchstausgestatteten Roten Armee gleich Null war. Diese Einheiten wurden denn auch nur zum Schutz der wenigen noch in deutscher Hand befindlichen Flugplätze und dem Schutz wichtiger Objekte eingesetzt.

Die siebte Kurland-Schlacht aber fand nicht mehr statt. Die Rote Armee hatte die Masse ihrer Truppen aus Kurland abgezogen. Lediglich die 1. Stoßarmee blieb im Raume zwischen dem Rigaer Meerbusen und Tukkum zurück. Die 22. Sowjetarmee hielt ihre Gebiete im Raume Dzukste, während die 42. Sowjetarmee vor Frauenburg stand.

Beiderseits von Windau hatte sich die 4. Stoßarmee verschanzt. Die 6. Gardearmee lag zwischen Vainode und Skuodas und die sehr starke, mit Panzer- und mech. Korps verstärkte 51. Armee lag südlich von Libau, um gegebenenfalls doch noch den Hafen in ihren Besitz zu bringen.

# Die 126. Infanterie-Division im letzten Einsatz

Nachdem sich die 126. ID in der Nacht zum 22. Februar 1945 von Preekuln aus nach Nordwesten durch den sowjetischen Umklammerungsring durchgeschlagen hatte, musste sie auf dem Gefechtsfeld den Großteil ihrer schweren Waffen zurücklassen. Die Verwundeten konnten auf Panzern und SPW und auch auf den Sturmgeschützen zurückgeschafft werden.

Ab dem 2. Februar mittags mussten die Reste der Grenadierregimenter der Division in den neuen behelfsmäßigen Stellungen sofort wieder gegen den nachdrängenden Feind Front machen. In diesem Abwehrkampf gelang es der 6./AR 126 dem Feind Paroli zu bieten und ihn mehrfach abzuweisen. Ihr Batterie-Offz. Ltn. Neumann konnte sich allen Angriffen russischer Sturm-gruppen erfolgreich widersetzen. Es gelang ihm sogar, eines seiner bereits vom Feind weggenommenen Geschütze zurückzugewinnen. In dem sich dort entfalteten Nahkampf schlug er zwei eigene kleine Gruppen frei, ehe ihn die tödliche Salve aus einer sowjetischen Mpi traf. (Am 5. April 1945 wurde er posthum mit dem RK ausgezeichnet).

Am Mittag des 24.2. wurde durch die Funkaufklärung der Vorstoß eines Feindpanzerverbandes gemeldet, der sich rasch von Osten der nach Bunka führenden Straße näherte. Falls ihm dies gelang und er auf die Straße einschwenkte, hatte er mit seinen schnellen Truppen nur noch 30 km zurückzulegen, um den Hafen von Libau zu erreichen.

Doch dieser Angriff unterblieb aus unbekannten Gründen, und am 24.2. gab die 126. ID ihren Abwehrstreifen an die 132. ID ab, um sich in den Raum der Ostseeküste zurückzuziehen und hier ihre Wiederauffrischung voranzutreiben. Der Abschnitt südlich Libau war nun der Sammelplatz, zu dem auch die genesenden Verwundeten zur Division zurückstrebten. Hier musste das alte ruhmreiche GR 424 aufgelöst werden. Seine Reste wurden in einem Bataillon zusammengefasst, um wiederum als II./GR 424 unterstellt zu werden.

Die 126. ID blieb einen vollen Monat in diesem ruhigen Raum. Seit dem 24.3. hatte der DivGefStand in den Dünen am Strand nahe dem Libauer See einen neuen Standort gefunden.

Mit der am 29.3.1945 erfolgten Rückverlegung der 126. ID in den Raum Preekuln, führte eine Kampfgruppe der Division einen Angriff zur Stellungsverbesserung. Sie schlug die russischen Gruppen aus ihrem vorspringenden Frontwinkel zurück. Dieser Ostersamstag-Abend des 31.3.1945 war noch einmal ein erfolgreicher Kampftag. Die zu Mitte April erwartete neue Offensive der Russen, die bei Rudbarzi erwartet wurde, fand nicht mehr statt. Allerdings fanden hier einige kleinere Gefechte statt, die meistenteils durch Stoß- und Spähtrupps der Russen ausgelöst wurden. Ende April wurde die Division in den Raum Bunka zurückbefohlen.

Zu Ende des Monats April sickerten Gerüchte durch, dass die Heeresgruppe Pläne zur Aufgabe von Kurland aufstellte. Für die dicht bei Libau liegende 126. ID wurde der Abzug aus Kurland für den 15. Mai 1945 vorbereitet. Doch alles verlief ganz anders als geplant.

Der Ia der 126. ID, Oberstleutnant Zimmer, befand sich am späten Abend des 7.

Mai 1945 gerade zu einer Besprechung beim I. AK, als die versammelten Offiziere die Nachricht erhielten, dass Deutschland an allen Fronten kapituliert habe und, auch für Kurland das Ende aller Kampfhandlungen unmittelbar bevorstehe. Diese Nachricht sollte laut Weisung des I. AK vorerst noch nicht verbreitet werden.

Am frühen Morgen des 8. Mai 1945 wurde das in Reserve stehende GR 422 nach Libau befohlen und dort noch am selben Tage zum Abtransport über See eingeschifft.

Erst mit dem um 13:45 Uhr bei der Division eingehenden Fernspruch der HGr. Kurland:

„An Alle! Nach Übereinkommen mit Sowjetmarschall Goworow tritt am 14:00 Uhr die Waffenruhe ein. Erbitte loyales Verhalten der Truppe, denn davon hängt das weitere Schicksal der Heeresgruppe ab. – Hilpert."

Dazu ein Bericht von Hptm. Daube, Chef der 10./AR 126: „Die Russen kamen wie eine Ameisenschar, ihre Waffen über den Köpfen schwenkend und gestikulierend auf unsere Stellungen zu. Einige fielen unseren Soldaten um den Hals und boten ihnen Wodka an. Man hätte fast sagen können: Allgemeine Völkerverbrüderung.

Dieser Zustand dauerte allerdings nur eine halbe Stunde an. Ein hoher russischer Offizier befahl, dass wir unsere Waffen binnen 30 Minuten an der Kirche Bunka niederzulegen hätten. Falls dies nicht geschehe, werde der Kampf weitergeführt. Auf dem GefStand des GR 426 war ich anschließend Zeuge eines Gesprächs, das Oberst Daubert mit dem KommGen. des I. AK führte. Unser Kdr. war kurz nach 14:00 Uhr zu den Russen hinübergefahren. Dort wurde ihm gesagt: „Weitere Befehl abwarten. Auf keinen Fall schießen!"

Da wir nicht schossen, eröffnete die Rote Armee ab 16:00 Uhr den ungehinderten Vormarsch auf der Hauptstraße Izriede-Libau. Von den einzelnen Gefechtsständen marschierten die Regimenter der 126. ID ebenfalls nach Libau. Auf Höhe der Straße nach Libau angekommen, sahen wir eine riesige Marschkolonne. Truppen aller Waffengattungen, teils zu Fuß, teils auf Fahrzeugen, rollten wie ein große Völkerwanderung Libau entgegen.

Laut Divisionsbefehl sammelten alle Divisionsteile bei Leveniecki ostwärts von Grobin. Dort sollte die Übergabe vollzogen werden.

Am Nachmittag des 8. Mai waren dann 70 Offiziere und 3000 Soldaten der 126. ID unter Führung von GenMaj. Hähling in einem offenen Rechteck angetreten. Sie wurden von einem russischen General öffentlich zu Gefangenen erklärt.

Lediglich das GR 422 ging diesem Desaster aus dem Wege, als es bereits am Morgen des 8. Mai Libau ereichte, sich den Überlebenden der 11. ID anschloss und am Nachmittag desselben Tages mit einem Minensuchboot und einigen Küstenseglern zu den auf Reede liegenden Booten der 38. Minensuch-Flottille der 9. Sicherungs-Division gefahren würde, die unter dem Kommando von FKpt.

Karl Palmgreen standen.

Dieser Seeoffizier, der bereits als Kommandant der Sperrbrecher IX und I am 3. August 1941 das RK erhalten hatte, zeichnete sich auch als Chef der 38. Minensuch-Flottille besonders aus und errang am 11. Juli 1944 das 523. EL zum RK. Vom 1. Admiralstabsoffizier der 2. Sicherungsdivision und als Chef einer Zweigstelle der 9. Sicherungsdivision in Gotenhafen und später in Libau wurde er ab März 1945 Chef der 3. Sicherungsflottille, mit der er wesentlich dazu betrug, in großen Rettungsaktionen und kleinen Schleichfahrten bei Nacht vielen Flüchtlingen, Verwundeten und Soldaten den Weg in die Freiheit zu bahnen. Als er am 16. September 1970 in Göttingen starb, erwiesen ihm selbst aus der Ostzone Deutschlands heimlich über die Grenze gekommene Kameraden das letzte Geleit.

Am Morgen des 9. Mai von Bombern angegriffen, konnte sich der Geleitzug aus ca. 30 Booten mit einem Feuervorhang dieser Feinde erwehren und drei von ihnen abschießen.

Bornholm wurde passiert, und am 11.5.1945 erreichte dieser Rückführungs-Konvoi die Kieler Bucht.

Das aber, was von der Division in Kurland geblieben war, wurde am 10. Mai entwaffnet und marschierte ab dem 11.5. bis zum 17.5. in den Raum Telsche (noch in Litauen). Hier wurden die Offiziere ausgesondert. GenMaj. Hähling war schon am 11.5. von den Russen fortgeführt worden. Er blieb bis zum 28. März 1951 in russischer Gefangenschaft.

Bei Stalino in der Ukraine wurden sie zu Waldarbeitern. In einem Leningrader Schauprozess wurden GenLt. Fischer, Oberst Lüneburg und Oberstleutnant Zimmer zu 25 Jahren Zuchthaus verurteilt. Sie gelangten dank des Einsatzes von Dr. Konrad Adenauer im Jahre 1955 in die Heimat zurück.

# LETZTE RETTUNGSEINSÄTZE AUS KURLAND

## Was bis fünf vor Zwölf geschah

In den etwa acht Monaten des Bestehens des Brückenkopfes Kurland waren von der Heeresgruppe Nord immer wieder große Verbände, bis hin zu Divisionen, aus Kurland abberufen und in Ostpreußen eingesetzt, oder zur Auffrischung ins Reich verlegt worden.

In der Endphase des Kampfes im Brückenkopf befanden sich immer noch etwa 230.000 deutsche Soldaten in diesem eingeschlossenen Frontbereich. Von ihnen wurden einige Tausend hochqualifizierter Soldaten bis in die ersten Maitage 1945 hinein abtransportiert.

Was am 8. Mai 1945 noch in Kurland kämpfte, schien dem Untergang und langjähriger Gefangennahme preisgegeben. Doch dem war – wenigstens für einige Zehntausend Soldaten – nicht so.

Bereits am 8. April 1945 zwang der Brennstoffmangel die beiden schweren Kreuzer „Prinz Eugen" und „Lützow", sich nach Swinemünde abzusetzen. „Admiral Hipper" und die „Leipzig" waren bereits vorher, mit Flüchtlingen beladen, nach Westen entlassen worden.

Die Geleitsicherung für die Flüchtlinge, die von Hela-Reede aus den rettenden Weg in die Heimat antreten konnten, bestand seit dieser Zeit in Zerstörern und Torpedobooten. Diese hatten in den letzten Kriegstagen eine schier unlösbare Aufgabe zu erfüllen.

Vizeadmiral Leo Kreisch, Führer der Torpedoboote und Zerstörer, brachte dies in seiner Lagemeldung vom 2.5.1945 zum Ausdruck:

„Hela noch 225.000 Soldaten und 26.000 Flüchtlinge gemeldet. Davon 150.000 bereits auf der Halbinsel Hela. Der Rest steht noch in der Weichselmündung. (Siehe Kurowski, Franz: Dokumente und Unterlagen, Gespräche und Hinweise von Vadm. Kreisch an den Autor).

So konzentrierte sich denn auf Hela und Kurland, als letzte deutsche Stützpunkte, das gesamte große Vorhaben des Unternehmens „Rettung" der Kriegsmarine, wie Großadmiral Dönitz es als letzte vorrangige Pflicht für die Marine bezeichnet hat.

Um diese Pflicht zu erfüllen, musste Großadmiral Dönitz als letztes deutsches Staatsoberhaupt versuchen, in den geführten Teilkapitulationen möglichst viel Zeit zu gewinnen.

Mit Großbritannien wurde die Kapitulation zum 5. Mai 1945 um 08:00 Uhr britischer Sommerzeit vereinbart. Die Briten hatten den deutschen Unterhändlern zugesichert, das alle in See stehenden Verbände weiterlaufen könnten.

Die am 4. Mai eingeleiteten Kapitulationsverhandlungen mit den Ameri-kanern erzwangen einen gleichzeitigen Abschluss mit der Sowjetunion. Und zwar zum 9. Mai 1945 01:00 Uhr. Amerikaner u n d Russen beharrten darauf, das nach Ablauf dieser Frist a l l e Bewegungen zur See, einschließlich der Einschiffung in Kurland und Hela, eingestellt und beide Brückenköpfte gleichzeitig den Russen übergeben werden mussten.

Als dieses Ergebnis bekannt wurde, ging ein Funkspruch mit folgendem Wortlaut an die Heeresgruppe Kurland und an das Armeeoberkommando Ostpreußen:

„Alle bis zum 9. Mai 01:00 Uhr gegebenen Möglichkeiten zum Abtransport über See sind unter äußerster Anspannung aller Kräfte auszunutzen. Alle Schiffe müssen bis zu diesem Zeitpunkt ausgelaufen sein.    gez. Dönitz"

Diese Zeitspanne reichte den auf der Reede von Kopenhagen liegenden sieben deutschen Zerstörern und fünf Torpedobooten, um noch einmal nach Hela und Kurland zurücklaufen zu können.

Am 7. Mai 1945 schifften sie zuerst auf der Reede von Hela 20.000 Menschen ein, liefen sofort ab und machten am 8. Mai in Glücksburg fest. Es waren die Torpedoboote T 17, T 19, T 23, T 28 und T 33. Hinzu kamen die Zerstörer „Karl Gaster", „Friedrich Ihn", „Hans Lody", „Theodor Riedel", Z 25, Z 38 und Z 39. (Siehe Anlage: Die rettenden Zerstörer und Torpedoboote und ihre Kommandanten)

Der Führer der Zerstörer - wie schon auf der vorangegangenen Fahrt auf Z 38 eingestiegen - erließ noch einmal einen Befehl an alle ihm unterstellten Einheiten. Er rief ein letztesmal alle Zerstörer-Besatzungen zur Hergabe des Äußersten auf:

„8.5.45, 2323/AD/53 KR-Blitz:

An alle im Osttransport eingesetzten Einheiten: Im Sinne der gestellten Aufgabe handeln. Beeilt euch! – Führer der Zerstörer."

Er befahl dies nicht aus irgend einem sicheren Hafen, sondern von Bord des Führerzerstörers, mit dem er auch diese letzte Fahrt des Zweiten Weltkrieges fuhr.

Die letzte deutsche Kriegsfahrt sah die sieben Zerstörer und fünf Torpedoboote im Einsatz. Es waren a l l e Boote, die noch schwammen. Die drei Boote „Karl Galster, T 23 und T 28" liefen noch in den Abendstunden des 8. Mai auf die Reede von Hela. Hier übernahm T 28 die Soldaten des Grenadier-Regimentes 61. Es waren über 2.000 Mann, die sich auf diesem kleinen Boot zusammen-drängten.

T 23 hatte bereits eine Stunde vorher die Soldaten der Sturmgeschütz-Brigade 232 an Bord genommen. Als das Boot mit den Kämpfern dieser Brigade soeben abgelegt hatte, vernahmen sie noch eine Lautsprecher-Durchsage:

„Achtung, Achtung! Deutschland hat bedingungslos kapituliert!"

Aus den letzten Eintragungen des T-Bootes T 28 wissen wir um die äußeren Umstände dieser letzten Fahrt.

„8.5.1945: 03:00 Uhr Marsch nach Hela angetreten.

18:40 h: Hela Kriegshafen. Übernehme 1.237 Soldaten.

21:30 h: Gemeinsam mit T 23 Rückmarsch angetreten."

Blieben noch die Boote übrig, die nach Libau liefen. Bereits am 3. Mai – aber für die Durchführung des Vorhabens dennoch viel zu spät – hatte die Heeresgruppe Kurland den Befehl zur Rücknahme der Hauptkampflinie auf die Häfen Windau und Libau erhalten, von denen aus die Rückführung stattfinden sollte.

Es war allen Beteiligten, die über die Bedingungen der Waffenstillstandverhandlungen Bescheid wussten, klar, dass nur ein geringer Teil der noch in Kurland stehenden weit über 200.000 Soldaten zurückgeführt werden konnten, obwohl die Kriegsmarine allen verfügbaren Transportraum nach Ostpreußen und Kurland leitete.

In Kurland waren es die Schiffe der 9. Sicherungsdivision und deren Boots-Flottillen, die diese letzten Fahrt unternehmen würde. Der Befehl dazu wurde „An alle in der Ostsee befindlichen Schiffe, nachrichtlich Admiral östliche Ostsee, Flotte, 9. Sicherungsdivision und Befehlshaber der Sicherungsstreit-kräfte" gegeben:

„Infolge der durch die Kapitulation veränderten Lage müssen sämtliche See- und Sicherungsstreitkräfte, sowie alle Handelsschiffe bis 9. Mai 01:00 Uhr die Häfen Kurlands und Hela verlassen haben. Schiffe und Boote bis an Zielhafengrenze Kiel, Eckernförde, Neustadt. Zwischenanlaufen anderer Häfen ist durch die Lageentwicklung ausgeschlossen."

Nach dieser Planung sollten noch 11.4000 Mann aus Libau und 5.500 Mann aus Windau abgeborgen werden.

Die vorgesehenen Belegungszahlen waren folgendermaßen festgelegt: Schnellboote jeweils 110 Mann, Räumboote je 140 Mann, M 3 600 Mann, alle Fischdampfer je 300 Mann. Kriegsfischkutter je 120 Mann, Artillerie-Fährprahm T 34 und schwerer Artillerieträger „Nienburg" je 300 Mann: alle Marine-Fährprähmen je 600, die „Tsingtau" 2000 Mann, unter ihnen 1.200 Verwundete. Der Tanker „Albrecht" 4.000 Mann. (Siehe dazu den exakten Bericht von Fregattenkapitän Palmgreen über „Die Rückverlegung der Verbände der 9. Sicherungsdivision).                                                                ·

Damit waren die in diesem Plan vorgesehenen Zurückführungen der genannten Zahlen aus Libau und Windau abgedeckt.

Alle Schiffe waren in fünf Geleitzüge eingeteilt. Vier davon gingen in Libau, der andere aus Windau ankerauf. Aus Windau lief schließlich noch ein Geleit mit leichteren und langsameren Booten aus. Dieses sollte laut Meldung des Seekriegshistorikers Jörg Meister von den Russen in Höhe von Bornholm aufgebracht worden sein.

Bis 23:00 Uhr hatten alle Geleite ihre Häfen verlassen. Die letzten Heerestruppen trafen noch bis 20.00 Uhr ein. Eine Gruppe erst um 22:00 Uhr.

Während die Vorbereitungsarbeiten liefen, drangen russische Sturmtruppen bereits ab 16:30 Uhr in Libau ein, nachdem die HGr. Kurland den Waffenstillstand für 14:00 Uhr unterzeichnet hatte.

Während der Einschiffung war das Verhalten der wartenden Truppen über jedes Lob erhaben. Diszipliniert blieben jene zurück, die keinen Platz mehr fanden. In bewunderungswürdiger Haltung wurde für einen letzten Verwundetentransport eines der großen Boote wieder von den eingeschifften Soldaten verlassen, um den verwundeten Kameraden eine Chance zu geben.

Keinerlei Zusammenbruchserscheinungen traten auf, bei allen jenen, die einem ungewissen Schicksal entgegengingen.

Der letzte offizielle Funkspruch des ersten ausgelaufenen Geleitzuges lautete: „Admiral Östliche Ostsee, Palmgreen: 19:00 Uhr mit 26. Fahrzeugen Libau-Reede aus. Bis Einfall Dunkelheit von russischen Bombern und Schlachtflugzeugen verfolgt. Angriffe mit Bomben und Bordwaffen-beschuss. Keine Ausfälle."

Bei ständig schlechter werdendem Wetter konnten sich die kleinen Fahrzeuge nur schwer halten. Drei Siebelfähren mussten wegen Motorenschadens geschleppt werden. Als am Morgen des 10. Mai ein großer Leichter sank, schwammen 500 deutsche Soldaten in der aufgewühlten See.

Es waren F 140 und der Marine-Nachschubleichter MNL 21, die in einer letzten mannhaften Tat alle 500 Soldaten bergen konnten.

Am 11. Mai 1945 um 14:00 Uhr erreichten die Geleite die Strander Bucht. Die Odyssee der Letzten aus Kurland war zu Ende.

Die „Ehrenliste" aller daran beteiligter Boote: (Siehe Anlage: Am letzten Tage entkommen):

In Kurland schwiegen am 9. Mai 1945 um 00:00 Uhr alle Waffen. 42 deutsche Generale, 8.038 Offiziere und 181.032 Unteroffiziere und Mannschaften blieben mit ihren 14.000 lettischen Freiwilligen im Kessel zurück. Der letzte deutsche Wehrmachtbericht würdigte noch einmal diese einmalige Leistung, die in sechs Schlachten von unvorstellbarer Wucht von der deutschen Wehrmacht erbracht werden musste.

Die Geschichte der Heeresgruppe Kurland war weithin unbemerkt zu Ende gegangen.

Nur die Angehörigen in der Heimat wussten, wo ihre Väter und Söhne, Männer und Brüder zurückgeblieben sind. Was sie noch nicht wussten, war die unermessliche Leidenzeit jener 203.000 deutscher und lettischer Soldaten, die durch die Sumpfwälder des Waldaigebietes marschierten. Dieser Marsch fand erst in den entlegensten Winkeln der Sowjetunion ein Ende.

„Und das", so einer der Gefangenen, die erst 1955 aus russischer Haft entlassen wurden, „war nach der Hölle in Kurland, wo wir ja immer noch unsere Kameraden und Führer hatten, die uns schützten, wo immer sie dies konnten, das absolute Fegefeuer, das nur wenige überstanden."

Es gibt keine Worte, um diese Strapazen, das Kämpfen, Leiden und Sterben in seiner ganzen Tragik nachzuempfinden. Was es gibt, ist die Gewissheit, dass diese Männer, die getreu ihrem Fahneneid – der damals noch etwas galt in der Welt – ihr Leben für andere in die Schanze schlugen, unser aller Gedenken und Verehrung wert sind.

EHRE IHREM ANDENKEN!

\*\*\*

# QUELLENANGABE UND LITERATURVERZEICHNIS

(Im Auszug)

| | |
|---|---|
| Alman, Karl: | Großadmiral Dönitz – Vom U-Boot-Kommandanten zum letzten deutschen Staatsoberhaupt, Leoni 1983 |
| ders.: | Mit Eichenlaub und Schwertern, Rastatt 1971 |
| Behrens, Heinrich: | 290. Infanterie-Division – Chronik in Bildern, Delmenhorst 1970 |
| Bekker, Cajus: | Ostsee – Deutsches Schicksal, Oldenburg 1959 |
| ders.: | Flucht übers Meer, Oldenburg 1964 |
| Bidlingmayer, Ingrid: | Ostsee-Brückenköpfe, Neckargemünd 1962 |
| Brustat-Naval, Fritz: | Unternehmen Rettung, Herford 1970 |
| Buxa, Werner: | Weg und Schicksal der 11. Infanterie-Division, Bad Nauheim 1963 |
| Dahms, Helmuth G.: | Geschichte des Zweiten Weltkriegs, Tübingen 1965 |
| Dönitz, Karl: | Zehn Jahre und 20 Tage, Bonn 1958 |
| ders.: | Unterlagen über die Rückführungsaktionen aus dem Osten, i. Ms von 1962 bis 1978 an den Autor. |
| Eremenko, A.I.: | Tage der Bewährung, Berlin-Ost 1961 |
| Grams, Rudolf: | Die 14. Panzer-Division, Bad Nauheim 1954 |
| Greiner, Heinz: | Die oberste Wehrmachtführung 1939-1945, Frankfurt/Main 1950 |
| Guderian, Heinz: | Erinnerungen eines Soldaten, Neckargemünd 1960 |
| Haupt, Werner: | Heeresgruppe Mitte 1941-1945, Dorheim 1968 |
| Ders.: | Heeresgruppe Nord, Dorheim 1970 |
| Ders.: | Kurland – Bildchronik einer vergessenen Heeresgruppe, Dorheim 1970 |
| Hossbach, Friedrich: | Infanterie im Ostfeldzug, Osterode 1951 |
| Hillebrandt, H.: und Lohmann, W.: | Die deutsche Kriegsmarine 1939-1945, Bad Nauheim 1962 |
| Hubatsch, Walther: | 61. Infanterie-Division, Bad Nauheim 1957 |
| Heysing, G.: | Nordpfeiler der Ostfront, Berlin 1944 |
| Kalinov, Kyrill: | Sowjetmarschälle haben das Wort, München 1960 |
| Keilig, Wolf: | Das deutsche Heer 1933-1945, Bad Nauheim 1955 |

| | |
|---|---|
| Kleine, Egon und Volkmar Kühn: | Tiger – Geschichte einer legendären Waffe, Stuttgart 1987 |
| Kühn, Volkmar: | Torpedoboote und Zerstörer im Einsatz 1939- 1945, Stuttgart 1997, 5. Aufl. |
| Kreisch, Leo: | Führungsorganisation, Einsatzgebiete und Stellenbesetzungsliste der Torpedoboote und Zerstörer. I. M. an den Autor |
| Kurowski, Franz: | Bedingungslose Kapitulation, Leoni 1983 |
| Ders.: | Der Panzerkrieg, München 1983 |
| ders.: | Balkenkreuz und roter Stern. Der Luftkrieg über Russland |
| ders.: | Die Schlacht um Deutschland, München 1981 |
| ders.: | Grenadiere, Generale, Kameraden, Rastatt 1968 |
| ders.: | So war der Zweite Weltkrieg, Bde I-VII, Berg 1989 bis 1995 |
| ders.: | Panzer Aces, Winnipeg 1993 |
| ders.: | Infanterie Aces, Winnipeg 1995 |
| ders. und Tornau, Gottfried: | Sturmartillerie – Geschichte einer legendären Waffe, Stuttgart 1977 |
| Köhlers Flotten-Kalender | Geleitdienst östliche Ostsee, Hamburg 1959 |
| Lohse, Gerhard: | Geschichte der 126. Infanterie-Division, Bad Nauheim 1957 |
| Meier-Welker, H. Hrgb.: | Abwehrkämpfe am Nordflügel der Ostfront 1944-1945, Stuttgart 1963 |
| Meister, Jürg: | Der Seekrieg in den Osteuropäischen Gewässern, München 1968 |
| Melzer, Walter: | Der Kampf um die Baltischen Inseln 1919-1944, Neckargemünd 1960 |
| Murawski, E.: | Der deutsche Wehrmachtbericht 1939-1945, Boppard 1962 |
| Munzel, Oskar: | Gepanzerte Truppen, Herford 1965 |
| Nehring, Walter K.: | Die Geschichte der deutschen Panzerwaffe 1916-1945, Berlin 1969 |

Neumann, Joachim: Die 4. Panzer-Division 1943-1945, Bonn 1989

Rendulic,
Dr. Lothar: Gekämpft – Gesiegt – Geschlagen, Heidelberg 1952

Ders.: Dokumente und Unterlagen an den Autor, i. Ms.

Ruge, Friedrich: Der Seekrieg 1939-1945, Stuttgart 1954

Shilin, P. A. Hrgb.: Die wichtigsten Operationen des Großen
Vaterländischen Krieges 1941-1945, Frankfurt/Main
1963

Schelm, Walter und
Mehrle, Dr. Hans: Von den Kämpfen der 125. Infanterie-Division, o.O.
und Jahr

Telpuchowski,
Boris S.: Die Sowjetische Geschichte des Großen Vaterländischen
Krieges, 1941- 1945, Frankfurt/Main 1961

Unrein, Martin: Mit der 14. PD im Kurland-Brückenkopf,
Unterlagen und Stellenbesetzungen, etc, an den
Autor, i. Ms.

Wagner, Gerhard
Hrgb.: Lagevorträger des Oberbefehlshabers der
Kriegsmarine vor Hitler, 1939-1945, München
1971

Warlimont, Walter: Im Hauptquartier der Deutschen Wehrmacht 1939-
1945, Frankfurt/Main 1962

Zimke, Earl, F.: The German Northern Theatre of Operations, 1940-
1945, Washington 1960

# ANLAGEN

## Die Wehrmachtsberichte zur Zweiten Kurland-Schlacht

**28.10.1944:**

Nach schwerster Artillerie- und Schlachtfliegervorbereitung ist der Feind südostwärts Libau und im Raume von Autz zu dem erwarteten Großangriff angetreten. Durch entschlossene Gegenstöße wurden seine Durchbruchsversuche verhindert. Fesselungsangriffe an den übrigen Fronten scheiterten. Am ersten Tag der Doppelschlacht wurden in den schweren Kämpfen 74 feindliche Panzer abgeschossen. Damit haben unsere in Kurland fechtenden Truppen vom 1. bis zum 27. Oktober 823 sowjetische Panzer und damit die Masse des Materials von sieben bolschewistischen Panzerkorps vernichtet. Auf der Halbinsel Sworbe blieben die Angriffe des Feindes ohne Erfolg.

**29.10.1944:**

Im Nordabschnitt geht der Großkampf im Raume südostwärts Libau und bei Autz mit verstärkter Wucht weiter. Unsere hervorragend kämpfenden Truppen vereitelten alle Durchbruchsversuche des Feindes.
In den ersten beiden Tagen der Schlacht in Kurland wurden 141 Flugzeuge abgeschossen.

**30.10.1944:**

Auch im Raume Autz blieb den mit starken Kräften angreifenden Sowjets der erstrebte Durchbruch versagt. Gegen die Landfront der Halbinsel Sworbe wiederholten die Bolschewisten ihre Angriffe, ohne zum Erfolg zu kommen.

**31.10.1944:**

In Kurland setzte der Feind südostwärts Libau und im Raume Autz seine Großangriffe in verstärktem Maße fort. Nach schwerem Ringen wurden die Durchbruchsversuche der Sowjets vereitelt und dabei 111 feindliche Panzer vernichtet.

**01.11.1944:**

Die Kämpfe in Kurland nahmen noch an Härte zu. Unsere Truppen setzten dem anhaltenden Ansturm der Bolschewisten südostwärts Libau und im Raume Autz zähen Widerstand entgegen und verhinderten in erbitterter Abwehr auch gestern alle Durchbruchsversuche. In den letzten drei Tagen wurden in diesem Raum in Luftkämpfen und durch Flakartillerie der Luftwaffe 142 sowjetische Flugzeuge abgeschossen.

**02.11.1944:**

Ostwärts Libau und auch im Raume Autz scheiterten auch gestern alle feindlichen Durchbruchsversuche am heldenhaften Widerstand unserer Divisionen. Wo der Feind auf schmaler Front einbrechen konnte, wurde er aufgefangen oder in Gegenangriffen wieder geworfen. An der (gesamten) Ostfront wurden durch Truppen des Heeres im Monat Oktober 4.329, durch Verbände der Luftwaffe weitere 367 feindliche Panzer vernichtet. Außerdem verloren die Sowjets 1.562 Flugzeuge.

**03.11.1944:**

Die Wucht der feindlichen Angriffe in Kurland hat gestern infolge der wirksamen deutschen Abwehr nachgelassen. Angreifende bolschewistische Verbände wurden zurückgeschlagen oder rasch wieder zu Boden gezwungen.

**04.11.1944:**

In Kurland ließ die Heftigkeit der feindlichen Angriffe südostwärts Libau weiter nach. Dagegen setzten die Bolschewisten im Raum von Autz ihre zusammengefassten Durchbruchsversuche mit Panzern und starker Artillerie-Unterstützung fort. Sie scheiterten am zähen Widerstand unserer Grenadiere. Einzelne Einbrüche wurden abgeriegelt.

**05.11.1944:**

In Kurland griffen die Sowjets in den bisherigen Schwerpunkt-abschnitten während des ganzen Tages erfolglos an. In den harten Abwehrkämpfen wurden 36 feindliche Panzer vernichtet.

**06.11.1944:**

In Kurland scheiterten auch am 10. Tag der Abwehrschlacht alle Durchbruchsversuche der Sowjets. 41 feindliche Panzer wurden hier abgeschossen.
Ergänzend zum Wehrmachtbericht wird gemeldet:
In Kurland hat sich die im Brennpunkt des feindlichen Großangriffs stehende pommersche 32. Infanterie-Division unter Führung des Generalleutnants Wilhelm Behrens hervorragend geschlagen. (GenLt. Behrens war Träger des Deutschen Kreuzes in Gold und des Ritterkreuzes).

**07.11.1944:**

Die Wucht des feindlichen Ansturms südostwärts Libau ließ nach. Dagegen setzten die Sowjets im Raume von Autz ihre Großangriffe fort. Unsere Grenadiere vereitelten den beabsichtigten Durchbruch und brachten den Feind nach geringen Anfangserfolgen zum Stehen.

**08.11.1944:**

Die Wucht der bolschewistischen Angriffe gegen unsere Nordfront hat gestern auch im Raum Autz nachgelassen. Wo der Feind weiter angriff, wurde er zum Teil in Gegenstößen geworfen.
Damit ist der von den Sowjets erstrebte Durchbruch in Kurland gescheitert.
In zwölftägiger erbitterter Schlacht haben unsere Divisionen dem Ansturm überlegener bolschewistischer Kräfte standgehalten und dabei einen großen Teil der sowjetischen Angriffsverbände, vor allem der eingesetzten Panzertruppen der Roten Armee, zerschlagen.
Vom 26. Oktober bis zum 7. November wurden 602 feindliche Panzer vernichtet, 239 sowjetische Flugzeuge über dem Kampfraum abgeschossen, davon 110 durch die Flakartillerie der Luftwaffe.
Die Wehrmachtsberichte zum 2. Teil der zweiten Kurland-Schlacht:

**20.11.1944:**

Aus dem Frontbogen südostwärts von Libau trat der Feind erneut zum Großangriff an, den er durch starkes Artilleriefeuer und heftige Schlachtfliegerangriffe vorbereitet hatte. Die erste Angriffswelle brach zusammen. Weitere heftige Kämpfe mit nachgeführten Verbänden sind im Gange.

**21.11.1944:**

Die Durchbruchsversuche der Bolschewisten südostwärts Libau wurden auch am 2. Tag der Abwehrschlacht in harten Kämpfen abgewiesen oder schon in ihrer Bereitstellung zerschlagen.

**22.11.1944:**

Im Frontbogen südostwärts Libau zerbrach auch gestern der Ansturm von vier sowjetischen Armeen an dem heldenhaften Widerstand und den Gegenschlägen unserer Divisionen.

**23.11.1944:**

Im Nordabschnitt ist die Abwehrschlacht ostwärts Libau bis in den Raum von Autz bei stärkstem Materialeinsatz erneut entbrannt. Alle Angriffe der Bolschewisten zerbrachen, bis auf unbedeutende Einbrüche, an der Standhaftigkeit unserer bewährten Divisionen. In Kurland wurden gestern 50 feindliche Panzer abgeschossen.

Ergänzend zum Wehrmachtbericht wird gemeldet:
In der Abwehrschlacht südostwärts Libau zeichnete sich das Grenadier-Regiment 4 unter Führung von Major von Bismarck durch hervorragende Standfestigkeit aus. Im gleichen Kampfraum hat der Stabsgefreite Eil einer Füsilier-Schwadron in aufopfernder Einsatzbereitschaft allein einen Feindeinbruch durch einen Stoßtrupp im Nahkampf zurückgeschlagen. Hierbei hat er vier Rotarmisten, die ihn umklammert hielten, durch Abziehen einer Handgranate vernichtet. Dabei wurde dem tapferen Füsilier die Hand abgerissen. (Klaus von Bismarck war als Oblt. Und Fhr. Des II.(Jäger)/IR 4 am **31.12.1941** das RK verliehen worden; am 26.11.1944 erhielt er als 669. deutscher Soldat das EL zum RK.)

**25.11.1944:**

In der zweiten großen Abwehrschlacht in Kurland errangen unsere tapferen Verbände gegen den Ansturm von acht Sowjetarmeen einen vollen Abwehrsieg. Der nach einer Artillerievorbereitung von 200.000 Schuss mit zahlreichen Panzern angestrebte Durchbruch der Roten Armee wurde teilweise im Gegenangriff abgeschlagen. Geringfügige Einbrüche beseitigt.

Ergänzend zum Wehrmachtbericht wird gemeldet:

In den sieben Wochen andauernden Kämpfen um die Insel Ösel und den letzten Gefechten auf Sworbe haben sich Sicherungsverbände der Kriegsmarine unter Führung von Fregattenkapitän Brauneis und Korvettenkapitän Kiefer beim Schutz der Küste durch erfolgreiche Abwehr überlegener sowjetischer Seestreitkräfte ausgezeichnet.
Besondere Anerkennung verdienen hierbei die seemännischen Leistungen der Besatzungen unserer Kampffähren und Räumboote unter Führung des Chefs der 9. Sicherungsdivision, Fregattenkapitän von Blanc. (FKpt. Erich Brauneis, Chef der 24. Landungsflottille, erhielt am 28.12.1944 das RK . KKpt. Dr. phil Emil Kieffer wurde am 3.12.1944 mit dieser Auszeichnung belehnt. Er führte als Chef die 3. Minensuch-Flottille. FKpt. Adalbert von Blanc, Chef der 9. Sicherungs-Division, wurde am 27.11.1944 mit dem RK ausgezeichnet und erhielt noch einen Tag vor Kriegsschluss als 866. deutscher Soldat das EL zum RK.)
„Die Leistungen dieser kleinen Boote" (so Großadmiral a. D. Karl Dönitz zum Autor) „waren über jedes Lob erhaben. Sie haben mit nie versagendem Mut Unglaubliches zur Rettung deutscher Soldaten und Zivilisten geleistet.")

## 26.11.1944:

In Kurland splitterte sich der feindliche Großangriff an der hartnäckigen Gegenwehr unserer Truppen in örtlich begrenzten Kämpfen auf. Sie brachten unseren Divisionen einen erneuten Abwehrerfolg.

## 27.11.1944:

In Kurland setzte der Feind seine Großangriffe infolge der erlittenen schweren Verluste an Menschen und Material gestern nicht fort.

## 28.11.1944:

In Kurland führten die Bolschewisten nach dem Zusammenbruch ihrer Großangriffe nur schwächere Vorstöße, die erfolglos blieben.
Ergänzend zum Wehrmachtbericht wird gemeldet:
In den harten Abwehrkämpfen in Kurland hat sich das I. Bataillon des württem-bergischbadischen Grenadier-Regiments 335 unter Führung von Hauptmann Alm durch besondere Tapferkeit ausgezeichnet. (Hptm. Karl Alm hatte bereits am 12.8.1944, als Kdr. des II. GR 353 das RK erhalten.).

**29.11.1944:**

In Kurland scheiterten schwächere feindliche Angriffe. Ein den Hafen von Libau am 27. November angreifender sowjetischer Schlacht-fliegerverband verlor durch die deutsche Abwehr innerhalb weniger Minuten 12 Flugzeuge und wurde zum (vorzeitigen) Notwurf seiner Bomben gezwungen.

**30.11.1944:**

In der zweiten Abwehrschlacht in Kurland haben die unter dem Oberbefehl des Generalobersten Schörner stehenden Verbände des Heeres und germanischer Freiwilliger der Waffen-SS wiederum einen vollen Abwehrerfolg errungen. An ihrer Standhaftigkeit zerschellte der Ansturm von 70 sowjetischen Schützen-Divisionen und zahlreicher Panzerverbände, die vom 19. bis 25.11. unter starkem Artillerie- und Schlachtfliegereinsatz gegen unsere Front anstürmten.
Die Bolschewisten verloren vom 19. bis 25.11. 158 Panzer sowie 34 Flugzeuge und hatten hohe Ausfälle an Menschen und Material.

# Die Wehrmachtsberichte zur dritten Kurland-Schlacht

**22.12.1944:**

In Kurland trat der Feind in den Morgenstunden des gestrigen Tages südwestlich und südlich Frauenburg nach Trommelfeuer erneut zum Großangriff an. Zum drittenmal hielten unsere dort kämpfenden Divisionen dem Ansturm der Sowjets stand. Nur in einzelnen Abschnitten gelangen den Angreifern geringe Einbrüche, um die noch schwere Kämpfe im Gange sind.
Deutsche Schlachtflieger unterstützten die Kämpfe des Heeres.

**23.12.1944:**

In Kurland setzten die Sowjets ihre Durchbruchsversuche südlich Frauenburg mit stark zusammengefassten Kräften fort. Sie scheiterten erneut unter hohen Verlusten, so dass unsere Truppen einen großen Abwehrerfolg errangen. Um einzelne Einbruchstellen sind die Kämpfe noch im Gange. Im Küstenabschnitt südlich von Libau schlossen unsere Grenadiere in überraschendem Angriff stärkere feindliche Kräfte ein und begradigten nach deren Vernichtung die deutsche Front in diesem Abschnitt. Sie machten Beute und zahlreiche Gefangene.

**24.12.1944:**

In der Schlacht um Kurland die vor allem südlich und südwestlich Frauenburg andauert, schossen unsere Truppen während der ersten drei Kampftage 123 Feindpanzer ab. Westlich Mitau vereitelten unsere Sicherungen in harten Kämpfen einen Durchbruch der mit stärkster Kräftezusammenfassung angreifenden Bolschewisten.
In den beiden letzten Tagen schossen Luftverteidigungskräfte der Luftwaffe und Kriegsmarine 142 sowjetische Flugzeuge ab, davon die Mehrzahl über dem Kampfraum Kurland.

**25.12.1944:**

Auch am vierten Tag der Abwehrschlacht in Kurland behaupteten unsere Truppen in den bisherigen Schwerpunkten nördlich Frauenburg und nördlich von Doblen das Kampffeld gegen die vergeblich zum Durchbruch angesetzten bolschewistischen Divisionen.

**26.12.1944:**

In Kurland dehnte der Feind seine Angriffe bis in den Raum nördlich Vainode aus. Wie an den bisherigen Angriffsschwerpunkten südlich Frauenburg und nördlich Doblen blieb ihm auch hier jeder nennenswerte Erfolg versagt.

**27.12.1944:**

In Kurland brachen die feindlichen Großangriffe erneut zusammen.
Ergänzend zum Wehrmachtbericht wird gemeldet:
Bei den schweren Abwehrkämpfen in Kurland haben sich die 205. Infanteriedivision unter Führung des Generalleutnants von Mellenthin und die 19. SS-Freiwilligendivision unter SS-Gruppen-führer und Generalleutnant der Waffen-SS Streckenbach hervorragend geschlagen.

**28.12.1944:**

In Kurland setzten die Sowjets ihre Angriffe nach Zuführung von Verstärkungen in den bisherigen Schwerpunkten fort. Abgesehen von geringem Geländeverlust nördlich Doblen blieb die Hauptkampflinie auch gestern fest in unserer Hand. In den schweren Abwehrkämpfen des 26. und 27. Dezember wurden 210 feindliche Panzer abgeschossen.

Ergänzend zum Wehrmachtbericht wird gemeldet:
In den harten Kämpfen der dritten Kurland-Schlacht haben sich die norddeutsche 225. Infanteriedivision unter Führung von Generalleutnant Risse u n d die pommersche 12. Panzerdivision unter Führung von Generalleutnant Freiherr von Bodenhausen durch hervorragende Standhaftigkeit ausgezeichnet.

**29.12.1944:**

In Kurland setzten die Bolschewisten ihre Großangriffe fort. Truppen des Heeres, der Waffen-SS und lettische Freiwilligenverbände wehrten die überall wiederum mit starker Artillerie- und Panzerunterstützung angreifenden sowjetischen Divisionen in harten, aber erfolgreichen Kämpfen ab und vernichteten erneut zahlreiche Panzer des Feindes.

Ergänzend um Wehrmachtbericht wird gemeldet:
In der Abwehrschlacht in Kurland haben sich die mitteldeutsche 31.

Volksgrenadierdivision unter Führung des Generalmajors von Stolzmann und die württembergisch-badische 215. Infanteriedivision unter Führung von Generalleutnant Frankewitz in Abwehr und Angriff besonders bewährt. Letzte schlug allein in der Zeit vom 21. bis 27.12. 111 (!) feindliche Angriffe, die meisten davon in Bataillonsstärke und Regimentsstärke, ab.

## 30.12.1944:

In Kurland lagen die Brennpunkte der schweren Abwehrkämpfe am gestrigen Tag im Raum nördlich Doblen. In vorbildlicher Standhaftigkeit schlugen unsere Truppen alle Angriffe ab, sofern der Feind nicht schon vorher durch Artillerie und Werferfeuer in seinen Bereitstellungen zersprengt worden war.

## 31.12.1944:

Nach zehn Tagen heftiger Kämpfe ist die dritte Schlacht in Kurland gestern abgeflaut. Wo der Feind noch angriff, blieb er in unserem Feuer liegen.

## 01.01.1945:

In Kurland nahm der Feind nur im Raum nordwestlich Doblen seine Angriffe wieder auf. Unsere Divisionen zerschlugen in harten Kämpfen die nach heftiger Feuervorbereitung geführten Durchbruchsversuche der Bolschewisten, die dabei hohe blutige Verluste erlitten.

In elf schweren Kampftagen haben die unter dem Oberbefehl des Generalobersten Schörner kämpfenden Verbände des Heeres, der Waffen-SS und der lettischen SS-Freiwilligen, hervorragend unterstützt durch fliegende Verbände und Flakeinheiten der Luftwaffe, den Ansturm von 46 Schützendivisionen und 22 Panzer- und Sturmgeschützverbänden abgeschlagen. Dank der hohen Leistungen von Führung und Truppe blieb die Front in Kurland bis auf unbedeutende Geländeverluste fest in eigener Hand. Vom 21. bis 31. Dezember wurden 513 Panzer vernichtet, sowie 79 Geschütze und 247 Maschinengewehre erbeutet. Die blutigen Ausfälle des Feindes sind ungewöhnlich hoch. Flakartillerie der Luftwaffe schoss in den Kämpfen 112 sowjetische Flugzeuge ab. Weitere 145 wurden durch Jagdflieger zum Absturz gebracht.

# Abschlussbericht

Nunmehr setzte in Kurland ein Kampfpause ein, die von beiden Seiten zur Regenerierung der vorhandenen Kräfte und Zuführung weiterer Verbände genutzt wurden, wobei vor allem die Rote Armee auf ein unübersehbares Heer von voll einsatzbereiten Divisionen zurückgreifen konnte.

Deutscherseits kam es nur zu geringfügigen Verstärkungen, vor allen durch die Rückkehr der Genesenden zu ihren Einheiten.

Dies konnte die schweren Verluste nicht im Geringsten wettmachen, denn die 16. Armee hatte in dieser letzten Schlacht des Jahres 1944 Verluste in Höhe von 15.237 Gefallenen, Verwundeten und Vermissten hinnehmen müssen.

Die 18. Armee verlor „nur" 11.907 Mann an Toten, Verwundeten und Ver-missten. Diese Zahlen konnten nicht ersetzt werden, was bedeutete, dass die HGr. Kurland stark geschwächt in das letzte Kriegsjahr ging.

Vorauszutragen sei an dieser Stelle, dass die HGr. Nord am 25.01.1945 in Heeresgruppe Kurland umbenannt wurde.

Am 1. Januar 1945 erhielt Generaloberst Ferdinand Schörner als 23. deutscher Soldat die Brillanten zum Ritterkreuz mit Eichenlaub und Schwertern. Am 5.4.1945 wurde er letzter deutscher Generalfeldmarschall.

Damit hatte dieser Soldat neben der höchsten Auszeichnung des Ersten Weltkrieges mit dem Pour le mérite auch die höchste Auszeichnung des Zweiten Weltkrieges errungen.

Am 16. Januar wurde Schörner in die Berliner Reichskanzlei eingeladen. Hitler hatte GenOberst Harpe, den OB der HGr. A, (später in HGr. Mitte umbenannt) der Führung enthoben und an seine Stelle Schörner gesetzt, was er ihm an die-sem Tage mitteilte. Schörner sollte die schwere Niederlage der HGr. A bei Baranow wieder wettmachen und den breit entwickelten russischen Vorstoß zwi-schen Tschenstochau und Lodz zum Stehen bringen.

Generaloberst Dr. Lothar Rendulic, bis dahin OB der 20. Gebirgsarmee in Norwegen wurde neuer OB der HGr. Kurland. Er ernannte Generalmajor Foertsch zum neuen Generalstabschef der Heeresgruppe. Foertsch war vorher

Generalstabschef der 18. Armee gewesen.

In diese Zeit fiel auch die Verleihung des Ärmelstreifens KURLAND als Auszeichnung für a l l e Soldaten, die im „Brückenkopf" Kurland standen. Das Band wurde übrigens von einer lettischen Firma in Goldingen und von lettischen Frauen hergestellt. Es hatte eine Breite von 38 cm und trug auf silbergrauem Stoff auf der einen Seite das Hochmeisterwappen und auf der anderen den Elchkopf, der ja auch das Stadtwappen von Mitau zierte. In der Mitte stand die Schrift KURLAND.

Abschließend noch an dieser Stelle die Stärkemeldung der HGr. Kurland vom Januar 1945:

Das Heer verfügte über        375.000 Mann.
Die Luftwaffe hatte            20.500 Mann.
Waffen-SS und Polizei:         12.000 Mann.
Zivilangestellte und Hiwis:    10.000 Mann.

Dies war eine Gesamtstärke von 399.500 Mann. Ihnen standen zur Verfügung: 10.050 Kraftfahrzeuge beim Heer, 2.265 Kraftfahrzeuge bei der Luftwaffe. Der Pferdebestand betrug 8.779. Im Gewahrsam der Heeresgruppe befanden sich etwa 10.000 Kriegsgefangene.

# Die Wehrmachtsberichte zur vierten Kurland-Schlacht
(vom 24.01. - 03.02.1945)

**24.01.1945:**

In Kurland traten die Sowjets nach starker Feuervorberei-tung mit Schwerpunkt südostwärts Libau sowie südlich Frauenburg und nordwestlich Doblen mit zahlreichen Schützendivisionen und Panzern zum Angriff an. Der feindliche Ansturm zerbrach an der Standhaftigkeit der dort eingesetzten Truppen. In schweren Kämpfen wurden 101 sowjetische Panzer vernichtet.

**25.01.1945:**

An der kurländischen Front setzte der Feind nach Zuführung neuer Kräfte, seine starken, von Panzern unterstützten Angriffe, wiederum mit Schwerpunkt südostwärts Libau, fort. Sie wurden im wesentlichen abgeschlagen, einige Einbrüche abgeriegelt. In diesen schweren Abwehrkämpfen wurden 52 Panzer abgeschossen.

**26.01.1945:**

An der kurländischen Front scheiterten erneute Durchbruchs-versuche der Bolschewisten in Richtung auf Libau ebenso, wie stärkere Angriffe südlich Frauenburg und nordwestlich Doblen am zähen Widerstand unserer Truppen, die hierbei 79 Panzer vernichteten.
Flakartillerie und Schlachtflieger fügten den Sowjets hohe blutige Verluste zu, setzten 45 Panzer und 47 Geschütze außer Gefecht und vernichteten 287 Kraftfahrzeuge.

**27.01.1945:**

In der kurländischen Front brachen die mit Schwerpunkt südostwärts Libau geführten Angriffe der Bolschewisten nach harten Kämpfen vor unseren Stellungen blutig zusammen.

**28.01.1945:**

Am fünften Tag der Abwehrschlacht in Kurland ließ dort die Wucht der Angriffe infolge der hohen Verluste des Feindes nach. Seine Durchbruchsversuche auf Libau und Frauenburg blieben erfolglos. 26 Panzer wurden dort vernichtet.

Starke Verbände deutscher Schlacht- und Jagdflieger griffen in die Winterschlacht im Osten ein, setzten 29 Panzer außer Gefecht, zerstörten 675 mot- und bespannte Fahrzeuge sowie 28 Geschütze und fügten in Tiefangriffen auf Infanteriekolonnen den Sowjets hohe Verluste zu.

**29.01.1945:**

An der kurländischen Front ließen die Angriffe der Sowjets nach. Südlich Frauenburg griff der Feind stärker an, wurde aber abgewiesen.

Ergänzend zum Wehrmachtbericht wurde gemeldet: Hauptmann Everling, Kompanieführer in einem Panzerregiment, zeichnete sich südostwärts Libau durch besondere Kühnheit aus. Er stieß mit 5 Panzern in eine feindliche Panzerbereitstellung und vernichtet 17 Panzer des Gegners. (Dr. rer. Pol Wolfgang Everling, Chef der 3./PR 36, erhielt dafür am 10.02.1945 das RK)

**30.01.1945:**

An der kurländischen Front kam es nur zu örtlichen Gefechten.

**31.01.1945:**

In Kurland blieben erneute Durchbruchsversuche der Bolschewisten auf Libau ohne Erfolg.

**01.02.1945:**

An der kurländischen Front wiesen unsere Truppen zahlreiche Angriffe der Bolschewisten ab.

**04.02.1945:**

In Kurland setzte der Feind seine Angriffe in Richtung Libau fort. Neu herangeführte Infanterie- und Panzerverbände des Feindes kamen zum Einsatz. Südwestlich Frauenburg ließ seine Angriffswucht nach. In beiden Kampfräumen zerbrach der feindliche Ansturm nach Abschuss von 40 Panzern am hartnäckigen Widerstand unserer Divisionen.

**05.02.1945:**

In Kurland flaute die Kampftätigkeit infolge der hohen Verluste des Feindes an den Vortagen ab.

# Die Wehrmachtsberichte zur fünften Kurland-Schlacht
## (vom 20.02. bis zum 15.03.1945)

**20.02.1945:**

In Kurland zerbrachen die Durchbruchsversuche der Bolsche-wisten nordwest-lich Doblen trotz Ausdehnung auf weitere Abschnitte auch gestern an der Widerstandskraft unserer Truppen.

**21.02.1945:**

Südostwärts Libau traten die Bolschewisten auf breiter Front zum Großangriff an. Ihr Durchbruchsversuch nach Libau wurde im Hauptkampffeld aufgefangen.

**22.02.1945:**

Unsere Kurlandkämpfer zerschlugen von Flakartillerie und fliegenden Verbänden der Luftwaffe wirkungsvoll unterstützt, feindliche Durchbruchsversuche südostwärts Libau und nordwestlich Doblen. Der Gegner verlor hier in den beiden letzten Tagen 141 Panzer und 63 Flugzeuge.

**23.02.1945:**

Auch südlich Libau und südlich Tukkum zerschlugen unsere bewährten Kurlandverbände gestern zusammengefasste Angriffe der Bolschewisten, ver-nichteten zahlreiche feindliche Panzer und entrissen dem Gegner in schwung-vollen Gegenstößen verübergehend verlorenes Gelände.

**24.02.1945:**

In der fünften Schlacht in Kurland blieben die Sowjets trotz stärksten Materialeinsatzes auch gestern entscheidende Erfolge versagt. 62 feindliche Panzer und 26 Flugzeuge wurden abgeschossen.

**25.02.1945:**

Südostwärts Libau zeigten die Angriffe der Bolschewisten infolge der hohen Verluste nicht mehr die Geschlossenheit der Vortage. Unsere Truppen schlugen die Angriffe zurück und vernichteten 23 Panzer.

**26.02.1945:**

Südostwärts Libau scheiterten auch gestern die feindlichen Durchbruchsversuche an der Standhaftigkeit unserer bewährten Kurland-Divisionen.

**27.02.1945:**

In Kurland brachte auch der siebente Tag der Abwehrschlacht südostwärts Libau einen vollen Abwehrerfolg.

**28.02.1945.**

An der Kurlandfront hat der sowjetische Großangriff südostwärts Libau an Wucht und Geschlossenheit verloren. Die trotzdem noch mit überlegenen Kräften geführten Angriffe des Feindes wurden auch gestern ohne größeren Geländeverlust zerschlagen.

**01.03.1945:**

Unter dem Eindruck des hervorragenden Abwehrerfolges unserer unerschütterlich standhaltenden Truppen während der fünften Schlacht in Kurland stellte der Feind gestern seine vergeblichen Durchbruchsversuche auf Libau ein, in deren Verlauf die Bolschewisten in achttägigen Kämpfen 19.000 Mann, 301 Panzer und zahlreiche Geschütze einbüßten.

**04.03.1945:**

In Kurland nahm der Feind südostwärts Libau seine Angriffe nach starker Feuervorbereitung wieder auf, blieb jedoch nach geringen Anfangserfolgen innerhalb des Hauptkampffeldes liegen.

**05.03.1945:**

Der Großkampf in Kurland griff auf den Raum südostwärts Frauenburg über. Unter geringen Geländeverlusten wurde der Ansturm überlegener feindlicher Kräfte, in harten Nahkämpfen aufgefangen, die feindlichen Durchbruchsversuche südostwärts Libau wiederum verlustreich abgeschlagen.

Ergänzend zum Wehrmachtbericht wird gemeldet:
Leutnant Brandt, Staffelkapitän in einem Jagdgeschwader vollbrachte trotz Behinderung durch eine Beinprothese am 3. März in Kurland eine hervorragende kämpferische Einzelleistung. Durch Bombenabwurf zerstörte er drei T 34, schoss bei Tiefangriffen 20 Lkw in Brand und brachte in Luftkämpfen 3 feindliche Flugzeuge zum Absturz. (Paul Brandt hatte als Flugzeugführer im JG 54 bereits am 5.9.1944 das RK erhalten)

## 06.03.1945:

Auch in Kurland haben die Durchbruchsversuche der Sowjets südostwärts Libau unter dem Eindruck unserer Abwehrerfolge an Geschlossenheit verloren. Südostwärts Frauenburg setzten die Sowjets ihren Großangriff fort, ohne dass ihnen ein tieferer Einbruch in unserem Hauptfeld gelang.

Ergänzend zum Wehrmachtbericht wird gemeldet:
In Kurland zeichnete sich Oberleutnant Heyduck, Kompaniechef in der 1./Grenadierregiment 44 durch entschlossenen Kampfeswillen und kühnen Angriffsgeist aus. Er eroberte ein wichtige Höhe nach sechsmaligem Verlust im Gegenstoß mit nur acht Mann, immer wieder und behauptete sich schließlich gegen alle feindlichen Angriffe. (Werner Heyduck errang am 3.3.1945 das RK. Er fiel eingangs Mai in Mecklenburg als Hauptmann).

## 07.03.1945:

Der Schwerpunkt der Abwehrschlacht in Kurland lag auch gestern im Raum ostwärts Frauenburg. Trotz hohen Kräfte- und Munitionseinsatzes des Feindes blieben seine Angriffserfolge auf unbedeutende Einbrüche beschränkt. Südostwärts Libau ließ die Wucht der sowjetischen Angriffe nach.
In den Luftkämpfen der letzten 2 Tage verloren die Sowjets 46 Flugzeuge.

## 08.03.1945:

Die Abwehrschlacht in Kurland blieb auf dem Raume ostwärts Frauenburg beschränkt, wo unsere kampferprobten Truppen auch gestern den mit verstärkten Kräften und hohem Materialaufwand erstrebten Durchbruch des Feindes vereitelten.

**09.03.1945:**

In Kurland stehen unsere Verbände ostwärts Frauenburg in erfolgreichen Abwehrkämpfen gegen die von starken Schlachtfliegerverbän-den unterstützten Durchbruchsversuche sowjetischer Kräfte.

**10.03.1945:**

Unsere Kurlandverbände fingen ostwärts Frauenburg die mit unverminderter Heftigkeit angreifende 22. Sowjetarmee im Hauptkampffeld auf.

**11.03.1945:**

Anhaltende starke Angriffe des Gegners im Kampfraum südostwärts Frauenburg zerbrachen auch gestern an der unerschütterlichen Standhaftigkeit unsere Kurlandkämpfer.

**12.03.1945:**

Der Großkampf in Kurland geht im Raume südostwärts Frauenburg mit unverminderter Härte weiter. Geringe Einbrüche kosteten die Sowjets hohe Ausfälle an Menschen und Material. Unter anderem wurden 65 sowjetische Flugzeuge zum Absturz gebracht.

**13.03.1945:**

Auch am 10. Tag der Abwehrschlacht in Kurland zerbrachen die Durchbruchsversuche der 22. Sowjetarmee südostwärts Frauenburg ohne Geländegewinn. Seit Beginn des Großkampfes wurden in diesem Raum 205 feindliche Panzer vernichtet.

**14.03.1945:**

In Kurland ließ die Kraft des sowjetischen Ansturms aufgrund der hohen Verluste und des beginnenden Tauwetters auch im Kampfraum um Frauenburg nach. Zahlreiche Einzelangriffe des Feindes zerbrachen an der unerschütterlichen Abwehrkraft unserer Truppen.

**15.03.1945:**

Der volle deutsche Abwehrerfolg während der fünften Schlacht in Kurland zwang den Feind, seine Durchbruchsversuche auch im Kampfraum von Frauenburg einzustellen.

# Die Wehrmachtsberichte zur sechsten Kurland-Schlacht
## (vom 18.03. bis zum 27.03.1945)

**18.03.1945:**

An der Kurlandfront trat der Feind neben dem bisherigen Schwerpunkt ostwärts Frauenburg auch südwestlich der Stadt nach starker Artillerievorbereitung zum Angriff an. Er wurde nach geringem Bodengewinn aufgefangen.

**19.03.1945:**

An den Brennpunkten der Abwehrschlacht in Kurland zerbrach auch gestern der feindliche Ansturm an unserer standhaften Abwehr. Die Bolschewisten hatten hohe blutige Ausfälle und verloren 92 Panzer in zwei Kampftagen. In Luftkämpfen und durch Flakartillerie wurden gestern an der Ostfront 45 sowjetische Flugzeuge abgeschossen.

**20.03.1945:**

Auch in Kurland stehen unsere Divisionen beiderseits Frauenburg in hartem Kampf gegen die bolschewistischen Angriffsarmee, die sie in Abwehr und Gegenstöße unter hohen feindlichen Verlusten auffingen. Die Sowjets verloren gestern 84 Flugzeuge.

**21.03.1945:**

In Kurland errangen unsere tapferen Verbände südwestlich Frauenburg wiederum einen vollen Abwehrerfolg und brachten die sowjetischen Angriffstruppen östlich der Stadt nach unbedeutendem Bodengewinn
in wuchtigen Gegenangriffen zum Stehen. Fesselungsangriffe des Gegners südostwärts Libau und südlich Tukkum blieben ohne Erfolg.

**22.03.1945:**

Unsere Kurlandkämpfer vereitelten auch gestern den beiderseits Frauenburg unter höchstem Munitionsaufwand erstrebten Durchbruch der Bolschewisten. Nordwestlich Doblen angreifende Sowjets wurden im Hauptkampffeld aufgefangen.

280

**23.03.1945:**

Auch in Kurland scheiterten die an den bisherigen Brennpunkten fortgesetzten Durchbruchsangriffe der Sowjets trotz hohen Materialaufwand an der standhaften Verteidigung. Fliegende Verbände und Flakartillerie der Luftwaffe unterstützten die Abwehrkämpfe des Heeres an der Ostfront und schossen weitere 42 Panzer und 64 Flugzeuge ab.

**24.04.1945:**

In Kurland blieben die südwestlich Frauenburg mit nachlassender Kraft geführten Angriffe der Bolschewisten ohne Erfolg, während nordostwärts der Stadt und westlich Doblen vereinzelte eingebrochene Angriffstruppen des Feindes nach erbitterten Kämpfen aufgefangen wurden.

**25.03.1945:**

Auch in Kurland nahmen die Bolschewisten westlich Libau ihre Angriffe wieder auf. Sie blieben bis auf einen geringen Einbruch ohne Erfolg. Nordostwärts Frauenburg und nordwestlich Doblen erzielten die Sowjets trotz unvermindert starken Kräfteeinsatzes keinen Geländegewinn.

**26.03.1945:**

Erneute Angriffe des Gegners ostwärts Libau hatten keinen Erfolge. Nordostwärts Frauenburg und nordwestlich Doblen errangen unsere tapferen Truppen einen vollen Abwehrerfolg und brachten den Sowjets hohe Verluste bei.

**27.03.1945:**

In Kurland zerschlugen unsere Divisionen zahlreiche bataillonsstarke Angriffe. Schlachtflugzeuge versenkten im Seegebiet von Bolangen ein feindliches Schnellboot und schossen ein weiteres in Brand.

**28.03.1945:**

Während sich der Feind ostwärts Libau auf schwächere Vorstöße beschränkte, verstärkte er seine Angriffe nordostwärts Frauenburg und nordwestlich Doblen. Sie brachen in harten Kämpfen am zähen Widerstand unserer Truppen zusammen.

**29.03.1945:**

In Kurland wurden ostwärts Libau und nordostwärts Frauenburg sowie nordwestlich Doblen stärkere Angriffe abgeschlagen. Um einen Einbruch bei Doblen wird noch gekämpft.

**30.03.1945:**

Unsere Kurlandkämpfer schlugen nordwestlich Doblen stärkere Angriffe der Sowjets ab und vernichteten in mehrtägigen Kämpfen die Masse einer ostwärts der Windau eingebrochenen Kräftegruppe.

Ergänzend zum Wehrmachtbericht wird gemeldet:
In den schweren Kämpfen westlich Doblen hat sich Hauptmann Heinrich Schwoeppe mit 19 Jägern des Feldersatz-Bataillons 21 durch vorbildliche Standhaftigkeit und Angriffsschwung ausgezeichnet. Im Kampf um eine wichtige Ortschaft war das Bataillon mit überlegenen Kräften angreifenden Feind elfmal (!) zurück, behauptete die Ortschaft und fügte dem Gegner hohe Verluste zu. (Hauptmann Heinz Schwoeppe Kdr. des Feldersatz-Bataillons (L) 21, erhielt am 26.03.1945 das RK)

**31.03.1945:**

Bei zunehmender Verschlammung des Geländes in Kurland setzte der Gegner seine Angriffe nur nordwestlich Doblen ohne nennenswerten Erfolg fort.

Weitere Meldungen im Wehrmachtbericht aus Kurland bis Kriegsende:

**02.04.1945:**

Nordwestlich Doblen zerbrachen die mit neuen Kräften geführten Angriffe des Feindes am entschlossenen Widerstand der Kurlandkämpfer.
**03.04.1945:**

In Kurland blieben zahlreiche bataillonsstarke Angriffe der Sowjets nordwestlich von Doblen erfolglos.

**04.04.1945:**

Nordwestlich Doblen scheiterten wiederholte Angriffe der Bolschewisten.

**05.04.1945:**

Auch in Kurland hatten wiederholte sowjetische Angriffe nordwestlich Doblen keinen Erfolg.

Ergänzend zum Wehrmachtbericht wird gemeldet:
Oberstleutnant i. G. Werner Kuhn hat als Führer des GR 174 durch seine persönliche Tapferkeit einen feindlichen Durchbruch nordwestlich Doblen verhindert. Als die Sowjets bis zum Regimentsgefechtsstand durchgebrochen waren, raffte er die letzten verfügbaren Teile seiner Truppe zusammen und führte unter schonungslosem Einsatz seiner Person einen erfolgreichen Gegenstoß, der die Angreifer über die alte Stellung zurückwarf. (Oberstleutnant Werner Kuhn, Ia der 329. ID, trug seit dem 19. August 1944 das Deutsche Kreuz in Gold)

**06.04.1945:**

Ergänzend zum Wehrmachtbericht wird gemeldet:
In den Kämpfen in Kurland hat der mehrfach bewährte Rittmeister Bruno Richter, Kommandeur des Füsilier-Bataillons 24, mit nur 6 Mann seines Bataillons einen breiten feindlichen Einbruch durch entschlossenen Gegenstoß bereinigt und dadurch den beabsichtigten Durchbruch der Bolschewisten verhindert. (Rittmeister Bruno Richter war am 26.11.1944 als Fhr. Des FüsBatl. 24 mit dem Ritterkreuz ausgezeichnet worden. Am 8.4.1945 errang er, diesmal als Kdr. dieses Bataillons, als 825. deutscher Soldat das Eichenlaub zum RK.)

**09.05.1945:**

Als vorgeschobenes Bollwerk fesselten unsere Armeen in Kurland unter dem bewährten Oberbefehl des Generaloberst Hilpert monatelang überlegene sowjetische Schützen- und Panzerverbände und erwarben sich in sechs großen Schlachten unvergänglichen Ruhm. Sie haben jede vorzeitige Übergabe abgelehnt. In voller Ordnung wurden mit den noch nach Westen ausfliegenden Flugzeugen nur Versehrte und Väter kinderreicher Familien abtransportiert. Die

Stäbe und Offiziere blieben bei ihren Truppen. Um Mitternacht wurden von deutscher Seite, den unterzeichneten Bedingungen entsprechend, der Kampf und jede Bewegung eingestellt.

# DER LETZTE WEHRMACHTBERICHT

Seit Mitternacht schweigen nun an allen Fronten die Waffen. Auf Befehl des Großadmirals hat die Wehrmacht den aussichtslos gewordenen Kampf eingestellt. Damit ist das fast sechs Jahre lange heldenhafte Ringen zu Ende. Es hat uns große Siege, aber auch schwere Niederlagen gebracht. Die deutsche Wehrmacht ist am Ende einer gewaltigen Übermacht ehrenvoll unterlegen. Der deutsche Soldat hat, getreu seinem Eid, im höchsten Einsatz für sein Volk für immer Unvergessliches geleistet. Die Heimat hat ihn bis zuletzt mit allen Kräften unter schwersten Opfern unterstützt.

Die einmalige Leistung von Front und Heimat wird in einem späteren gerechten Urteil der Geschichte ihre Würdigung finden.

Den Leistungen und Opfern der deutschen Soldaten zu Lande, zu Wasser und in der Luft wird auch der Gegner die Achtung nicht versagen. Jeder Soldat kann deshalb die Waffe aufrecht und stolz aus der Hand legen und in den schwersten Stunden unserer Geschichte tapfer und zuversichtlich an die Arbeit gehen für das ewige Leben unseres Volkes.

Die Wehrmacht gedenkt in dieser schweren Stunde ihrer vor dem Feind gebliebenen Kameraden.

Die Toten verpflichten zu bedingungsloser Treue, zu Gehorsam und Disziplin gegenüber dem aus zahllosen Wunden blutenden Vaterland.

Karl Dönitz.
Großadmiral

# Oberbefehlshaber der Heeresgruppe NORD (Kurland) 1941 – 1945

Heeresgruppe Nord:

Generalfeldmarschall Ritter von Leeb:
 05.1941 – 16.01.1942

Generalfeldmarschall von Küchler:
17.01.1942 – 08.01.1944

Generalfeldmarschall Model:
09.01.1944 – 30.03.1944

Generaloberst Lindemann:
31.03.1944 – 04.07.1944

Generaloberst Friessner:
05.07.1944 – 24.07.1944

Generaloberst Schörner:
25.07.1944 – 14.01.1945


(Nach der Umbenennung der HGr. Nord in
Heeresgruppe Kurland)

Generaloberst Dr. Rendulic:
15.01.1945 – 25.01.1945

Generaloberst v. Vietinghoff:
26.01.1945 – 09.03.1945

Generaloberst Rendulic:
10.03.1945 – 14.03.1945

Generaloberst Hilpert:
15.03.1945 – 08.05.1945

Oberbefehlshaber der 16. und 18. Armee
1940 – 1945

16. Armee:
Generalfeldmarschall Busch:
02.1940 – 11.10.1944

General der Artillerie Hansen:
12.10.1943 – 01.06.1944

General der Infanterie Laux:
02.06.1944 – 03.09.1944

General der Infanterie Hilpert:
04.09.1944 – 14.03.1945

General der Infanterie von Krosigk:
15.03.1945 – 16.03.1945

General der GebTr. Volckamer von
Kirchensittenbach
17.03.1945 – 08.05.1945


18. Armee:

Generaloberst von Küchler:
11.1939 – 16.01.1942

Generaloberst Lindemann:
17.01.1942 – 30.03.1944

General der Artillerie Loch:
31.03.1944 – 04.09.1944

General der Infanterie Boege:
05.09.1944 – 08.05.1945

**Die Kommandierenden Generale der in Kurland eingesetzten Armeekorps:**

I. Armeekorps:

General der Infanterie Busse:
01.08.1944 – 09.01.1944

General der Infanterie Fangohr:
10.01.1945 – 21.04.1945

Generalleutnant Usinger
22.04.1945 – 08.05.1945


II. Armeekorps:

General der Infanterie Hasse:
15.07.1944 – 14.01.1945

Generalleutnant Dr. Dr. Mayer:
15.01.1945 – 31.03.1945

Generalleutnant Gause:
01.04.1945 – 08.05.1945


X. Armeekorps:

General der Artillerie Thomaschki:
01.01.1945 – 08.05.1945


XVI. Armeekorps:

General der Infanterie  von Krosigk:
17.12.1944 – 14.03.1945

Generalleutnant Weber:
15.03.1945 – 08.05.1945

**XXXVIII. Armeekorps:**

General der Artillerie Herzog:
10.06.1944 – 08.05.1945


**XXXXIII. Armeekorps:**

General der GebTr. Versock:
03.09.1944 – 03.03.1945


**L. Armeekorps:**

General der GebTr. Vockamer von
Kirchensittenbach:
25.10.1944 – 11.04.1945

Generalleutnant Fhrhr. von Bodenhausen:
12.04.1945 – 08.05.1945


Kommandant Nordkurland:
Generalleutnant von Ginkel:
04.03.1945 – 08.05.1945

**VI. Waffen-SS-Korps:**
SS-Obergruppenführer Krüger:
07.07.1944 – 08.05.1945

Stellenbesetzungsliste der
Heeresgruppe Kurland Mai 1945:
Stab der Heeresgruppe:

Oberbefehlshaber:
- Generaloberst Hilpert

Chef des Generalstabes:
- Generalleutnant Foertsch

Oberquartiermeister:
- Generalmajor Rauser

General der Pioniere:
- Generalleutnant Medem

Höherer Nachrichtenführer:
- Generalmajor Negendank

Kdr. der Feldgendarmierie:
- Generalmajor Pawel

Inspekteur Küstenschutz:
- Generalleutnant Scherer


Armeeoberbefehlshaber:
16. Armee


Oberbefehlshaber:
- General der Gebirgstruppe Volckamer von Kirchensittenbach

Chef des Generalstabes:
- Generalmajor von Gersdorff

Höherer Artillerie-Kdr.:
- Generalmajor Baurmeister

Armee-Veterinär:
- Generalveterinär Dr. H. Bethke

Kdt: rückwärtiges Gebiet:
- Generalleutnant H. Fischer

Armeeoberbefehlshaber
18. Armee:
- General der Infanterie Boege

Chef des Generalstabes:
- Generalmajor Merk

Höherer Artillerie-Kdr.:
- Generalleutnant G. Fischer

Armee-Veterinär:
- Generalveterinär Dr. Erban

Kdt. rückwärtiges Gebiet:
- Generalleutnant von Ginkel.


I. Armeekorps
Kommandierender General:
- Generalleutnant Usinger


Artilleriekommandeur:
- Oberst Lüneburg


II. Armeekorps
Kommandierender General
- Generalleutnant Gause

Artilleriekommandeur:
- Oberst Salb

X. Armeekorps
Kommandierender General:
- General der Artillerie Thomschki

Artilleriekommandeur:
- Oberst Fürguth

XVI. Armeekorps
Kommandierender General
- Generalleutnant Weber

Artilleriekommandeur:
- Oberst Müller

XXXVIII. Armeekorps
Kommandierender General:
- General der Artillerie Herzog

Artilleriekommandeur:
- Oberst Fox

L. Armeekorps
Kommandierender General:
- Generalleutnant Frhr. von Bodenhausen

Artilleriekommandeur:
- Oberst Glantz

VI. SS-Korps
- SS-Obergruppenführer Krüger

Artilleriekommandeur:
- Oberst von Knobelsdorff

Die Divisionen:
11. Infanterie-Division:
- Generalleutnant Feyerabend

24. Infanterie-Division:
- Generalmajor Schultz

30. Infanterie-Division:
- Generalleutnant Henze

**81. Infanterie-Division:**
- Generalleutnant von Bentivegni

**87. Infanterie-Division:**
- Generalleutnant Frhr. von Strachwitz
(Mauritz)

**122. Infanterie-Division:**
- Generalmajor Schatz

**126. Infanterie-Division:**
- Generalmajor Hähling

**132. Infanterie-Division:**
- Generalmajor Demme

**205. Infanterie-Division:**
- Generalmajor Giese

**207. Infanterie-Division:**
- Generalmajor Brauer

**218. Infanterie-Division:**
- Generalmajor von Collani

**(ab 01.05.1945 GenMaj. Ranck)**
**225. Infanterie-Division:**
- Generalleutnant Risse

**263. Infanterie-Division:**
- Generalleutnant Hemmann

**290. Infanterie-Division:**
- Oberst Frotscher

**300. Infanterie-Division:**
- Generalmajor Eberth

**329. Infanterie-Division:**
- Generalleutnant Menkel

**563. Infanterie-Division:**
- Generalmajor Neumann

**21. Luftw.-Felddivision:**
- Generalmajor Barth

**19. (lettische) SS-Division:**
- SS-Brigadeführer Streckenbach

**12. Panzer-Division:**
- Oberst von Usedom

**14. Panzer-Division:**
- Oberst Grässel

**Die Kommandanten in Kurland:**
**Kommandant Libau:**
- Generalleutnant von Monteton

**Kommandant Frauenburg:**
- Generalmajor Küpper

**Kommandant Sabile:**
- Generalmajor Rupprecht

**Höherer SS- und Polizei-Fhr.**
- SS-Obergruppenführer Jeckeln

**Marinedienststellen im**
**Brückenkopf Kurland:**

**Kommandant Seeverteidigung Lettland:**
**Seekommandant:**
- Konteradmiral von Arnswaldt

Stabsoffizier beim Stabe:
- Fregattenkapitän Schmeling
Gericht des Seekommandanten von
Lettland: Lt. Richter

- Marine Oberstabsrichter Barnbrock
Hafenkommandant Libau:
- Korvettenkapitän Dipl. Ing. Soiné

Hafenkapitän: Libau
- KKpt. Stockfisch

Hafenkapitän Windau:
- KKpt. Wolteres

Marine-Artillerieregiment 10 (Libau)
Regimentskommandeur:
- Korvettenkapitän Schenke

Marine-ArtAbt. 530 (Windau)
- Korvettenkapitän M. A. Lohde

Marine-ArtAbt. 532 (Vidale)
- Korvettenkapitän Blum

Marine-ArtAbt. 534 (Windau)
- Korvettenkapitän Zimmermann

Marine-Flakabteilung 712 (Libau)
-Korvettenkapitän Schmalzhaf

Marine-Festungs-PiBatl. 321 (Libau)
- Major Dipl.Ing. Petersen

9. Marine-Kraftfahr-Abt. (Libau)
- Kapitän zur See (Ing.) Matz

Marine ArtArsenal (Libau)
- Kapitänleutnant (W) Dittmar

Marine-Ausrüstungsstelle (Libau)
- Kapitän zur See Schwarz (Georg)

# Taktische Gliederung der 9. Sicherungsdivision

9. Sich.-Div.
B. Nr. G 3284 Fl          Stand 01.12.44

1.M-Flott.
7 M-Boote
3.M-Flott.
8 M-Boote
2 Flakjäger (Yorck und Nettelbeck)
25. M-Flott.
6 M-Boote
31.M-Flott.
Gr.A: 13 M-Boote
1 VS
1 R-Boot (davon 13 Kriegsfischkutter)
Gr.B: 17 M-Boote (davon 17
Kriegsfischkutter)

Gr.D: 14 M-Boote
        2 Kriegsfischkutter
        1 Küstenminenleger (beschädigt)

Gr. Windau und Bohnensack:
        25 Fahrzeug
R.-Flott.
  12 R-Boote
1 Begleitschiff (Nettelbeck)

3. Vp-Flott.
13 Boote (10 Fischdampfer, 2 T-Boote,
1 Artillerie-Schulboot) Fischdampfer

**Gauleiter Bürckel einsatzmäßig unterstellt**

**3. Sich.-Flott.**
Gr.A:    4 VS Boote (Fischdampfer
Gr.B:    4 Dampffischlogger
1 Wachschiff (Feuerschiff Haaks 6)
Gr.C:    4 Motorfischkutter
          8 Kriegsfischkutter
Gr.D.    2 Motorfischkutter
Gr.E:    2 Motorfischlogger
          2 Motorfischkutter
          4 Kriegsfischkutter
Gr.F:    4 Motorfischkutter
17 weitere Fahrzeuge verschiedener Typen
**14.Sich.-Flott.**
Libau:  3 Kriegsfischkutter
          2 Holzkutter
          9 Eisenlogger
          1 Flugsicherungsboot

**Windau:**
Gr. 1:    9 VS (Kriegsfischkutter)
Gr. 2:    5 VS (Holzkutter)
Gr. 3:    5 VS (Eisenlogger)
**Stützpunkt Bohnsack:**
          4 VS
          1 Sperrbrecher

**9. VP-Flott.**
          6 VS-Boote (Fischdampfer)

**17. R-Flott.**
          8 R-Boote

**13.L-Flott. (Landungsflott.)**
   1. Gr.: 5 Transportmarinefährprähme
   2. Gr.: 3 Transportmarinefährprähme
   3.  Gr.: 5 Transportmarinefährprähme +  HKS Teja
   4. Gr.: 3 Transportmarinefährprähme + 3

**holl. Motorschiffe**

**21.L-Flott.**
**1.Gr.: 4 Transportmarinefährprähme +**
**Kümo Renate**
**3.Gr.: 3 Transportmarinefährprähme +**
**1 Werkstattboot (D 154P)**

**24. L-Flott.**
    **1. Gr.: 7 Boote (verschiedene Typen)**

    **2. Gr.: 6 Marinefährprähme**
        **1 Kümo**

    **3. Gr.: wird neu aufgestellt**

**4. Gr.: 4 Transportmarinefährprähme**
        **1 Kümo**

**5. Gr.: 5 Transportmarinefährprähme**
        **1 Kümo**

**6. Gr.:  5 Boote**

**7. Gr.:  9 Motorprähme**
        **8 Dienstfahrzeuge**

**7. AT-Flott. (Artillerieträger)**
**Gr. A:  3 Artilleriefährprähme**
**Gr. B:  3 Artilleriefährprähme**
**Gr. C:  4 Artilleriefährprähme**
**Gr. D:  4 Artilleriefährprähme**
**Gr. E:  3 Artilleriefährprähme**
**17. VP-Flott. (abgezweigt truppendienstlich**
**unterstellt)**

**6 Fahrzeuge (Walboote)**

**Einsatzmäßig unterstellt:**

**5. Schnellbootschulflottille**
        7 S-Boote
        1 Werkstattschiff (Cranz)

**2. Schnellbootschulflottille**
**8 S-Boote**
**2 M-Boote (Brummer – Linz)**
**1 Werkstattschiff (Nidden)**
**Lazarettschiff Oberhausen**
        **(Einsatz durch OKM/Skl)**

## 2. Beladung der am 08.05.1945 von Kurland nach dem Westen gelaufenen Geleite:

| | | |
|---|---|---|
| 1) M3 | 759 Mann | |
| SF 316 | 168 Mann | |
| SF 319 | 138 Mann | |
| SF 315 | 220 Mann | |
| 8 KFKs (31. MS-Fl.) | 762 Mann | |
| AF 37 | 314 Mann | |
| F 140 | 250 Mann | |
| F 205 | 594 Mann | |
| B 2 P | 276 Mann | |
| MNL 21 | 109 Mann | |
| SAT Nienburg | 550 Mann | |
| R 120 | 123 Mann | |
| 1441 | 11 Mann | |
| Schl. Marienburg | 350 Mann | |
| Kümo Kurland | 75 Mann | |
| BP 37 | 224 Mann | |
| Schl. Laboe | 163 Mann | |
| Schl. Schwarzort | 154 Mann | |
| Tanker Albrecht | 4500 Mann | |
| Tanker Jungfernsand | 480 Mann | 10 220 Mann |
| 2)Geleit Petersen | | |
| VS 1450 | | |
| 26 Fahrzeuge | 2900 Mann | 2900 Mann |
| | | |
| 3) Geleit Tsingtau (Voranschlag) | | |
| „Tsingtau" | 3200 Mann | |
| 3 R-Boote | 420 Mann | |
| 2 Flusi-Boote | 160 Mann | 3780 Mann |
| 4)Geleit S-Boote | | |
| 19 S-Boote | | |
| 5) Geleit Prater (aus Windau) | 2000 Mann | 2000 Mann |
| 12 KFKs | | |
| (Tk Albrecht bei Geleit 1) | | |
| | 1800 Mann | 1800 Mann |

**6) Geleit Fischer (aus Windau)**
**2 VS-Boote**
**45 Pionierfähren**
**4 Schlepper:**       **5000 Mann    5 000 Mann**
                            **zusammen   25 700 Mann**

# Gliederung und Stellenbesetzung der Luftflotte 1

Stab Luftflotte:

Oberbefehlshaber:
General der Flieger Pflugbeil

Chef des Stabes:
Generalmajor Uebe

Ia Op.:
Oberstleutnant i. G. Hozzel

Ia Flieg:
Oberstleutnant i. G. Wöhlermann

Ia Flak:
Oberstleutnant i. G. Wendt

Ic:
Oberstleutnant i. G. Allolio

Oberquartiermeister:
Oberstleutnant i. G. Pape

Höherer Nachrichtenführer:
Generalleutnant Sattler.

3.Fliegerdivision (direkt der Luftflotte 1 unterstellt)
Flakdivision:
Einsatz bei der 18. Armee (Hinterland)
6. Flakdvision:
Einsatz bei der 16. Armee (Hinterland)
Flakgruppe Ostland:
Einsatz im Raume Riga (später aufgelöst)
Feldluftgau XXVI (Heeresquartiermeister Riga)

# Die Fliegenden Verbände:

**Stab Schlachtgeschwader 3:**
Libau            Maschinen            --

**II./Schlachtgeschwader 3:**
Libau            Maschinen            24

**III./Schlachtgeschwader 3:**
Frauenburg       Maschinen            23

**III./Schlachtgeschwader 4:**
Tukkum           Maschinen            23

**Nachtschlachtgruppe 3**
Schrunden        Maschinen            24

**Stab Nahaufklärungsgruppe 5:**
Frauenburg       Maschinen            2

**1./Nahaufklärungsgruppe 5:**
Frauenburg       Maschinen            7

**2./Nahaufklärungsgruppe 5:**
Tukkum           Maschinen            11

**Stab Jagdgeschwader 54:**
Tukkum           Maschinen            --

**I./Jagdgeschwader 54:**
Tukkum-Windau Maschinen               27

**II./Jagdgeschwader 54:**
Libau            Maschinen            29